21世纪应用型本科金融系列规划教材

商业银行经营管理学

（第四版）

朱明儒　高晓光　主编

东北财经大学出版社
Dongbei University of Finance & Economics Press
大　连

图书在版编目（CIP）数据

商业银行经营管理学 / 朱明儒，高晓光主编．—4版．—大连：东北财经大学出版社，2022.3

（21世纪应用型本科金融系列规划教材）

ISBN 978-7-5654-4460-9

Ⅰ．商…　Ⅱ．①朱…②高…　Ⅲ．商业银行-经营管理-高等学校-教材　Ⅳ．F830.33

中国版本图书馆CIP数据核字（2022）第024496号

东北财经大学出版社出版

（大连市黑石礁尖山街217号　邮政编码　116025）

网　　址：http：//www.dufep.cn

读者信箱：dufep@dufe.edu.cn

大连东泰彩印技术开发有限公司印刷　东北财经大学出版社发行

幅面尺寸：170mm×240mm　字数：472千字　印张：22

2022年3月第4版　2022年3月第1次印刷

责任编辑：田玉海　吴　焕　责任校对：梅玉环

封面设计：张智波　版式设计：原　皓

定价：46.00元

教学支持　售后服务　联系电话：（0411）84710309

如有印装质量问题，请联系营销部：（0411）84710711

第四版前言

“商业银行经营管理学”是金融类专业的主干课程，要保证教学质量、提高教与学的水平与能力，教材的选用便成为重要的环节。编者所在的商业银行经营管理学教学团队，一直致力于教学与教材的同步改善和提高。本教材的主编在30年的金融实践与教学过程中，不断总结与提炼，编写出这部具实践特色与思想特色的教材。本教材作为21世纪高等院校金融专业的应用型本科教材，是理论与实践相结合的产物，是贴近金融实践的一部教材。

全书分为四篇，共十四章。

第一篇是基础理论篇，介绍了经济与金融的基础理论，包括第一章、第二章，主要介绍我国商业银行的体系、机构组成，商业银行的起源与发展，商业银行的组织形式与组织结构，同时介绍了传统与现代的商业银行经营管理理论——流动性管理理论、存款契约理论与全面风险管理理论等，还对商业银行风险管理的方法做了简要阐述并举例说明。

第二篇是商业银行业务与经营篇，包括第三章至第八章，主要阐述了商业银行资本、负债、公司贷款与个人贷款、证券投资、现金及表外业务等基本业务内容和经营的方法。这部分是商业银行业务与经营的主体部分，是专业学习的重点内容。第四版补充的内容主要是最新的表外业务，增补了商业银行的资管业务、理财产品，还简要介绍了关于资产证券化的相关内容。

第三篇是商业银行管理篇，重点内容是商业银行的内部管理和外部监管等内容，包括第九章至第十二章。内部管理部分重点介绍了商业银行的营销管理与风险管理，这部分内容是为了适应现代银行对营销管理与风险管理的需求，也是现代银行业管理的重中之重。同时，为强化商业银行的外部监管，监管当局从机构和方式方法等多渠道进行了监管创新，以适应现代银行业的发展。这一篇重点补充了监管的内容，将我国的分业经营分业监管与美国的混业经营与伞形监管模式做了较为详尽的阐述与分析。

第四篇是商业银行创新与发展篇，包括第十三章和第十四章。这一篇集中阐述了商业银行的业务创新与管理创新，即网上银行业务、电子货币、商业银行的并购与发展等。第四版更新的重点主要是电子货币的内容，把全球电子货币的发展情况做了比较详细的阐述。

本书每章开始都在导读之后准备了配合本章理论的引导案例，通过案例的阅读与分析，引入理论知识的学习。同时，每一章理论内容结束后都增设了思政专栏，引入思政元素，让学习、研讨与经济政策、法律法规、金融实践等更加紧密地结合在一起。

同时，本书配合教学提供了相关辅助学习手段，如每章前的引导案例和每章后的本章小结、关键概念、复习思考题等，同时还为读者提供了按章制作的PPT。本教材适合金融学、金融工程学、国际金融学、投资学、保险学等专业的本科生作为教材使用，也可以作为银行的培训教材。读者在学习本书之前，应该先了解和学习宏微观经济学、货币银行学和金融市场学等相关课程，作为先修的基础。

本教材的主要特色有：第一，在借鉴国内外最新理论的基础上有创新点，将最新经营管理理论包含于银行业的有关论述中。第二，本书由有着多年银行从业经验的教师在参与银行实践和进行理论研究的基础上编写而成，所以，理论与实践联系紧密，每一章中都附有编者自己编写的配合理论的实践案例，使读者在理论学习的基础上能够快速熟悉银行实践，并在对案例的阅读与理解过程中提升分析问题与解决问题的能力。第三，本书章节体系紧凑，能够体现出应用型人才培养与学习的要求。

本次修订的主要内容包括：（1）案例。每章导入案例都进行了修改或者重新编写，引入了较多最新、最有代表性的案例。（2）基础理论部分重点扩展了理论的边界，使得理论更加丰富，更能解释商业银行最新实践。（3）创新内容增加较多。为了紧跟时代，编写团队将银行业的业务创新与管理创新和银行业发展的趋势引入教材，主要内容包括商业银行所面临的各类风险及管理的技术方法与相应的制度等，商业银行现代营销管理与实践中所面临的新问题及解决的方法与流程，银行业的并购、国际化、综合化经营的趋势等。

本教材的编者均为来自吉林财经大学的专业课教师，具体编写分工如下：第一章、第二章、第三章、第四章、第五章、第八章、第十二章、第十三章、十四章由朱明儒老师执笔，第六章、第七章、第九章、第十章、第十一章由高晓光老师执笔。每章前的引导案例和章后的思政课堂等专栏内容均由朱明儒独立修订或编写完成。最后，全书由朱明儒总纂定稿。参加本书校对及后期资料制作的还有金融学院在读研究生栗曹洵、石彤、祝沐沐和张猛等四位同学。

在教材的编写过程中，我们借鉴和参考了国内外同行的相关教材和书籍，同时参考了一些金融同行的学术论文；本教材的修订与校对过程中，得到了东北财经大学出版社编辑田玉海老师的大力支持与帮助，在此致以诚挚谢意。最后，本教材在编写过程中难免会有疏漏和不足，恳请读者和同行不吝赐教。

编　者

2022年元月

目　录

第一篇　基础理论篇

第二篇　商业银行业务与经营篇

第三篇　商业银行管理篇

第四篇 商业银行创新与发展篇

第一篇　基础理论篇

第一章

导论

导读

通过本章的学习，了解商业银行的起源与发展，掌握关于商业银行的基本概念，商业银行的性质与基本职能，理解并掌握商业银行经营的“三性”目标及相互之间的关系；了解商业银行的外部组织形式和内部组织结构，商业银行管理与决策的基本架构；了解商业银行的经营目标及经营环境。同时，通过案例，进一步了解商业银行组织机构的变革与发展。

引导案例

四川银行的创建

2020年11月7日，以攀枝花市商业银行和凉山州商业银行为基础，引入28家投资者，采取新设合并方式，四川省设立首家省级城市商业银行——四川银行。四川银行注册资本金300亿元，位居全国城市商业银行之首。合并完成后，攀枝花市商业银行不再具有法人资格，原有债权、债务、业务、人员全部由新设立的银行承继。

根据2021年四川银行的年报，四川银行的股东主要由国资和民企构成，并且以国资为主。其中，第一大股东为四川金融控股集团有限公司，所占比例为20%；第二大股东是凉山州发展（控股）集团有限责任公司，占比为15%；第三大股东为成都天府资本投资有限公司，占比为10.26%。

2016年9月，在四川省第十二届人大常委会第二十八次会议上首次出现“四川银行”这一名字。同年12月，四川省决定组建四川金融控股集团、四川银行，整合川内金融资源。

2017年2月10日，四川金融控股集团有限公司正式挂牌成立。同月，由四川发展全面履行出资人职责的四川发展投资有限公司已获批入股凉山州商业银行，持股比例为19%。此外，四川发展还在与攀枝花市政府商谈战略入股攀枝花市商业银行。

2018年6月，四川省委省政府作出加快组建四川银行的部署。

2020年6月26日，四川攀枝花银行正式官宣合并重组事宜，四川首家省级城商行的组建再进一步。9月9日，中国银保监会正式批准四川银行筹建申请。2020年11月7日，在成都天府新区的总部大楼门前，四川银行正式挂牌开业。

【讨论与思考】

1.四川为何筹建自己的省级银行？

2.该怎么看待用两块城商行牌照换取一块省级城商行牌照？

3.合并过程中，不良资产是如何处置的？

4.从本案例中我们可以得到哪些启示？

5.本案例涉及哪些基础理论？

第一节　商业银行的起源、发展与我国现行的银行体系

一、商业银行的起源与发展

商业银行是在市场经济中孕育和发展起来的，它是适应市场经济发展和社会化大生产需要而形成的一种金融企业。经过几百年的发展和演变，现代商业银行已经成为各国经济活动中主要的资金集散机构和中心，并成为各国金融体系中最为重要的组成部分。

（一）商业银行的起源

关于“银行”一词的产生，语言学和词源学描述了它起源的背景，古代法语“banque”和意大利语“banca”在当时被用来描述“交易用的板凳”和“货币兑换商的桌子”，历史学家认为这些描述与2 000多年前的早期银行家有关。这些早期的银行家一般从事货币兑换的业务，称为货币兑换商。早期的银行通常是在某个商业区的小店铺里，而这些货币兑换商就坐在桌旁帮助顾客进行本币与外币的兑换业务，或者通过向那些需要流动资金的商人贴现商业票据等方式进行融资，并收取一定的手续费。

这些早期的银行也用自己的自有资金作为经营的保证，同时发挥了最初始的金融中介的功能，起到了资金资源的调节作用，将资金从盈余者手中以一定的成本吸收进来，然后再以一定的更高收益转贷给资金的需求者，以取得资金的成本和贷出资金的

收益之间的差额为其利润来源。早期银行的贷款一般低则以6%、高则以48%的年利率向商人、发货人、土地所有者发放。

随着古希腊文明和罗马文明向北欧和西欧的渗透，银行业也迎来大规模向欧洲扩张的时期。在此时期，银行业有了一定的扩张和发展，但是随着中世纪黑暗时期的到来，银行的发展遭到宗教势力的抵制，这主要是由于银行在向穷人贷款时使用了高利率，然而在中世纪即将结束而欧洲的文艺复兴即将开始时，大量的存款贷款对象是富人，从而在一定程度上，减轻了宗教对银行的压力。

随着15—17世纪新的陆路商品交易路线的开辟和航海技术的进步，世界的商业中心逐渐从地中海向银行业务比较发达的欧洲大陆和不列颠群岛转移。此时，工业革命已经萌芽，而这时正需要发达的金融体系予以支持，能够满足经济发展需要的银行凭此良机得到了飞速的发展，意大利的美第其银行（Medici Bank）和德国的汉其斯特银行（Hochstetter Bank）便是如此。在北美和南美的殖民地建立之初，旧世界的银行业务开始转向新世界。起初，殖民者主要和本国的银行往来，到了19世纪，美国政府开始核准建立银行公司。这些银行公司许多是由其他银行企业集团转变而来的，银行业务原来只是其次要业务，但随着经济的发展对金融体系的要求越来越高，对银行服务种类的需求也越来越多，银行的重要性越来越显著，从而多数银行独立出来。美国的联邦政府在美国内战期间为银行业务的发展起到了不可忽视的作用。货币监理署（OCC）于1864年由国会创立并行使核准国民银行成立的职能，这样，由联邦政府和州政府共同监管银行活动的监管体系正式成立。

西方银行的原始状态可以追溯到公元前的古巴比伦以及文明古国时期。据英国大百科全书记载，早在公元前16世纪，在古巴比伦就有一家里吉比银行。人们公认的早期银行的萌芽，起源于文艺复兴时期的意大利。银行一词英文为“bank”，是由意大利文“banca”演变而来的。

意大利主要商业银行有1171年设立的威尼斯银行和1407年设立的乔治银行等。16世纪末开始，银行普及到欧洲其他国家，如1609年成立的阿姆斯特丹银行、1619年成立的汉堡银行、1621年成立的纽伦堡银行等都是欧洲早期著名的银行。

早期的银行业虽已具备了银行的本质特征，但它仅仅是现代银行的原始发展阶段。现代商业银行的最初形式是资本主义商业银行，它是资本主义生产方式的产物。现代商业银行主要是通过两条途径产生：第一条途径是从旧的高利贷银行转变过来的；第二条途径是根据资本主义经济发展，按照资本主义原则，以股份公司形式组建而成的。

（二）商业银行的发展

1.英国式短期融通资金系统

英美国家商业银行的贷款仍以短期商业性贷款为主。英国是最早建立资本主义制度的国家，也是最早建立股份制的国家，所以英国的资本市场比较发达，企业的资金来源主要依靠资本市场的募集。另外，直到工业革命初期，企业生产设备都比较简单，需长期占用的资本在总资本中占的比重小，这部分资本主要由企业从资本市场筹集，很少从银行贷款。企业向银行要求的贷款主要是用于商品流转过程中的临时性短期贷款。

就银行方面来说，早期的商业银行处在金属货币制度下，银行资金来源主要是流动性较大的活期存款，银行本身的信用创造能力有限。为了保证银行经营的安全，银行也不愿意提供长期贷款，这种银行借贷资本的供求状况决定了英国商业银行形成了以提供短期商业性贷款为主的业务传统。

这种传统的优点是能较好地保持银行清偿能力，银行经营的安全性较好；缺点是银行业务的发展受到限制。

2.德国式综合银行系统

依据这一传统发展的商业银行，除了提供短期商业性贷款外，还提供长期贷款，甚至投资于企业的股票和债券，替公司包销证券，参与企业的决策和发展，参与为企业并购提供财务支持和财务咨询等投资银行服务。

自20世纪90年代以来，美国、日本等国的商业银行也开始朝着综合银行的方向发展。德国式综合银行传统的优点是有利于银行展开全方位的业务经营活动，充分发挥商业银行在国民经济活动中的作用；缺点是会加大银行的经营风险，对银行经营管理提出了更高要求。

20世纪90年代以来，国际金融领域出现了不少新情况，直接或间接地对商业银行的经营与业务产生了深远的影响：银行资本越来越集中，国际银行业出现竞争新格局；国际银行业竞争激化，银行国际化进程加快；金融业务与工具不断创新，金融业务进一步交叉，传统的分业经营模式朝着综合化、全能化模式转化；金融管制不断放宽，金融自由化趋势日益明显；国内外融资出现证券化趋势，证券市场蓬勃发展；出现了全球金融一体化的趋势。

二、我国现行的银行体系

我国的银行体系由中央银行、商业银行、政策性银行和农村金融机构组成。经过40多年的改革开放，中国金融体制发生了很大变化，以中央银行为核心，国有商业银行为骨干，多种金融机构并存的局面已基本形成。截至2020年年底，现有大型国有控股银行6家，政策性银行3家，12家股份制商业银行，134家城市商业银行，1 488家农村商业银行、722家农村信用社、33家农村合作银行、1 630家村镇银行、民营银行18家、外资银行41家、住房储蓄银行1家。银行金融机构境内本外币资产约320万亿元人民币，银行业资产占我国全部金融机构资产的绝大部分。

（一）政策性银行

1.国家开发银行

国家开发银行（China Development Bank）于1994年3月成立，直属国务院领导。目前在全国设有32家分行和4家代表处。成立以来，国家开发银行贯彻国家宏观经济政策，发挥宏观调控职能，支持经济发展和经济结构战略性调整，在关系国家经济发展命脉的基础设施、基础产业和支柱产业重大项目及配套工程建设中，发挥了长期融资领域主力银行的作用。国家开发银行的主要任务是为国家基础设施、基础产业和支柱产业（“两基一支”）提供长期资金支持，引导社会资金投向，缓解经济发展瓶颈制约。电力、公路、铁路、石油石化、煤炭、邮电通信、农林水利、公共基础设施等始终是其主要业务领域和贷款支持重点。

2. 中国进出口银行

中国进出口银行成立于1994年，是直属国务院领导的、政府全资拥有的国家政策性银行。中国进出口银行总部设在北京。中国进出口银行是我国外经贸支持体系的重要力量和金融体系的重要组成部分，是我国机电产品、成套设备和高新技术产品进出口和对外承包工程及各类境外投资的政策性融资主渠道，外国政府贷款的主要转贷行和中国政府对外优惠贷款的承贷行，为促进我国开放型经济的发展发挥着越来越重要的作用。中国进出口银行的主要职责是贯彻执行国家产业政策、外经贸政策、金融政策和外交政策，为扩大我国机电产品、成套设备和高新技术产品进出口，推动有比较优势的企业开展对外承包工程和境外投资，促进对外关系发展和国际经贸合作，提供政策性金融支持。

3. 中国农业发展银行

中国农业发展银行是根据国务院1994年4月19日发出的《关于组建中国农业发展银行的通知》成立的国有农业政策性银行，直属国务院领导。中国农业发展银行的业务范围，由国家根据国民经济发展和宏观调控的需要并考虑农发行的承办能力来界定。中国农业发展银行成立以来，国务院对其业务范围进行过多次调整。中国农业发展银行目前的主要业务是办理粮食、棉花、油料收购、储备、调销贷款；办理肉类、食糖、烟叶、羊毛、化肥等专项储备贷款；办理粮食、棉花、油料加工企业和农、林、牧、副、渔业的产业化龙头企业贷款；办理粮食、棉花、油料种子贷款；办理粮食仓储设施及棉花企业技术设备改造贷款；办理农业小企业贷款和农业科技贷款；办理农业基础设施建设贷款。

（二）大型国有商业银行

1. 中国工商银行

1983年，国务院决定，中国人民银行专门行使中央银行的职能，同时建立中国工商银行，承办原来由中国人民银行办理的工商信贷业务。1984年1月1日，中国工商银行正式成立。2005年10月29日，工行整体改制为股份有限公司，并于2006年10月27日在上海证券交易所和香港联合交易所同步上市。

作为中国资产规模最大的商业银行，经过近30年的改革、发展，中国工商银行已经步入质量效益和规模协调发展的轨道，连续五次入围美国《财富》全球500强，并被美国《远东经济评论》评为中国高质量产品（服务）十强。中国工商银行拥有中国最大的客户群，约1亿个人客户和810万法人账户；遍布全国的2万多个营业网点和近39万名员工为客户提供优质高效的服务。截至2020年末，工商银行总资产突破33万亿元，多年来一直居国内商业银行首位。

2. 中国农业银行

中国农业银行的前身最早可追溯至1951年成立的农业合作银行。20世纪70年代末以来，中国农业银行相继经历了国家专业银行、国有独资商业银行和国有控股商业银行等不同发展阶段。2009年1月15日，中国农业银行整体改制为股份有限公司，完成了从国有独资银行向现代化股份制商业银行的历史性跨越。2010年7月，中国农业银行股份有限公司在上海、香港两地挂牌上市，成功创造了全球资本市场最大规模的IPO，标志着农业银行改革发展进入了崭新时期。

3.中国银行

中国银行成立于1912年，至1949年中华人民共和国成立的37年间，曾先后经历了国家中央银行、国际汇兑银行和外贸专业银行，并将分支机构拓展到海外。1979年，正式成为国家指定的外汇外贸专业银行，1994年转型为国有独资银行。2004年8月26日，中国银行整体改制为股份有限公司，并于2006年6月1日在香港联合交易所上市，于2006年7月5日在上海证券交易所上市。

中国银行是中国六大国有商业银行之一，规模在中国大银行中位列第三。中国银行的业务范围涵盖商业银行、投资银行和保险领域，旗下有中银香港、中银国际、中银保险等控股金融机构，在全球范围内为个人和公司客户提供全面和优质的金融服务。按核心资本计算，2008年中国银行在英国《银行家》杂志“世界1 000家大银行”排名中列第10位。

4.中国建设银行

中国建设银行原名为中国人民建设银行，于1954年10月1日正式成立，曾经隶属于财政部。1979年成为独立的经营长期信用业务的专业银行。2004年9月17日整体改制为股份有限公司，并于2005年10月27日在香港联合交易所上市，于2007年9月25日在上海证券交易所上市。

5.交通银行

交通银行始建于1908年（光绪三十四年），是中国当时四大银行之一，也是中国当时的发钞行之一。1986年7月24日，作为金融改革的试点，国务院批准重新组建交通银行。1987年4月1日，重新组建后的交通银行正式对外营业，成为中国第一家全国性的国有股份制商业银行，为中国当时五大国有商业银行之一，总部位于上海。2005年6月23日，交通银行在香港联合交易所上市；2007年5月15日，在上海证券交易所上市。

6.中国邮政储蓄银行

根据国务院金融体制改革的总体安排，在改革原有邮政储蓄管理体制的基础上，2007年3月，中国邮政储蓄银行有限责任公司正式成立。2012年1月21日，经国务院同意并经中国银行业监督管理委员会批准，中国邮政储蓄银行有限责任公司依法整体变更为中国邮政储蓄银行股份有限公司。2016年，邮储银行在香港交易所主板上市。

（三）中小商业银行

中小商业银行包括股份制商业银行和城市商业银行。

1.股份制商业银行

交通银行恢复设立后，又先后成立了中信实业银行、深圳发展银行、广东发展银行等12个全国性股份制商业银行，突破了四大银行一统天下的格局。

1988年，深圳发展银行率先进入资本市场，截至2011年6月，除广东发展银行外已经全部上市。通过上市，建立了正常的资本金补充机制，为提高透明度，为发挥市场监督功能，为建立现代银行制度作了有益的探索。2012年，深圳发展银行重组为平安银行。

1994年4月，中国人民银行又率先在招商银行等股份制商业银行开始资产负债比例管理的试点，进一步推动中小商业银行提高经营管理水平。股份制商业银行抓住改革机遇，逐步建立了灵活的管理机制和市场化的管理模式，如采取全员合同聘任制、任期目标管理责任制、个人收益与银行绩效挂钩等先进的管理方式，加快了发展。

1996年，中国民生银行的成立，更是突破了商业银行原有的股权构成，成为我国第一家由非国有企业为主出资设立的股份制商业银行。

十几年来，股份制商业银行采取股份制形式的现代企业组织架构，按照商业银行的运营原则，高效决策，灵活经营，逐步建立了科学的管理机制和市场化的管理模式，自成立伊始即迅猛发展。

目前，我国已经初步形成多层次、多类型的金融机构体系。股份制商业银行已经成为我国商业银行体系中一支富有活力的生力军，成为银行业乃至国民经济发展不可缺少的重要组成部分。

截至2020年年底，全国股份制商业银行有：中信银行、中国光大银行、华夏银行、广东发展银行、平安银行、招商银行、上海浦东发展银行、兴业银行、中国民生银行、恒丰银行、浙商银行、渤海银行等12家。

2.城市商业银行

城市商业银行是中国银行业的重要组成和特殊群体，城市商业银行是在原城市信用社的基础上组建起来的。1979年，第一家城市信用社在河南驻马店成立，其宗旨是为城市和街道小企业、个体工商户和城市居民服务。城市信用社的业务定位是：为中小企业提供金融支持，为地方经济搭桥铺路。1986年城市信用社急剧增长，从20世纪80年代初到20世纪90年代，全国各地的城市信用社发展到了5 000多家。从1998年开始，城市信用社普遍更名为城市商业银行。随着中国金融事业的发展，城市商业银行经批准可以异地设点，但在发展过程中也逐渐暴露出许多风险管理方面的问题。目前，诸多城市商业银行都陆续上市融资，寻求更为广阔的发展空间，如杭州银行、北京银行、南京银行、贵阳银行等。

（四）农村金融机构

1.农村信用社、农村商业银行和合作银行

1957年底，由农民自愿入股，全国成立农村信用社8.8万多个。1984年，国务院提出要改革农村信用社在组织上的群众性、管理上的民主性和经营上的灵活性，把农村信用社办成真正的合作组织。1996年，部分地区开始组建农村合作银行。2000年7月，农村信用社改革试点在江苏启动。截至2020年底，全国有1 488家农村商业银行、722家农村信用社、33家农村合作银行、1 630家村镇银行。

2.村镇银行和农村资金互助社

2007年1月29日，银监会发布并正式开始施行《村镇银行管理暂行规定》和《农村资金互助社管理暂行规定》。依据这两个规定，村镇银行由境内外金融机构、境内非金融机构企业法人、境内自然人出资，业务范围为：可吸收公众存款；在农村地区设立的主要为当地农民、农业和农村经济发展提供金融服务；也可以发放短、中、长期贷款，办理各类银行业务。农村资金互助社由乡（镇）、行政村农民和农村小企业自愿入股组成。业务范围为：可吸收社员存款、接受社会捐赠资金和从其他银行业金融机构融入资金；为社员提供存款、贷款、结算等社区互助性银行业务；确有富余资金的可存放其他银行业金融机构或购买国债、金融债券；办理结算和代理业务；不得向非社员吸收存款、发放贷款及办理其他金融业务，不得以该社资产为其他单位或个人提供担保。

另外，我国还有花旗银行、渣打银行、汇丰银行、韩亚银行等外资银行机构。

我国银行业总体概况可如表1–1所示。

表1–1 **我国银行业总体概况**

大型国有商业银行	政策性银行	全国性股份制商业银行	外资银行	其他银行	农村金融机构
中国工商银行 中国农业银行 中国建设银行 中国银行 交通银行 中国邮储银行	中国进出口银行 中国农业发展银行 国家开发银行	中信银行、中国光大银行、华夏银行、广东发展银行、平安银行、招商银行、上海浦东发展银行、兴业银行、中国民生银行、恒丰银行、浙商银行、渤海银行等	花旗银行、渣打银行、汇丰银行、韩亚银行等	城市商业银行、合作银行等	农村信用社、农村商业银行、农村合作银行、村镇银行、农村资金互助社

第二节　商业银行的性质与职能

一、商业银行的概念与性质

商业银行是以追求最大利润为目标，以经营金融资产和负债为对象，特殊的、综合的、多功能的金融企业。

商业银行是依据《中华人民共和国公司法》（以下简称《公司法》）和《中华人民共和国商业银行法》（以下简称《商业银行法》）设立的，必须在市场监督管理部门取得合法的营业执照。《商业银行法》第二条规定，本法所称的商业银行是指依照本法和《公司法》设立的吸收公众存款、发放贷款、办理结算等业务的企业法人，明确规定了商业银行的企业法人地位。该法还规定，商业银行以其全部法人财产独立承担民事责任，此乃商业银行作为企业法人的责任和义务。商业银行以其全部法人财产独立承担民事责任，是指银行以其全部法人财产承担有限责任。另外，银行独立承担有限责任，国家以其出资额承担有限责任，不承担无限连带责任。银行作为法人，在法律上具有法人主体的资格。

商业银行具有一般企业的特征，又不是一般的企业，是经营货币的金融企业，商业银行不同于其他金融机构。

1.企业属性

商业银行是企业，具有企业的一般特征。例如，必须具备业务经营所需的自有资本，并达到管理部门所规定的最低资本要求；必须照章纳税；实行自主经营、自担风险、自负盈亏、自我约束；以获取利润为经营目的和发展动力等。

2.金融企业属性

商业银行是特殊的企业——金融企业。商业银行的经营对象不是普通商品，而是货币资本这个特殊的商品。银行处于货币信用领域，以信用方式与工商企业发生广泛的联系。通过信用方式聚集资本和分配货币资本，具有调节经济的特殊作用。

3.银行属性

商业银行是特殊的银行。首先，在经营性质和经营目标上，商业银行与中央银行和政策性金融机构不同，商业银行以营利为目的，在经营过程中讲求盈利性、安全性和流动性原则，不受政府行政干预。其次，商业银行与各类专业银行和非银行金融机构也不同。商业银行的业务范围广泛，功能齐全、综合性强，尤其是商业银行能够经营活期存款业务，它可以借助于支票及转账结算制度创造存款货币，使其具有信用创造的功能。

二、商业银行的职能

商业银行的职能是由它的性质所决定的，主要有5个基本职能。

（一）信用中介

信用中介是商业银行最基本、最能反映其经营活动特征的职能。这一职能的实质，是通过银行的负债业务，把社会上的各种闲散货币集中到银行里来，再通过资产业务，把它投向经济各部门；商业银行是作为货币资本的贷出者与借入者的中介人或代表，来实现资本的融通，并从吸收资金的成本与发放贷款利息收入、投资收益的差额中获取利益收入，形成银行利润。商业银行成为买卖“资本商品”的“大商人”。商业银行通过信用中介的职能实现资本盈余和短缺之间的融通，并不改变货币资本的所有权，改变的只是货币资本的使用权。

（二）支付中介

商业银行除了作为信用中介、融通货币资本以外，还执行着支付中介的职能。通过存款在账户上的转移，代理客户支付，在存款的基础上，为客户兑付现款等，成为工商企业、团体和个人的货币保管者、出纳者和支付代理人。以商业银行为中心，形成经济过程中无始无终的支付链条和债权债务关系。

（三）信用创造

商业银行在信用中介职能和支付中介职能的基础上，产生了信用创造职能。商业银行是能够吸收各种存款的银行，商业银行用其所吸收的各种存款发放贷款，在支票流通和转账结算的基础上，贷款又转化为存款，在这种存款不提取现金或不完全提现的基础上，就增加了商业银行的资金来源，最后在整个银行体系，形成数倍于原始存款的派生存款。长期以来，商业银行是各种金融机构中唯一能吸收活期存款，开设支票存款账户的机构，在此基础上产生了转账和支票流通，商业银行通过自己的信贷活动创造和收缩活期存款，而活期存款是构成货币供给量的主要部分，商业银行就可以把自己的负债作为货币来流通，具有了信用创造功能。

（四）金融服务

随着经济的发展，工商企业的业务经营环境日益复杂化，银行间的业务竞争也日益剧烈化，银行由于联系面广，信息比较灵通，特别是电子计算机在银行业务中的广泛应用，使其具备了为客户提供信息服务的条件。咨询服务、对企业“决策支援”等服务应运而生，工商企业生产和流通专业化的发展，又要求把许多原来的属于企业自身的货币业务转交给银行代为办理，如发放工资、代理支付其他费用等。个人消费也由原来的单纯钱物交易，发展为转账结算。现代化的社会生活，从多方面对商业银行提出了金融服务的要求。在强烈的业务竞争压力下，各商业银行不断开拓服务领域，通过金融服务业务的发展，进一步促进资产负债业务的扩大，并把资产负债业务与金融服务结合起来，开拓新的业务领域。在现代经济生活中，金融服务已成为商业银行的重要职能，服务的内容有：咨询、代理、信托、租赁、计算机服务、现金管理等。

（五）调节经济

调节经济是指商业银行通过其信用中介活动，调剂社会各部门的资金余缺，同时在中央银行货币政策指引下，在国家其他宏观政策的影响下，实现调节经济结构，调节投资与消费比例关系，引导资金流向，实现产业结构调整，发挥对生产的引导作用。

三、商业银行在国民经济中的作用

商业银行是一种特殊的企业，在一国金融乃至经济体系中的地位是非常重要的。从金融体系来说，商业银行是中央银行货币政策的首要传递者。从经济体系来看，商业银行是现代社会经济运转的枢纽之一。总的来看，商业银行在国民经济中的作用有：商业银行成为整个国民经济的中枢；商业银行的业务活动对全社会的货币供应具有重要影响；商业银行成为社会经济活动的信息中心；商业银行成为国家实施宏观经济政策的重要途径和基础；商业银行成为社会资本运动的中心。

第三节　商业银行的外部组织形式与内部组织结构

一、商业银行制度

商业银行制度即为商业银行的外部组织形式，是指商业银行在社会生活中的存在形式。各国商业银行制度均有所不同。

按照不同的标准，商业银行可以划分为以下主要类型：

（一）按照资本所有权划分

按照资本所有权，我国的商业银行可划分为：国有银行、股份制银行、企业集团银行和民营银行四种。国有银行如工农中建交邮6家；股份制银行如中国光大银行、华夏银行、招商银行、上海浦东发展银行等；企业集团银行如中信银行；民营银行如民生银行。

（二）按照业务覆盖地域划分

按照业务覆盖地域，商业银行可划分为地方性的、区域性的、全国性的和国际性的。地方性的银行如北京银行、吉林银行；区域性的银行如浙江商业银行等；全国性的银行如光大银行、民生银行等；国有银行中的中国银行是典型的国际性银行。现在，除地方商业银行外，大部分银行已经打破地域限制。

（三）按照业务范围划分

按照业务范围，商业银行可划分为：批发银行、零售银行、批发零售兼营银行。通常将主要向消费者和小企业提供服务的银行称为零售银行（retail bank），而批发银行业务的主要客户对象是大企业、事业单位和社会团体，其一般涉及金额较大。20世纪80年代以来，由于放松金融管制成为一种潮流，银行服务的功能扩展到包括提供信贷、信托、保险、证券承销和经纪、投资服务、支付中介、个人理财、储蓄等满足客户所有需要的全方位金融服务，导致银行被贴上“金融百货公司”的标签，使原来对银行的有些分类在概念上变得模糊起来。因此，有人认为，在多种分类方法中，这种按照业务类型进行分类的方法是最为可靠的。至于对“批发银行”的定义，由于不同国家不同时期对银行业务的管制差异而有所不同。

（四）按分业或混业经营划分

按分业或混业经营，即根据《格拉斯-斯蒂格尔法》的规定，商业银行可划分为：德国式全能银行、英国式全能银行、美国式职能银行。分业或者混业经营的主要标志是商业银行业务和投资银行业务的分离与否。我国目前的银行以分业经营为主体，但是，仍存在银行控股和准控股的模式，混业经营是一种趋势。

（五）按组织形式划分

按组织形式，商业银行可划分为：单一银行制、分支行制、集团银行制、连锁银行制。下面以这一分类标准具体介绍商业银行的外部组织形式。

二、商业银行的外部组织形式

商业银行的外部组织形式因各国政治经济制度不同而有所不同，主要有单一银行制、总分行制、集团银行制和连锁银行制等类型。

（一）单一银行制

1.概念

单一银行制又叫独家银行制，是指银行业务完全由一个营业机构来办理，不设立和不被允许设立分支机构。单一银行制是一种传统的商业银行组织形式，美国是历史上实行这种制度的主要国家。

2.优点

单一银行制的优点有：(1) 可人为缓和竞争的剧烈程度，避免金融垄断。(2) 有利于银行与当地政府的协调，促进本地区的经济发展。(3) 可使商业银行有较大的自主性和独立性。(4) 有利于中央银行进行有效调控。

3.缺点

单一银行制的缺点有：(1) 风险集中且不易分散。(2) 限制了商业银行间的竞争，不利于银行的发展。(3) 单一银行制下，银行规模较小，经营成本高，不易取得规模经济效益。(4) 商业银行业务仅局限于某一个地区，不易筹措大量资金。(5) 不利于商业银行为社会经济发展提供更多、更好的服务。

（二）总分行制

1.概念

总分行制又叫分支行制，它是由一家总行和下设若干家分支行形成的以总行为中心的庞大的银行网络。商业银行的总行一般设在各大中心城市，总行对各分支行进行统一管理。这种银行制度起源于英国的股份制银行，是国际上最常见的商业银行体制。我国也实行总分行制的银行制度。

2.类型

按总行职能不同，总分行制可分为总行制和总管理处制两种类型。总行制是指总行除管理和控制各分支行外，本身也对外营业。总管理处制是指总行只负责控制各分支行，不对外营业，总行所在地另外设立对外营业的分支行或营业部。

3.优点

总分行制的优点有：(1) 一般经营规模较大，易于采用现代化的管理设备，有能力为客户提供全面、优质的金融服务，取得规模效益。(2) 易于吸收存款以及在全系统内调剂和使用资金，使资金能够有效、合理地使用。(3) 由于银行规模较大，银行总数较少，便于金融管理当局的直接监管，业务经营受地方政府干预较少。(4) 更适合于新技术的广泛应用和高度发展。

4.缺点

总分行制的缺点有：(1) 这种制度容易形成金融垄断，大银行往往具有操纵市场的能力和影响，使中小银行在竞争中处于不利地位，不利于充分竞争。(2) 该银行制度要求总行对分支机构具备较强的控制能力、要求总行具有完善的信息系统和严密的成本控制手段。

（三）集团银行制

1.概念

集团银行制又叫控股公司制，其特点是由一个集团成立一个股份公司，由其收购或控制两家或两家以上的商业银行，使银行的实际业务与经营决策权同属股份公司控制的组织形式。集团银行制下，被控股的商业银行在法律上是独立的法人，但其业务经营和人员管理等都受到控股公司控制。目前，银行控股公司制在美国最流行，已成为美国银行业中最重要的组织形式。

2.优点

集团银行制的优点有：(1) 为其所有者在经营管理方面提供了相当大的灵活性，它们可以兼并资产多样化的非银行子公司，并全方位地开展业务。(2) 在经济和税收条件较好的情况下，可设立分支机构，从而弥补了单一银行制的不足。(3) 银行持股公司能有更多的机会进入金融市场扩大债务和资本总量，因而可以增强实力，提高抵御风险的能力和竞争能力。

3.缺点

集团银行制的缺点有：容易形成银行业的集中和垄断，不利于银行间开展竞争，会在一定程度上影响银行经营的自主性和银行的创新能力。

(四) 连锁银行制

1.概念

连锁银行制又叫联合制，是由某个人或某个集团购买若干独立银行的多数股票，从而实现对这些银行的控制的一种商业银行组织形式。

2.区别

连锁银行制与集团银行制的不同之处在于：连锁银行制没有持股公司这一机构实体的存在，它只是由一个人或一个集团同时操纵控制着法律上完全相互独立的商业银行，所有权掌握在某一个人或某一集团手中。

国内金融控股与准金融控股金融机构的总体情况可见表1-2。

表1-2 **国内金融控股与准金融控股金融机构一览**

名称	经营性金融子公司或参股的金融机构
中信集团	中信银行、中信证券公司、中信国际金融控股公司、信诚保险公司、中信信托公司、中信期货公司、中信资产管理
光大金控	中国光大银行 (45.6%)、光大证券 (100%)、永明保险 (50%)、光大国投、光大控股 (香港)、申万宏源证券 (20%)
平安集团	平安人寿保险 (99%)、平安财产保险 (99%)、平安海外保险 (100%)、平安信托 (95%)、平安证券 (95%×30%)
中国银行	中国银行、中银控股、中保国际
工商银行	工商银行、工商亚洲、工商香港、工商国际、香港友联银行
农业银行	农业银行、香港农银、中国长城信托投资公司
建设银行	建设银行、中国国际金融公司 (43.35%)、香港建新银行 (100%)、中信嘉华银行 (5.19%)
首创集团	首创安泰人寿保险公司、首创资产管理公司、首创证券公司

商业银行外部组织形式可如图1-1所示。

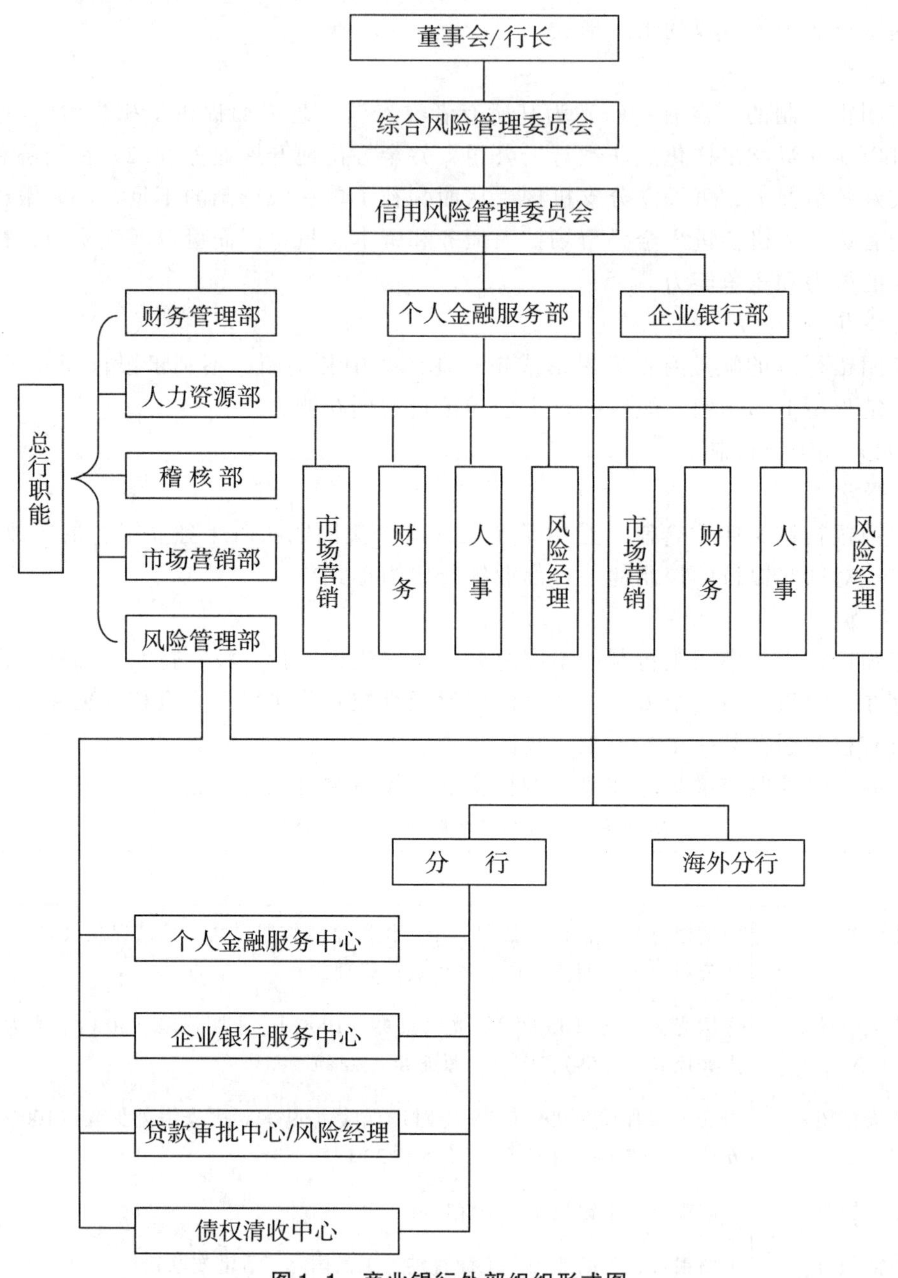

图1-1 商业银行外部组织形式图

三、商业银行的内部组织结构

商业银行的内部组织结构一般包括：决策系统，如股东大会、董事会；执行系统，如总经理、副总经理和各业务部门、职能部门和总稽核；监督系统，如监事会、内部审计（稽核）部门；管理系统，如全面管理、财务管理、人事管理、经营管理、市场营销管理等。

（一）决策系统

决策系统包括股东大会、董事会以及董事会下设的各种委员会。各组织机构的具体职能如下：

1.股东大会

在西方商业银行的发展中，商业银行多采用股份制的组织方式。股东大会是股份制商业银行的最高权力机构。股东大会每年定期或不定期召开一次或几次，股东们有权审议银行的一切业务报告，有权对银行的经营方针、经营决策和一些重大的政策进行表决。

2.董事会

董事会是由股东大会选举产生的董事组成，代表股东执行股东大会的决定。董事会的职责包括制定银行目标、确定银行政策模式、选举管理人员、建立委员会、提供监督和咨询以及为银行开拓业务。

（二）执行系统

执行系统包括行长（或总经理）、职能部门、分支机构和总稽核。

1.行长（或总经理）

行长是商业银行的行政主管，是银行内部的行政首脑，由董事会委任或聘任，代表银行从事日常业务活动，并对具体业务负责。其职责是执行董事会的决定，主持银行日常业务活动；经董事会授权对外签订合同或处理业务；提名高级管理职员报请董事会批准；定期向董事会报告业务情况；向董事会提交年度报告；招聘或解雇银行职员等。

2.职能部门

职能部门是商业银行以行长（或总经理）为中心的经营管理体系中执行日常业务的机构。一般来说，职能部门可分为直接式业务部和参谋式职能部两大类。

（1）直接式业务部的职责是经办各项银行业务，直接向客户提供服务，如投资部、放款部、存款部等。

（2）参谋式职能部门的职责是实施内部管理，帮助各业务部门开展工作，为业务管理人员提供意见、咨询等，如会计部、人事部、教育培训部等。

3.分支机构

分支机构是商业银行业务经营的基层单位。其首脑是分支行行长。各商业银行的分支机构按照不同地区、不同时期的业务需要，还设有职能部门和业务部门，以完成上级下达的经营指标和任务。

4.总稽核

总稽核负责银行日常营业账务项目及操作方法的核对工作，其主要任务是持续地对银行的各项工作进行检查，以确定银行会计、信贷及其他业务是否符合金融当局的有关规定，是否按照董事会的方针、纪律和程序办事，目的在于防止篡改账目、挪用公款和浪费，以确保资金安全。总稽核是董事会的直接代表，通常定期向董事会汇报工作，指出发现的各种问题并提出可行性意见和建议。

（三）监督系统

监督系统主要有监事会及内部审计（稽核）部门。股东大会在选举董事的同时，还要选举监事，组成监事会。监事会的职责是代表股东大会对全部经营管理活动进行监督和检查。

（四）管理系统

管理系统包括银行的全面管理、财务管理、人事管理、经营管理、市场营销管理等。

商业银行在不同国家由于银行体制、经营环境不同，其内部组织机构不可能完全一致。但一般而言，商业银行内部组织形式在许多国家有相似之处。

四、商业银行组织结构的设计与选择

（一）组织结构设计模式

1.职能型结构

职能型结构即按照企业要从事的主要活动或要执行的主要功能将企业分成不同的部门，通过这些部门的活动，来达到企业的目标。职能型组织结构可如图1–2所示。

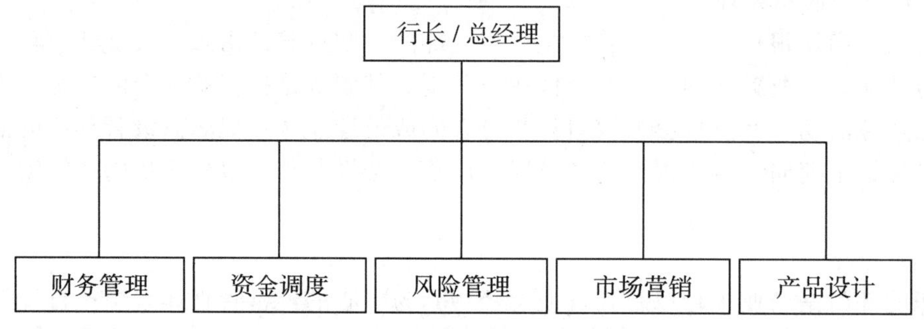

图1–2　职能型组织结构图

2.事业部型结构

事业部型结构是根据企业生产和提供的产品和服务，或服务对象，或服务地区的不同来划分部门。事业部型结构可如图1–3所示。

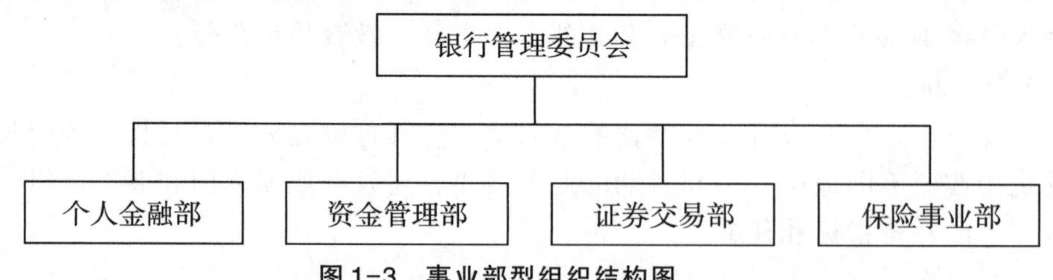

图1–3　事业部型组织结构图

3.矩阵型结构

矩阵型结构是指按照组织结构固有的一些特性，将企业的部门分为不同的事业部，在每个事业部中，又设计一些类似的组别，这些组别又分别属于不同的职能部门领导，从而形成一个职能型和事业部型相互交错的多维结构。矩阵型结构可如图1–4所示。

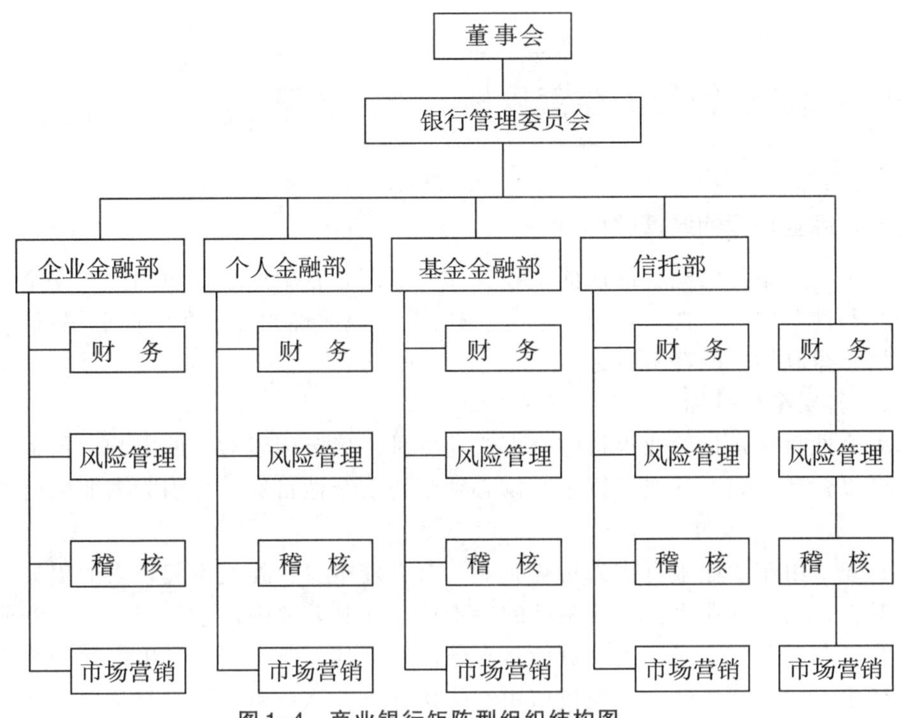

图 1-4　商业银行矩阵型组织结构图

4.网络型结构

网络型结构是按照一定的专业技能的类型来分工合作的。在网络型结构中，企业与外界变得十分模糊。网络型结构属于一种松散型结构。

5.簇群组织

簇群组织的特点是将公司的员工组合成一个个20～50人的簇群（cluster），每个簇群包括不同专业的人才，他们紧密结合，通过团队（teamwork）全力负责一个业务计划或者一种产品的生产经营。

6.无边界组织

曾任通用电气公司总裁的杰克·韦尔奇创造了无边界组织。无边界组织的主要特点是：取消组织垂直界限而使组织趋于扁平化，等级秩序作用降到最低程度。组织的水平界限是由职能部门的存在而形成，因而消除这些界限的方法是，以多功能团队取代职能性部门，围绕公司的流程来组织活动，有助于打破组织与客户之间的外在界限和地理障碍。

（二）组织结构的选择

组织结构的选择取决于以下几点：第一，资源的利用能力；第二，环境的适应性；第三，雇员工作积极性的发挥；第四，可操作性等。

第四节　商业银行的经营目标及经营环境

一、商业银行的经营目标

各国商业银行已经普遍认同了在其经营管理过程中所必须遵循的“安全性、流动性、盈利性”的“三性”目标，《商业银行法》也明确规定了我国商业银行“安全性、流动性、盈利性”的经营目标。

（一）安全性目标

安全性目标是指商业银行应努力避免各种不确定因素对它的影响，保证商业银行的稳健经营和发展。商业银行之所以必须坚持安全性目标，是因为商业银行经营的特殊性。

首先，由于商业银行作为特殊企业，自有资本少，经受不起较大的损失。

其次，由于商业银行经营条件的特殊性，尤其需要强调它的安全性。商业银行以货币为经营对象，它对居民的负债是有硬性约束的，既有利息支出方面的约束，也有到期还本的约束。另外，在现代信用经济条件下，商业银行是参与货币创造过程的一个非常重要的媒介部门。如果由于商业银行失去安全性而导致整个银行体系混乱，则会损伤整个宏观经济的正常运行。

最后，商业银行在经营过程中会面临各种风险，因此，保证安全性经营就必须控制风险。

（二）流动性目标

流动性是指商业银行能够随时满足客户提现和必要的贷款需求的支付能力，包括资产的流动性和负债的流动性两重含义。

资产的流动性是指资产在不发生损失的情况下迅速变现的能力，它既包括速动资产，又指在速动资产不足时其他资产在不发生损失的情况下转变为速动资产的能力。

商业银行负债的流动性则是通过创造主动负债来进行的，如向中央银行借款、发行大额可转让存单、同业拆借、利用国际货币市场融资等。

商业银行资产的流动性各不相同，因而必须分层次搭配资产，形成多层次的流动性储备，以满足资产流动性的需要。如何合理分配商业银行的资产结构，保持流动性、安全性和盈利性的和谐统一，是现代银行理论的重要内容之一。

（三）盈利性目标

盈利性是商业银行经营活动的最终目标，这一目标要求商业银行的经营管理层在可能的情况下，追求银行的效益及利润最大化。

商业银行追求利润最大化，首先能够使投资人获得较高的收益，国家则得到更多的税收收入。其次，盈利的增加可以增强商业银行的自身积累能力和竞争能力，提高银行信誉，使商业银行对客户有更大的吸引力。最后，商业银行盈利水平的提高意味着增强了承担风险的能力，可以避免因资产损失而带来的破产倒闭的风险。

（四）“三性”之间的关系

作为一个经营货币信用的特殊企业，商业银行在实现盈利的过程中又要受到流动性与安全性的制约，忽视这两者，单纯追求盈利，商业银行的经营必然陷入混乱。因此，现代商业银行在追求盈利性目标的同时，必须兼顾安全性和流动性。

商业银行经营的安全性、流动性和盈利性之间往往是相互矛盾的。从盈利性的角度看，商业银行的资产可以分为盈利资产和非盈利资产，盈利性目标要求提高盈利资产的运用率，而流动性目标却要求降低盈利性资产的运用率；资金的盈利性要求选择有较高收益的资产，而资金的安全性却要求选择有较低收益的资产。

事实上，商业银行经营“三性”目标之间存在潜在的统一协调关系。例如，商业银行盈利与否的衡量标准并不是单一地采用预期收益率指标，还要综合考虑商业银行的安全性和商业银行所面临的风险。因而，对各种风险因素进行综合计量后所得出的收益率指标，才是商业银行的实际盈利状况。因此，盈利性与安全性之间存在统一的一面。

二、商业银行的经营环境

经济环境和金融环境都对商业银行的经营有着影响，经济环境构成银行运行的基础条件和背景，经济发展状况直接影响银行的经营状况。宏观经济运行、经济结构和经济全球化都会对银行所处的具体经济环境和对银行的经营产生影响。金融环境对银行业有着直接的影响，银行业是金融环境的重要组成部分。金融市场、金融工具和货币政策三个部分都是银行所处的具体金融环境，都会对银行业务和银行管理产生重大影响。

（一）宏观经济环境

银行发展的根本动力是经济发展中的投融资需求和服务性需求。经济环境构成银行运行的基础条件和背景，经济发展的状况直接决定和影响银行经营状况。

宏观经济发展四大目标及其衡量指标的任何变化，都会带来银行业的变化。宏观经济发展目标衡量指标包括：经济增长水平、充分就业水平、物价与通货膨胀水平、国际收支平衡状况。宏观经济运行的各种指标对银行的影响是间接的、无形的，商业银行必须随时根据经济条件的变化来调整自己的宏观政策和决策，以适应环境，获得生存和发展。

（二）经济周期

经济周期亦称经济循环或商业循环，是指经济处于生产和再生产过程中周期性出现的经济扩张与经济紧缩交替更迭、循环往复的一种现象。经济周期一般分为四个阶段：繁荣、衰退、萧条和复苏。经济波动的周期性会在很大程度上决定商业银行的经营状况，随着经济周期性的运行，银行业会出现自己的经营周期。

（三）金融环境

金融环境包括货币政策、财政政策的颁布与实施。其中，法定存款准备金率、再贷款利率、存贷款利率水平、人民币国际汇率、税率及信贷政策、财政政策等诸多因素，都构成了银行业的金融环境，这些要素对于银行业的影响是非常直接和有效的。在宽松的和从紧的货币和财政政策交替变化中，商业银行必须不断地调整自己的资产和负债，不断地寻求新的平衡，来保证正常的业务与经营。

（四）社会法律环境、人文环境、自然环境等

社会法律环境、人文环境、自然环境等诸多因素也是商业银行经营要面对的条件。法律的健全、法治观念的深入，可以使得商业银行在业务开展中获得减少宣传费用、节约成本的好处，减少业务开展的不必要的障碍。人文环境对银行的影响也很明显，譬如，人们的持币习惯、消费习惯，人们对金融的认知程度等，都影响着银行的资金流动。自然环境中人口、地理、气候对银行业的影响，也是非常明显的。例如，在我国，东南部沿海地区与中部地区、西部地区具有较大的业务差异和金融观念差异。

【思政课堂】

坚持人民至上，服务高质量发展

2021年10月20日，中国人民银行党委书记、中国银保监会主席郭树清在2021年金融街论坛上发表主题演讲，演讲题目为“坚持人民至上，服务高质量发展”。以下是演讲的主要内容。

党的十九大以来，在以习近平同志为核心的党中央坚强领导下，金融业在服务实体经济，包括服务城市建设方面取得新的显著成就。构建新发展格局，推动高质量发展，是现阶段金融业承担的重要历史使命。下面，结合几个具体问题，谈几点思考，与大家一起讨论。

一、切实改进城乡人居环境

中国的现代化速度引起世界赞叹。但是，今年的几场暴雨导致若干城市和村镇陷入严重内涝，崭新的地铁灌进洪水，正在手术的医院失去电力，原来号称“水景房”的河边高档住宅只能坐船出入，手机没了信号，移动支付大概也不再好用。这些突发事件暴露出城市防洪排涝和通信医疗等公共事业的一些致命短板。城乡建设不仅是规划建设部门的职责，也是全社会包括金融系统的责任。

城乡建设都有大量需要解决的问题，城乡建设和管理是一件综合性、战略性很强的工作，不仅有物质形态的，也有精神层面的，处处都要体现以人为本。要深入研究人口流动规律，及其背后的产业结构调整、城乡布局变化。目前不论农村和城市，都有建成后长期空置甚至荒废的楼房和小区。绝不能搞贪大求全、盲目跟风的面子工程，金融机构要花大力气调查研究，推动建设富民便民的宜居城市和美丽乡村。

随着人民群众对美好生活需要的日益增长，建筑业拥有广阔的发展前景。当前，实施城市生态修复、加强城镇老旧小区改造等都已纳入城市更新行动。可以预料，今后几十年，建筑业都还将是一个支柱产业，与其密切相连的还有生态环保产业，

有望成为一个新兴的支柱产业。而且这些产业肯定会随着科技进步而不断转型，朝着精细化、绿色化方向发展。金融服务“三农”的含义也在发生巨大变化，无论是为农村进城的“新市民”安居乐业提供金融服务，还是支持城里人到农村从事现代农业及相关产业，都是为“三农”服务。

二、大力提高保险保障水平

今年河南特大暴雨洪灾中，保险业承担损失比例达到11%，较2020年应对长江流域洪水灾害时的7.8%有明显提升，但相比发达国家，还有很大提升空间。我国保费规模已是世界第二，但保险密度和保险深度仍须提高，险种的针对性和多样性不够。我国巨灾保险以地震为主要灾因，亟待将台风、洪水、干旱等纳入覆盖范围。

保险业作为管理风险的行业，要在风险事前预警、事中管理和事后应对上，提升专业化水平。以航运保险为例，国际上一些有专长的保险公司为应对海上风险，在气候、水文等方面长期开展深入细致的研究。各种动态模拟、预警、排查、阻断技术，使其成为海上灾害防控的重要力量。一些经营医疗健康险的保险公司，在重大疾病种类、致病机理、药物疫苗、并发症及护理等方面的探索也卓有成效，逐渐成为这方面的引领者和先行人。

保险业参与灾害风险管理，建议从以下几方面努力。其一，在全社会的观念上，要改变政府包揽的灾害管理与救助模式，将保险纳入国家灾害救助和应急管理体系，推动保险业深入参与灾前预防、资金筹集、灾后补偿、恢复重建的各个链条。其二，在企业发展战略上，避免“就产品说产品，就费率说费率”，主动“跨前三步”，甚至“跨前五步”。保险业可与农业、地质、气象、水利和应急等部门加强行业联动，联合或资助专业机构开展灾害机理和灾害预防研究。其三，在行业经营机制上，推动形成多层次的风险分散渠道，加大再保险供给，提升风险的转移和分散能力。

三、积极服务教育体系建设

著名金融投资家巴菲特说过，最好的投资就是投资自己。无论从国家、家庭还是个人的角度来分析，教育投资都是最有价值的投资。我国高度重视教育事业，国家、社会、企业、家庭都投入巨大。调查显示，全国学前和基础教育阶段家庭教育年支出规模超过1.9万亿元。部分城市家庭教育支出占总消费支出比例超过20%。如何提高教育投入的效益，实现经济效益和社会效益相统一，是全社会共同关注的问题。

教育公平是最大的公平。为让每个孩子都有机会接受良好教育，有几点需要我们金融界共同研究，主要为：支助乡村教育、服务“新市民”、发展职业教育、支持服务“双减”四大内容。

四、科学把握基础设施建设运营实际需求

前段时间，一些地方出现“拉闸限电”，反映出基础设施建设运营和节能减排等诸多方面的矛盾。我国是具有全球影响力的基础设施大国，发电装机总量、高铁运营里程、水利设施规模等都位居世界前列，但基础设施还不能很好适应新型工业化、信息化、城镇化、农业现代化的需要，必须持续解决发展不平衡、不充分问题。

发展基础设施，要努力实现“三个可持续”。第一，生态环境可持续。能源、交通、通信、水利等基础设施建设占用资源多，也是环境污染的主要来源之一，需要稳步提升绿色智能化水平，节约利用土地、岸线、廊道等资源。第二，经济社会可持续。要结合人口、产业和城市布局，尊重规律、充分论证、科学规划。第三，金融财务可持续。不能贪大求洋，脱离实际需求搞建设。更要统筹考虑建成以后的运营维护费用，而且要切实提够正常的折旧费用。必须综合考虑运营和维护需要的人工、材料等中间投入成本，以及若干年后报废的重置成本。要特别注意高速公路、高速铁路建成后长期“晒太阳”问题，更要防止其最后因无人使用而彻底废弃。

2020年，我国煤炭占能源消费的比重高达56.8%。2030年前碳达峰意味着未来一个时期我国仍将保持化石能源消费的刚性增长。要从实际出发，推动实现“双碳”目标。其一，正确看待碳减排。要不断提高能源效率，稳步降低单位GDP能耗。先做到有效防治大气污染、守护蓝天白云，在此基础上相对减少碳排放。其二，密切关注世界生态科技突破，积极探索低碳、零碳等新能源，开展碳捕集、封存技术研究和应用，但不能脱离实际，更不能盲目跟风。其三，平稳过渡，不搞“一刀切”和“运动式”减碳。

资料来源：郭树清. 坚持人民至上，服务高质量发展［EB/OL］.［2021-10-20］. http：//www.cbirc.gov.cn/cn/view/pages/ItemDetail.html？docId=1013665&itemId=915. 这里有删减.

本章小结

1. 早期银行业的产生与国际贸易的发展有着密切的联系。现代商业银行的最初形式是资本主义商业银行，它是资本主义生产方式的产物。现代商业银行主要通过两种途径产生：一是从旧的高利贷银行转变过来的；二是根据资本主义经济发展，按照资本主义原则，以股份公司形式组建而成。

2. 尽管各国商业银行产生具体条件不同，其称谓也不尽一致，但是它们的发展基本是遵循两种传统：第一是英国式融通短期资金的传统；第二是德国式综合银行传统。商业银行发展到今天，与其当时因发放基于商业银行性的自偿性贷款从而获得“商业银行”的称谓相比，已相去甚远。今天的商业银行已经被赋予更广泛、更深刻的内涵，逐渐成为多功能、综合性的“金融百货公司”。

3. 商业银行是一种以追求最大利润为目标，以经营金融资产和负债为对象的特殊的企业。其基本职能包括信用中介、支付中介、信用创造、金融服务及调节经济等。

4.当前，各国商业银行已经普遍认同了在其经营管理过程中所必须遵循的“安全性、流动性、盈利性”的“三性”原则，《商业银行法》中也明确规定了我国商业银行“安全性、流动性、盈利性”的经营原则。

关键概念

商业银行　CAMEL原则　安全性　流动性　盈利性　总分行制　单一银行制　信用创造　支付中介　商业银行制度

复习思考题

1.怎样理解银行业产生和发展的过程？

2.什么是商业银行？它具有哪些基本功能？

3.从商业银行职能的角度，应该怎样认识它对一国经济和社会生活的影响？

4.商业银行的经营原则有哪些？怎样贯彻这些原则以及怎样协调这些目标之间的矛盾？

5.请描述股份制商业银行的内部组织结构。

6.请解释《格拉斯-斯蒂格尔法》。

7.商业银行根据外部组织形式分类有哪些类别？

8.请解释分业经营与混业经营。我国的商业银行属于哪种类型？

第二章

商业银行经营管理理论与方法

导读

通过本章的学习，掌握商业银行经营管理的基本理论和方法，并可以初步运用这些基本理论和方法。本章主要介绍的是在商业银行经营管理过程中产生并不断发展的传统经营管理理论，其中包括银行资产管理理论、银行负债管理理论、银行资产负债综合管理理论，商业银行的目标管理理论等，以及在这些理论的基础上产生的若干方法。还介绍了现代银行中介理论，其主要包括分别从资产和负债两个方面进行阐述的资产方范式和负债方范式。通过本章的学习，还可以掌握利率敏感性分析技术、久期模型等在商业银行中广泛应用的方法。通过对这些方法的应用，可以使商业银行有效降低风险，从而使银行在激烈的市场竞争中得以生存。

引导案例

利率敏感性分析技术的诞生

1983年，奎克国民银行的总资产为1.8亿美元。它在所服务的市场区域内有11家营业处，专职的管理人员和雇员有295名。1984年初，马休·基尔宁被聘任为该银行的执行副总裁，他利用给他的财务数据，开始着手编制一种全新的报表。基尔宁设计了一种报表，是管理人员在制定资产负债管理决策时所使用的主要财务报表，它是个利率敏感性报表。

基尔宁感觉到，这种报表有监控和理解银行风险头寸的能力。报表形式如下：

资产方：2 000万美元是利率敏感性资产，8 000万美元是固定利率的资产。

负债方：5 000万美元的利率敏感性负债和5 000万美元的固定利率负债。

如果市场利率提高了3个百分点，从10%提高到13%，该银行的资产收益将增加“2 000万美元×3%=60万美元”；负债支出增加“5 000万美元×3%=150万美元”。这样，银行收益减少了90万美元。

相反，如果利率水平降低3个百分点，国民银行将增加90万美元收益。

基尔宁接下来分析了1984年当地和全国的经济前景，认为利率在未来12个月中将会上升，且上升幅度会超过3%。为了消除利率风险，基尔宁建议国民银行将3 000万美元的固定利率资产转换成浮动利率资产。建议被采纳。这时，有家社区银行拥有3 000万美元浮动利率资产，提出与国民银行交换。

结果是，1984年全年美国利率果然持续上升，升幅达到4%。基尔宁为国民银行减少了120万美元的损失。明星经理诞生！这就是利率敏感性分析技术的由来，一直延续至今。

【讨论与思考】

1.该行的1年期资金是否有缺口？

2.利率如何变动对该行不利？

3.如果预测利率走势不利，该行应该如何调整资金缺口？如何安排利率敏感资产和负债？

4.该行资产负债管理过程中用到了货币互换，请做简要解释。

第一节　商业银行资产负债管理理论

资产负债管理是商业银行为实现安全性、流动性和盈利性“三性”统一的目标所采取的经营管理方法。安全性、流动性和盈利性三者之间存在着一定的矛盾，商业银行的资产负债管理方法正是随着这个矛盾方式的变化而不断发展，经历了资产管理理论、负债管理理论和资产负债综合管理理论三个发展阶段。

一、资产管理理论

（一）资产管理理论的发展

1.商业贷款理论

商业贷款理论（the commercial-loan theory）是最早的资产管理理论，由18世纪英国经济学家亚当·斯密在《国富论》一书中提出。该理论认为商业银行的资金来源主要是流动性很强的活期存款，因此商业银行在分配资金时应着重考虑保持高度的流动性。当时，存款决定的外在性决定了商业银行的资金运用只能是短期的工商企业周转性贷款，而这种贷款是基于商业行为能自动清偿的贷款。由于这种理论强调商业银行贷款的自动清偿，因而又被称为自动清偿理论（the self-liquidation theory）；又由于该理论强调商业银行放款是以商业行为为基础的，期限较短，并以真实商业票据作为贷款的抵押，因而又被称为真实票据理论（the real-bill theory）。

商业贷款理论产生的背景是西方商业银行正处于发展的初期。首先，当时英国的工业革命刚刚开始，大机器工业尚未形成，占支配地位的还是工场手工业，并且当时商品经济不够发达，信用关系不够广泛，社会化大生产尚未普遍形成，企业规模较小，所以企业融资主要依赖于内部，需向银行借入的资金主要是商业周转性流动资金。其次，此时金融机构的管理也处于较低水平，中央银行还没有产生，没有作为最后贷款人角色的机构能在企业发生清偿危机时给予资助。银行经营管理者不得不谨慎地维护自身的流动性，而且不惜以牺牲部分盈利为代价。最后，在早期金本位制下，银行的信用创造能力也受到限制，其原因在于除了受货币材料限制外，还受贷款市场需求限制。当时企业经营多数靠自有资本，对银行贷款尤其是长期贷款的需求很小，因此派生存款的来源较少。再加上当时人们还没有形成举债消费的习惯，对消费贷款的需求也很小。因此银行家们都将经营管理的重点放在了短期商业性贷款上，这样既可免去资金来源不足的问题，又可保证资金运用的安全。

商业贷款理论第一次确定了现代商业银行经营管理的一些重要原则，首先，资金运用受制于资金来源的性质和结构，这一原则已成为商业银行进行资金运用所遵循的基本准则。其次，该理论强调银行应保持高度的流动性，以确保商业银行经营的安全性，这为银行降低经营风险提供了理论依据。这些思想为商业银行进行资金配置、稳健经营提供了理论基础。因而，至今这一理论还保留着它的影响，特别是在英美等国家，部分商业银行还是坚持以短期商业贷款为主要资金运用业务。

然而，随着商品经济的发展，商业贷款理论的局限性逐渐显露。首先，该理论忽视了活期存款也有相对稳定的一面，从而使银行资金过多地集中在盈利性较差的短期自偿性贷款上。尽管活期存款流动性较强，但按“续短为长”的原理，在活期存款的存取之间，总会存在一个相对稳定的余额，这部分资金可用于发放长期贷款且不会影响流动性。其次，商业贷款理论忽视了贷款要求的多样性。商业贷款理论不主张发放不动产贷款、消费贷款、长期设备贷款和农业贷款，这使得商业银行的业务局限在十分狭窄的范围内，不利于银行自身业务的发展、盈利能力的提高和风险的分散。最后，商业贷款理论忽视了贷款清偿的外部条件，以真实票据为抵押的商业贷款的清偿性是相对的，而不是绝对的。在经济衰退阶段，票据违约的现象相当普遍，从而使真实票据的自偿程度大大降低。

这种资产管理理论在18世纪至19世纪末流行了1个多世纪后，终因其存在难以克服的缺陷而被人们所怀疑，代之而起的是第二种资产管理理论——资产转移理论。

2.资产转移理论

第一次世界大战以后，由于西方资本主义国家迅速恢复经济，加上经济危机的爆发和加深，凯恩斯理论逐渐开始流行，政府干预经济幅度加大，这些国家开始大量发行公债，政府的借款需要也急剧增加，于是短期证券市场逐步发展，这为银行保持流动性提供了一条崭新的途径，商业银行逐步把部分资金转移到购买政府债券中去。与此相适应，资产转移理论（the shiftability theory）应运而生，该理论是由美国经济学家莫尔顿1918年在《政治经济学》杂志上发表的《商业银行及资本形成》一文中提出的。该理论认为，银行流动性的强弱取决于资产迅速变现的能力，因此保持资产流动性的最好办法是持有可转换的资产。这类资产具有信誉高、期限短、流动性强的特点，从而保障了银行在需要流动性时能迅速将其转化为现金。政府发行的短期证券就是典型的可转换资产。

资产转移理论仍然强调商业银行应该考虑资金的性质而保持高度的流动性，但可以放宽资金运用的范围。资金运用范围的扩大，丰富了银行资产结构，突破了商业贷款理论对银行资产运用的限制，使银行在注重流动性的同时，扩大了资产组合的范围。资产转移理论是银行经营管理理论的一大进步。在资产转移理论的鼓励之下，加之当时社会条件的变化，商业银行资产组合中票据贴现和短期国债的比重迅速增加。

当然，资产转移理论也有其不足之处。资产转移理论过分强调银行通过运用可转换资产来保持流动性，限制了银行高盈利资产的运用。同时，可转换资产的变现能力会受市场环境的限制。如果市场需求旺盛，转换变现自然不成问题；倘若市场需求疲软，转换变现就比较困难，银行的流动性也就没有保证。而且当大多数银行都需要现金时，往往是市场处于融资困难或危机之时，此时市场萧条，证券价格大幅下跌，短期证券本身就会有较大风险，银行的资产流动性便得不到保证。

3.预期收入理论

预期收入理论（the anticipated-income theory）产生于20世纪40年代，由美国经济学家普鲁克诺于1949年在《定期存款及银行流动性理论》一书中提出。该理论的基本思想是：商业贷款的流动性状态从根本上讲取决于贷款的按期还本付息，这与贷款人未来预期收入和银行对贷款的合理安排密切相关。借款人的预期收入有保障，期限较长的贷款也可以安全收回。因此预期收入理论强调的是贷款偿还与借款人未来预期收入之间的关系，而不是贷款的期限与贷款流动性之间的关系。贷款期限并非一个绝对的控制因素，只要贷款偿还有保障，银行按照贷款的各种期限合理安排，使资金回流呈现出可控制的规律性，同样可以保障银行的流动性。

预期收入理论为银行拓展盈利性的新业务提供了理论依据。它深化了人们对贷款清偿问题的认识，明确提出贷款清偿来源于借款人的预期收入，突破了传统资产管理理论依据资产的期限和可转换性来决定资金运用的做法，为促进银行贷款形式的多样化起了重要作用。

此外，预期收入理论促使银行家对保持流动性有了更新、更全面的认识，银行在贷款偿还有保证的前提下，可以主动进行银行资产的期限结构安排。银行可以依据借款人预期的定期收入，发放盈利性高的长期贷款。当银行收回部分贷款后，这些按期归还的本金、利息就能及时补充银行的流动性；当银行不需要较强的流动性时，这部分资金又可继续用于贷款发放，这使银行能兼顾流动性和盈利性。

预期收入理论还增强了银行参与企业经营活动的意识。由于贷款是按对企业预期收入的评估而发放的，为正确评估企业的偿债能力，银行需要深入了解企业的生产经营活动。同时，为了保证贷款发放后能安全收回，银行还需要关注企业利用资金进行生产经营活动的效率。这样银行就从局外人的角色转变为企业生产经营活动的积极参与者，有利于加强银企合作，提高银行在国民经济中的地位。

当然，预期收入理论并不否认商业贷款理论和资产可转移理论的科学部分，但它极大地丰富了如何判断银行资产组合中的流动性和盈利性关系的思维方式，强调了借款人的预期收入是商业银行选择资产投向的主要标准之一。预期收入理论无疑比前两种仅强调按照资产期限决定银行的流动性的理论更为科学，从而为商业银行在更宽的领域内选择资产组合提供了依据。

预期收入理论的不足之处在于，对借款人未来收入的预测是银行主观判断的经济参数，事实上，随着客观经济条件及经营状况的变化，借款人实际未来收入与银行的主观预测量之间会存在偏差，从而可能使银行面临更大的风险。

总之，资产管理理论是一种保守消极的理论，它强调银行经营管理的重点是资产业务，强调流动性为先的管理理念。其管理思想在20世纪60年代以前的100多年里，对商业银行业务的发展及商业银行在金融业地位的巩固起了重要作用。

（二）资产管理方法

在资产管理理论的发展过程中，银行主要采用了三种资产管理方法：资金总库法、资金分配法和线性规划法。

1.资金总库法

资金总库法（the pool of fund approach）的主要内容是，银行将各种渠道的资金汇集在一起，形成一个资金总库或资金池，资金总库中的资金被无差别地视为同质的单一来源，然后再将其分配到各种不同的资产上去，如图2-1所示。

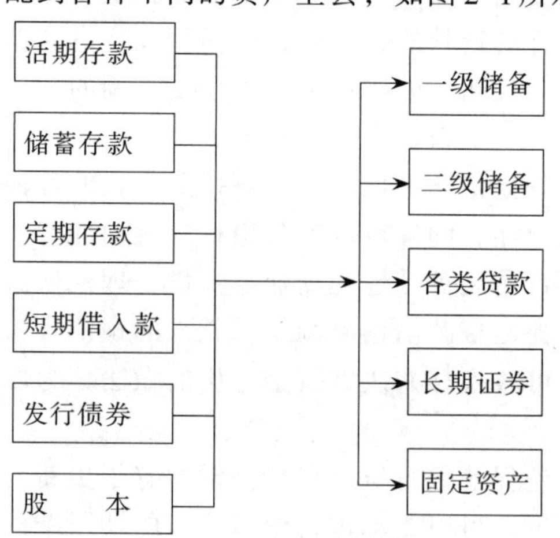

图2-1　资金总库法示意图

首先，要保证充足的一级储备。一级储备主要包括：库存现金、在中央银行的存款、同业存款及托收中的现金等项目。其次，保证二级储备，以应付可预见的现金需求以及较长期间内的意外情形。二级储备由短期公开市场债券组成，如国债、地方政府债券、银行承兑票据等。再次，各类贷款。贷款发放是银行主要的利润来源。最后，长期证券。如果前三项自己分配满足后还有剩余，银行可以在公开市场上购入各类长期证券。

这种方法的优点是简单易懂，管理成本较低。其主要缺陷有：一是认为资产流动性保证仅来自资产的运用，而忽略了从资金来源的角度考虑流动性的取得。二是对主要盈利性资产的管理只偏重总量管理，而忽视了贷款结构对流动性的影响。事实上，不同期限的贷款因本金和利息不断到期归还而提供的资金，也是补充银行流动性的重要来源。三是忽视了足够的盈利能力是银行生存与发展的基础这一基本前提，过分偏重流动性的保持而缺乏有效的盈利控制机制。

2.资金分配法

资金分配法（the asset-allocation approach）的主要内容是，商业银行在把现有的资金分配到各类资产上时，应使各种资金来源的流通速度或周转率与相应的资产期限相适应，即银行资产与负债的偿还期应保持高度的对称关系，所以也称为期限对称法。那些具有较高周转率的不稳定性存款主要分配到短期的、流动性高的资产项目上，而具有较低周转率的相对稳定的资金来源则主要分配到相对长期、收益较高的资产上。其分配模式如图2-2所示。

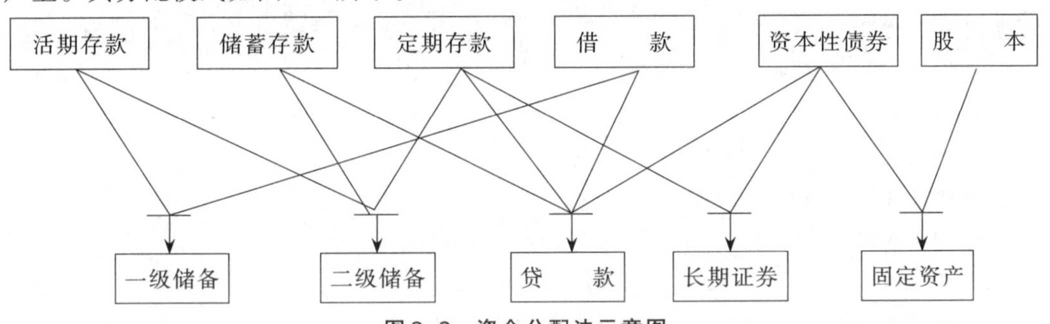

图2-2　资金分配法示意图

资金分配法使资产和负债在规模和结构上保持一致，压缩了银行流动准备金的平均数额，从而扩大了盈利资产的运用规模，提高了银行的盈利水平，其缺陷在于：①将存款周转率作为标准分配资金不完全切合实际，因为在活期存款中，也存在长期稳定的余额可用于高收益的长期资产。②它把贷款作为完全不流动的资产处理，从而高估了银行的流动性需要，实际上陆续到期的贷款会补充一部分流动性供给。③它认为资金来源和资金运用相互独立，实际上某一类存款增长，其他形式的信贷需求也在增长，并不可能严格对应。④比较死板，没有考虑存款和贷款的季节性变化。

3.线性规划法

为了使资金分配战略更为准确，许多商业银行使用复杂的数学模型，其中运用最为广泛的是线性规划法（the linear programming approach）。计算机在银行业务中的广泛应用，使银行有可能计算这些复杂的数学模型。线性规划法就是预先选择此目标变量的值，在一定的约束条件下，求解目标函数最大或最小的方法。运用于银行管理，就是决定一组资产负债量，在一定的流动性和管理限制等约束条件下，使利润最大。具体步骤如下：

（1）建立目标函数。银行通常以财富最大化为目标。但该目标用于确定目标函数比较困难，银行一般使用更常用的术语来定义目标函数。一般常用资产收益率、净收益等作为股东财富最大化的近似反映，建立目标函数。

（2）选择模型中的变量。这主要考虑预测变量和决策变量。预测变量是银行不能进行控制，并主要由外部环境决定的因素，比如利率、现金流量、存款贷款种类等。决策变量是那些银行可以控制的，而且银行试图优化其组合数额的资产和负债项目，如同业拆借、国债、贷款、资本债券等。

（3）确定约束条件。在银行经营管理中，存在许多限制性因素，如法律限制、流动性要求、资本要求等。

（4）求解线性模型。目标函数、变量、约束条件全部确定以后就可以运用数学方法，借助计算机进行求解。计算银行如何分配资金，才能使银行利润最大。

【例 2-1】假设某银行有5 000万元的资金来源，这些资金可用作贷款（X_1）和二级储备即短期证券（X_2），贷款收益率为12%，短期证券收益率为8%，存款成本忽略不计。假设银行管理短期资产的流动性标准为投资资产的25%，即短期证券与总贷款的比例至少为25%。

首先确定目标函数及约束条件：

目标函数	含义
$max(Y)=0.12X_1+0.08X_2$	利润目标
约束条件	
$X_1+X_2\leqslant 5\,000$ 万元	总资产负债约束
$X_2\geqslant 0.25X_1$	流动性约束
$X_1\geqslant 0$ 与 $X_2\geqslant 0$	非负约束条件

线性规划法如图2-3所示。

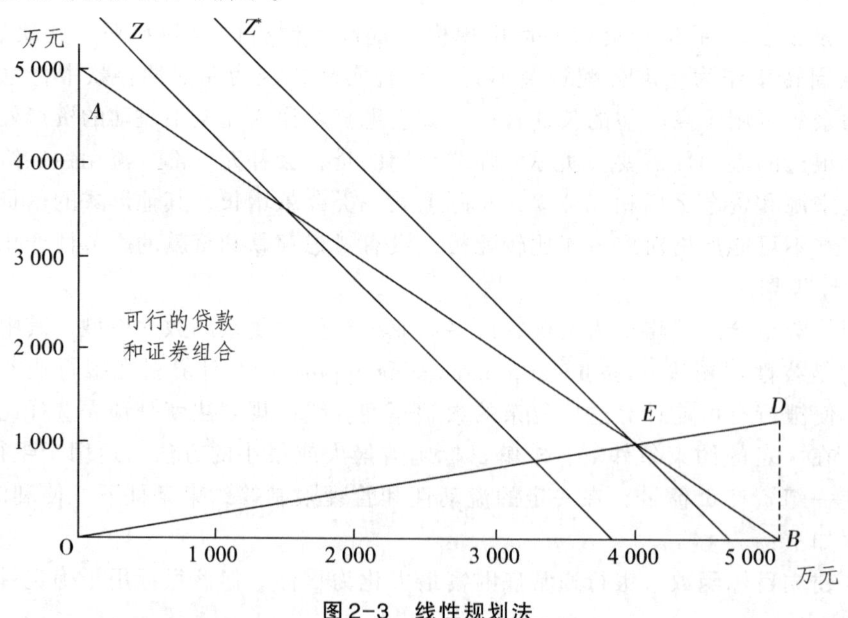

图2-3 线性规划法

目标函数表示了各种盈利性资产对银行总盈利的贡献。在图2-3中，目标函数表现为一条常数利润线，Z函数上的每一点都代表产生同样收益的贷款和短期证券的不同组合点。

第一个约束条件：$X_1+X_2\leqslant 5\,000$万元，表明银行的贷款与短期证券的组合受资金来源总量的制约，可行的资产选择必须在AB线及该线以下区域。第二个约束条件：$X_2\geqslant 0.25X_1$，表明用来作为二级储备的短期证券必须等于或大于总贷款的25%，以符合流动性标准，因此可行的资产组合应在OD线及该线以上区域。第三个约束条件：$X_1\geqslant 0$与$X_2\geqslant 0$，表明贷款和短期证券不可能为负数。三角形AOE区域表示满足三个约束条件的所有组合点。为了确定最佳资产组合，通过反复验证，利润函数Z向右上方移动代表更高的总利润水平。只有在E点，所选择的贷款和二级储备金组合在同时满足了三个约束条件时，才能使银行利润最大化，这个点被称为最佳资产组合点。在这一点上，银行资金管理者在短期证券上投资1 000万元，贷款4 000万元，目标函数Z^*代表总的收益560万元。

以上假定的是银行在一组约束条件下单独使用一个目标函数达到最大值，而实际的情况要复杂得多，银行往往要求实现多重目标最优。因此，运用线性规划模型的资产管理方法要求银行拥有一批专业的技术人员。该方法只在一些大型银行中获得成功，一些小型银行因缺乏专业的技术人才，其运用的效果并不令人满意。

二、负债管理理论

20世纪60年代以后，世界经济金融环境发生了很大变化，商业银行资产管理理论对商业银行的经营发展而言，就显得比较保守落后了。此时，在金融创新的推动下，银行经营管理理论也发生了一次重大变革，负债管理理论取代资产管理理论，成为指导商业银行经营管理的一种主要理论。

（一）负债管理理论的介绍

负债管理理论（the liability management theory）兴起于20世纪五六十年代。该理论主张商业银行资产应该按照既定的目标增长，主要通过调整资产负债表的负债方项目，通过在货币市场上的主动负债，或者“购买”资金来支持资产规模扩张，实现银行“三性”目标的最佳组合。负债管理理论开辟了满足银行流动性要求的新途径，改变了长期以来资产管理仅从资产运用角度来维持流动性的传统做法。

西方商业银行资金配置的策略从资产管理转向负债管理，有其环境变化的背景。

首先，第二次世界大战后西方各国经济复苏并稳定增长，金融市场迅速发展，非银行金融机构与银行在资金来源的渠道和数量上展开激烈竞争。在竞争中银行既要争取更多贷款，占领和保持市场份额，又要避免流动性压力，保证银行的清偿力和经营安全，这样，就只能通过负债经营满足这两方面要求。其次，各国都吸取了20世纪30年代大危机的教训，加强了金融管制，制定了银行法，对利率实施了管制。尤其是存款利率上限的规定，使银行不能以利率手段来吸引更多的资金。20世纪60年代以后，西方各国普遍出现了通货膨胀，货币市场利率不断上升，对商业银行的资金来源造成很大打击，出现了“脱媒”（disintermediation）的状况，银行面临着资金来源的巨大压力。这种情况下，商业银行若不及时调整资金配置策略，一味强调从资产方考虑资金的配置组合，必将使银行陷入严重的困境。再次，金融创新为商业银行扩大资金来源提供了可能性，1961年花旗银行首创了可转让大额定期存单及以后涌现出的各种含息的交易性存款，使银行家们意识到如果必需的资金总能通过货币市场上“购买”得到，为何还要把资金来源限制在被动负债之中，并储备过多的低收益流动资产呢？最后，西方各国都建立和发展了存款保险制度。西方各国认为，存款客户的挤兑使银行丧失流动性而纷纷破产，是20世纪30年代大危机爆发的导火索。于是，第二次世界大战后各国都建立和发展了存款保险制度，以加强存款人的信心，保护存款人利益。但同时这也激发了银行的冒险精神和进取意识。在这种背景之下，负债理论在20世纪六七十年代盛行起来。

负债管理理论问世之后，银行经营管理面貌焕然一新。负债管理一改流动性管理中严格期限对称的原则以及追求盈利时强调存款制约原则的传统，不再主要依赖维持较高水平的现金资产和出售短期证券来满足流动性和规模扩张的需要。负债管理理论的出现标志着商业银行在资金管理方法上的一大进步，摆脱了被动负债的制约。以前银行总是恪守“负债决定资产”，现在银行可以对负债进行主动管理，根据资产发展的需要调整或组织负债，变成“资产决定负债”了，让负债去适应或支持资产。负债管理使商业银行降低了流动性资产储备水平，扩大了收益性资产的比例，提高了资产的盈利能力。

但同时也要看到，负债管理依赖货币市场借入资金来维持流动性，必然会受到货币市场资金供求状况的影响和外部不可测因素的制约，因而增大了银行的经营风险。另外，借入资金需要付出较高的利息，也增大了银行的经营成本。因此负债管理并不利于银行的稳健经营，只有较大的银行才有能力承受大量购买资金所增加的经营风险和成本压力。商业银行运用的主要负债管理方法是储备头寸负债管理方法和全面负债管理方法。

（二）负债管理的方法

1.储备头寸负债管理方法

储备头寸负债管理方法意味着用借入资金满足短期流动性需要，也就是说，用借入资金补充一级储备，以满足存款的提取和增加的贷款需求，储备头寸负债管理方法见表2-1。

表2-1　**储备头寸负债管理方法**

负　债	资　产
存款提取	一级储备
借入资金	二级储备
存　款	贷　款
资本金	投　资

与资产管理的各种方法相比较，储备头寸的负债管理方法使银行可以持有较高比例的收入资产。因此，银行的预期收入提高了，但也增加了两个风险：一是借入资金的成本不能确定；二是有时可能借不到资金。

2. 全面负债管理方法

全面负债管理方法也叫纯负债管理，银行用借入的资金持续扩大资产负债规模，全面负债管理方法见表2-2。

表2-2 **全面负债管理方法**

负　债	资　产
存款提取	一级储备
存　款	二级储备
借入资金	贷　款
资　本	投　资

全面负债管理方法实施的前提是借入资金有较大的供给弹性，其条件是市场有足够的资金和参与者，单个银行的活动并不会对整个市场利率水平造成影响。因此，实施全面负债管理的最大风险是得不到足够的资金来源，中央银行的货币政策一旦紧缩，实施全面负债管理的小银行的负债管理结构甚至会处于崩溃的境地。

三、资产负债综合管理理论

自20世纪70年代中期开始，由于市场利率大幅上升，负债管理在负债成本及经营风险上的压力越来越大，商业银行迫切需要一种新的更为有效的经营管理指导理论。而在此时，计算机技术有了很大发展，在银行业务与管理上的运用越来越广泛，银行经营管理的观念逐渐改变，由负债管理转向更高层次的系统管理——资产负债综合管理。

（一）资产负债综合管理理论

资产负债综合管理理论（the assets and liabilities management theory）不像资产管理理论和负债管理理论那样，只将资产负债管理的重点放在资产方或负债方，也不是对资产管理理论、负债管理理论的否定，而是吸收了前两种管理理论的合理内核，并对其进行了深化和发展。

商业银行追求的目标是财富最大化，或者说是预期净值的最大化，而银行的净值是资产和负债的差额，因而资产负债综合管理理论认为单靠资产管理或负债管理都难以达到安全性、流动性、盈利性的均衡，只有兼顾银行的资产方和负债方，强调资产和负债两者之间的整体规划和协调搭配，通过资产结构和负债结构的共同调整以及协调统一的管理，才能控制市场利率波动的风险，保持资产的流动性，实现利润最大化的经营目标。这就是资产负债综合管理理论的主要思想。此外，银行越来越认识到资产负债综合管理的重要性与当时市场经营环境的变化有关。

资产负债综合管理理论发展起来的动因主要在于：利率和经营活动自由化、新形势发展的要求、金融衍生交易增加、国际上有关风险管理的讨论兴起、计算机技术迅速发展。

资产负债综合管理理论汲取了资产管理理论和负债管理理论的精华，又克服了其缺陷，从资产负债平衡的角度去协调商业银行的安全性、流动性、盈利性之间的矛盾，使商业银行经营管理更为科学。资产负债综合管理已成为当今银行业经营管理的主导方式。

（二）资产负债综合管理的现状与发展

1.早期的资产负债综合管理

银行早期的资产负债综合管理是分别管理银行业务账户和交易账户的风险，以获得资本性收益为目的的。银行业务账户包括的内容为：传统的存款、贷款和证券投资等产品。银行交易账户包括的内容为：短期外汇、债券和金融衍生产品交易。银行分别管理这两类账户是基于其风险性质的不同，即银行业务账户的资产和负债产生于客户交易，在性质上较为被动，而在银行交易账户中，银行可以积极主动地根据市场价格变动来改变交易头寸以管理风险。

银行业务账户的管理重点在于对冲与业务账户资产负债有关的利率风险。利率受管制时，由于银行的利差相对有保障，只要扩大资产负债额即增加贷款和存款，银行就可以自动增加收益。而在利率自由化以后，银行扩大存贷款额，就会产生长期固定的利率缺口，此时银行资产负债管理的主要目的就是对冲利率风险暴露。银行分析利率风险的方法主要是缺口分析，即计算一定时期内浮动利率的资产和负债的差额，并考虑几个时期内需要重新确定利率的资产和负债，分析资产负债分配及每个时期缺口的大小。

银行交易账户管理的重点在于控制风险暴露的同时，达到各交易产品的利润指标。控制风险的手段包括对各种产品确定头寸额度或实行止损规定。分析交易账户的风险经常用敏感性分析方法，计算一定程度的波动引起资产负债净现值的变化程度。

2.现代资产负债综合管理

随着商业银行经营环境的发展变化，利率和业务活动自由化，银行可以主动控制业务账户的资产和负债，并体会到对业务账户和交易账户的风险分别进行管理并不充分。在此背景下，由银行资产负债管理集中于对冲业务账户风险，扩展为包括业务账户和交易账户的广义风险管理，在对利率进行预测的基础上，主动调整资产负债组合。银行改善资产负债管理的措施如下：

（1）银行在预测利率走势和使用衍生工具（诸如利率掉期）的基础上，通过主动改变资产与负债的条件（例如利率和期限），以及对存款和贷款实行更有策略和及时的定价，灵活控制资产负债头寸错配产生的业务账户利率风险。同时，成立独立的部门负责资产负债管理，全面控制银行账户的利率风险。

（2）以往交易账户的风险管理仅包括以历史交易资料为基础，确定风险暴露的限额。现在则通过综合计算交易账户的风险，改善风险管理。具体的变化是：①用风险计值（VaR模型）方法综合计算风险，在历史性市价波幅的基础上，估计可能产生的亏损；②以客观标准为基础确定风险限额和止损规定；③运用现时暴露法（current exposure method）改善与金融衍生交易相联系的信用风险控制方法；④建立独立的部门，专门负责风险管理；⑤改善风险管理系统；⑥加强内部控制和稽核机制。

但是，其中仍存在一些问题需要解决：一是目前的风险计算结构并未包括产品价格波动的相关性；二是风险限额的客观标准未考虑预期收益或资本；三是与金融衍生产品有关的信用风险管理方法还很不成熟。

（3）综合计算银行业务账户和交易账户的市场风险，方法是将以往仅用于交易账户的敏感性分析方法，配合久期分析方法用于银行业务账户，计算某一时期利率风险对利润的影响。

（4）高层管理者主动参与，以改善两类账户的风险管理，使资产负债管理更为灵活。许多银行重新审查其组织结构，加强资产负债管理委员会的权力，改变其以往作为顾问的形象，授予其对银行整体综合性资产负债管理政策的决策权。有的银行则建立中介机构，或在董事会下直接成立专家风险管理部，独立于资产负债管理部门，负责改善银行的风险管理方法，计算和控制不同部门各种业务的风险暴露，保证经营活动在规定的范围内进行，并向董事会报告风险管理状况。

各银行都有其本身的业务账户和交易账户及相应的管理策略，具体的资产负债管理内容和技术在各银行均不一样，并仍处于实验阶段，也难免会有失误，要付出代价。但总体来说，银行业在金融自由化过程中，已向通过综合计算市场风险，管理资产和负债、取得最大盈利方面迈进了一大步。

3.未来资产负债综合管理的发展趋势

最近，一些商业银行进一步研究发展资产负债综合管理方法，从控制与资产负债有关的市场风险转变为综合管理业务账户和交易账户市场风险和信用风险。其理论基础是，如果综合计算市场风险和信用风险，并按客观标准计算各个账户的风险调节盈利性，即获得足够的收益抵消风险产生的损失，那么资本和人力资源就可以根据风险调节的盈利水平进行分配。

制定风险调节盈利性的指标，需要下列程序：①确定数量化信用风险的方法；②计算市场风险和信用风险总量；③按资本和预期收益比例确定信用风险限额；④计算各个账户的风险调节盈利性。

要完成这一程序，需解决下列与银行综合管理有关的问题：①市场风险量化过程中并未充分评估风险因素之间的相关性；②信用风险的数量化仍在研究阶段；③在计算各个账户和产品的盈利性的过程中，存在诸如支出分配方面的技术困难；④建立风险调节评估系统的难度很大且成本较高；⑤即使可以以共同的指标为基础比较各个账户的盈利性，在银行业务账户和交易账户之间灵活转移资本和人力资源仍较为困难。在上述条件下，难以很快实现以风险调节盈利性指标为基础的全面资产负债管理。

但资产负债管理的基本发展趋势是，客观和全面衡量各种风险，力求收益和风险的规模相一致，并以风险调节盈利性为基础，战略性地分配资本和人力资源。这反映了商业银行在金融自由化时代不断重新审查和改进其经营管理的基本政策。

（三）资产负债综合管理的方法

商业银行资产负债综合管理有两种主要的管理方法，即利率敏感性缺口管理技术和久期缺口管理技术，将在本章第三节和第四节中予以介绍。

第二节 商业银行存款契约理论

一、存款契约相关理论概述

《银行挤兑、存款保险与流动性》（Bank Runs，Deposit Insurance，and Liquidity，Diamond & Dybvig，1983，以下简称DD（1983））是解析银行挤兑及其传染性的经典文献。“传统的活期存款契约能为存款人提供流动性，并形成多种均衡，其中之一便是银行挤兑。存款契约能阻止银行挤兑……而政府存款保险有利于形成最优契约。”DD（1983）把存款契约作为关于活期存款契约与银行挤兑的关系所给定的条件，建立了三个时期、两类客户、一种商品的简单模型。他们从银行活期存款契约与流动性的角度，分析了存款挤兑的成因和损害，并探究了避免银行挤兑和存款保险与契约最优化的问题，认为银行发行的活期存款通过提供更好的风险共享改进了市场竞争性；活期存款契约所提供的这种改进可能出现如银行挤兑等非意愿的均衡；银行挤兑可能会导致原本好的银行倒闭，从而对国民经济产生负面影响。

《存款契约设计：委托代理理论的一个应用》（Paulp，1982）是关于存款契约设计中利率决定问题的较为有代表性的文献。文中在存款产品契约设计中运用了委托代理理论。文中探析了所有者与经营者合一状况下的存款契约设计问题，假设存款人厌恶风险，且存款人的资本数量和所有者（经营者）花费在投资机会评估上的人力成本决定了存款人预期效用。通过分析得到：如果没有存款保险制度，所有者（经营者）风险中性，存款就是没有风险的；如果能准确监督所有者（经营者）的资本和努力程度，存款人就能签订一个最好的存款契约；假设上一个条件不成立，存款人就只能签订一个次好的存款契约；假如验证存款机构绩效有成本，则存款人仅能获取固定利率。

Oliver Lefebvre（1985）认为提供资产多元化、更稳定的风险回报和风险共享或保险是银行存款契约的作用所在。这是在关于存款人风险水平方面研究如何决定存款利率。如果借款人（或投资项目）、银行和贷款人（或存款人）构成了经济体系，若银行风险中性，存款人通过选择固定利率使其效用最大化；若银行风险厌恶，最优存款契约的利率函数（收益项目为自变量）的倾斜程度与存款人的风险厌恶程度负相关。

Villamil（1991）建立把DD（1983）和Townsend（1979）的研究结论作为特例的三期模型进行研究后，认为银行存款契约为银行和存款者提供的收益与银行的资产组合的收益无关，且存款者提款时无须事先通知银行；破产或验证程序是最优存款契约的重要组成部分。根据Townsend（1979，1988）的高成本状态验证（CSV）分析框架，Villamil认为当验证企业投资项目收益的私人信息要花费高成本时，中介机构或存款人联盟通过在自然状态下签订要求固定或非依存支付的契约和在其他情形下签订要求依存支付的契约来使验证成本最小化。

存款（契约）定义有四种方式：信用角度；货币角度；财产权利角度；契约角度。但目前为止还没有一个完整的基于契约的定义。罗斯（1999）认为，“存款代表企业、家庭和政府付银行的债权”。梅耶（1994）认为，“存款实际上是什么呢？它不是像通货那样的实体物质，而仅以银行账簿上一笔分录为凭的一种财产权利”。从契约角度研究存款，戴蒙德和迪布威格（Diamond & Dybvig，1983）将商业银行活期存款看作一种受连续服务约束的契约。弗里德曼（2001）认为，储蓄存款是一个能获得利息收入的存款合同。还有观点认为，储蓄存款……从动态上理解，它是一种契约行为……这种契约关系，明确表现在存折或存单上。

二、存款契约的性质

存款人将资金使用权暂时转让给银行，存款契约就表现出了让渡后形成的债权债务关系和双方的权利、义务。为了明晰存款产品与其他金融产品的差异，所以对契约的性质进行分析。除了一般债务类金融契约的对等性、强制性、不完全性外，存款契约的特殊契约导致了存款契约的不稳定性和不同于其他金融契约的微观结构和设计机制。存款契约有以下特殊性质：

存款契约是非标准化的，不可转让和交易。导致非标准化的原因有：除了可转让大额存单外的存款账户都是记名的，甚至需要实名制；存款人执行权利时须提供身份证明文件，而存款账户通过设置密码来避免存款人权利不受非法侵占；不同的个体具有不同的风险偏好、存款数量、期限以及流动性需求，所以契约存在差异性。由于这种非标准化导致了契约甄别和搜寻成本高，存款契约交易困难；又由于交易渠道匮乏，即使存款契约被出售，交易后资金数量变动也必须经过银行，这就导致存款契约无法转让。这种不可转让性与存款人不确定的流动性需要将产生冲突。

存款契约非保管契约，是债务契约。存款人认为资金在银行保存较为安全，但不用向银行支付保管费用，反而银行要支付利息。在交易方式方面，存款人让渡资金使用权给了银行；从交易结果方面看，存款人在交易后的一定期间内失去了资金使用权，而银行得到了使用权，双方形成债权债务关系。

存款契约对债权人形成软约束。存款人让渡资金使用权的程度决定了对银行的实际价值。存款人可以在任何时候利用最终资金所有权单方面解除契约，但是银行作为债务人必须履行债务。存款人将资金存入银行，这是资产形式和流动性的转换，但从债权人角度，则从市场转让和债务人赎回来获取流动性，由于不可转让性，存款人流动性反转只能反向卖回银行；也因为不可转让性，存款契约设置客户对资金的随时索取权，导致存款契约的软约束性。

存款契约与存款服务密不可分。存款契约是存款人与银行进行资金交易的契约，但是存款契约的特殊性在于，银行不仅提供存款等产品，还要提供查询等存款服务，存款服务可以看作附加于存款产品，所以二者密不可分，但存款服务定价由成本决定，资金交易定价由供求决定。

存款契约具有公共产品属性。存款契约之所以具有公共产品属性，是因为：作为货币的重要的形态，存款有价值尺度、流通手段、储藏手段的职能。另外，基于存款而提供的支付结算服务具有公共产品属性。所以，存款不仅是存款人的资产，还是一种公共产品。

存款契约需要第三方治理。为了防止存款挤兑，降低负外部性，确保公共产品消费的社会效用最大化，存款契约需要除了存款人和银行以外的第三方——存款保险机构。

三、存款不稳定性与契约改进

存款不稳定性是指，存款人提前支取定期存款或者在不确定的时间支取活期存款的行为所导致的存款人与银行解除原有存款关系的现象。这种存款固有的现象，又称为内在不稳定性。这里说的存款内在不稳定性是从契约的角度来说的，而不是从存款数量变化或增长率平稳性来说的，讨论的是存款人是否存在提前支取定期存款的违约行为。而活期存款的存款期限、取款时间不确定，天生不稳定，所以不存在提前支取的违约问题。但定期存款的取款时间可以是到期前提取、到期提取、逾期提取、到期转存。对银行来说，到期支取存款是稳定的，逾期支取或到期转存的存款是超稳定的，但是到期前提取是不稳定的。

存款人到期前提取存款的原因非常复杂，又具有多样性，理论界和实务部门通常是在资金所有权和影响存款人行为的外生性变量如宏观经济形势、通货膨胀、银行利率调整、家庭收入、未预料的突然即期支付需要、心理预期等方面来解释这一问题。但是，这并没有真正解释出定期存款能够到期前提取并导致存款不稳定的内在根本原因。任何在现代经济中的交易都是契约关系，银行产品交易也包含在其中，所以，我们从存款契约设计的内在缺陷方面来解析这个问题。存款契约建立后，很多未知因素会引发存款人未必执行契约，另外，存款人有权提前支取定期存款的基础是资金的所有权，而提前支取的外部环境包括流动性需要等，其根本原因在于存款契约的软约束，这又与不可转让性有关。这种软约束导致存款内部不稳定性，这种不稳定性导致存款契约不同于其他金融产品契约。商业银行可以重新设计契约条款，加大存款人单方面解除契约的成本，设计出强期限约束的负债产品代替银行存款负债，但不能从根本上将其消除。

（一）加大到期前提取存款的违约成本

根据国外的经验，到期前存款的违约成本主要有利息、账户管理费、个人信用三个方面。美国国立城市银行宾夕法尼亚分行规定，到期前取款存款人就要缴纳罚金：期限小于等于91天，存款人无法得到利息；期限在92天到18个月间的，损失3个月利息；期限在19到42个月期间的，损失6个月利息；期限大于43个月的，损失12个月利息。香港汇丰银行规定，人民币储蓄账户结余小于5 000元的，收管理费50元人民币；港元储蓄账户结余大于等于5 000港元的，或者通过港元储蓄存折账户选用储蓄服务，或者选用指定产品及服务，则免除40港元的月费。通常情况下，假如其他条件不变，存款契约的违约成本越高，存款人的取款行为就越受到约束并且越加谨慎，导致定期存款到期前取款的可能性降低。

（二）设计强期限约束的负债产品

强期限约束使得银行筹集的资金有确定的使用期限，有利于银行提高资金的使用效率。根据美国商业银行的资金来源，金融债券、可转让大额定期存单、个人退休金账户大约占比超过2/5，这三个账户相较于传统账户的特点在于，持有金融债券或可转让大额定期存单、开设个人退休金账户的债权人，不得提前向银行变现。

第三节　商业银行全面风险管理理论

一、国际银行业风险管理走过的七个阶段

第一个阶段，银行只能做贷款。自从1944年关于利率、汇率稳定的布雷顿森林体系通过，直至20世纪70年代，因为严格控制银行业的政策，银行业普遍倾向于规避风险，风险管理的标准基本相似。

第二个阶段，银行对贷款进行评级。到20世纪70年代末，布雷顿森林体系崩溃，利率、汇率波动激烈并表现出强势上升趋势，政府部门对银行业的管制逐步放松，市场开始开放并趋于全球化，市场竞争激烈，银行被迫面对风险经营。银行业开始进行分级管理与评价贷款，评定客户风险等级。

第三个阶段，ROE是主要目标。除了资产回报率之外，股本收益率（ROE）成为投资者最为关心的另一关键因素。未来寻求更好、更高的回报率，不断追求资本增值成为投资者的一个目标，即ROE成为管理的目标。

第四个阶段，根据风险进行定价。金融不断走向全球化与一体化，20世纪80年代是非常重要的时间段。在这段时期，巴塞尔协议成为银行业风险管理的重要文件与标准。

第五个阶段，像管理投资组合一样管理贷款。资产组合理论开始在银行业运用，银行业的信贷风险管理水平和IT技术水平受到了更大的挑战。在这一理论指导下，信贷风险集中度的提高成为风险管理的又一大难题。

第六个阶段，股东要求风险与收益匹配。21世纪以来，银行业风险管理的首要目标和使命是股东价值最大化。2004年的巴塞尔新资本协议成为标志，三大支柱市场纪律、自我约束、外部监管渐渐变成风险管理的原则，要求银行为自我风险配置资本，开始广泛应用经济资本的概念。

第七个阶段，分散资产组合风险至关重要。到目前为止，银行业利用资产证券

化、金融衍生品和对自留风险定价等方法在全部资产组合层面分散风险。

二、全面风险管理理论与意义

时代的变化引起银行业风险管理的不断变化。随着全面风险管理时代的到来，希望实施全面风险管理的银行越来越多。全面风险管理是一种有效而全面地处理新规范要求的符合逻辑的方法，全面风险管理对于银行是具有战略意义的创新构想。

（一）全面风险管理的基本含义

对商业银行全面风险管理具有指导性意义的文件主要有两个：COSO的《全面风险管理框架》和《巴塞尔新资本协议》。

COSO的《全面风险管理框架》对全面风险管理进行了定义，指出全面风险管理（ERM）是一个过程，它由一个主体的董事会、管理层和其他人员实施，应用于战略制定并贯穿于企业之中，旨在识别可能会影响主体的潜在事项，管理风险已使其在该主体的风险容量之内，并为主体目标的实现提供合理保证。它将风险管理提升到了一个战略高度，该框架指出，全面风险管理的最终目的就是给主体的利益相关者创造价值，通过实施全面风险管理，重组一个主体的管理流程，可以保证它在不增加管理要素的情况下实现风险管理和创造价值的统一。为了达到目标，该框架提出了一个全面风险管理体系，该体系有三个维度：一是企业的战略、经营、报告、合规目标；二是全面风险管理内部环境、目标设定、事件识别、风险评估、风险回应、控制活动、信息和沟通八要素；三是企业的层级，包括整个企业范围、职能部门范围、业务线范围、子公司范围。

《巴塞尔新资本协议》风险计量方法中，对于信用风险，商业银行可采取标准法、内部评级初级法、内部评级高级法；对于市场风险，可以选择标准法或者内部模型法；对于操作风险，商业银行可以采用基本指标法、标准法、高级计量法。具体选择哪种计量方法取决于商业银行自身风险水平和商业银行是否达到巴塞尔委员会针对每种方法规定的相应标准。为鼓励商业银行提高风险管理和计量水平，巴塞尔委员会提出采用较高级别的计算方法能够降低商业银行的监管资本要求。

《全面风险管理框架》和《巴塞尔新资本协议》的比较见表2-3。

表2-3 **《全面风险管理框架》和《巴塞尔新资本协议》比较**

项目	发布机构	对全面风险管理所起的作用	适用对象
全面风险管理框架	COSO委员会	全面风险管理的理论来源	所有企业
巴塞尔新资本协议	巴塞尔委员会	银行业全面风险管理的最佳实践	国际活跃银行

全面风险管理受人的因素影响，被应用于整个银行，运用在银行战略的制定中，用于鉴别所有能够影响银行的潜在事件并将风险控制在风险偏好的范围之内。全面风险管理为银行管理部门和董事会提供了有限的保证，全面风险管理必须与在一个或多个独立但又相互交叉的分类中所要实现的目标相适应。

全面风险管理会带来以下收益：明确风险偏好，优化管理，平衡成长、风险和收益之间的关系，建立银行风险管理文化和风险管理职责，使银行的资本结构及分配更加合理化，加强风险应对决策，建立程序化的风险识别机制，提高银行声誉和竞争力，改进产品和服务，更好地抓住业务机会等。全面风险管理也会带来直接成本、机会成本和声誉成本等成本。

（二）全面风险管理框架

全面风险管理框架如图2-4所示。

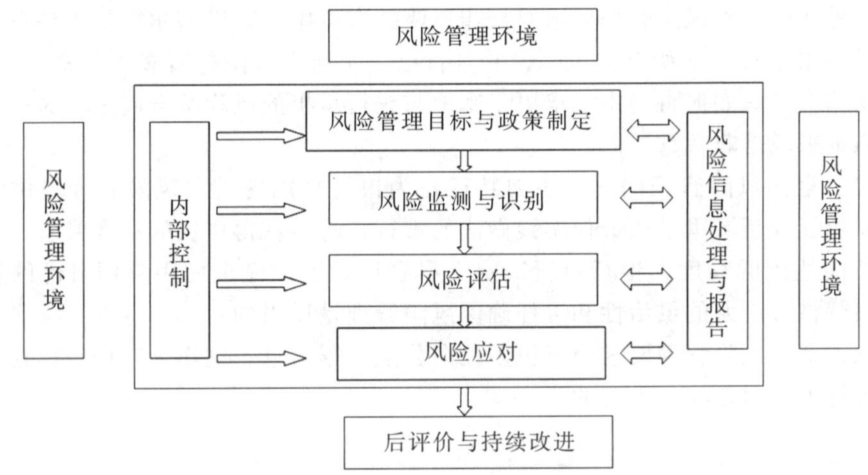

图2-4 全面风险管理框架

（三）全面风险管理理论的主要内容

由知识、精神和制度三个层面构成商业银行的风险管理文化，而风险管理理念属于风险管理文化的精神层面。先进的风险管理理念是以银行企业文化为背景的。国际先进的风险管理理念主要有：商业银行风险管理是艺术与科学的结合；商业银行是由独立的风险管理组织机构实施专业化的全员风险管理；商业银行的核心竞争力是资本增值型风险管理。风险识别、风险管理流程、风险管理目标和政策制定、风险评估、风险应对（风险缓释技术）等内容则属于制度层面。

（四）商业银行全面风险管理的意义

1.微观意义

全面风险管理有助于防范商业银行非系统性风险。根据巴塞尔委员会提出的《巴塞尔新资本协议》，商业银行全面风险管理要求银行对信用风险、市场风险和操作风险资本需求的评估采取一种全方位的风险管理观。这是从银行的监管层面对商业银行加强全面风险管理提出的要求，对商业银行非系统性风险的防范具有极大的意义。全面风险管理不仅是银行监管当局的要求，更重要的是，它是实现银行健康、持续、稳定增长的前提和条件，是风险管理发展到现阶段的必然产物，是符合银行股东、管理层、员工乃至客户的最大利益和保证银行业在社会经济发展中发挥核心作用的基础。商业银行非系统性风险是指商业银行在自身经营活动中，由于主观的行为和客观条件的变化而引起的导致自身利益蒙受损失的可能性，这种风险可以通过设置监测指标与度量模型进行识别、评估和管理监督，它包括了信用风险、市场风险和操作风险。

2.宏观意义

商业银行全面风险管理有助于提高银行体系的稳健性，这主要表现在以下几个方面：

第一，全面风险管理可以帮助提高银行业的安全性和稳定性。信用风险资本要求具有更高的敏感性，即对于低风险的贷款要求低的资本，对于高风险的贷款则要求高的资本。另外，全面风险管理要求对操作风险持有资本。在巴塞尔第二支柱下，全面风险管理要求银行评估所有的风险，并且自己决定所有风险持有多少的资本。因此，银行需要综合考虑如何将资本要求更紧密地与银行承担的风险结合起来，这一点对银行业的稳定来说是非常重要的。

第二，全面风险管理的一个主要特征是为银行采用先进的风险管理提供激励机制。在风险管理领域里采取最佳实践做法的银行，将会获得更低的资本要求。银行在此方面所能达到的程度由银行自行决定。尽管银行不能完全使用它们自己的管理工具，但银行将有更大的灵活性和责任确保风险管理是适当的。

第三，全面风险管理要求银行更多地向公众披露信息。这作为市场纪律在规范市场参与者行为方面是非常重要的。

第四节　商业银行利率敏感性分析技术

一、利率敏感性缺口模型的含义

利率敏感性缺口管理技术（rate-sensitive gap management）。利率敏感性缺口管理是资产负债综合管理的基本方法之一。银行采用该缺口管理方法的目的是，根据对利率变化趋势的预测，相继调整利率敏感性资金的配置结构，以实现利润最大化的目标或扩大净利息差额率。

利率敏感性资金（rate-sensitive fund），即浮动利率或可变利率资金，指在一定期间内展期或根据协议按市场利率定期重新定价的资产或负债。利率敏感性资金包括利率敏感性资产（rate-sensitive assets，RSA）和利率敏感性负债（rate-sensitive liabilities，RSL），其定价基础是可供选择的货币市场基准利率，主要有优惠利率、同业拆借利率、国债利率等。确定为利率敏感性资产或负债项目重新定价的期间并不是绝对的，可由各银行根据自身条件自行掌握，比如未来24小时、未来7天、未来30天、未来120天等。

利率敏感性缺口（Gap）由利率敏感性资产和利率敏感性负债的差额来表示，即：

Gap=RSA-RSL

如果利率敏感性资产和利率敏感性负债不相等，就会产生缺口。在计划期内，若利率敏感性资产大于利率敏感性负债，那么银行存在正缺口和资产敏感；反之，若利率敏感性资产小于利率敏感性负债，那么银行存在负缺口和负债敏感。

敏感性比率（sensitive ratio，SR）是缺口的另一种表达方式，它用利率敏感性资产和利率敏感性负债的比率表示，公式为：

SR=RSA/RSL

敏感性比率与缺口的基本关系为：当银行存在正缺口时，SR大于1；当银行存在负缺口时，SR小于1；当银行缺口为零时，SR等于1。

在银行存在正缺口和资产敏感的情况下，如果利率上升，由于资产收入的增加多于借入资金成本的上升，银行的净利息差扩大，其他条件不变，则银行净利息收入增加；如果利率下降，由于银行资产收入的下降多于负债利息支出的下降，则净利息差减少，银行净利息收入减少。在银行存在负缺口和负债敏感的情况下，如果利率上升，利率敏感性负债的成本上升会超过利率敏感性资产的收入增加，净息差缩减，银行净利息收入减少；如果利率下降，利率敏感性负债成本的下降多于利率敏感性资产收入的下降，净息差扩大，银行净利息收入增加。

因此，如果银行有能力预测市场利率波动的趋势，而且预测较为准确，银行资产负债管理人员完全可以利用利率敏感性资金配置组合技术，在不同阶段配置不同的缺口，来获取更高的收益率。如果银行难以准确地预测利率走势，则采取零缺口资金配置策略更为安全，因为在利率敏感性资产和利率敏感性负债配平状态下，无论利率上升或下降，浮动利率资产和负债的定价按同一方向和等量金额进行，对银行净息差无影响，银行净利息收入基本保持不变。这种策略对中小银行来讲是比较适合的，但对有着雄厚技术力量和专家队伍的大银行来说，由于其有能力对利率波动方向进行较为准确的预测，这种零缺口策略就显得过于呆板和保守。

但事实上，即使在缺口为零（即利率敏感性资产等于利率敏感性负债）的情况下，也不能完全降低所有的利率风险。因为现实生活中，银行的资产和负债的利率并不完全相关。例如，贷款利率的变化一般滞后于借款利率的变化，因此在经济扩张期、利率上升时，银行利息收入增长慢于利息支出增长；而在经济走向衰退、利率下降时，银行利息支出的减少会快于利息收入的减少。

二、利率敏感性缺口模型的理论基础

利率敏感性分析如图2-5所示。

项目	GAP	利率的变化	利息收入的变化	收、支的比较	利息支出的变化	净利息收入的变化
正缺口	>	↑	↑	>	↑	↑
	>	↓	↓	>	↓	↓
负缺口	<	↑	↑	<	↑	↓
	<	↓	↓	<	↓	↑

图2-5 利率敏感性分析图

当GAP=0时，利率变化不影响净利息收入的变化。

利率敏感性缺口模型是指各商业银行根据缺口分析报告和对未来利率的预期，可以适时地对利率敏感性缺口进行管理，以规避利率风险。

运用缺口分析报告是银行消除利率风险的对策之一。当预期市场利率上升的时候，银行应主动营造敏感性正缺口，这可以通过缩短资产到期日、延长负债到期日、增加利率敏感性资产、减少利率敏感性负债来实现。这样，当市场利率上升的时候能扩大净利息差额。当预期市场利率下降的时候，银行应主动营造敏感性负缺口，这可以通过延长资产到期日，缩短负债到期日，减少利率敏感性资产，增加利率敏感性负债来实现。这样，当市场利率下降的时候能扩大净利息差额。

利率敏感资金报告可用来分析银行融资缺口和风险：缺口分析报告是银行风险管理人员进行日常性的利率风险测量的主要方式，它能够大致反映出银行的利率风险头寸。缺口分析报告的制作一般以某一时点银行的资产负债表为依据，划分相应的计划期，并在表的底端分别计算出各期的增量缺口、累积缺口和敏感性比率等。

三、利率敏感性缺口模型的实施

在运用利率敏感性缺口模型的时候，应确立如下事项，逐步实施：

（1）选择划分银行的净利息差的计划期，一般为半年或1年，以便加强管理。一般来说，银行对外公布的数据为1年期敏感性数据。

（2）决定选择净利息差的目标水平，确定是要规避风险、稳定净利息差，还是要扩大净利息差。

（3）如果银行决定扩大净利息差，则需要正确地预测利率，即根据宏观经济形势、国家的货币政策以及国际环境，对利率的走势进行预期。

（4）合理调配资产和负债，决定持有敏感性资产和敏感性负债的总额，以扩大净利息差。

四、利率敏感性缺口模型的局限性

利率敏感性缺口模型在理论上显得较为完善，但在此必须注意的是，银行通过不断改变利率敏感性缺口来规避利率风险并获利，并非易事，在实际应用中存在着许多问题。

（1）敏感性缺口分析的精确性值得怀疑。由于敏感性缺口分析要将资产和负债按一定的计划期加以划分，因此无论怎样，计划期都要占用某个时间跨度。而敏感性缺口分析的精确性取决于计划期划分的长短，计划期越短，结果越精确，但从实际的操作来说，计划期时间跨度太小是没有多大意义的。

（2）利率预测在现实中往往准确率不高，短期利率则更难预测。如果实际利率的走势与银行的预期相反，银行会发生更大的损失。因此，国外一些银行利用较长的计划期来划分时间跨度，把利率的预测与宏观经济周期相联系。

（3）银行对敏感性缺口的控制欠缺灵活性。由于信息是公开的，理性的客户对利率走势的预测会与银行一致，银行调整利率敏感性缺口的措施将直接损失客户利益的时候，就会招致他们的抵制。因此客户的选择将与银行的意愿恰好相反，使得银行调整缺口空间不大。

（4）增加管理成本。银行为了调整敏感性缺口采取有竞争力的措施，会提高其隐含成本。比如，为了竞争，银行不得不向客户提供较高的借款利率或者对客户的贷款提供价格折扣。这样，敏感性缺口管理会带来附加成本，从而影响银行的总体盈利。

（5）未考虑利率变动的两面性。敏感性缺口管理注重的是银行的现金流，但利率变动实际上会带来两方面的影响：一方面，利率波动影响资产产生的收入和负债带来的成本；另一方面，利率波动还会影响银行资产的市场价值。而敏感性缺口模型并未考虑后者。

（6）实际中，负债利率支付的变化一般快于资产利率收入的变化。

第五节　久期模型在商业银行的应用

一、久期的含义

久期又称为持续期，最初由美国经济学家F.R.麦克莱（F. R. Macaulay）于1936年提出。当时这个概念仅仅作为测量债券期限的一种手段，并未引起广泛重视。进入20世纪80年代后，久期这一概念被广泛用于财务、金融与投资领域，银行家们又将久期技术运用于资产负债管理之中，从而使久期技术成为分析利率变动对银行净值产生影响的重要工具。

久期是指固定收益金融工具的所有预期现金流量的加权平均时间，也可以理解为固定收益金融工具各期现金流量抵补最初投入的平均时间。它不仅考虑了资产或负债的到期期限问题，而且考虑了每笔现金流的情况。

【例2-2】某银行发放一笔金额为1 000元的1年期贷款，贷款利率为12%，要求每半年偿还一半本金和利息，如图2-6所示。

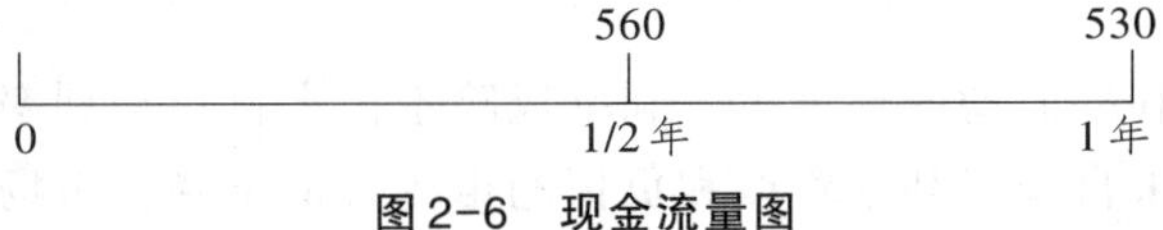

图2-6　现金流量图

相关计算如下：

$CF1/2=500+1000\times 12\%/2=560$

$CF1=500+500\times 12\%/2=530$

利用现金流作权数计算的到期期限：

$PV1/2=560/(1+0.06)=528.30$

$PV1=530/(1+0.06)^2=471.70$

$PV1/2+PV1=1\ 000$

$52.83\%+47.17\%=100\%=1$

$D= 52.83\% \times 1/2 +47.17\% \times 1=0.7359$（年）

二、久期的理论基础和计算

在计算中，某一金融工具的久期等于金融工具各期现金流发生的相应时间乘以各期现值与金融工具现值的商。久期的一般计算公式如下：

$$D=\frac{\sum_{t=1}^{N}(CF_t \times DF_t \times t)}{\sum_{t=1}^{N}(CF_t \times DF_t)}=\frac{\sum_{t=1}^{N}(PV_t \times t)}{\sum_{t=1}^{N}PV_t}$$

式中：D为久期（以年为单位）；CF_t为资产在第t年末收到的现金流；N为资产的年限；PV_t是在t时期期末的现金流的贴现值。DF_t为贴现因子，等于$1/(1+r)^t$，其中r为当前市场的利率水平。

久期公式也可以简写为：

$$D = \sum_{t=1}^{n}\frac{C_t \cdot t}{(1+r)^t}/P_0$$

久期还有一种近似的表达：

$$D \approx -\frac{\triangle P/P}{\triangle r/(1+r)}$$

式中：P为金融工具购入时的市场价格，$\triangle P$为金融工具价格变动，r为金融工具购入时的市场利率，$\triangle r$为市场利率的变动。

该公式为金融工具的价格弹性，即市场利率变动的百分比所引起的金融工具价格变动的百分比。前面的负号表示金融工具市场价格与利率呈反方向变化。公式经变形，可得出金融工具价格变动的近似表达式：

$$\triangle P \approx -PD\frac{\triangle r}{1+r}$$

银行的净值（NW）等于其资产价值减去负债价值，即：

$$NW=A-L$$

当利率发生变动时，银行的资产及负债的价值同时发生变动，所以净值也相应变化：

$$\triangle NW=\triangle A-\triangle L$$

可见，在市场利率波动的环境下，利率风险不仅来自浮动利率资产与浮动利率负债的配置状况，也来自固定利率资产和负债的市场价值下降。市场利率上升时，银行资产和负债的期限越长，其市场价值下降得越多。

市场利率变动时银行发生净值的变动，依据资产或负债的相对期限不同而不同。而久期是到期日的衡量方式，当利率上升时，资产久期大于负债久期的银行所遭受的净值损失会大于资产久期相对较短的或资产久期与负债久期相匹配的银行。因此，久期分析能用于稳定银行净值的市场价值。久期缺口管理就是相继调整资产和负债结构，使银行控制或实现一个正的权益净值。久期缺口的公式为：

$$D_{Gap}=D_A-u \cdot D_L$$

式中：D_{Gap}为久期缺口，D_A为总资产久期，D_L为总负债久期，u为资产负债率，即L/A。

银行总资产久期由银行各项资产久期的加权和构成，即：

$$D_A=\sum_{i=1}^{m}W^A{}_i\cdot D^A{}_i$$

式中：$W^A{}_i$表示第i项资产占总资产权重：

$W^A{}_i=A_i/A$

同理，银行总负债的久期由各项负债久期的加权和构成，即：

$$D_L=\sum_{j=1}^{n}W^L{}_j\cdot D_{Lj}$$

式中：$W^L{}_j$表示第j项负债占总负债的权重。

又因为总资产等于总负债与净值之和，以D_N表示净值久期，则有：

$D_A=u\cdot D_L+(1-u)D_N$

$(1-u)D_N=D_A-u\cdot D_L$

该公式说明市场利率变化引起固定收入金融工具价值的相反变化。因此，当久期缺口为正，银行净值的市场价值随利率上升而下降，随利率下降而上升；当久期缺口为负，银行净值的市场价值随市场利率变化而同方向变化；当缺口为零时，银行净值的市场价值不受利率风险影响。

【例2-3】某固定收入债券的息票为每年80元，偿还期为3年，面值为1 000元。该金融工具的实际收益率（市场利率）为10%，现行市场价格为950.25元，求该债券的持续期。

先计算每期现金流量的现值，然后每个现值乘以相应的发生时间，再把各项乘积相加，并除以该债券的现值之和，就得到该债券的持续期，见表2-4。

表2-4　**持续期的计算**　金额单位：元

时间	现金流	贴现因子	现值	现值×时间
1	80	0.9091	72.73	72.73
2	80	0.8264	66.11	132.22
3	1 080	0.7513	811.40	2 434.20
总计			950.25	2 639.15

持续期=2 639.15/950.25=2.78年

【例2-4】假设某银行仅拥有两类资产，第一类资产的收益率为14%，是最终偿还期为3年的商业贷款；第二类资产的收益率为12%，是最终偿还期为9年的国债。该银行的负债则是由年利率9%、期限为1年的定期存款和年息率为10%、偿还期限为4年的大额存款构成。该银行股本为80亿元，或为总资产的8%。分析中不考虑违约、预付和提前支取的情况的发生，利息按年复利计算。该银行资产负债表见表2-5。

表 2-5　　　　　　　　　　**某银行资产负债表**　　　　　　　　　　金额单位：亿元

资产	市场价值	利率	持续期	负债和净值	市场价值	利率	持续期（年）
现金	100			一般定期存款	520	9%	1.00
商业贷款	700	14%	2.65 年	大额存款单	400	10%	3.49
国债	200	12%	1~7 天	总负债	920		2.08
	—	—		股本	80		
总计	1 000		3.05		1 000		

计算过程如下：

资产持续期=（700÷1000）×2.65+（200÷1 000）× 5.97=3.05（年）

负债持续期=（520÷920）× 1+（400/920）× 3.49=2.08（年）

预期净利息收入=0.14 ×700+0.12 ×200−0.09 ×520−0.1×400=35.20（亿元）

持续期缺口=3.05−（920÷1000）×2.08=1.14（年）

注：以上计算均保留两位小数。

【思政课堂】

加强资产负债管理监管，推动行业转型和高质量发展

中国人民银行于 1994 年 7 月 7 日制定并颁布实施了《商业银行资产负债比例管理考核暂行办法》（银发〔1994〕171 号），在实践中，这一文件一直对商业银行发挥着资产负债管理的指引作用。

第一条　为保证中国人民银行银发〔1994〕38 号文《关于对商业银行实行资产负债比例管理的通知》的实施，特制定本办法。

第二条　人民银行银发〔1994〕38 号文《关于对商业银行实行资产负债比例管理的通知》中所称商业银行系指下列银行：中国工商银行、中国农业银行、中国银行、中国人民建设银行、交通银行、中信实业银行、光大银行、华夏银行、广东发展银行、福建兴业银行、招商银行、深圳发展银行、上海浦东发展银行以及经营人民币业务的中外合资银行。

第三条　人民银行总行是中国工商银行、中国农业银行、中国银行、中国人民建设银行、交通银行、中信实业银行、光大银行、华夏银行执行资产负债比例管理暂行监控指标情况的考核行；人民银行省、自治区、直辖市、计划单列市分行是辖区内具有法人资格的商业银行、商业银行的具有法人资格的分支机构执行资产负债比例管理暂行监控指标情况的考核行，也是商业银行非法人的分支机构执行其总行下达的资产负债比例情况的监督行。人民银行对未达到资产负债比例管理暂行监控指标的商业银行及其分支机构（不论其是否具有法人资格）均有权采取纠正措施。

第四条　资产负债比例管理各项暂行监控指标执行情况以法人为单位进行考核。商业银行总行应将各项指标分解下达到其非法人的分支机构，并将分解指标上报自己的考核行及抄送分支机构的监督行；在考核时，应将全系统的数据报表汇总后报考核行。商业银行具有法人资格的分支机构应单独向自己的考核行报送考核报表，并接受考核行的监督。商业银行非法人的分支机构要向自己的监督行报送报表，并接受监督行的监督。

第五条　监控指标均以会计科目的数据填写和测算。没有会计科目的要建立台账，按台账填写和测算。

第六条　对监控指标中的存贷款比例、备付金比例按月考核，资本充足率每半年考核一次，其他指标按季考核。

第七条　按月考核的指标，商业银行及其分支机构应在月末后15天内将有关报表报送考核行（监督行）；按季考核的指标，商业银行及其分支机构应在季末后20天内将有关报表报送考核行（监督行）；资本充足率指标考核表各商业银行应在半年结束后的20天内报送考核行（监督行）。商业银行及其分支机构在报送报表的同时，要报送对指标的执行情况的分析及改进意见的报告。

第八条　各项数据均应如实填写，不得弄虚作假。

第九条　人民银行省、自治区、直辖市、计划单列市分行应将辖区内金融机构执行资产负债比例的情况于季末30天内报送人民银行总行资金司。

资料来源：中国人民银行.

本章小结

1.商业银行资产管理理论认为，银行资金来源的规模和结构是银行自身无法控制的外生变量，银行应主要通过对资产规模、结构和层次的管理来实现银行“三性”目标的组合。在该理论的发展过程中，先后主要出现了商业贷款理论、资产转移理论和预期收入理论三种理论，相应地产生了资金总库法、资金分配法和线性规划法三种管理方法。

2.负债管理理论主张商业银行资产应该按照既定的目标增长，主要通过调整负债方的项目，即通过在货币市场上的主动负债，或“购买”资金来支持资产规模扩张所需费用，实现银行“三性”目标的组合。商业银行运用的主要负债管理方法有储备头寸负债管理方法和全面负债管理方法。

3.资产负债综合管理理论认为通过资产结构和负债结构的共同调整以及协调统一管理，才能控制市场利率波动的风险，实现银行“三性”目标的最佳组合。资产负债综合管理的发展趋势是综合管理业务账户和交易账户的市场风险和信用风险。

4.本章从商业银行理论的资产方范式和负债方范式入手，利用非对称信息经济学和契约理论的相关研究成果，从资产方功能和负债方功能的角度说明商业银行的存在具有内在的合理性。从资产方功能的角度看，商业银行的存在有利于降低监督成本；从负债方功能的角度看，银行中介的存在可以为投资者的流动性偏好提供保证。但是，由于信息的非对称性，在商业银行经营中很容易出现具有较大破坏性的挤兑问题，具有明显的外部性效应。

5. 资产负债综合管理的主要方法有利率敏感性缺口管理技术和久期缺口管理技术。持续期是指固定收入金融工具的所有预期现金流量的加权平均时间，也可以理解为固定收益金融工具各期现金流量抵补最初投入的平均时间。利率敏感性缺口模型是指各商业银行根据缺口分析报告和对未来利率的预期，可以适时地对利率敏感性缺口进行管理，以规避利率风险。

关键概念

资金总库法　资金分配法　线性规划法　负债管理方法　资产方范式　负债方范式　利率敏感性缺口　久期

复习思考题

1. 商业贷款理论、资产转移理论和预期收入理论，这三种资产管理理论主要观点和不足是什么？

2. 负债管理方法对银行的风险性、安全性、流动性会产生哪些影响？

3. 从资产方范式来看，商业银行存在的理由是什么？从负债方范式来看，商业银行存在的理由又是什么？

4. 简述商业银行资产负债管理的主要观点。

5. 如果一家银行存在利率敏感性正缺口，当市场利率如何变化时，银行的净利息收入会增加？现代商业银行应如何管理利率敏感性缺口？

6. 久期的经济含义和特征是什么？

7. 资产负债综合管理理论的中心思想是什么？

第二篇　商业银行业务与经营篇

第三章

商业银行资本

导读

通过本章的学习，可以了解商业银行资本金的构成、作用；掌握商业银行资本充足性的意义和衡量方法；掌握商业银行补充资本金的渠道和方法，了解《巴塞尔协议》Ⅲ的主要内容及演进过程，并能运用有关的计算方法对商业银行的资本构成和充足性进行计算。

引导案例

浦发银行资本补充的经验与启示

一、情况概述

上海浦东发展银行股份有限公司（简称浦发银行）于1993年成立，总行位于中国上海，全国网点数量近1 700家，员工5万名。1999年在上交所上市（股票交易代码为600000）。截至2019年末，浦发银行总资产规模达7万亿元，营业收入达1 906亿元，利润总额达698亿元，均位于股份制商业银行的前列。近年来浦发银行在国际各项排名中均取得较好的成绩，2019年1月，英国《银行家》排名中位列第18位，居上榜中资银行第7位，美国《财富》杂志发布的“财富世界500强”排名中，浦发银行位列第216位，居中资商业银行第8位。

浦发银行自成立以来，不断发展、扩张。近20年浦发银行固定资产的总额同比增长58倍，存款余额同比增长37倍，贷款余额同比增长63倍，税后净利润同比增长60倍，营业收入同比增长4倍。浦发银行的业绩发展迅猛，根据2018年底中国银行业协会公布的全国银行业排名，浦发银行在我国所有股份制商业银行当中排名第三。以上都对浦发银行的资本提出了更高的要求，需要浦发银行具备更强的资本管理能力以及更广阔的资本补充渠道。

近年来，在我国经济形势不稳定以及国内经济增长下行压力的严重影响下，浦发银行经营风险和发展的不确定性也在不断增加，这对于资本质量提出了更高的要求，使其必须具有一定的抵抗风险以及吸收经济损失的能力。在这种要求之下，浦发银行不断扩宽资本补充渠道，有利于其迅猛发展的业务需要，也有利于在竞争加剧的宏观背景下提高抵御风险的能力，从而提高其核心竞争力，支持其稳健发展。

二、浦发银行资本补充的过程

（1）非公开发行股票。浦发银行董事会于2016年3月10日审议决定通过了证券发行管理办法。此次非公开股票发行的投资对象主要是目前上海中鑫国际集团有限公司和其全资子公司之一上海国鑫投资发展有限公司，并规定此次股票限售期为3年。

（2）发行可转债。2017年11月，股东大会审议批准了公开发行总体规模不低于500亿元的可转换股份有限公司债券的方案，用于鼓励和支持浦发银行未来的业务发展，在可转债转股完成后按照金融和监管的要求，将其用于对核心一级资本进行补充。

（3）发行优先股。截至目前，浦发银行共发行两次优先股。2014年11月28日，浦发银行第一只优先股浦发优1发行，2015年3月6日，发行第二只优先股浦发优2，票面利率为5.5%。

（4）发行永续债。2019年7月10日，浦发银行正式发行19浦发银行永续债，债券代码为1928016。

（5）发行二级资本债券。2018年9月7日、9月18日浦发银行分别在中国上海和北京公开发行2018年第一期、第二期的三级企业资本主权债券。

【讨论与思考】

1.浦发银行增加资本的途径与方式有哪些是值得各家银行借鉴与参考的？

2.浦发银行资本补充的成功之处主要在于哪里？又有哪些不足之处？

3.本案例涉及哪些基础理论？

各国金融管理当局鉴于商业银行在国民经济中的特殊地位往往采取各种手段对其进行规范和控制，其中资本要求就是对商业银行宏观管理的重要一环。一般来说，金融管理当局资本要求的内容包括最低资本限额、最低资本资产比率、银行间并购时的资本要求等。因此，一定量的资本首先是商业银行满足金融管理部门的资本要求，进行营业和拓展业务的前提条件。其次，资本额的大小是商业银行信誉的重要标志之一，偏低的资本资产比率往往意味着商业银行承担的风险过大，安全性差，难以得到社会公众如客户的信任。再次，商业银行的资本是保护存款人和债权人利益的重要途径，巨额的资本表示商业银行有能力承担较大的损失，且不易发生流动性危机，即使在破产或倒闭时也能给债权人较高的补偿。最后，资本还是商业银行用于购置固定资产、办公用品、银行设备等进行起始投入的重要资金来源，也是银行进一步扩大规模、增加投资的资金保障。

因此，稳定而适度的资本增长，便成为现代商业银行家们所关注的一个重要的商业银行管理经营目标，也是银行股东、金融管理当局、社会公众对商业银行的基本要求。

第一节　商业银行的资本构成

商业银行的资本是指商业银行自身拥有的或者能永久支配使用的资金。资本这一概念与银行的资产不同。资产是针对银行的资金运用而言的，而资本则是资金来源中自有的那一部分。商业银行的资本从数额上看仅占资产的一小部分，远低于一般工商企业自有资本占总资产的比重。一定数额的达到法定要求的资本不仅是商业银行得以建立、开业的基础，而且是其生存、发展、壮大的前提条件。

虽然世界各国金融管理当局对商业银行资本构成的规定和计算不完全相同，不过，综观世界各国商业银行的状况，我们还是可以大致地将商业银行的资本分为普通股、优先股、资本盈余、留存盈余、长期资本性票据和资本性债券、资本准备金、损失准备金等几类。

一、普通股

普通股是商业银行资本的主体和基础。一方面，普通股股东作为商业银行的所有者，有权参与股东大会，对银行的重大事务进行投票表决。同时，普通股股东有权分享商业银行业务经营的成果，获取股息、红利，并通过银行规模的壮大、利润的上升和资本总额的提高获得股东权益的增加。另一方面，普通股股东又有责任和义务同商业银行共担风险，在银行遭受损失时承担股东权益的下降。而且，一旦银行破产、倒闭，普通股股东对银行资产的要求权排在存款人、债权人及优先股股东之后。

一般来说，发行普通股会给商业银行带来如下好处：(1）普通股没有偿还期，商业银行不必考虑本金的偿付，因而可以获得永久使用的资金。同时，普通股股息不是固定的，商业银行可以根据经营状况和发展目标确定普通股的股息，相当灵活，不至于使商业银行出现严重的债务危机。(2）普通股是股票市场的主体，投资者众多且交易方便，出售比较容易，而且普通股的收益率一般要高于优先股和债券的收益率，因而比较容易被市场接受。(3）发行普通股使商业银行拥有众多的股东，一方面有利于提高商业银行的知名度与信誉，另一方面又为商业银行获取了一部分顾客基础。同时，大量股东参与银行的决策，还可使商业银行集众人智慧，谋求发展。(4）一般来说，银行的普通股股本越大，对债权人的保障程度越高，该商业银行也就越容易以较低的成本获取资金。

当然，发行普通股筹集资本对商业银行来说也有一些不利影响：（1）普通股发行成本比较高，这是因为各国金融管理部门对普通股的发行和上市往往有相当严格的要求，而且手续繁多，费用较高。上市以后，仍必须达到股东人数、利润水平等规定的要求，否则将失去上市资格，这会极大地影响商业银行的信誉。作为上市公司，商业银行每年还要向证券交易所缴纳管理费用，向会计师事务所支付佣金，因而成本比较高。（2）新增发行普通股会使原有普通股股东对商业银行的控制权下降，从而有可能影响老股东的利益，并可能妨碍银行既定方针政策的执行。（3）新增发行普通股会对商业银行的股东权益产生稀释作用，造成每股净资产下降，从而引起股票价格的下跌。当然，如果新发行普通股所获得的资本进行贷款或投资后能获取很高的收益率，则有助于商业银行每股收益率与股东权益的提高。（4）由于普通股股息是在税后支付的，因此普通股的资金成本也比较高，一般来讲，其资金成本总要高于优先股和债券，加大了商业银行的负担。

影响股票行市的因素很多，其中，商业银行的经营管理状况、盈利水平、发展前景和分红付息政策等都是决定股票价格的基本因素。商业银行应当尽量改善经营，促进银行股票价格的提高，因为较高的银行股票价格是社会公众对该商业银行信心的反映，是银行信誉的标志之一；较高的股价也便于商业银行发行新股或向老股东配售股票，以扩大资本额，增强经营实力。

二、优先股

优先股和普通股均是商业银行所有权的凭证，在性质上是相同的，但是，优先股股东比普通股股东享有更为优越的待遇，即享有优先支付的固定比率的股息；在公司发生兼并、重组、倒闭、解散、破产等情况下，优先股股东比普通股股东优先收回本金；在股息收入纳税时，优先股股东往往可获得部分股息免税的优待。因此，在很多方面，优先股与债券更相像，是介于债券和股票之间的一种证券。

商业银行通过发行优先股来筹集资本，可获得以下好处：（1）由于优先股的股息固定，因此发行优先股，商业银行可以获得杠杆收益。因为对于普通股股东来说，当商业银行总资本盈利率增加时，不必增加优先股股息，因此，普通股收益率的增长幅度就会超过银行总资本盈利率的上升幅度。这样无疑增加了普通股股东的权益，使商业银行的普通股更具吸引力。（2）发行优先股，商业银行的控制权不会变更，因为优先股股东不享有在股东大会上的投票权，不会影响商业银行规定的经营策略。（3）如果在发行时没有规定赎回条款，优先股股票便不具偿还期，商业银行不必考虑其还本问题，可以永久地获得资金的使用权。（4）优先股的股息不同于债券或借款的利息，它不是固定的债务，一旦商业银行经营状况不佳、没有盈利或资金匮乏，可以不支付或推迟支付优先股股息，因而不会给商业银行带来债务危机。

但是，优先股也有不足之处，具体表现在以下几个方面：（1）优先股的股息必须在税后支付，即在税后利润中扣除，而不像债券的利息可以计入成本，在税前支付。这样，无疑增加了商业银行税后资金成本，加重了经营负担。(2) 优先股的股息固定，当商业银行的总资本收益率下降时，又会发生杠杆作用，使普通股收益率的下降幅度超过总资本收益率的下降幅度，影响普通股股东的权益。(3) 优先股股东可以在市场行情变动时对优先股进行有利于自己的转化，如转变为普通股，这增大了商业银行经营的不确定性。

优先股有许多具体的种类，商业银行在发行优先股时应比较分析各个种类的优劣差异，选择最有利的优先股品种。一般情况下，根据不同的标准，可以将优先股分为不同的种类：(1) 按是否转换，优先股可分为可转换优先股和不可转换优先股。(2) 按是否可赎回，优先股可分为可赎回优先股与不可赎回优先股。(3) 按息后分红情况，优先股还可以分为参与性优先股与非参与性优先股。(4) 按股利是否可累积，优先股可以分为累积性优先股与非累积性优先股。

三、资本盈余

资本盈余是指普通股发行的实际价格高于银行财务上用于记账的票面价值的部分，即平常所说的股票的发行溢价部分。这种资本盈利并非商业银行的利润，而是普通股股东投资股本的一部分，因而应列入股本总额中。

当然，商业银行股票发行价格亦有可能低于其票面价值，这时，资本盈余变为负数，在计算银行资本总额时要扣除。不过，由于通常股票的面值很低，实际价格不太可能低于票面价值，而且有的国家法律规定禁止股票的发行价格低于面值，以防止发行股票的银行将股票以低于面值的价格售与银行内部人员，从而损害债权人和其他股东的利益。

四、留存盈余

留存盈余是指商业银行税后利润中扣除优先股股息、普通股股息之后的余额，是商业银行普通股股东权益的重要组成部分。商业银行在进行年终结算时，一般不会把全部利润作为投资收益分给股东，总是会留下一部分作为留存盈余，用于商业银行扩大经营、增强流动性和偿还债款，或者为营业中可能发生的损失预先做准备等。商业银行的留存盈余实际上是由每年未分配利润积累而成的，是其进行资本内部筹集最便捷的方式。

商业银行通过增加留存盈余可以非常方便地增加资本总量，只需进行会计上的处理便可，比其他一切资本筹集方式都要容易。同时，这种方法不仅有益于银行未来的发展，而且不会削弱银行原有股东的控制权。最后，由于收取股息要缴纳所得税，因此，将盈余以留存盈余的形式留在银行中可使股东免交所得税。

不过，通过留存盈余来增加资本毕竟是有限的，因为留存盈余的金额往往不能满足商业银行对资本增加的需要。同时，进行利润留存还涉及银行股东利益和管理人员利益、短期利益与长期利益的平衡与选择的问题。

五、长期资本性票据和资本性债券

商业银行亦可以通过发行长期资本性票据或资本性债券来筹集资金。长期资本性票据与资本性债券从本质上看与一般债券没有什么差别，都是有固定利息率与期限的金融工具，不过，前者期限一般很长，往往在10年以上。为了便于讲述，我们把长期资本性票据和资本性债券通称为资本债券。资本债券从性质上来讲只是商业银行的债务，由于期限很长，而且如果商业银行经营状况不佳，还可以拖延对其本息的偿还，因而与存款、借款等一般银行债务又有所不同。正因为这样，许多国家的金融管理机构将资本债券也列入商业银行的资本构成，同时，又由于其要求还本付息的债务性质，有些国家规定应对其打一定折扣后方可计入商业银行的资本之中。

通过发行资本债券进行筹资，对商业银行的好处是：（1）发行成本比较低。一般来说，金融管理当局对发行债券的要求要低于对发行股票的要求，而且债券发行时手续较简单，费用较低。（2）由于债券的利息是固定的，因而与优先股相似，在银行盈利率上升时，能带来杠杆效应。（3）购买银行债券的投资者仅仅是商业银行的债权人，而不是商业银行的股东，因而其没有权利参与商业银行的经营决策，不会影响原来股东对商业银行的控制权，亦不会妨碍银行既定方针政策的贯彻执行。（4）债券的利息是在税前支付的，因而可以计入商业银行的成本，这样，资本债券的税后资金成本就要比优先股和普通股都低。（5）如果发行资本债券时规定其可转换为普通股，则一方面增大了投资者的选择余地，使该债券更受欢迎；另一方面如果其转化为普通股，又为商业银行消除了还本之烦。如果发行资本债券规定其可以赎回，那么，当市场利率很低、债券价格上涨时，商业银行可以按事先规定的价格赎回该债券，采用成本更低的筹资方式获取资金。（6）债券投资者在收回利息时往往能享受免税的待遇，因而增加了这种债券的吸引力，利于银行发行。

当然，任何事物都具有两面性，商业银行以发行资本债券的方式筹集资本亦有许多不利影响：（1）许多国家对发行资本债券可否算入银行资本有限制性规定，一般都要打一定折扣后方可计入，有些国家甚至完全禁止这种资本债券计入商业银行的资本。因此，这样便增加了商业银行达到最低资本要求的难度。（2）债券利息是固定的，对商业银行来讲负担不小。而且当银行收益率下降时，其还会因杠杆作用造成普通股收益率的加速下降，从而严重影响商业银行的股票市价。（3）发行了一定量的债券之后，商业银行往往难以再发行新的债券以满足本身的资金需要。而且，银行的负债比例过高，说明其承担着较大的经营风险，从而影响商业银行的信誉，增加其筹资成本。

因此，商业银行不可能大量发行资本债券来获取足够的满足最低资本要求的资本额。

六、资本准备金

资本准备金又称资本储备，指商业银行从留存盈余中专门划出来用于应付即将发生的有关股本的重大事件的基金。例如，商业银行为了赎回优先股或资本债券，或者为了偿还债券本息，往往建立偿债基金。在证券发行条款中常常要求商业银行每年或每半年取出一部分资金建立偿债基金，以保护投资者的利益。有时，商业银行也根据本身的经营目标划转资本准备金。

资本准备金逐年累积，一次或分多次使用，是商业银行资本的组成部分。

七、损失准备金

损失准备金指商业银行为了应付意外事件给商业银行带来的损失而建立的基金。一般来说，损失准备金主要有两类，即贷款损失准备金和证券损失准备金，它们是从商业银行的税前利润中提取出来，用于弥补可能发生的贷款呆账损失和证券投资损失的基金。由于这种准备金是从税前利润而不是从留存盈余中提留的，其具有降低银行应税利润从而降低所得税的功效。不过，提取比例往往受到金融管理当局的严格控制，而且，过分提留还会降低商业银行的利润水平，产生一系列的连锁后果。

如果损失准备金在抵偿贷款及证券投资损失之后还有余额，那么这一余额便可以按金融监管当局所规定的方式计入银行资本之中。

第二节　资本充足性

一、银行资本的用途

银行资本的用途直接影响银行资本的数量及充足度。一般认为，银行资本有以下四方面的主要用途：（1）当银行破产时，银行资本首先被用于赔偿非保险性存款，因此，银行资本起到了增强公众信心、防止银行倒闭的作用。（2）当银行出现非预期性或意外损失时，银行资本可用于消化这些亏损，从而恢复公众信心，使银行得以继续正常经营。（3）银行资本还用于购置日常金融服务所需的各种装备与设施。（4）在当局关于最低资本限额的规定下，银行资本构成是对银行资产无节制膨胀的内在限制。

银行资本的第一种用途是通过保护存款户利益而达到稳定公众对银行信心的目的，不过，银行资本对公众信心的影响往往容易被夸大。在多数情况下，如果有足够的时间，银行的呆账与不良资产可以通过银行内部经营管理的改善和外部宏观经济条件的变化而逐渐消除。在这方面，最明显的例子是在20世纪30年代经济大危机中，没有被强制清算的银行逐步通过其盈利最终完全消化了巨额亏损。当然，在短期内，银行则必须用其资本来冲销营业亏损。如果银行资本远不足以抵销亏损，银行便面临清算危机。事实上，在危机发生之前，银行内部管理的混乱、资产缺乏流动性及欺诈行为等因素的公开化才是导致公众对银行失去信心的主要原因，而银行存款户的提款行为往往促成危机的爆发与银行的倒闭。在银行清算之后，对非储蓄保险存款的补偿亦在数年之后才能兑现。在20世纪80年代，美国发生了多起大银行倒闭与重组事件，例如宝恩广场银行（Penn Square Bank）、伊利诺斯大陆银行（Continental Illinois

National Bank）、第一共和银行（First Republic Bank）以及得州M集团银行（M Corp. of Texas）等。对以上破产案例的研究结果表明，银行管理的低效状态、巨额贷款损失以及资产的低流动性等因素是导致以上银行倒闭的基本原因。在这些因素的综合作用下，即使银行拥有较充足的资本金亦难避免银行危机的发生。

银行资本的第二个用途是弥补银行的意外亏损，特别是贷款损失。充足的银行资本能够在银行发生较大亏损的情况下，恢复公众对银行的信心，使银行得以正常经营。银行资本的这种功能与它的第一种用途在增强公众信心方面有同样的功效。不过，公众对银行的高度信心不仅仅取决于银行资本的数量充足与否。对于银行债权人来说，对银行的信心来源于其资产的安全与盈利程度；对银行债务人来说，其信心来源于能否在任何情况下，都能够从银行获得稳定的资金来源；对银行持股人来说，其信心取决于资本的安全与增值性；而对政府来说，银行的稳定性程度是决定其信心的主要依据。

银行资本的第三个用途是购置银行金融服务所需的装备与设施。对于新开业的银行、新设立的银行分支机构或面临更新技术装备的银行来说，银行资本的这种用途更为明显。

银行资本的第四个用途是限制银行资产的无限膨胀。在这一方面，政府的最低资本规定有着决定性的意义。法定的银行最低资本限额可以起到防止银行为追求盈利而无限扩张资产的可能性。因此，银行资本规定可以促进银行通过注重提高资产质量并改善经营管理来增加盈利，而不是单纯依靠资产数量扩张来取得利润。

二、资本充足性的含义

商业银行应当拥有足够的资本，不过商业银行的资本也不是越多越好。银行资本充足性包括数量的充足性和结构的合理性两个层面的内容。

（一）资本数量的充足性

资本数量的充足性受银行经营规模和金融部门管理规定等因素影响，因此很难对其适度性进行界定。通常来说，金融当局所规定的开业许可额是最低限额。管理当局从维护银行的安全和银行体系的稳定出发来要求资本数量。存款人及其他债权人对银行资本数量的多少观点不一。比如，小额存款人因其在银行倒闭时能获得全部偿付，因而他们对银行资本是否充足并不关注。而未保险存款人的态度则恰恰相反。稳健型和风险型的银行家对资本数量的态度也不一样。资本数量越大，财务杠杆系数越小，盈利性越小。因此，稳健型的银行家为增强公众的信心，愿意保持更多一些的资本，而风险型的银行家的态度则相反。尽管银行家、银行债权人及金融管理当局对资本数量多少所持的观点不同，但是，银行应该维持金融当局所规定的最低限额的资本量，以体现其对金融法规和公众利益的重视。资本量是否充足是银行能否健康、稳定地经营的重要标志。

商业银行资本量的充足性同时包含资本适度的含义，保持过多的资本是没有必要的。因为商业银行的资本越多，其用于支付普通股股息、优先股股息或债券利息的费用便越大，资本成本也越高，商业银行的经营负担越重。同时，过高的资本说明银行经营管理的水平很差，缺乏存款等筹资渠道，或者没有把握住良好的投资机会，使银行承担着沉重的机会成本。因此，对商业银行来讲，资本充足的确切含义是资本适度，而不是资本多多益善。

（二）资本结构的合理性

资本结构的合理性是指普通股、优先股、留存盈余、债务资本等在资本总额中占有合理的比重。从静态而言，资本结构是指债务资本与股权资本的比例关系，或债务资本在总资本中所占的比重。从动态而言，在完善的资本市场中，融资手段有一个基本的排序，即融资方式的选择。合理的资本结构可以尽可能降低商业银行的经营成本与经营风险，增强经营管理与进一步筹资的灵活性。

资本有核心资本和附属资本两类。核心资本包括普通股、不可赎回的优先股、资本盈余、留存盈余、可转换的资本债券、各种补偿准备金。这些是银行真正意义上的自有资金。金融管理部门规定的资本最低限额必须由核心资本来满足。因此，核心资本在资本总额中所占的比重直接影响银行的经营风险。

规模不同的商业银行的资本结构应该有所区别。小银行为吸引投资者及增强金融灵活性，应主要以普通股为主；而大银行则可相对扩大资本债券，以降低资本的使用成本。

资本结构还受银行经营情况变动的影响。贷款需求和存款供给是否充足会大大影响资本结构。当贷款需求不足而存款供给相对充分时，银行增资的方式应以增加附属资本为主；反之应采取增加核心资本的做法。

三、资本充足性的衡量

对商业银行资本充足性的衡量是一个非常复杂的问题。实际上，对商业银行资本充足性的衡量与银行经营管理一样，经历了一个由简单到复杂、由不够科学到较为科学的发展过程。

（一）资本与存款比率

资本与存款比率衡量法出现于20世纪初，是最早的衡量商业银行资本的方法。当时，人们发现商业银行破产倒闭的原因是无法应付存款户的提现，因此便规定资本必须至少达到存款总额的10%，以防止商业银行出现流动性危机。这种方法曾在美国以法律的形式确定下来，在第二次世界大战之前较为流行。

实际上，造成商业银行流动性危机的是资金运用，即贷款与投资的变现能力不足，而存款在被银行运用之前本身并不存在风险，因此，这种衡量方法不够科学。

（二）资本与总资产比率

在认识到资本与存款比率缺点的基础上，美国开始逐步采用资本与总资产的比率来衡量资本的充足性。这种方法克服了资本与存款比率没有考虑资金运用的不足，而且方便直观，因此当时为世界各国所采纳。

但是，该比率没有反映商业银行资产结构，因此，用同样的资本与总资产比率的最低限来要求不同的商业银行，显然是不科学的。例如，有些商业银行奉行比较保守的经营策略，其资产大部分是短期证券、短期贷款或现金；而另一些商业银行则奉行更为积极的经营方式，进行长期贷款、长期投资，而资本与总资产比率却根本无法反映上述差别。

（三）资本与风险资产比率

为了克服资本与总资产比率的不足，商业银行家们与银行管理当局设计出了资本与风险资产比率，并认为该比率至少要达到15%，才能说明商业银行的资本是充足的。所谓风险资产，是指不包括商业银行第一、第二级准备金在内的资产，例如中长期贷款、长期债券、股票投资等。

这是因为构成第一级和第二级准备金的库存现金、同业拆借、短期国债等本身没有风险或者仅承担很小的风险，可以不必用资本给予保障，因此仅考虑风险资产的保障程度，即资本与风险资产的比率。

但是，仅用该比率来评估商业银行的资产状况仍然过于简单化。因为不同种类的风险资产所承担的风险大小是不同的，风险较高的资产，例如信用级别较低的贷款、股票投资等应有较多的资本后盾，所以如果能对不同种类的资产规定出不同的资本要求比率，则会比资本与风险资产比率这一简化指标更科学、确切。

（四）纽约公式

认识到资本与风险资产比率的不足之后，人们提出了纽约公式，又称资产分类比率法或资产结构比率法。纽约公式是在20世纪50年代初期由美国纽约联邦储备银行设计的。当时，它根据商业银行资产风险程度的不同，将全部资产分为六类，并分别对每类资产规定了各自的资本要求比率：

（1）无风险储备，包括库存现金，同业拆借，短期国债等第一、第二级准备金等流动性很强的资产，这类资产风险极小，不需要资本作担保。

（2）第二类资产是指稍有风险的资产，例如5年期以上的政府债券、政府机构债券、优质的商业票据和安全性较好的高信用担保贷款等。这类资产有一定流动性，且风险较低，因而当时的纽约公式对其要求了5%的资本保障。

（3）第三类资产是指普通风险的资产，主要是指有价证券，即除了政府公债之外的证券投资和证券贷款，其风险较大，流动性也比较差，因而需要有12%的资本保障。

（4）第四类资产是指风险较高的资产，主要是对财务状况较差、担保不足、信用水平较低的债务人的贷款，这类贷款要求至少有20%的资本作为保障。

（5）第五类资产称作“疲软资产”或“有问题资产”，是指逾期未还的贷款、可疑贷款、股票、拖欠的债券等，这类资产遭受损失的概率极大，因而要求50%的资本保障。

（6）最后一类资产则是指已亏损的资产或固定资产。固定资产原则上说应由银行运用资本购买，因为它是银行生存、发展、开展业务的物质基础。亏损资产则是指已经给银行造成损失，完全不可收回的资产，例如呆账、倒闭公司的股票等，这类资产应当由银行资本金抵偿，因而需要100%的资本保障。

这样，商业银行只要将上述六类资产额分别乘以各自的资本资产要求比率并进行加总，便可以求得商业银行所需的最低资本量。由上述过程亦可看出，纽约公式克服了前三种资本衡量方法的不足，具有相对的科学性，它的基本思想被在银行资本衡量与管理方面具有国际权威的《巴塞尔协议》所接纳。

（五）综合分析法

在实践过程中，人们发现，以上所说的衡量商业银行资本的指标都仅仅是从资产（或存款）数量及结构这一方面来进行评估，实际上影响商业银行所需资本量的因素还有商业银行的经营管理水平、盈利状况、资产与负债结构、银行股东状况等等。因此，需要将影响商业银行所需资本量的各种因素均考虑进来，进行综合分析。

综合分析法最早于20世纪70年代在美国出现，当时，人们认为衡量商业银行资本不应仅靠一种指标，而是要综合以下八个因素进行考察：（1）商业银行的经营管理质量。（2）资产的流动性。（3）收益及留存盈余。（4）存款结构的潜在流动性。（5）商业银行股东的信誉与特点。（6）各种间接性银行费用的负担状况。（7）营业程序的有效性。（8）在竞争中，商业银行满足本地区现在与将来需求的能力。

综合分析法具有明显的非数量性与不确切性，它不像前面各种方法要确定具体的资本需要额，而仅能估计出资本大致需要量。另外，综合分析法相当繁琐，并且带有一定的主观性，有时不同的评估人会因为种种原因而得出不同的结论。因此，在实际工作中，人们常常把综合分析法和资本与风险资产比率法或资本与总资产比率法结合起来运用，取长补短，更为合理。

（六）《巴塞尔协议》

《巴塞尔协议》是目前衡量与评估银行资本的最重要的国际性文件，它采用了全新的方法衡量银行资本。该方法的特点简略概括如下：（1）对银行资本作了重新规定，认为资本分为核心资本与附属资本两大类，克服了以前各种方法将本质不同的资本视为同一体的不足。（2）将银行资产负债表表内资产分为五类，并分别对各类资产规定风险权数，用以计算风险资产。（3）历史性地把银行表外资产纳入监督范围，对不同种类的表外资产规定了信用转换系数，并据以测算出其相当于表内风险资产的金额。（4）不仅规定银行总资本与风险资产比率不得低于8%，而且要求核心资本与风险资产比率不得低于4%，同时还对贷款准备金、次级长期债务等进行了限制。

第三节 《巴塞尔协议》

1974年，德国赫斯塔特银行与美国富兰克林银行等国际银行相继倒闭，极大地震惊了国际金融界。人们开始意识到，银行国际化、金融工具的创新及银行表外业务的发展已经使各国对商业银行的监管严重弱化，而商业银行本身所承担的风险却大大增加，严重威胁着国际金融体系与各国经济的正常运行与健康发展。在这样的背景下，1974年9月，国际清算银行（Bank for International Settlements，简写作BIS）召集并发起了由西方12国中央银行代表参加的巴塞尔会议，会上讨论了银行的国际监督与国际管理问题。按该会议的决议，1975年2月，在瑞士巴塞尔成立了巴塞尔银行业务条例和监管委员会（The Basle Committee on Banking Regulations and Supervisory Practices），简称巴塞尔委员会。

巴塞尔委员会成立之后，在银行国际监管方面做了大量卓有成效的工作：1987年该委员会发表了《关于统一国际银行业资本充足比率的国际监管条例的建议》，即所谓的《巴塞尔建议》，并广泛地向各会员国征集对该建议的意见和设想。在此基础上，巴塞尔委员会对《巴塞尔建议》做了一定的修改，提交12国中央银行审议。1988年，西方12国中央银行行长在巴塞尔签署通过了《统一资本计量和资本标准的国际协议》（International Convergence of Capital Measurement and Capital Standards），即《巴塞尔协议》，为银行的资本充足性规定了统一的衡量标准。《巴塞尔协议》揭开了商业银行国际监管的新篇章，具有划时代的历史意义。

一、1988年《巴塞尔协议》 I

（一）资本的定义

《巴塞尔协议》认为，银行的资本并非同质的，有些种类的资本承受着相当大的风险，一旦情况突然发生变化，这些资本的价值有可能会大幅下降，因此，《巴塞尔协议》将商业银行的资本分为两级。

1.核心资本

巴塞尔委员会认为，银行资本中最重要的部分是核心资本，它同时也是判断银行资本充足比率的基础，对银行的盈利及竞争能力影响极大。《巴塞尔协议》指出，核心资本具有资本价值相对比较稳定的特点，一般由以下3个部分组成：

（1）永久的股东权益，包括已经发行并完全缴足了的普通股股本和永久性非累积优先股。

（2）公开储备，是指以留存盈余或其他盈余（如资本盈余、保留利润、普通准备金和法定准备金的增值而创造和增加的新增储备）形式反映在资产负债表上的储备。

（3）对于综合列账的银行持股公司，核心资本还包括其不完全拥有的子公司中的少数股东权益。

其余各种资本，均不应属于核心资本。

2.附属资本

《巴塞尔协议》中规定，附属资本由以下5种资本组成：

（1）非公开储备。非公开储备是指不在银行资产负债表上公开标明的储备。

（2）重估储备。重估储备来源于对银行的某些资产价值进行重新评估，以便反映它们的真实市值，或者使其相对于历史成本更接近于真实市值。

（3）普通准备金/普通呆账准备金。普通准备金及普通呆账准备金是银行为了防备未来可能出现的亏损而设立的准备金，可以列入银行的附属资本。

（4）带有债务性质的资本工具。这类资本工具既有一定的股本性质又有一定的债务性质，能够在不必清偿的情况下承担损失、维持经营，因而可以列为附属资本。

（5）次级长期债务（subordinated & term debt）。这类资本包括普通的、无担保的、初级锁定期限最少在5年期的次级债务资本工具和不许赎回的优先股。

为了不对某些国家内银行体系在结构方面的重大变革（如银行资本的集中、兼并等）造成妨碍，巴塞尔委员会暂时不赞成从银行资本中扣除其所持有的、由其他银行和接受存款公司所发行的资本。

（二）表内的资产风险权数

在对各国银行资本衡量方法进行评估与总结的基础上，并且与各国银行监管机构协商之后，巴塞尔委员会认为，将资本除以资产负债表内不同种类资产以及表外项目根据其广泛的相对风险进行加权的所得值，从而求出风险加权比率是评估银行资本是否充足的好方法。因此，《巴塞尔协议》详细列出了不同的资产负债表内资产的相应风险权重。

不同风险权重的资产主要为：（1）零风险权数的表内资产；（2）公债；（3）20%风险权数的表内资产；（4）50%风险权数的表内资产；（5）100%风险权数的表内资产。

知道了各种资产的风险权数之后，将该资产额乘以其风险权数，加总后便可获得银行表内风险加权资产额。

（三）表外项目的信用转换及风险加权

巴塞尔委员会认为，飞速发展的银行表外业务本身包含着巨大的风险，因而必须将它们纳入衡量资本充足与否的框架中去。同时，委员会也意识到对表外业务风险估测相当困难，尤其对于表外业务额尚小的国家来说，采用复杂的分析法和详细繁复的报告制度并不合理。因此，《巴塞尔协议》提出采用“信用转换系数”把表外业务额转化为表内业务额，然后再根据表内同等性质的项目进行风险加权，再与表内业务得出的风险加权资产额加总，最后的总额才是银行风险加权资产的实际额。

《巴塞尔协议》将银行的表外项目分为五大类，同时，对前四类表外业务分别规定了各自的信用转换系数，而第五种与外汇和利率有关的或有项目由于比较特殊，所以采用了特别的处理方法。有关处理为：（1）100%信用转换系数的表外业务；（2）50%信用转换系数的表外业务；（3）20%信用转换系数的表外业务；（4）零信用转换系数的表外业务；（5）与外汇和利率有关的或有项目。

运用以上方法计算出表外资产和表内资产的相应额之后，还要根据交易对方的性质确定相应表内资产的风险权数，求出这些表外资产的风险加权资产额，才可用于资本充足比率的计算。

（四）计算公式和比率要求

在对银行资本进行分类、对不同银行表内资产设立风险权数以及对表外业务设立信用换算系数的基础上，我们便可以对银行的资本充足比率进行计算。概括起来，

《巴塞尔协议》中规定的计算公式主要有：

表内风险加权资产=表内资产额×风险权数

表外风险加权资产=表外资产额×信用换算系数×表内相同性质资产的风险权数

风险加权资产总额=表内风险加权资产+表外风险加权资产

一级资本比率=核心资本÷风险加权资产总额×100%

二级资本比率=附属资本÷风险加权资产总额×100%

资本对风险资产比率=（核心资本+附属资本）÷风险加权资产总额×100%

=一级资本比率+二级资本比率

《巴塞尔协议》期望，到1992年年底，国际大银行的资本对风险加权资产比率应达到8%，其核心资本至少要占总资本额的50%，即一级资本比率最低应为4%。这样，商业银行便可对自身资产、资本及表外业务进行分析，从而计算出资本对风险资产的比率及其他比率，评估是否达到《巴塞尔协议》的标准。

二、2004年《巴塞尔协议》Ⅱ

2004年，最终出台了修订后的《巴塞尔协议》Ⅱ，即巴塞尔新资本协议，其框架如图3-1所示。

<table>
<tr><td colspan="9">三大支柱</td></tr>
<tr><td colspan="7">1.最低资本金要求</td><td rowspan="4">2.监管部门的监督检查</td><td rowspan="4">3.市场约束</td></tr>
<tr><td colspan="6">风险权重</td><td rowspan="3">资本的定义</td></tr>
<tr><td colspan="2">信用风险</td><td colspan="3">操作风险</td><td rowspan="2">市场风险</td></tr>
<tr><td>内部评级法</td><td>资产证券化</td><td>基本指标法</td><td>标准法</td><td>高级计量法</td></tr>
</table>

图3-1 《巴塞尔协议》Ⅱ框架

第一支柱：最低资本金要求。协议计量信用风险有四种方法：对现有方法进行修改，并将其作为大多数银行计量资本充足率的标准方法；采用外部评级来确定银行的信用风险；对业务复杂程度较高的银行，采用内部评级来确定银行的信用风险；资产组合信用风险模型。

第二支柱：监管部门的监督检查。监管四原则包括：银行应具备与其风险状况相适应的评估总量资本的一整套程序，以及维持资本水平的战略；监管当局应检查和评价银行内部充足率的评估情况及有关战略，以及银行监测和确保满足监管资本比率的能力；监管当局应希望银行的资本高于最低资本监管标准比率，并应有能力要求银行持有高于最低标准的资本；监管部门应争取及早干预，避免银行的资本低于抵御风险所需的最低水平。

第三支柱：市场约束。市场约束的潜在作用是强化资本监管和促进银行和金融体系的安全性与稳健性。市场约束具有加强银行自行进行资本合理调节和控制内部风险的作用。协议鼓励银行在具备充分数据的条件下，采用高级的内部评级法。协议允许符合条件的银行采用内部评级系统确定资产风险权数和最低资本充足要求，允许内部评级确定的资本充足率低于外部评级；银行可以因地制宜采用标准法或内部初级法、高级法。

新资本协议的目标在于，促进金融安全稳定，维持资本总体水平；促进公平竞争；提供更全面的处理风险的方案；使衡量资本充足率的各种方法更为敏感地反映银行头寸及其业务的风险程度。

新资本协议的特点体现为，对各种风险均提出了一整套循序渐进的资本计量方法，通过灵活的制度安排，力求建立良好的激励机制，鼓励银行不断改进和完善风险管理系统，进而更为准确地测定一定风险状况下所需要的资本水平；重视银行内部风险管理对最低资本要求的补充作用，力求将资本管理与风险管理有机结合，避免出现过度强调资本充足，而忽略银行业内控建设因其他风险而使银行陷入经营困境的现象；允许满足监管标准的银行采用自己的内部数据来确定操作风险监管资本。

三、2010年《巴塞尔协议》Ⅲ

（一）核心内容

一是严格资本扣除限制。对于少数股权、商誉、递延资产、对金融机构普通股的非并表投资、债务工具和其他投资性资产的未实现收益、拨备额与预期亏损之差、固定收益养老基金资产和负债等计入资本的要求有所改变。

二是提高资本充足率要求。《巴塞尔协议》Ⅲ对于核心一级资本充足率、一级资本充足率的最低要求和股本比率，均有大幅提高，引入了资本的留存资本，提升银行吸收经济衰退时期损失的能力，建立与信贷过快增长挂钩的逆周期超额资本区间，对大型银行提出附加资本要求，降低“大而不倒”带来的道德风险。

三是扩大风险资产覆盖范围。提高“资产证券化风险暴露”的资本要求、增加压力状态下的风险价值、提高交易业务的资本要求、提高场外衍生品交易和证券融资业务的交易对手信用风险的资本要求等。

四是引入杠杆比率作为增加资本的条件。为弥补资本充足率要求下无法反映表内外总资产的扩张情况的不足，减少对资产通过加权系数转换后计算资本要求所带来的漏洞，推出了杠杆率，并逐步将其纳入第一支柱。

五是加强流动性管理，降低银行体系的流动性风险。引入了流动性监管指标，包括流动性覆盖率和净稳定资产比率。同时，巴塞尔委员会提出了其他辅助监测工具，包括合同期限错配、融资集中度、可用的无变现障碍资产和与市场有关的监测工具等。

（二）主要特点

2010年9月12日，由27个国家银行业监管部门和中央银行高级代表组成的巴塞尔委员会就《巴塞尔协议》Ⅲ的内容达成一致，全球银行业正式步入《巴塞尔协议》Ⅲ时代。《巴塞尔协议》Ⅲ确立了微观审慎和宏观审慎相结合的金融监管新模式，大幅度提高了商业银行资本监管要求，建立全球一致的流动性监管量化标准。《巴塞尔协议》Ⅲ的实施将对商业银行经营模式、银行体系稳健性乃至宏观经济运行产生深远影响。

具体来看，《巴塞尔协议》Ⅲ有更严格的资本定义、更高的资本充足率、逆周期资本计提、更全面的风险覆盖（如增加杠杆率、流动性覆盖率、净稳定融资比率等）。与《巴塞尔协议》Ⅱ相比，《巴塞尔协议》Ⅱ侧重于资产方，而《巴塞尔协议》Ⅲ监管既包括资产方还包括负债方，体现了更全面的风险管理。

四、《巴塞尔协议》Ⅲ的最终方案

巴塞尔委员会于2017年12月发布了《巴塞尔协议》Ⅲ最终方案，资本充足率计量所采用的信用风险权重法对于对公客户、对私客户及金融机构债权的风险加权资产计量规则均有不同程度的变化和细化。所有G20成员国均需遵照《巴塞尔协议》Ⅲ最终方案的框架和要求，最迟应于2022年起实施，后因疫情影响推迟至2023年。

（一）杠杆率要求

根据《巴塞尔协议》Ⅲ，“杠杆率=一级资本/调整后表内外资产余额”。银行必须满足最低保持3%杠杆率的要求。

（二）全球系统重要性银行计提附加资本要求

全球系统重要性银行是按照规模（调整后表内外资产余额）、跨境业务（跨境资产、跨境负债）、互联性（金融机构间资产、金融机构间负债、发行证券及其他融资工具）、基础功能（托管资产、支付额、有价证券承销额）、复杂度（场外衍生品名义本金、第三层资产、交易类和可供出售资产）等一级和二级指标（前述括号内项目）计分来决定的，并根据计分不同划分为不同的级别，以此为依据计提附加资本要求。不同类型机构附加资本要求见表3-1。

表3-1 不同机构类型附加资本要求

栏位	得分区间	附加资本比率
第一栏	130~229	1%
第二栏	230~329	1.50%
第三栏	330~429	2%
第四栏	430~529	2.50%
第五栏	530~629	3.50%

（三）信用风险标准法

1.零售风险暴露

巴塞尔委员会关于零售风险的判断条件：一是从银行产品层面，包含个人循环贷、个人消费类贷款等；二是风险暴露不得超过100万欧元；三是其他标准，单一客户零售风险暴露不得超过总零售风险暴露的0.2%。只有满足上述所有条件，才可以认定为零售风险暴露，适用75%权重。我国对于零售风险暴露的划定和《巴塞尔协议》Ⅲ基本类似，其中从2020年起小微企业风险暴露的判断标准修改为不超过1 000万元人民币。

2. 银行风险权重

巴塞尔委员会将交易对手的银行分为A、B、C三类，按照期限不同分别赋予不同的风险权重，银行分类的依据是按照当地监管部门公开的最低监管要求进行判断。不同类型的银行的权重见表3-2。

表3-2 不同类型的银行的权重

	A级银行	B级银行	C级银行
基础权重	40%	75%	150%
短期（3个月内）权重	20%	50%	150%

3. 房地产抵押贷款

巴塞尔委员会设立贷款价值比（LTV）指标和抵质押率类型，根据LTV的大小确定房地产抵押贷款的风险权重。抵押贷款的风险权重不都是相同的，所做设定更为科学合理。风险权重根据LTV的不同设置了20%、25%、30%、40%、50%、70%等不同的数值。

目前，个人住房抵押贷款的风险权重为50%，并且个人住房抵押贷款的首付不低于30%，所对应的抵质押率一般都小于70%，对应的风险权重会有明显下降，这对于个人住房抵押贷款比较多的银行是利好。将LTV因素引入，对于商业银行房地产抵押提出了更高的要求，为满足LTV计算的准确性要求，商业银行最起码按照季度对抵押房产进行估值，才能准确地计算出LTV的值，最终确定风险权重。

4. 公司风险暴露

部分符合条件（根据年营业额）的公司风险暴露风险权重由100%降低到85%。

5. 土地开发及房地产开发建设

《巴塞尔协议》Ⅲ将该类型贷款分为两种类型，满足条件的按照100%权重计算，不满足条件的按照150%权重计算。目前我国商业银行普遍按照100%确定该类型贷款的风险权重。

6. 表外项目

可随时撤销的贷款承诺按照表外转换因子10%计算，不可随时撤销的按照表外转换因子40%计算。

（四）信用风险内部评级法

违约概率底线由0.03%上升到0.05%，标准违约损失率由45%降低为40%，并取消最低抵质押要求。对于缓释后的最低违约损失率也进行了调整。抵押品与最低违约损失率见表3-3。

表3-3 抵押品与最低违约损失率

	原最低违约损失率	新最低违约损失率
金融质押品	0	0
应收账款	35%	20%
商用房地产和居住用房地产	35%	20%
其他合格抵质押品	40%	25%

根据巴塞尔委员会2018年的测算，上述改变对于一般公司和专业贷款来说，风险加权资产会有比较大的下降，对于银行类客户来说，会有小范围的下降。

（五）操作风险

《巴塞尔协议》Ⅲ最终方案对操作风险的修改较多，直接取消了原来的基本指标法、标准法和高级计量法，取而代之的是结合风险敏感性和可实施性的新标准法。该方法引入业务规模指标和内部损失乘数两个因子。对于内部损失乘数来说，应该通过超过10年的损失数据进行计算，从国内商业银行实施内部评级法的数据积累情况来看，绝大部分很难达到这个要求。业务规模指标中资产规模越大，所对应的边际系数越大，而规模小的银行边际系数会有所下降。

（六）市场风险

市场风险修改主要涉及以下几点：

1.强调银行账簿与交易账簿的划分规则

目前大多数银行的银行账簿和交易账簿划分没有明显的规则，同一笔业务在银行账簿或者交易账簿中计量的风险和方法都是不一样的，为避免监管套利情况的发生，需强化两个账簿的划分规则。从持有目的来看，只要满足短期转售、从短期价格波动中获利、锁定套期收益、对冲上述工具的风险之一，其业务就必须划分到交易账簿。

另外，《巴塞尔协议》Ⅲ最终方案首次对接国际会计准则，明确会计准则下属于交易性金融资产或金融负债的工具属于交易账簿。会计准则下的金融资产三分类只剩下以摊余成本计量和以公允价值计量且其变动计入其他综合收益的两类金融资产，以摊余成本计量的金融资产没有出售目的，所以应该划分至银行账簿，以公允价值计量且其变动计入其他综合收益的金融资产就需要另外专门判断。除个别重大的公开事件外，银行账簿与交易账簿之间一般不允许转换。

2.新增市场风险简化标准法

如果商业银行满足非全球系统重要性银行、内部任意交易台不使用内部模型法、不持有任何相关性交易头寸，那么该银行可以使用简化标准法计量市场风险。这里的交易台的概念为：在清晰的风险管理框架下执行明确交易策略的一组交易员或会计账目，银行内部可以有多个交易台。简化标准法与原市场风险法相似，特别是利率风险基本沿用原方法的特定风险以及一般风险的计算思路。简化标准法下为区分利率风险、股权风险、汇率风险以及商品风险的风险影响程度，分别赋予1.3、3.5、1.2、1.9的调整权重，相比较原市场风险法，资本要求有比较大的提升。

3.修改市场风险标准法

标准法下，资本要求由三个部分简单加总而得：基于敏感度方法的资本要求、违约风险资本要求及剩余风险附加资本要求。

4.修改市场风险内部模型法

修改在险价值（VaR）模型为预期缺口模型。对于上述的修改，不管是根据IFRS9规则确定交易账簿还是根据监管规则确定交易账簿，交易账簿内的资产都会有大幅提升。根据巴塞尔委员会的测算，大部分银行的市场风险的风险加权资产会增加。

（七）资本下限

资本下限的作用是为了避免不同方法计量出的风险加权资产会有明显的差距。因此，以各类风险的标准法为基础设定其他风险计量方法的下限，并在2023—2028年逐步实施。

（八）信息披露框架

对于信息披露，《巴塞尔协议》Ⅲ最终方案对于风险管理、财务与监管披露关系、流动性、杠杆率等17个方面提供了近80个披露模板。对于全球系统性重要银行来说，需严格按照《巴塞尔协议》Ⅲ的要求进行披露。

五、《巴塞尔协议》Ⅲ和《巴塞尔协议》Ⅰ的比较

《巴塞尔协议》Ⅲ和《巴塞尔协议》Ⅰ相比较，要求更高，更加严格。仅从以下比较和总结就可见一斑：

《巴塞尔协议》Ⅰ的基本要求为：

资本充足率=（核心资本+附属资本）÷加权风险资产≥8%

核心资本充足率=核心资本÷加权风险资产≥4%

股本资本充足率=股本资本÷加权风险资产≥2%

《巴塞尔协议》Ⅲ的要求提高：

资本充足率=总资本÷加权风险资产≥10.5%或11.5%

核心资本充足率=核心资本÷加权风险资产≥6%

股本资本充足率=股本资本÷加权风险资产≥4.5%

《巴塞尔协议》Ⅲ要求，股本充足率提高到4.5%，核心资本充足率提高到6%，总资本充足率提高到11.5%。同时考虑以杠杆率指标作为最低资本要求的补充，建立流动性风险监管指标。全球各商业银行被设定时间表，逐步实现上述目标。《巴塞尔协议》Ⅲ要求，到2023年底，银行要全面完成协议中指标的要求。表3-4列示了2020年按资本量排名世界前十位商业银行的资本状况（2020）。

表3-4　**按资本量排名世界前十位商业银行（2020）**　单位：10亿美元

世界排名	银行名称	地区	一级资本数量
1	中国工商银行	中国北京	380
2	中国建设银行	中国北京	316
3	中国农业银行	中国北京	278
4	中国银行	中国北京	258
5	摩根大通	美国纽约	214
6	美国银行	美国旧金山	188
7	富国银行	美国旧金山	159
8	花旗集团	美国纽约	156
9	汇丰银行	英国伦敦	148
10	三菱银行	日本东京	144

2017年末，中国商业银行的资本充足率、一级资本充足率、核心一级资本充足率见表3-5，处于历史较好水平。但喜忧参半，资本结构质量的失衡令各家银行不得放松丝毫警惕。在外部监管压力和内部资本需求的双重作用下，如何提高资本充足率和资本使用效率，加强风险防控，仍是重要课题。

表3-5　　我国主要银行资本充足率（2017）

序号	银行名称	资本充足率	序号	银行名称	资本充足率
1	工商银行	14.56%	6	民生银行	11.50%
2	农业银行	12.71%	7	招商银行	15.48%
3	中国银行	14.56%	8	兴业银行	10.75%
4	建设银行	15.33%	9	浦发银行	10.34%
5	交通银行	13.72%	10	中信银行	11.65%

第四节　经济资本的含义及应用

经济资本在本质上是一个风险的概念，通过经济资本的计量可以对银行不同类别的风险进行定量评估并转换为统一的衡量尺度，以便于银行进行风险分析、考核收益、配置资源。经济资本已经成为银行内部管理最为重要的工具之一。经济资本是指，在既定的期间和置信区间，根据银行实际承担的风险所计算的用以覆盖非预期损失所需的资本。经济资本计量是指运用风险计量技术、组合计量技术，将各类风险量化成资本的过程。经济资本管理是指从风险管理角度对资源有效配置，达到风险、收益最优平衡，具体包括：绩效管理、资源管理和风险控制。

一、经济资本的计量

经济资本反映的是为了抵补银行非预期风险损失所需要的资本，所以，对经济资本的计量实质是对银行非预期损失的计量。对于不同的风险类型，采用的计量经济资本的方法也不同，对于同一种风险，也可以采用不同的方法，商业银行根据不同的资产组合规模、复杂程度、风险管理能力等因素，选择不同的计量方法。

信用风险的经济资本计量模型，实质上就是组合信用风险模型。在计量信用风险经济资本过程中，银行通常要考虑以下要素：

1.违约概率、损失程度与违约风险暴露

违约概率反映客户未来发生违约的可能性；损失率是指违约发生时，银行面临的经济损失水平。通过这两个因素，可以确定风险和损失的分布情况。此外，经济资本的多少和违约风险暴露有关，是指发生违约时预期风险暴露的总额。

2.时间范围

一般来讲，时间越长银行面临的非预期损失越大，所需的经济资本越多。银行开展业务的时间长短差异很大，市场交易活动时间一般比较短；而对信用风险而言时间相对较长，银行在实践中通常选择的时间跨度为一年。

3.置信度

置信度通常是指在一定的时间内、一定的概率条件下银行面临的损失的大小。置信度与银行的风险偏好有关。如果银行的风险偏好较高，选择的置信水平就会也较高，得出的经济资本量也会很高。

4.相关性

投资组合的预期损失是组合中单笔业务预期损失之和。组合的非预期损失不能用简单求和加总的方式得到，这时需要考虑一个重要变量，那就是相关性。一般来讲，相关性越小，组合的非预期损失就越小。风险之间通常会存在某种联系，存在相互影响，所以，在确定整体风险水平时，要考虑业务的多样性、风险分散以及不同风险之间的相互影响。

二、风险绩效考核

（一）经济增加值

经济增加值，也称经济利润，是扣除全部资本的机会成本后的剩余利润。其计算公式如下：

EVA=税后净利润-经济资本×资本成本

*EVA*在很大程度上克服了传统盈利性财务指标（如*ROA*、*ROE*等）的缺陷，能够比较客观地反映商业银行在一定时期内为所有者创造的财富。*EVA*最核心的特点就是考虑机会成本。如果经营者用同样的资本投资于其他项目所获得的收入高于本项目的收益，则资本利用效率较低。如果*EVA*>0，则表明银行投资资本使用效率高；反之，则资本使用效率低。

（二）风险调整后的资本回报率

风险调整后的资本回报率，又称经济资本回报率，是风险调整后的净收益与经济资本的比值。*RAROC*（risk-adjusted return on capital）即风险调整后的资本收益率，计算公式如下：

RAROC=一年内的贷款收益 ÷贷款风险×100%

其中，用未预期到的违约率与违约时贷款损失比例的乘积来代表贷款风险。

风险调整后的资本回报率源于20世纪70年代末，美国信孚银行首次提出了风险调整资本配置观念。风险调整绩效度量方法（*RAPM*）与传统的主要以股本收益率（*ROE*）为中心的绩效度量和资本分配模式的最大区别在于：将银行收益与其所承担的特定风险直接挂钩，更明确地考虑风险对商业银行的巨大影响。

该方法可以帮助业务管理者进行投资决策，制定不同层次的长期战略计划；该方法还能对新引入的交易工具进行有效定价，从而实现具有更高增值潜力的投资。*RAPM*

方法体系通常有4个度量指标，它们基本形式类似，都是由风险调整的或未被调整的收益除以必要监管资本或经济资本得来的，只是风险调整的位置各不相同。它们是：

①*ROC*（return on capital）——资本收益；

②*RORAC*（return on risk-adjusted capital）——风险调整资本的收益；

③*RAROC*（risk-adjusted return on capital）——资本的风险调整收益；

④*RARORAC*（risk-adjusted return on risk-adjusted capital）——风险调整资本的风险调整收益。

尽管*RAPM*方法的4个常用度量指标（*ROC*、*RORAC*、*RAROC*和*RARORAC*）在形式上十分类似，但是在对资本收益进行比较时，采用不同的指标会得出不同甚至相反的结果。银行只有选择恰当的*RAPM*指标才能作出正确的绩效评价，才能在业务部门层次、客户层次以及交易层次等各个层次上都进行有效的资本分配。银行在选择*RAPM*指标时，要将指标与其所从事的各项业务相结合。

计算*ROC*时未进行任何风险调整，该指标鼓励投资者去承担风险以获取更高的收益。这种不充分的定价标准会导致高风险资本需求的增大，而高质量的资产则因其相对较低的收益而被拒之门外。*RORAC*相对于*ROC*的优势在于其使用了经济资本的概念，一般来说，风险和收益都相对较低的交易会具有较高的*RORAC*值，这也正是该指标得到广泛青睐的原因。偏好高“缓冲”资本的机构会据此选择那些吸引力较低的交易，构建信用质量很高但收益较低的资产组合。*RAROC*指标的使用机构会倾向于持有更多的能对市场风险进行弥补的资产，以优化使用现有的监管资本。该指标具有很高的实用性和有效性，因为它试图实现市场监管限制下的风险调整收益最大化。*RARORAC*技术以风险原理和坚实的经济理论为基础，该指标能够做到以最小的经济资本获得最大的风险调整收益，但是要达到最好的效果，最好结合其他一些目标，如收益和获利目标。使用该指标时需要对风险进行精确的判定和调整以及精湛的理论基础、完备的风险度量和跟踪系统。

【思政课堂】

银监会负责人就《商业银行资本管理办法（试行）》答记者问

一、请介绍《商业银行资本管理办法（试行）》出台的国际背景

答：全球金融危机以来，按照二十国集团领导人确定的改革方向，金融稳定理事会和巴塞尔银行监管委员会积极推进国际金融监管改革。2010年11月，二十国集团首尔峰会批准了巴塞尔委员会起草的《巴塞尔协议》Ⅲ，确立了银行业资本和流动性监管的新标准，要求各成员国从2013年开始实施，2019年前全面达标。2011年11月，二十国集团戛纳峰会要求各成员国带头实施国际新监管标准，并建立了国别评估机制。作为二十国集团、金融稳定理事会和巴塞尔委员会正式成员，我国实施银行业新监管标准既是履行国际义务的需要，也是推进中国银行业健康发展，更好地服务经济社会发展的重要举措。

二、实施《商业银行资本管理办法（试行）》对于我国银行业发展有哪些现实意义

答：2012年1月召开的第四次全国金融工作会议明确要求，推动银行业实施国际新监管标准，建立全面审慎的资本监管和风险管理体系。2012年《政府工作报告》也明确将“推动实施银行业新监管标准”列为今年改革的重点任务之一。

近年来，我国银行业有序推进改革开放，不断提高资本和拨备水平，风险防控能力持续增强，为抵御金融危机的负面冲击，实现国民经济平稳健康发展作出了重要贡献。当前及今后一段时期，国际和国内的宏观经济环境存在很多不确定性。银行业稳步实施新的资本监管标准，强化资本约束机制，不仅符合国际金融监管改革的大趋势，也有助于进一步增强我国银行业抵御风险的能力，促进商业银行转变发展方式、更好地服务实体经济。一是有助于提升商业银行风险管控能力。《商业银行资本管理办法（试行）》严格了资本的定义，扩大了资本对风险的覆盖范围，构建了更完善的风险防控体系，增强银行体系应对外部冲击的能力。二是有助于引导商业银行转变发展方式。《商业银行资本管理办法（试行）》强化了商业银行的资本约束机制，推动商业银行从高资本消耗的规模扩张模式转向资本节约的内涵发展模式，提升发展质量。三是有助于促进商业银行支持实体经济发展。《商业银行资本管理办法（试行）》下调了对小微企业贷款、个人贷款的风险权重，降低了相关领域的信贷成本，引导商业银行加强对小微企业和个人消费的信贷支持，有效服务实体经济。

限于篇幅，对该办法在此不做全面介绍，有关详细规定请查阅官方链接（http：//www.gov.cn/gzdt/2012-06/08/content_2156787.htm?）阅读、学习。

资料来源：国务院网站.

本章小结

1.商业银行的资本可以大致分为优先股、普通股、资本盈余、留存盈余、长期资本性票据和资本性债券、资本准备金、损失准备金等几类。

2.商业银行资本充足的真正含义是资本适度。另外，资本充足的含义还包括资本构成的合理，即普通股、优先股、留存盈余、长期债券等应在资本总额中占有合理的比重。

3.《巴塞尔协议》认为，银行的资本并非同质的，因此将商业银行的资本分为核心资本和附属资本两级。

4.如果当前的银行资本状况不能满足银行未来的资本需求，银行将通过增加内源资本或外源资本这两种方式来充实其资本金。

关键概念

资本　普通股　优先股　资本盈余　长期资本性票据　资本性债券　资本准备

金　损失准备金　《巴塞尔协议》　核心资本　风险资产　经济资本　RAROC

复习思考题

1.简答商业银行资本的构成。
2.什么是经济资本？什么是经济资本计量？
3.简答商业银行资本充足性的含义。
4.衡量商业银行资本充足性有哪些方法？
5.简答如何根据《巴塞尔协议》的要求计算风险加权资产。
6.《巴塞尔协议》Ⅲ关于资本充足的新要求有哪些？
7.论述《巴塞尔协议》Ⅰ、Ⅱ、Ⅲ演进的过程。

第四章

商业银行负债业务

导读

通过本章的学习，读者可以掌握银行主要的资金来源，存款负债和非存款负债；了解不同资金来源的主要特征，掌握银行存款类资金和非存款类资金的主要区别及影响银行存款水平的因素；了解存款保险制度及我国存款保险条例的核心内容；掌握银行负债管理面临的金融风险。

引导案例

商业银行存款产品的设计与创新——个人外汇结构性存款

随着各行代客外汇理财业务的迅速发展，其业务量迅速提高。各种外汇理财产品也不断涌现。以农业银行为例，1999年农行上海分行首次代上海地铁公司开展汇率掉期业务，2001年12月该行开始以三项代客业务（代客外汇期权交易、代客外汇投资和代客外汇风险管理）的名义推广代客外汇理财业务，当月交易1 000万美元。2002年重点在9家分行推广，全年全行共办理外汇理财交易99笔，交易量6.39亿美元，实现盈利113.67万美元。2003年，农行总行正式下发代客外汇理财业务管理办法和操作规程。截至2003年年底，全行共办理外汇理财交易216笔，交易量8.64亿美元，实现盈利244.83万美元。截至2004年6月14日，全行共办理对公外汇理财业务103笔，交易量7.42亿美元，实现盈利236.02万美元。

2004年4月22日农行天津分行首次发售个人外汇结构存款，上海、北京、大连、福建、江苏、厦门、青岛、深圳、河南、湖北、浙江、山东等分行相继开办该业务，截至2004年6月24日，共计发售个人结构存款2.02亿美元，盈利444.43万美元。

外汇结构性存款在中国银行率先试点，“两得宝”是与汇率挂钩的结构性存款，中国建设银行的“汇得赢”是与利率挂钩的结构性存款，揭开了个人外汇存款大战的序幕！

例如，农行上海分行“汇利丰”一期A计划——滚雪球型（snowball），是与利率（LIBOR）挂钩的品种。募集发行期为2005年5月12日—5月31日，募集期内的申购资金仍以活期利率计息。

汇利丰A计划条款包括：（1）起点1 000美元，且为1 000美元的整数倍。（2）存款期：最少6个月，最多5年。（3）赎回条款：我行有权在每6个月末赎回。（4）付息条款：每半年付息一次。（5）利息税自理。

汇利丰A计划存款利率计算：期限为5年，半年为一期，共计十期。

第一、二期：10%。

第三、四期：上一期利率+2%-2×6M LIBOR（最小0）。

第五、六期：上一期利率+3%-2×6M LIBOR（最小0）。

第七、八期：上一期利率+4%-2×6M LIBOR（最小0）。

第九、十期：上一期利率+5%-2×6M LIBOR（最小0）。

6M LIBOR：利率参考水平（LIBOR：London InterBank Offered Rate）；USD 6M LIBOR：美元6个月拆借利率。2004年4月21日，6M LIBOR为1.275%。2004年5月17日，6M LIBOR为1.56%。

汇利丰A计划的特点是：第一年收益率很高，高达10%！即使后几年没有利息，平均值也较高！后期收益依据上一期收益和6M LIBOR确定，总收益越滚越大。存款期限不确定，名义上存款期限为5年，实际上可能是半年或1年、2年等，实际期限越短对客户越有利。当利率快速上升时，收益率面临一定的风险。100%本金保证，利息税由客户自理。

2003年全国外币储蓄存款余额855.14亿美元，比2002年减少38.45亿美元。以上海为例，据估计2003年上海市银行外币存款余额较2002年减少逾6亿美元。个人外汇结构性存款推出后，迅速占领市场。建行上海分行“汇得赢”一期获得1亿美元、二期获得6 000万美元存款，工行上海分行“节节高”一期即获得8 000万美元存款。

为什么个人结构性存款会“火”起来？对客户而言，其一直面临着多种风险，如汇率风险、利率风险、增值需求、缺乏理财工具等。对银行而言，其可以有效缓解外汇存款流失，扩大吸收存款量，同时具备丰厚的利润空间，也是对私外汇领域一个重要的创新投资产品，有助于在产品发售中提升银行个人外汇核心竞争力和品牌形象，对培养理财人才、加深理念、促进外汇理财业务发展有着深远意义。

【讨论与思考】

1.汇利丰A计划产品设计的背景是什么？它为什么会“火”起来？

2.汇利丰A计划存款设计中嵌入了哪类金融工具？是如何起作用的？

3.为什么汇利丰A计划存款的利率水平与同期存款相比较高？

4.汇利丰A计划在银行理财产品中被分类为资产类，为什么？

负债业务就是银行组织资金来源的业务。商业银行是现代社会经济体系中资金供需方的媒介，负债业务为其资产活动奠定了资金基础。负债业务也因此与资产业务一起成为商业银行业务中最基础和最主要的业务品种，构成银行传统业务的两大支柱，成为商业银行的特征。

存款负债和非存款负债构成银行负债两大组成部分。其中存款负债占了很大的比重，是银行负债业务的重点。存款主要来源于企业、个人、同业及政府，是银行资金来源的主渠道之一。然而随着金融业竞争的加剧，存款已不能满足银行资产活动的需求，这就引入了能以较低成本迅速从外部借入资金的非存款负债业务，为银行的快速扩张提供了动力。

银行负债管理是对资产负债表中负债项目的管理。

第一节　负债业务概述

一、负债业务的含义

银行负债是银行在经济活动中尚未偿还的经济义务，是债权人暂时放弃资金使用权并获得银行利息和本金返还承诺的一种资金交易，是交易双方建立的债权债务关系。债权人获得利息是以暂时放弃资金使用权为代价的，债务人获得资金占用权但必须履行到期返还本金和支付应计利息的义务。根据负债资金来源的不同，银行负债分为存款负债和非存款负债；根据负债工作中银行主动性程度的不同，银行负债分为被动负债和主动负债。其中，存款负债也称为被动负债，而非存款负债称为主动负债。当然，也可以根据其他标准对负债进行分类，如按照是否计息以及计息方式不同对负债进行分类。

银行负债有如下几个特点：（1）是现实的、优先存在的经济义务；（2）数量必须是能够用货币来确定的；（3）负债只能偿还以后才消失。

二、负债业务的作用

（一）负债是银行的核心业务和特色业务

银行是社会资金融通的主要中介，在银行众多的业务当中，存款业务是其核心业务，是区别于保险、证券、基金、信托等其他金融机构的主要特征。

（二）负债是银行的基础业务

银行业务包括吸收存款、发放贷款、支付结算以及开立资产证明、投资理财等。

但是，负债尤其是存款业务始终居于银行经营管理的中心位置，是银行开展其他业务的基础。银行是“贷者的集中”，但首先是“借者的集中”。所谓“贷者的集中”，是指资金需求者主要通过银行获得资金，而“借者的集中”是指银行通过负债广泛筹集资金。

银行通过管理存款账户服务于企业、事业单位和家庭，为全社会提供支付结算服务，成为全社会资金循环的中心，支付的基础是活期存款。此外，客户通过开设存款账户不仅可以使资产保值增值，而且能提高资产的安全性和流动性。银行通过账户管理还发挥“监督者”的作用，有利于防止和减少犯罪，特别是“洗钱”、恐怖犯罪等。基于存款的增值服务是银行作为“服务业”的主要标志和服务客户的主要形式，如取现、异地取款、账户查询、支票支付、POS支付、手机支付、保函、信用证、跨行转账、跨行ATM、存款证明等，来自这些服务的收费也是银行非利息收入的主要来源。

（三）负债是银行为社会提供流动性和自身保持流动性的主要方式

一方面，银行通过负债业务为社会提供流动性资产，这是银行最重要的社会功能之一。对于家庭来讲，存款是具有高流动性的资产。另一方面，新增负债也是银行获得流动性，进而为社会提供流动性支持的重要来源。负债减少、流动性枯竭将使银行陷入困境。

第二节　商业银行存款负债

不管在哪一个国家，存款始终是商业银行的主要负债和经常性的资金来源。活期存款、定期存款和储蓄存款是各国商业银行的传统存款业务。在面临不同程度的利率管制和金融市场其他金融工具严峻挑战的情况下，现代商业银行在所有传统存款领域不断创新存款工具，推出可转让支付命令账户、货币市场存款账户、可转让大额定期存单等，以努力争取客户，扩大存款规模。

一、传统存款业务

（一）活期存款

活期存款是存户在提取或支付时不必预先通知银行的存款。它的特性在于存户可以随时取款。活期存款的形式近年来有所增多，传统的活期存款账户有支票存款账户、保付支票、本票、旅行支票和信用证，其中以支票存款最为普遍。

由于活期存款的流动性很高，客户在活期存款账户上存取频繁，银行为此要承担较大的流动性风险，并要向存户提供诸多的配套服务，如存取服务、转账服务、提现服务和支票服务等，鉴于高风险和高营运成本，银行对活期存款账户原则上不支付利息。中央银行为使银行避免高的流动性风险，对活期存款都规定了较高的准备金比率。银行在缴纳法定准备金外，还保存部分库存现金以应付活期账户存户的取现。

提供活期存款业务是商业银行的“专利”。银行经营活期存款可以免费得到活期存款的稳定余额，这部分稳定余额是银行重要的资金来源。由于活期存款多表现为支票存款，而支票又多用于转账而非提现，故银行可以进行信用扩张，周转使用活期存款，从而在银行体系下创造出派生存款。

但是，传统活期存款现在的发展越来越受到制约。由于一直被禁止支付利息或支付较低利息，传统活期存款在与包括定期存款等其他存款品种的市场竞争中处于不利地位，而第二次世界大战后，利率的趋升更加剧了这种不利状况。新型活期存款，像NOW账户系列、自动转账、股金汇票账户、货币市场存款账户因其生息优势，也对传统活期存款提出了极大挑战，作为活期存款近似替代物，它们抢走了活期存款市场份额的很大一块。

（二）定期存款

定期存款是存户和银行预先约定存取期限的存款。存款期限在美国最短为1周，在我国通常为3个月、6个月和1年不等，期限长的则可达5年或10年。商业银行对定期存款有到期支付的责任，期满时必须无条件地向存户支付本金和利息。

由于传统定期存款存期固定且较长，在存期未满时存户碍于罚息通常不提前支取，故银行经营所承担的流动性风险较低，而且手续简便，营运成本不高。作为报偿，银行对定期存款支付较高的利息。鉴于定期存款流动性风险较低的情况，各国中央银行对定期存款的准备金比率也相应降低。定期存款由于在银行存储时间长、支取频率小，具有投资的性质，故是银行最稳定的外界资金来源，银行可利用定期存款来支持长期放款和投资业务，从而赚取利润。

传统的定期存款使用存款单，而且一般不可转让，不能在金融市场上流通。不可转让存单的利率随着存款金额的大小和期限长短而调整。金额越大，期限越长，利率也就越高。对于定期存款的提前支取，银行通常都收取较高的提前支取罚款。

像传统活期存款一样，传统定期存款的发展也受到了限制。虽然在1986年美国已完全取消存款的限制，但是，流动性极低的特性决定了传统定期存款不能有更大的发展空间。流通性较高的可转让大额定期存单和兼具活期存款特点、流动性有所提高的货币市场存款账户的出现在很大程度上替代了传统定期存款。

（三）储蓄存款

储蓄存款是指存户不需按照存款契约要求，只需按照银行所要求的任何时间，在实际提取1周以前，以书面申请形式通知银行申请提款的一种账户。由此定义可见，储蓄存款不是在特定的某一到期日，或某一特定间隔期限终止后才能提取。商业银行对储蓄存款有接到取款通知后缓期支付的责任。

由于储蓄存款的流动性介于活期存款和定期存款之间，银行承担的流动性风险亦大于定期存款流动性风险和小于活期存款流动性风险，故银行对储蓄存款支付的利率低于定期存款。

储蓄存款主要面向个人家庭和非营利机构，营利性公司、公共机构和其他团体开立储蓄存款账户受到限制。

居民储蓄存款通常使用银行储蓄存折或电脑储蓄账户。储蓄存折上载明账户的规定事项，包括使用规则和修改账户的条件。在电脑储蓄账户下，银行不发给存户存折，而代之以储蓄存款支票簿。存款金额记录于该簿的存根上，取款时银行签发一张不可转让的储蓄提款单。每月的电脑报表显示储蓄账户的收支。在自动出纳机系统发展起来后，银行办理电脑账户的收支会趋于自动化。

由于创新存款产品的不断涌现和发展，储蓄存款占银行负债的比重有所下降。

二、存款工具创新

（一）新型活期存款

主要的新型活期存款品种有NOW账户、货币市场存款账户、协定账户和特种或使用时方须付费的支票存款账户等。

1.NOW账户和超级NOW账户

NOW账户，是"Negotiable Order of Withdrawal Account"的简称，中文译作可转让支付命令账户，是一种计息的新型支票账户（活期存款账户）。NOW账户由美国马萨诸塞州的互助储蓄银行于1972年首创。NOW账户只对居民和非营利机构开放，在该账户下，存户转账或支付不使用支票而代之以支付命令书。该支付命令书与支票在实质上无异，能用来直接取现或对第三者支付，经过背书后还可转让。银行对NOW账户按其平均余额支付利息，表明美国的商业银行已巧妙地逃避了《1933年银行法》"Q条例"对活期存款禁止支付利息的规定。

NOW账户的开立为存户带来了极大的便利。在此之前，存户为既获利又获流动性，不得不分开储蓄账户和活期的支票账户。NOW账户的开放产生了兼具储蓄存款和活期存款优点的新式存款工具，在客户中具有颇大的吸引力。鉴于NOW账户有储蓄存款性质，美国金融当局近似于按储蓄存款来管理这种账户。

2.货币市场存款账户

货币市场存款账户，英文名称为"Money Market Deposit Account"，简称MMDA。它是活期存款和定期存款的混合产品。货币市场存款账户的出现是商业银行抗衡非银行金融机构推出的货币市场基金的结果。货币市场基金允许客户以买卖股票的方式将短期的闲置资金交由基金会代为投资增值。

货币市场存款账户不仅对居民和非营利机构开放，而且对营利机构开放，企业获准进入极大地拓展了该账户的存户基础。货币市场存款账户所适用的利率比较灵活。对于日常平均余额在2 500美元以上（包括2 500美元）的账户，银行可自选决定，不存在利率上限的限制，而且银行可以每周调整。

3.协定账户

协定账户是一种按一定规定可在活期存款账户、NOW账户和货币市场存款账户三者间自动转账的账户。银行为存户开立上述三种账户，对前两种通常规定最低余额，存户的存款若超过最低余额，银行将超出部分自动转存货币市场存款账户，使存户获取货币市场存款账户下的较高存款利息。若存户在前两种账户上的余额低于最低余额，银行亦有权将货币市场存款账户上的部分存款转入前两类账户，以满足银行的最低余额的要求。

（二）新型定期存款

主要的新型定期存款品种有可转让大额定期存单、货币市场存单、小储蓄者存单和定活两便存款账户等。各类新型定期存款的发展使定期存款占商业银行资金来源的比重有所提高。

1.可转让大额定期存单

可转让大额定期存单，英文名称为“Negotiable Certificates of Deposits”，简称CDs，是一种流通性较高且具借款色彩的新型定期存款形式。

可转让大额定期存单是商业银行逃避最高利率管制（“Q条例”）和存款准备金规定（“D条例”）的手段，亦是银行对相对市场份额下降所作出的竞争性反应。可转让大额定期存单由美国花旗银行在1961年首创，随着这种存单二级市场的开辟和发展，可转让大额定期存单本身也迅速扩张。1961年全美商业银行通过这类存单所吸收的存款尚不足30亿美元，到1983年已高达1 350亿美元。

可转让大额定期存单与传统的定期存款相比，有几个鲜明的特点：首先，前者具有较好的流通性，由于可以自由转让流通，存在较活跃的二级市场支持，可转让大额定期存单的流通性仅逊于国库券。一些美国大商业银行发行的这类存单流通性几乎可与国库券媲美。其次，由于目标客户是大公司、养老基金会和政府，这类存单面额通常较大，最高可至1 000万美元，一般以10万～100万美元面额居多。最后，这类存单的存款期限不如传统定期存款，通常定在3个月、6个月、9个月和1年这四个期限，以使存单具有较高的流通性。另外，这类存单都不记名，以便转让流通。

可转让大额定期存单，其平均收益高于相同期限的国库券，在高利率时期，两者的收益差距还会扩大，这主要是投资者购买可转让大额定期存单承担了发行银行的信用风险所致。由于银行之间也存在信用风险差别，不同层次的银行发行的同类存单的利率亦有差异。

2.货币市场存单

货币市场存单，英文简称MMCD，它由美国储蓄机构于1987年首创。当时，鉴于市场利率上升态势，为避免银行等存款机构因存款资金锐减陷入危机，美国金融当局允许发行这种存单。货币市场存单期限为半年，最低面额为1万美元，是一种不可转让定期存单。银行可向这种存单支付相当于半年期国库券的平均贴现率水平的最高利率，但该最高利率不得比“Q条例”规定的银行利率上限高出0.25%。存单若不转为其他种类的储蓄存款，只按单利计算。货币市场存单的目标存户为家庭和小型企业，它的出现为家庭和小型企业获取较高的利息收益打开了方便之门。

3.小储蓄者存单

小储蓄者存单也发挥了这一功能，不过它的存期较货币市场存单长，达到1年半至2年半，且按照美国财政部的中期债券的利率付息。

4.定活两便存款账户

定活两便存款账户，是一种预先规定基本期限但又含活期存款某些性质的定期存款账户。定活两便体现在该存单可在定期存款和活期存款之间自由转换的特点上，存户没有义务按期提款，但在基本期限之前提取的依活期存款计息，超过基本期限提取的则按基本存款和定期存款利率计息。定活两便存款账户不能完全代替活期支票账户，因为它只可做提款凭证，而不像支票那样具有转账和流通功能。

（三）新型储蓄存款

新型储蓄存款的主要品种有电话转账服务和自动转账服务账户、股金汇票账户以及个人退休金账户等。

1.电话转账服务和自动转账服务账户

电话转账服务和自动转账服务是把活期存款与储蓄组合成一体的新型储蓄账户，它为那些希望得到存款利息但必要时又可使用支票转账结算的存户创造了便利。电话转账服务由美联储体系成员银行在1975年首创。银行给存户同时建立付息的储蓄账户和不付息的活期存款账户，可按存户电话指示将存户存款在两账户间划拨。在该制度下，存户平时将资金置于储蓄账户生息，当需要支票付款时，才电话指示银行将相应金额转拨至活期存款账户。1978年发展出的自动转账服务省去了电话指示这道程序，提高了效率。存户在银行照样开两个账户，但活期存款账户余额恒为1美元，储蓄账户余额则随时可变。存户事先授权银行，当银行收到存户支票时，可立即从储蓄账户上按支票所载金额转至活期存款账户以兑付支票。

2.股金汇票账户

股金汇票账户是一种支付利息的支票账户，由美国信贷协会在1974年首创，该种储蓄账户兼具支票账户功能。它允许存户像签发支票那样开出汇票取现或转账。在取现和转账实现前，存户资金可取得相当于储蓄存款的利息收入。

3.个人退休金账户

个人退休金账户由美国商业银行于1974年首创。它为未参加“职工退休计划”的工薪阶层提供了便利。工薪阶层只需每年存入2 000美元，其存款利率就可免受“Q条例”下利率上限的限制，且能暂免税金，直至存户退休后取款支用时再按支取额计算所得税。由于存户退休后收入锐减，故支取时能按较低税率纳税。该种账户下的存款因为存期长，其利率略高于一般的储蓄存款。

第三节　商业银行非存款负债

非存款负债指的是商业银行主动通过金融市场或直接向中央银行融通资金。虽然存款负债始终是商业银行的主要负债，它在银行全部经营中是起支配作用的基础部分，但存款是银行的被动负债，存款市场属于银行经营的买方市场。而借入负债则是银行的主动负债，它属于银行经营的卖方市场。银行是否借入资金主要取决于银行经营的需要和银行经营者的主观决策。因而对银行经营者来说，借入负债比存款负债具有更大的主动性、灵活性和稳定性。尤其是20世纪60年代以后，随着负债管理理论的发展，许多商业银行把管理的重点转移到负债方面，通过借入资金既能增加盈利性资产，又能满足流动性的需要，因此，借入负债在负债总额中所占比重呈不断上升趋势，逐渐成为各国商业银行的重要资金来源。借入负债在期限上有短期借款和中长期借款之分，在国际上，短期借款主要指期限在1年以内的借入负债，期限在1～5年的为中期借款，5年以上的则为长期借款。

一、短期借入负债

（一）向中央银行借款

世界各国的中央银行，都是向商业银行提供货币的最后贷款者。其借款的形式有两种：一种是直接借款，也称再贷款；另一种是间接借款，即所谓的再贴现。在市场经济发达的国家，由于商业票据和贴现业务的广泛流行，再贴现就成为商业银行向中央银行借款的主要渠道。而在商业票据信用不普及的国家，则主要采取再贷款的形式。

商业银行向中央银行借款不能随心所欲，而是有严格限制的。这是因为各国中央银行通常把对商业银行的放款作为宏观金融调控的主要手段，这种放款的数额将直接构成具有成倍派生能力的基础货币，其利率则随经济、金融形势的变化而经常调节，且一般要高于同业拆借利率。中央银行在决策是否向商业银行放款、何时放款、放多少款时遵循的最高原则是货币稳定和金融稳定。在一般情况下，商业银行向中央银行的借款只能用于调剂头寸、补充储备的不足和资产的应急调整，而不能用于贷款和证券投资。

中国商业银行向中央银行的借款，虽然也有再贷款和再贴现两种形式，但再贴现的比重微乎其微，基本采取的是再贷款形式。这是由于我国的商业票据信用尚未真正发展，更重要的是我国国有商业银行在资金上对中央银行有着很大的依赖性。目前我国中央银行的再贷款有年度性贷款、季节性贷款和日拆性贷款三种。年度性贷款是现阶段中央银行再贷款的主要形式，主要用于解决商业银行因经济合理增长而引起的年度性资金不足，期限为1年，最长不超过2年。季节性贷款主要解决商业银行因信贷资金先支后收或存贷款季节性下降等原因引起的暂时资金不足，期限为2个月，最长不超过4个月。日拆性贷款的期限为10天，最长不超过20天，是商业银行筹措头寸的手段，主要用于汇划款项未达、票据清算等临时性资金的短缺。

我国中央银行对再贷款的管理实行“合理供给、确定期限、有借有还、周转使用”的原则。以再贷款为主要形式，有利于国家和中央银行强化宏观金融的计划控制，但是，再贷款并不像再贴现那样完全建立在经济实际运行的基础之上。再贷款规模的决策也难以避免主观随意性。因此，随着我国票据和贴现市场的发展，商业银行的贴现业务将逐渐扩大。逐步以再贴现取代再贷款，将是历史发展的必然趋势。

（二）同业拆借

同业拆借指的是金融机构之间的短期资金融通，主要用于支持日常性资金周转，是商业银行为解决短期资金余缺、调剂法定准备头寸而相互融通资金的重要方式。同业拆借产生于存款准备金政策的实施。由于商业银行的负债结构及余额每日都发生变化，有时法定准备多余，形成超额储备，为减少不必要的储备利息损失，商业银行就力求将超额储备拆放出去；相反，如果法定准备不足，就需要通过拆进资金而及时补足。这样，就形成了同业拆借的客观条件。在实际中，同业拆借是与银行间资金清算紧密结合的。当商业银行之间每天进行资金结算轧差时，有些银行会出现头寸不足，而另一些银行会出现头寸盈余。为了实现资金平衡，支持资金的正常周转，头寸不足的银行就需要从头寸盈余的银行拆入资金；而头寸盈余的银行也愿意将暂时多余的资金拆借出去，以获得利息收入。由于同业拆借一般是通过商业银行在中央银行的存款账户进行的，实质上是超额准备金的调剂，因此又称中央银行基金，在美国则称之为联邦基金。随着金融业发展的客观需要，当今发达国家的同业拆借市场无论在内容上和规模上都发生了很大的变化。如同业拆借已不仅仅局限于调剂法定准备金头寸，而日益成为商业银行资产负债管理的重要工具。一方面，一些大银行把拆入资金作为一种长期的周转准备，通过循环拆借的办法，使其贷款能力超过原来的存款基础，由此减少对短期、低利、高流动性资产的持有；另一方面，许多中小银行对大银行拆出资金，风险较小，期限也短，有利于及时调整资产负债结构，因此，同业拆借便成为它们一项比较持久的资金运用项目。

中国的同业拆借市场自20世纪80年代中期以来发展迅速，目前已初步形成一个纵横交错、遍布全国的同业拆借网络。其中，包括由中国人民银行组织的与票据清算中心相结合的头寸市场，主要用于当日票据清算轧抵后的资金差额和补足次日营业必备的最低超额准备，期限一般为1～3天；由各省、自治区、直辖市人民银行主持的中介机构——融资中心，凡本省市的银行和金融机构都可参与本地融资中心的拆借，但跨省市的拆借只能是各融资中心相互间的拆借，其拆借资金来自各金融机构在人民银行的超额准备金和其他临时可用的闲置资金，期限不得超过4个月；还包括各大商业银行系统内联行往来渠道的资金拆借市场等等。

（三）其他短期借款渠道

其他常见的短期借款渠道主要有以下几种：

1.转贴现

银行对商业票据承兑贴现后，既可将票据持有至到期日，也可向中央银行申请再贴现，还可以在二级市场上出售，如出售给其他商业银行、金融机构、票据交易商等，由这些机构贴进以融通到所需要的资金。所谓转贴现，就是中央银行以外的投资人在二级市场上贴进票据的行为。在票据到期前，这些投资人还可进一步转手买卖，继续转贴现。

转贴现的期限一律从贴现之日起至票据到期日止，按实际天数计算。转贴现利率可由双方协定，也可以贴现率为基础或参照再贴现率来确定。在我国，票据款项的回收一律向申请转贴现的银行收取，而不是向承兑人收取。

银行承兑汇票可以多次被转贴现，这样既便利了银行随时回收资金，增强银行应付突发事件的能力，又有利于银行充分使用资金，在继续贴进汇票的同时又把它不断转贴现出去，从而有利于社会资金运转效率的提高。但是，转贴现的手续和涉及的关系都比较复杂，在发达国家受金融法规的约束也比较大，过多使用转贴现会令人产生经营不稳的印象，使银行承担一定的信誉风险。因此，转贴现的数额必须以商业银行自身的资金承受能力为限，有控制地、合理地运用这一短期融资渠道。

2.回购协议

回购协议也称再回购协议，指的是商业银行在出售证券等金融资产时签订协议，约定在一定期限后按原定价格或约定价格购回所卖证券，以获得即时可用资金；协议期满时，再以即时可用资金作相反交易。回购协议相对于即时资金供给者又称为“返回购协议”。

回购协议中的金融资产主要是证券，在美国主要指的是政府证券或联邦代理机构的证券。但这并不是绝对的，在发达国家，只要资金供应者接受，任何资产都可搞回购交易，所不同的是使用其他资产一般有严格的限制条件。我国的回购协议则严格限制于国债。

由于回购协议的交易双方都存在一些风险，因此交易通常在相互高度信任的机构间进行，并且期限一般很短，如我国规定回购协议的期限最长不得超过3个月。为防止其他风险，协议中可写明提供资金的数量同提供的证券市场价值之间保留一个差额——保证金。如证券价值大于所提供的资金数量，则保护资金供应者；反之，则保护证券的提供者。因此，保证金只能保证交易的一方，不能同时保护双方。

回购协议最常见的交易方式有两种：一种是证券的卖出与购回采用相同的价格，协议到期时以约定的收益率在本金外再支付费用；另一种是购回证券时的价格高于卖出时的价格，其差额就是即时资金提供者的合理收益率。

由于商业银行通过回购协议而融通到的资金可以不提缴存款准备金，从而有利于借款实际成本的减少。同时，与其他借款相比，回购协议又是一种最容易确定和控制期限的短期借款。回购协议作为一种金融工具，又有利于商业银行更好地渗透到货币市场的各个领域。《商业银行法》规定，我国的商业银行既可代理发行、兑付和承销政府债券，也可自营买卖政府债券。因此，随着我国国债市场的进一步发展，我国商业银行的回购协议业务将有着广阔的前景。

3.大面额存单（CDs）

大面额存单是银行负债证券化的具体表现，也是西方商业银行通过发行短期金融债券筹集资金的主要形式。大面额存单的特点是可以转让，并且有较高的利率，集中了活期存款的流动性和定期存款的盈利性的优点，因而颇受欢迎。在西方国家，大面额存单由大银行直接出售，利率由发行银行确定，既有固定利率，也有浮动利率，期限在1年以内，在二级市场上存单期限一般不超过6个月，也有的国家发行长达3~5年的利率固定的大面额存单，但认购者可自动转换期限，如换成6个月期限的存单，以便于在二级市场上转让。大面额存单可流通转让、自由买卖，但不能购回；存单到期还本付息，但过期不计利息。在我国，交通银行上海分行于1986年10月首先发行了记名式可挂失的大面额存单，以后其他各银行也相继获准发行一定数额的大面额存单。

4.欧洲货币市场借款

第二次世界大战后，各国对美元、英镑、德国马克、日元等稳定通货的大量需求，促使了许多国际金融中心的产生，各种主要通货在那里交易，这些中心构成了欧洲货币市场。所谓欧洲货币，实际上是境外货币，指的是以外币表示的存款账户。由于各国的国际贸易大量以美元计价结算，欧洲美元也就成为欧洲货币市场的主要货币。所谓欧洲美元，就是以美元表示的，存在美国境外银行的美元存款。当今世界的欧洲货币市场已从欧洲扩展到亚洲、非洲和拉丁美洲，形成了一个全球统一的大市场。

欧洲货币市场的资金来自发达国家的商业银行、跨国银行的分支机构、国际银团、跨国公司、各国政府机构和中央银行、石油输出国、国际清算银行等，因而资金规模极其庞大；既有期限为1天~1年的短期货币市场，即短期资金存放市场，也有期限为1~5年的中期资金存放市场和期限在5年以上的政府公债和公司债券交易市场等。从事国际业务的商业银行的短期借款，主要来自短期货币市场。

欧洲货币市场之所以对各国商业银行有很大的吸引力，主要在于它是一个完全自由开放的富有竞争力的市场：①欧洲货币市场不受任何国家政府管制和纳税限制；②其存款利率相对较高，放款利率相对较低，存放款利率差额较小；③欧洲货币市场资金调度灵活、手续简便；④欧洲货币市场的借款利率由交易双方依据伦敦银行同业拆借利率具体商定。

二、长期借款

商业银行的长期借款，一般采用金融债券的形式。当今世界的金融债券是20世纪70年代以来西方商业银行业务综合化、多样化发展和金融业务证券化的产物，它体现了商业银行资产负债管理的许多新特点。

金融债券有资本性债券、一般性金融债券和国际金融债券的区别。

(一) 资本性债券

资本性债券是为弥补银行资本不足而发行的，介于存款负债和股票资本之间的一种债务，《巴塞尔协议》称之为附属资本或次级长期债务。它对银行收益的资产分配要求权优先于普通股和优先股，次于银行存款和其他负债。这种资本性长期债券与优先股有着某种相似之处，所不同的是它一般要付出比优先股更高的利息，还有到期归还的限制。商业银行过多持有这种债券对银行信誉是不利的，故《巴塞尔协议》对附属债务资本有着严格的数量限制。

在资本性债券中，近年来颇受欢迎和广泛流行的是可转换债券，这是附有专门规定，允许持有人在一定时间内以一定价格向发行银行换取该银行股票的债券。债券持有人如不想转为股票，则可继续持有，直至期满。这种债券给投资者以较大的选择余地。

到目前为止，我国的银行还没有发行过资本性债券。但随着我国银行资本金管理的国际化、规范化，发行资本性金融债券已势在必行。但可转换金融债券的发行，还有待于我国股票市场的进一步成熟和规范，并取决于商业银行股份制改革的进程。

（二）一般性金融债券

一般性金融债券指的是商业银行为筹集用于长期贷款、投资等业务资金需要而发行的债券。这类债券的形式、种类很多。

1.担保债券和信用债券

担保债券包括由第三方担保的债券和以发行者本身的财产作抵押的抵押担保债券。信用债券也称无担保债券，是完全以发行者本身信用为保证发行的债券。

2.固定利率债券和浮动利率债券

固定利率债券指的是在债券期限内利率固定不变，持券人到期收回本金，定期取得固定利息的一种债券。浮动利率债券则是在期限内，根据事先约定的时间间隔，按某种选定的市场利率进行利率调整的债券。

3.普通金融债券、累进利息金融债券和贴现金融债券

普通金融债券是定期存单式的、到期时还本付息的债券。这种债券有些类似定期存单，但它具有金融债券的全部本质特征。累进利息金融债券是浮动期限式的、利率和期限挂钩的金融债券。其期限通常在1～5年，利息采用累进制的方法计算。贴现金融债券也称贴水债券，是指银行在一定的时间和期限内按一定的贴现率以低于债券面额的价格折价发行的债券。这种债券券面上不附有息票，到期按面额还本付息，不再计利息，其利息就是债券发行价格与票面价格的差额。我国银行发行的大多是普通金融债券，从1988年开始，也发行累进利息金融债券和贴现金融债券。

4.附息金融债券和一次性还本付息金融债券

一次性还本付息金融债券是期限在5年以内、利率固定、发行银行到期一次支付本息的中期普通金融债券。所谓附息金融债券，指在债券期限内，每隔一定时期（半年或1年）支付一次利息的金融债券。

（三）国际金融债券

国际金融债券指的是在国际金融市场发行的面额以外币表示的金融债券。

（1）外国金融债券，指债券发行银行通过外国金融市场所在国的银行或金融机构发行的以该国货币为面值的金融债券。

（2）欧洲金融债券，指债券发行银行通过其他银行或金融机构，在债券面值货币以外的国家发行并推销的债券。

（3）平行金融债券，指发行银行为筹措一笔资金，在几个国家同时发行债券，债券分别以各投资国的货币标价，各债券的借款条件和利率基本相同。实际上这是一家银行同时在不同国家发行的几笔外国金融债券。

在以上几种债券中，欧洲债券通常以国际通用货币标价（如美元），所筹资金的使用范围广泛，因而是一种主要的国际金融债券。

第四节　存款保险制度

一、美国存款保险制度

第一次世界大战结束以后，美国市场繁荣，百业兴盛，政府放宽了制度，批准许多银行开业。可是好景不长，1929年股票市场崩溃，银行首当其冲，纷纷倒闭，产生了多米诺连锁效应。在1929年以前，美国的银行倒闭案每年平均只有550家左右，而自1929年到1933年，5年时间，倒闭的银行竟达9 108家，涉及的存款达70亿美元。为此，罗斯福总统于1933年3月下令银行界休假7天，以进行整顿，同时国会在听取一系列的听证会以后，通过了《格拉斯-斯特格尔法》（亦称《1933年银行法》），开始对商业银行的业务规定了许多限制条款，并根据该法第12B条款，创办了联邦存款保险公司，后来陆续成立了联邦储蓄贷款保险公司和国家信用协会股份保险基金，分别承保商业银行、储蓄贷款协会和信用协会存户的存款。1950年，上述12B条款从《格拉斯-斯特格尔法》中分离出来，单独成为联邦存款保险法。

联邦存款保险公司设理事会作为领导机构，理事3人，除了货币监理官为当然成员外，其余2人经参议院同意后由总统任命，任期6年，3名理事必须分属两个政党，持有受保银行股票或在受保银行任职者不得担任理事职务。

设立联邦存款保险公司的目的是，由该公司以联邦政府机构的身份，对顾客存在受保银行的存款提供保险。所有参加联邦储备系统的会员银行都必须参加保险，互助储蓄银行和州注册的非会员银行可自愿参加。如果受保银行倒闭，顾客存在该银行的存款由联邦存款保险公司予以赔偿。赔偿的最高额原来只有2 500美元，已多次调整，1980年根据新银行法案的规定，承保最高赔偿额由4万美元提高到10万美元，但超过这个限额的不能马上获得赔偿，而要等倒闭的银行清算完毕后，再作为一般的债务予以清偿。2007年次贷危机爆发后，美国于2010年7月通过《多德-弗兰克华尔街改革和消费者保护法》（简称《多德-弗兰克法》），存款保险额度又由10万美元提高到25万美元。

为了防备联邦存款保险公司的保险基金不足以支付赔款，《格拉斯-斯特格尔法》授权该公司可以在任何时间直接从联邦财政部贷款30亿美元，但事实证明，即使在1974年美国历史上最大的两家银行倒闭时（指纽约的富兰克林国民银行和圣地亚哥的合众国国民银行），该公司也没有动用这个贷款额度。

保险费由受保银行按其存款平均余额平均每年缴1/12%。由于自从联邦存款保险公司成立以来，银行的倒闭率很低，所以这个费率显得偏高，自1980年起，已降低到1/27%。自1961年起，该公司从投资于政府证券所得的利息已高于保险费收入。根据该公司1981年的年度报告，从1934年起，该公司处理的银行破产案仅712起，涉及储户约400万人，其中有99.9%根据该公司承保限额获得赔偿，公司为此花费了60多亿美元，但公司的赔偿基金到1981年底有110亿美元，这个金额等于从1934年迄今该公司支出总额的一倍，等于支付的赔偿金额的35倍。联邦储蓄保险贷款公司的赔偿基金到1981年末有70亿美元。

除联邦一级设立的3家存款保险公司外，美国的个别州也对银行存款提供保险。要么承担参加联邦保险公司银行客户超过存款赔付限额以上存款的保险赔付，要么对未参加保险的非会员银行，承保其全部存款余额。

对于经营不善、濒临倒闭的“问题银行”，联邦保险公司通常在3种办法中采取抉择：一是命令该银行关闭进行清理，在此情况下，存户的头10万美元的存款将立即获得赔偿；二是物色别的银行吸收这家“问题银行”，存户的存款全部归接受的银行负责支付；三是由联邦存款保险公司对“问题银行”发放贷款，助其渡过难关，或购买其股票，或暂不关闭而由联邦存款保险公司予以接管。接管的办法一般适用于在较小的城镇只有一家银行而又没有别的银行愿意与之合并或购买的情况，接管不得超过两年，在接管期间还要设法求得其他的解决办法。通常采用的是第一、二两种办法。自1934年以来，在发生问题的银行中，清理和合并大约各占一半。一般来说，较小的银行多采取清理的办法，而较大的银行则多采取合并的办法，因为，银行规模越大，要赔偿的存款就越多，对社会的影响也越大。

20世纪70年代到80年代中期，美国的银行体系因为经济衰退、企业破产和国际债务危机而受到很大影响，主要原因之一是利率高涨，财务问题严重的银行往往愿意支付最高的利率以吸收存款，这无异于饮鸩止渴。据联邦存款保险公司的报告，美国商业银行的利润在1981年和1982年两年连续下滑，银行倒闭不断增多。1981年倒闭10家，到1984年增加到80家。虽然倒闭的多为中小银行，但名列前茅的一些大银行也不是没有问题的。1984年5月间，美国的第8大银行伊利诺斯大陆银行就发生了挤兑风潮，短短几天内存款大户向该行提取的存款即达80亿美元之巨，后来由联邦储备系统、货币监理官和联邦保险公司会同美国28家大银行紧急筹措75亿美元的巨款进行救援，联邦储备理事会宣布给该行以无限的备用信贷作支援，联邦存款保险公司也打破法例规定的10万美元保险最高赔偿额，宣布对该公司的存款全部负责，危机才暂告平息。这么大的银行如果倒闭，肯定会引起一场轩然大波，救援行动之紧急与规模之大为美国历史所罕见，其中，存款保险制度是起了决定性作用的。

对于联邦存款保险公司的保费收取方法，人们提出了一些意见。保险费是按照银行平均存款余额计收的。平均余额中既包括10万美元以下的存款，也包括10万美元以上的存款。但一旦倒闭，马上获得赔偿的只有10万美元以下的存款，而超过这个限额的存款，在计收保费时，已经包括在内，这就形成了交了保险费而不能获得保险的保护，未免有失公允。而且，按照一般保险的原则，风险大小与保费的高低是成正比的。通常大银行倒闭的风险要小于小银行。对于大银行来说，他们拥有一批存款大户，在10万美元以上的余额在全部存款中所占比例要大于小银行，也就是说，按同样的费率缴费而大银行存款中受不到保险保护的比例要大于小银行，义务相等，享受的权利不同，等于由风险小的大银行来补贴风险大的小银行，这是不合理的。因此，取消10万美元存款限额，改为100%承保的呼声很高。

2007年次贷危机后，美国于2010年7月通过了《多德-弗兰克法》，对存款保险制度进行了更加严苛的完善：存款保险额度由原定的10万美元提高到25万美元；存款保险准备金率（即联邦存款保险基金的资金量/总保险金额）由原定的1.15%提高到1.35%，并取消了原定1.5%的上限；取消了在准备金率高于1.35%时联邦存款保险公司必须向银行派发红利的要求；联邦存款保险公司不再依据银行的国内存款总量，而是依据银行的总体负债来收取保费。存款保险制度向着对参保银行更加严苛、对储户保障能力更强的方向大踏步迈进。

美国几乎100%的银行和储贷机构都加入了存款保险体系，这使得大部分存款都受到了有效保护，在银行发生问题时，储户不会着急挤兑，避免了盲目恐慌在银行业中的蔓延，维持了金融业的稳定和公众信心。从2008年开始到2011年底，美国联邦存款保险公司先后关闭了总共414家银行类金融机构，平均约每3天一家。虽然出现了大规模的银行倒闭，银行挤兑现象却极少发生。绝大多数的零售储户并未因为其银行倒闭而涌向银行挤兑。存款保险制度不仅仅保障了存款人的权利，更重要的是对整个金融稳定起到了巨大作用。

二、我国存款保险制度

（一）发展历程

2012年1月初的第四次全国金融工作会议上和时任中国人民银行行长周小川在之后均提出，要抓紧研究完善存款保险制度方案，择机出台并组织实施。

2012年7月16日，中国人民银行在其发布的《2012年中国金融稳定报告》中称，中国推出存款保险制度的时机已经基本成熟。同月，一份题为《建立存款保险制度刻不容缓》的报告提交至决策层。

2013年，中国人民银行发布《2013年中国金融稳定报告》称，建立存款保险制度的各方面条件已经具备，内部已达成共识，可择机出台并组织实施。

2014年1月，中国人民银行在工作会议上表示，存款保险制度各项准备工作基本就绪，存款保险制度作为中国已全面展开的金融改革的重要环节，在2014年择机推出可能性很大。3月11日，中国人民银行行长周小川表示，存款利率很可能在2014年或2015年放开。有学者认为，其一个重要前提就是建立推进存款利率市场化的金融防护网的存款保险制度。

2014年11月27日，中国人民银行召开系统内的全国存款保险制度工作电视电话会议，各省级分行领导到京参会。研究部署于2015年1月份推出存款保险制度。30日，《存款保险条例（征求意见稿）》发布，其中规定，存款保险实行限额偿付，最高偿付限额为人民币50万元。

2015年1月，中国存款保险条例向社会公开征求意见工作已圆满完成，制度出台前的各项准备工作已经就绪，在按照规定履行相关审批程序之后，存款保险制度就会付诸实施。

2015年5月1日，存款保险制度在中国正式实施，各家银行向保险机构统一缴纳保险费，一旦银行出现危机，保险机构将对存款人提供最高50万元的赔付额。

（二）我国存款保险制度的意义

1.建立存款保险制度有利于加快推进利率市场化改革

存款保险是利率市场化推进的重要基础之一。当前，我国利率市场化改革已进入深水区，这必然要求建立存款保险制度为其保驾护航。利率市场化后，银行间经营差异扩大，部分银行可能因利差收窄、利率波动风险加大而陷入经营困难。建立完善的存款保险制度，可有效提高公众信心，降低挤兑风险，从而维护金融稳定。存款保险制度可最大程度地强化市场纪律约束，营造公平竞争、优胜劣汰的市场环境。从国际经验看，有关国家或地区均在利率市场化之前或利率市场化过程中建立了存款保险制度，并发挥了较好的作用。

2.存款保险制度将为中小银行的平稳发展提供重要支持

从各国经验看，存款保险制度有利于社区银行、中小银行的发展。以美国为例，存款保险在美国社区银行的发展方面起着至关重要的作用。如果没有存款保险，存款人只能选择大银行，社区银行就无法生存。有了存款保险，增强了存款人对社区银行的信心，促进了公平竞争环境的形成，才使得社区银行发展起来，最终维持了美国金融体系的多样性。

存款保险可以增强中小银行的信用，为小银行创造与大银行公平竞争的环境，促进形成一个有序竞争、优胜劣汰、可持续发展的小金融机构体系，缓解“三农”和小微企业融资难问题。存款保险制度不会导致大范围的存款转移，原因在于：绝大多数个人储户和小微企业的存款余额在存款保险限额以内，对存款安全更有信心。同时，中小银行贴近当地市场，服务更便捷、灵活、门槛低、利率较高，与客户关系更有“黏性”。当然，适度的、有序的、理性的存款转移是一种健康的机制，是存款保险制度发挥市场约束和正向激励作用的体现。

3.存款保险制度构筑了对百姓的利益保护网

存款保险制度作为一种金融保障制度，是保护存款人利益、维护资金安全和金融稳定的制度安排。当实行该制度的银行资金周转不灵或破产倒闭而不能支付存款人的存款时，按照保险合同条款，投保银行可从存款保险机构那里获取赔偿或取得资金援助，或被接收、兼并，存款人的存款损失就会降低到尽可能小的程度，这有效保护了存款人，特别是大多数中小存款人的利益。存款保险制度虽然是一种事后补救措施，但它的作用却在事前也有体现，当公众知道银行已实行了该制度，即使银行真的出现问题时，也会得到相应的赔偿，这从心理上给了他们安全感，从而可有效降低传染性的恐慌感，进而减少了对银行体系的挤兑，可有效提高金融体系的稳定性，维持正常的金融秩序。

我国存款保险制度设计中十分重视对存款的保护：一是存款保险限额较高并通过一些特殊设计对绝大多数存款予以保障，且额度会随经济发展状况而逐步调整。二是由于我国整体处于经济快速发展阶段，金融机构倒闭的可能性较小，并且倒闭金融机构主要采取合并、转让等方式实现，不会影响存款者的利益。三是如遇到重大危机，可能借鉴国际经验采取全额保险方式。因此，存款保险能够较好地保护个人储户和小微企业的存款，有效地保障存款者的资金安全。

4.存款保险构建了问题金融机构的市场化处置机制

存款保险是一种保险，总的原则是靠自身解决问题，少用、不用纳税人的钱解决金融机构的问题。存款保险正是通过保险机制让市场主体出资解决自身问题。理论和实践表明，金融监管难以完全避免金融机构经营失败，对于濒临倒闭或倒闭的金融机构，应当构建有效的处置机制，确保其恢复正常运营或顺畅退出市场，降低对整个金融体系的冲击。比较而言，存款保险制度可灵活运用多种市场化方式对危机银行进行处置，从根本上防止金融体系风险的累积，有利于维护金融体系的稳定。

金融机构市场化退出机制是金融市场化改革的重点，也是难点。目前我国在金融机构退出层面上没有明确规则，国家对现有商业银行存在着或多或少的隐性担保，出现了金融机构经营失败而不倒、发生危机而不死、最后要由中央银行和各级财政实施救助的道德风险问题，这加大了政府的负担，也增强了市场的不确定性。实践表明，有效的存款保险制度有利于强化市场约束，减轻政府负担，及时防范和处置金融风险，维护金融体系稳定。

5.存款保险制度有利于防范和化解潜在风险

存款保险制度有利于逐步规范政府救助范围，防止道德风险。在化解金融机构风险时，应尽可能发挥市场化处置机制功能，将政府实施救助范围限制在有系统性影响以及遭遇流动性风险的金融机构。赋予存款保险对问题银行的早期发现职能，可以给监管机构形成一定压力，防止或者减少监管宽容，促进监管质量和效率的提升。赋予存款保险对问题银行的及时纠正职责，有助于降低道德风险，降低风险处置成本。

同时，存款保险职能可以与中央银行最后贷款人职能相协调，形成及时防范和校正风险的新机制，弥补现有金融安全网的不足。通常情况是，金融机构主要股东承担第一救助义务，不足以化解风险时，存款保险机构通过各种措施及时介入，最后发挥中央银行最后贷款人职责，与存款保险搭配使用，为存款保险提供后援支持。

【思政课堂】

《存款保险条例》相关规定（节选）

《存款保险条例》已经2014年10月29日国务院第67次常务会议通过，自2015年5月1日起施行。

第一条　为了建立和规范存款保险制度，依法保护存款人的合法权益，及时防范和化解金融风险，维护金融稳定，制定本条例。

第二条　在中华人民共和国境内设立的商业银行、农村合作银行、农村信用合作社等吸收存款的银行业金融机构（以下统称投保机构），应当依照本条例的规定投保存款保险。投保机构在中华人民共和国境外设立的分支机构，以及外国银行在中华人民共和国境内设立的分支机构不适用前款规定。但是，中华人民共和国与其他国家或者地区之间对存款保险制度另有安排的除外。

第三条　本条例所称存款保险，是指投保机构向存款保险基金管理机构交纳保费，形成存款保险基金，存款保险基金管理机构依照本条例的规定向存款人偿付被保险存款，并采取必要措施维护存款以及存款保险基金安全的制度。

第四条　被保险存款包括投保机构吸收的人民币存款和外币存款。但是，金融机构同业存款、投保机构的高级管理人员在本投保机构的存款以及存款保险基金管理机构规定不予保险的其他存款除外。

第五条　存款保险实行限额偿付，最高偿付限额为人民币50万元。中国人民银行会同国务院有关部门可以根据经济发展、存款结构变化、金融风险状况等因素调整最高偿付限额，报国务院批准后公布执行。同一存款人在同一家投保机构所有被保险存款账户的存款本金和利息合并计算的资金数额在最高偿付限额以内的，实行全额偿付；超出最高偿付限额的部分，依法从投保机构清算财产中受偿。存款保险基金管理机构偿付存款人的被保险存款后，即在偿付金额范围内取得该存款人对投保机构相同清偿顺序的债权。社会保险基金、住房公积金存款的偿付办法由中国人民银行会同国务院有关部门另行制定，报国务院批准。

第六条　存款保险基金的来源包括：

（一）投保机构交纳的保费；

（二）在投保机构清算中分配的财产；

（三）存款保险基金管理机构运用存款保险基金获得的收益；

（四）其他合法收入。

第七条　存款保险基金管理机构履行下列职责：

（一）制定并发布与其履行职责有关的规则；

（二）制定和调整存款保险费率标准，报国务院批准；

（三）确定各投保机构的适用费率；

（四）归集保费；

（五）管理和运用存款保险基金；

（六）依照本条例的规定采取早期纠正措施和风险处置措施；

（七）在本条例规定的限额内及时偿付存款人的被保险存款；

（八）国务院批准的其他职责。

存款保险基金管理机构由国务院决定。

第八条　本条例施行前已开业的吸收存款的银行业金融机构，应当在存款保险基金管理机构规定的期限内办理投保手续。本条例施行后开业的吸收存款的银行业金融机构，应当自市场监督管理部门颁发营业执照之日起6个月内，按照存款保险基金管理机构的规定办理投保手续。

第九条　存款保险费率由基准费率和风险差别费率构成。费率标准由存款保险基金管理机构根据经济金融发展状况、存款结构情况以及存款保险基金的累积水平等因素制定和调整，报国务院批准后执行。各投保机构的适用费率，由存款保险基金管理机构根据投保机构的经营管理状况和风险状况等因素确定。

第十条　投保机构应当交纳的保费，按照本投保机构的被保险存款和存款保险基金管理机构确定的适用费率计算，具体办法由存款保险基金管理机构规定。投保机构应当按照存款保险基金管理机构的要求定期报送被保险存款余额、存款结构情况以及与确定适用费率、核算保费、偿付存款相关的其他必要资料。投保机构应当按照存款保险基金管理机构的规定，每6个月交纳一次保费。

第十一条　存款保险基金的运用，应当遵循安全、流动、保值增值的原则，限于下列形式：

（一）存放在中国人民银行；

（二）投资政府债券、中央银行票据、信用等级较高的金融债券以及其他高等级债券；

（三）国务院批准的其他资金运用形式。

第十二条　存款保险基金管理机构应当自每一会计年度结束之日起3个月内编制存款保险基金收支的财务会计报告、报表，并编制年度报告，按照国家有关规定予以公布。

本章小结

1.商业银行作为信用中介，负债是其最基本、最主要的业务。在商业银行的全部资金来源中，90%以上来自负债。商业银行的负债主要由存款负债和非存款负债两大部分组成。银行负债的规模和结构，决定了整个银行的经营规模和经营方向；而负债结构和成本的变化，决定着银行资金转移价格的高低，从而极大地影响着银行的盈利水平和风险状况。

2.不管在哪一个国家，存款始终是商业银行的主要负债和经常性的资金来源。活期存款、定期存款和储蓄存款是各国商业银行的传统存款业务。在面临不同程度的利率管制和金融市场其他金融工具严峻挑战的情况下，现代商业银行在所有传统存款领域不断创新存款工具，以努力争取客户，扩大存款规模。

3.借入负债是指商业银行主动通过金融市场或直接向中央银行融资。与存款负债不同，借入负债属于银行经营的卖方市场，它主要取决于银行经营的需要和银行经营者的主观决策，因而比存款负债具有更大的主动性、灵活性和稳定性。

4.商业银行的短期借款有同业拆借、向中央银行借款、大面额存单以及欧洲货币市场借款等主要渠道。商业银行的长期借款主要指各种类型的中长期金融债券。

5.银行负债管理是对资产负债表中负债项目的管理。虽然银行可以通过不同的方式获取所需资金，但是，不同筹资方式的成本与风险有极大的差异，从而直接影响到银行的经营风险与盈利水平。银行负债管理的基本目标是在一定的风险水平下，以最低的成本获取所需的资金。

6.存款保险条例的出台，是对金融机构的一个保障，也是商业银行市场退出机制的又一次完善。

关键概念

负债　核心存款　资金成本　同业拆借　回购协议　存款保险　货币市场存款账户 NOW 账户　ATS　CDs

复习思考题

1.银行有哪些主要的资金来源？讨论不同资金来源的主要特征。

2.比较银行存款类资金与非存款类资金的基本作用与差别。

3.存款创新的种类有哪些？请举例说明。

4.简述存款保险制度对于存款类金融机构的意义。

5.商业银行短期借款有哪些种类？向央行借款的种类有哪几种？

6.商业银行发行的金融债券的种类有哪些？

第五章

商业银行贷款管理

导读

通过本章的学习，掌握贷款的定义及分类方法；熟悉贷款定价原则，掌握并应用几种贷款定价方法；了解几种常见的贷款种类；掌握贷款信用分析技术及关键指标。

引导案例

浦发银行成都分行违规放贷案

一、浦发银行成都分行基本情况

（一）浦发银行成都分行简介

浦发银行成都分行，于2002年3月22日建立，地处成都市成华区二环路东二段22号，法定代表人为董某。截至2021年1月份，该行下设16家二级分行，有1 000余名员工，资金规模为1 267亿元。浦发银行成都分行是浦发银行机构下经营效益最好的一家分行，其主营业务主要包括外汇业务、存贷款业务和票据贴现、代理发行等表外业务。

2018年1月，浦发银行成都分行因违规放贷755亿元被罚款4.62亿元，浦发银行总行被罚款130万元。浦发银行的收入2015年至2017年呈逐年上升的趋势，这是由于浦发银行在业内信誉良好，收入也很可观。2018年收入有所下降，是因为浦发银行成都分行违法放贷案的爆出，损害了声誉。银监会对总行和成都分行都进行处罚，虽然罚款数额对于两个银行来说不大，但是使得两行的名声在业内受损，更是打破了浦发银行成都分行零坏账的神话。

2014—2016年的浦发银行不良率明显低于银行业的平均不良贷款率，然而当事件爆发后，浦发银行的不良贷款率超过银行业0.6%的水平。在2017年，浦发银行成为不良贷款率最高的银行。

（二）案件的关键人物

原成都分行行长王某，原副行长徐某、赵某，原授信审查部总经理章某等人，负有违规放贷的直接责任。其中，成都分行行长是一把手，是整个案件的关键人物，没有他，此次违法放贷案件不会成功。在2002年成都分行建立时，王某就在成都分行担任一把手，在此之前，王某已在成都工商银行工作20余年，具备丰富的从业经验。但王某的经营理念存在问题，当煤炭业在2012年后开始下滑，王某仍然主张对其进行长线投资，最终导致整个案件发生。

二、案情曝光

浦发银行成都分行经营管理不善，对于获得的市场信息没有进行合理的运用，领导者作出错误的经营方案，导致成都分行不良贷款2017年过高。出于对经营利润的贪恋和对市场转好的侥幸心理，成都分行没有通过正常渠道去处置不良贷款，而是选择对不良资产进行腾挪来躲避监管。随着重工业发展衰落，成都分行的不良贷款越来越多，为了掩盖不良贷款，成都分行采用承债式收购手法来腾挪化解不良资产。

为了尽快恢复成都分行的运营，降低整件事情的影响，稳定金融市场，四川银监局联合上海市委、浦发银行总行共同商讨解决问题。除了分行王某离职外，四川银监局对局内相关负责人也予以严肃问责和党纪处分，同时，对浦发银行成都分行罚款4.62亿元。

【讨论与思考】

1.本案例涉及的相关理论有哪些？

2.什么是商业银行的内部控制？内部控制有哪些系统？

3.针对违规贷款的频繁出现，商业银行如何强化内部管理？

4.监管部门针对“集体”违规放贷现象，应该如何治理？

贷款是商业银行的传统核心业务，也是商业银行主要的盈利性资产，同时，它还是商业银行实现利润最大化目标的主要手段。然而贷款又是一种风险较大的资产，是商业银行经营管理的重点。

第一节　商业银行贷款概述

贷款是商业银行作为贷款人按照一定的贷款原则和政策，以还本付息为条件，将一定数量的货币资金提供给借款人使用的一种借贷行为。这种借贷行为由贷款的对象、条件、用途、期限、利率和方式等要素构成。

一、贷款种类

商业银行从经营管理的需要出发，可以按照不同的标准对银行贷款进行分类。而不同的分类方法，对于银行业务经营与管理又有不同的意义。

（一）按贷款的期限分类，可分为活期贷款、定期贷款和透支三类

活期贷款在贷款时不确定偿还期限，可以随时由银行发出收回贷款的通知。这种贷款比定期贷款更灵活主动，在银行资金宽裕时，可以任由客户使用借以获利，而在银行需要资金时，又可以随时通知收回贷款。

定期贷款是指具有固定偿还期限的贷款。按照偿还期限的长短，又可分为短期贷款、中期贷款和长期贷款。短期贷款是指期限在1年以内（含1年）的各项贷款；中期贷款是指期限在1年以上5年（含5年）以内的各项贷款；长期贷款是指期限在5年以上（不含5年）的各项贷款。定期贷款因其限定还款期限，一般不能提前收回，因此，形式比较呆板，但利率较高。近年来，商业银行中长期贷款发放量增加很快，这虽然可以使银行获得较多的利息收入，但由于资金被长期占有，流动性差，风险也较大。

透支是指活期存款户依照合同向银行透支的款项，它实质上是银行的一种贷款。在透支业务中，虽然不是所有订有透支合同的客户都会透支（通常是有人透支，有人还存），但经常会出现在银根紧时透支客户较多、银根松时还存客户较多的情况，使银行难以有效控制。

以贷款期限的标准划分贷款种类，一方面有利于监控贷款的流动性和资金周转状况，使银行长短期贷款保持适当比例；另一方面，也有利于银行按资金偿还期限的长短安排贷款顺序，保证银行信贷资金的安全。

（二）按银行贷款的保障条件分类，可分为信用贷款、担保贷款和票据贴现

信用贷款是指银行完全凭借客户的信誉而无须提供抵押物或第三者保证而发放的贷款。这类贷款从理论上讲风险较大，银行要收取较高的利息，而且一般只向银行熟悉的较大的公司借款人提供，对借款人的条件要求较高。

担保贷款是指以一定财产或信用作为还款保证的贷款。根据还款保证的不同，具体分为抵押贷款、质押贷款和保证贷款。担保贷款由于有财产或第三者承诺作为还款的保证，所以贷款风险相对较小。但担保贷款手续复杂，且需要花费抵押物（质物）的评估、保管以及审核费用，贷款成本也比较高。

票据贴现是一种特殊的贷款方式。它是指银行应客户的要求，通过以现金或活期存款买进客户持有的未到期的商业票据的方式发放贷款。票据贴现实行预扣利息，票据到期后，银行可向票据载明的付款人收取票款。如果票据合格，且由具有良好信誉的承兑人承兑，这种贷款的安全性和流动性就比较好。

依据提供的保障程度划分贷款种类，可以使银行依据借款人的财务状况和经营发展业绩选择不同的贷款方式，以提高贷款的安全系数。

（三）按贷款的用途（或目的）分类

银行贷款的用途非常复杂，涉及再生产的各个环节、各类产业、各个部门、各个

企业，与多种生产要素相关。贷款用途本身也可以按不同标准进行划分，例如，各国的商业银行通常按贷款的目的将贷款分为七大类：房地产贷款、金融机构贷款、农业贷款、商业和工业贷款、个人贷款、杂项贷款以及应收账款融资租赁等。在我国，商业银行按贷款用途来划分，通常有两种分类方法：一是按照贷款对象的部门来分类，分为工业贷款、商业贷款、农业贷款、科技贷款和消费贷款；二是按照贷款的具体用途来划分，一般分为流动资金贷款和固定资金贷款。

按照贷款的用途或目的划分贷款种类，一是有利于银行根据资金的不同使用性质安排贷款顺序；二是有利于银行监控贷款的部门分布结构，以使银行合理安排贷款结构，防范贷款风险。

（四）按贷款的质量（或风险程度）分类，可分为正常贷款、关注贷款、次级贷款、可疑贷款和损失贷款五类

正常贷款是指借款人能够履行借款合同，有充分把握按时足额偿还本息的贷款。这类贷款的借款人财务状况无懈可击，没有任何理由怀疑贷款的本息偿还会发生任何问题。

关注贷款是指贷款的本息偿还仍然正常，但是发生了一些可能会影响贷款偿还的不利因素。如果这些因素继续存在下去，有可能影响贷款的偿还，因此，需要对其进行关注，或对其进行监控。

次级贷款是指借款人依靠其正常的经营收入已经无法偿还贷款的本息，而不得不通过重新融资或拆东墙补西墙的办法来归还贷款，表明借款人的还款能力出现了明显的问题。

可疑贷款是指借款人无法足额偿还贷款本息，即使执行抵押或担保，也肯定要造成一部分损失。这类贷款具备了次级贷款的所有特征，但是程度更加严重。

损失贷款是指在采取了所有可能的措施和一切必要的法律程序后，本息仍然无法收回，或只能收回极少部分。对于这类贷款，银行将其继续保留在资产账面上已没有意义，应当在履行必要的内部程序之后，立即予以冲销。

按照贷款的质量或风险程度划分贷款的种类，有利于加强贷款的风险管理，提高贷款质量；有助于发现信贷管理、内部控制中存在的问题，从而提高银行信贷管理水平；最终有利于银行的稳健运行，并使得金融监管当局得以对商业银行进行有效的监管。

（五）按银行发放贷款的自主程度分类，可分为自营贷款、委托贷款和特定贷款三种

自营贷款是指银行以合法方式筹集的资金自主发放的贷款，这是商业银行最主要的贷款。由于是自主贷放，因此，贷款风险及贷款本金和利息的回收责任都由银行自己承担。

委托贷款是指由政府部门、企事业单位及个人等委托人提供资金，由银行（受托人）根据委托人确定的贷款对象、用途、金额、期限、利率等代为发放、监督、使用并协助收回的贷款。对于这类贷款银行不承担风险，通常只收取委托人付给的手

续费。

特定贷款在我国是指经国务院批准并对可能造成的损失采取相应的补救措施后，责成国有独资银行发放的贷款。这类贷款由于事先已经确定了风险损失的补偿，因此银行不承担风险。

按照银行发放贷款的自主程度划分贷款种类，有利于银行根据不同的贷款性质实行不同的管理办法；同时，也有利于考核银行信贷人员的工作质量，加强信贷人员的责任心。

（六）按贷款的偿还方式分类，可分为一次性偿还和分期偿还两种

一次性偿还贷款是指借款人在贷款到期日一次性还清贷款本金的贷款，其利息可以分期支付，也可以在归还本金时一次性付清。一般来说，短期的临时性、周转性贷款都是采取一次性偿还的方式。

分期偿还贷款是指借款人按规定的期限分次偿还本金和支付利息的贷款。这种贷款的期限通常按月、季、年确定，中长期贷款大都采用这种方式，其利息的计算方法常见的有加息平均法、利随本减法等。

按贷款偿还方式划分贷款种类，一方面有利于银行监测贷款到期和贷款收回情况，准确测算银行头寸的变动趋势；另一方面，也有利于银行考核收息率，加强对应收利息的管理。

二、贷款政策

（一）贷款政策的内容

贷款政策是指商业银行指导和规范贷款业务、管理和控制贷款风险的各项方针、措施和程序的总和。商业银行的贷款政策由于经营品种、方式、规模、所处的市场环境的不同而各有差别，但其基本的内容主要有以下几个方面：

（1）贷款业务发展战略。银行贷款政策首先应当明确银行的发展战略，包括开展业务应当遵循的原则，银行希望开展业务的行业、区域及业务品种和希望达到的业务开展规模和速度。

（2）贷款工作规程及权限划分。为了保证贷款业务操作过程的规范化，贷款政策必须明确规定贷款业务的工作规程。贷款工作规程是指贷款业务操作的规范化程序。贷款程序通常包含三个阶段：第一阶段是贷款前的推销、调查及信用分析阶段；第二阶段是银行接受贷款申请以后的评估、审查及贷款发放阶段；第三阶段是贷款发放以后的监督检查、风险监测及贷款本息收回的阶段。

（3）贷款的规模和比率控制。商业银行在贷款政策中应当为自己确定一个合理的贷款规模，以利于银行制订详细而周密的年度贷款计划。虽然影响贷款规模的因素十分复杂，但商业银行在贷款政策中还是有必要作出有关的说明和规定的。通常银行根据贷款资金情况及其稳定性状况，以及中央银行规定的存款准备金比率、资本金状况、银行自身流动性准备比率、银行经营环境状况、贷款需求情况和银行经营管理水平等因素，来确定计划的贷款规模，这个贷款规模既要符合银行稳健经营的原则，又

要最大程度地满足客户的贷款需求。

（4）贷款的种类及地区。贷款的种类及其构成形成了银行的贷款结构。而贷款结构对商业银行信贷资产的安全性、流动性、盈利性具有十分重要的影响。因此，银行贷款政策必须对本行贷款种类及其结构作出明确的规定。银行管理部门通常必须决定本行承做哪几种贷款最为有利。银行在考虑了诸如贷款的风险、保持流动性、银行所要服务的客户类型、银行工作人员的能力等因素后，应在企业贷款、消费贷款、农业贷款等贷款领域中分配贷款总额。当然，受地区经济发展制约，贷款也可能集中在某一个领域。

（5）贷款人的担保。贷款政策中，应根据有关法律确立贷款的担保政策。贷款担保政策一般应包括以下内容：①明确担保的方式。例如，《中华人民共和国民法典》（以下简称《民法典》）中规定的担保方式有：保证人担保、抵押担保、质押担保、留置以及定金。②规定抵押品的鉴定、评估方法和程序。③确定贷款与抵押品估值的比率、贷款与质押品价值的比率。④确定担保人的资格和还款能力的评估方法与程序等。在贷款政策中明确上述担保政策，是为了在贷款中能够完善贷款的还款保障，确保贷款的安全性。

（6）贷款定价。在市场经济条件下，贷款定价是一个复杂的过程，银行贷款政策应当对此进行明确的规定。银行贷款的价格一般包括贷款利率、贷款补偿性余额（回存余额）和对某些贷款收取的费用（如承诺费、手续费等），因此，贷款定价也不仅仅是一个确定贷款利率的过程。在贷款定价过程中，银行必须考虑资金成本、贷款的风险程度、贷款的期限、贷款管理费用、存款余额、还款方式、银行与借款人之间的关系、资产收益率目标等多种因素。

（7）贷款档案管理政策。贷款档案是银行贷款管理过程的详细记录，体现银行经营管理水平和信贷人员的素质，可直接反映贷款的质量，在某些情况下，甚至可以决定贷款的质量。贷款档案管理政策是贷款政策的重要内容，银行应该建立科学、完整的贷款档案管理制度。

（8）贷款的日常管理和催收制度。贷款发放出去以后，贷款的日常管理对保证贷款的质量尤为重要，应在贷款政策中加以规定。贷款发放后，信贷人员应保持与借款人的密切联系，定期或不定期地走访借款人，了解借款人的业务经营情况和财务状况，定期进行信贷分析，形成信贷分析报告并存档。

（9）不良贷款的管理。对不良贷款的管理是商业银行贷款政策的重要组成部分。贷款发放以后，如在贷后检查中发现不良贷款的预警信号，或在贷款质量评估中被列入关注级以下的贷款，都应当引起充分的重视。

（二）制定贷款政策应考虑的因素

通常，商业银行的经营管理者在制定贷款政策时应考虑以下因素：

（1）国家有关的法律、法规和国家的财政、货币政策。任何商业银行的贷款业务都是在国家有关法律、法规的规范下，在一定时期国家宏观经济政策的指导下开展的。因此，在制定贷款政策时，商业银行的高层管理者首先必须了解并掌握国家有关的法律和法规，熟悉国家在一定时期的财政政策和货币政策，使商业银行的贷款业务既合法又合理，既体现国家法律和政策的要求，又能取得较好的经济效益。

（2）银行的资本金状况。商业银行的资本金状况对贷款政策有重要影响。资本的构成、核心资本与附属资本的比例、资本与加权风险资产的比率、资本与存款的比率、贷款呆账准备金与贷款的比率等都会影响银行承担贷款风险的能力。资本实力较强，资本构成中核心资本比率较高，呆账准备金较充裕，银行承担贷款风险的能力就较强；反之，如果资本实力较弱，资本结构脆弱，呆账准备金较低，银行承担风险的能力就低，在发放高风险贷款时应十分谨慎。

（3）银行负债结构。商业银行的负债结构和负债的稳定性状况也是影响银行贷款政策的一个重要因素。按照稳健经营的原则，商业银行必须根据负债的结构来安排资产的结构。因此，银行负债的性质、期限、利率、费用等都直接制约着银行贷款结构的形成。在制定贷款政策时，银行管理者必须从本行负债结构及稳定性状况的现实和可能性出发，合理安排贷款的期限结构、用途结构和利率结构。

（4）服务地区的经济条件和经济周期。经济决定金融，银行所在地区的经济发展状况对银行贷款政策有着直接影响。在贷款政策文件中，应根据经济发展地区现实条件的变化，及时、不断地调整贷款的结构、投向，以确保贷款为经济发展服务。同时银行贷款政策应充分考虑经济周期的影响。在经济萧条、市场不景气时，银行大量发放中长期贷款往往要承受较大的风险。在经济结构调整时期，银行贷款的流向要特别注意与国家产业政策相协调。

（5）银行信贷人员的素质。这也是一个不容忽视的因素。信贷人员的素质包括知识水平、能力、经验、责任心等。一般情况下，如果本行信贷工作人员素质较高，银行信贷业务可以更多地向具有较高风险和收益的领域拓展。反之，如果本行信贷工作人员素质较低，在制定贷款政策时，不仅要对贷款各个环节的工作实施更加严格的控制，而且应尽量避免涉及高风险领域，以免由于信贷工作人员的知识、能力、经验不足和责任心不强而给银行带来损失。

三、贷款基本步骤

商业银行在发放任何一笔贷款时，都必须遵循以下几项工作程序：

（一）贷款申请

凡符合借款条件的借款人，在银行开立结算账户、与银行建立信贷关系之后，如果出现资金需要，都可以向银行申请贷款。借款人申请贷款必须填写借款申请书。借款申请书的基本内容包括：借款人名称、性质、经营范围，申请贷款的种类、期限、金额、方式、用途、用款计划、还本付息计划以及有关的经济技术指标等。

（二）贷款调查

银行接到借款人的借款申请后，应指定专人进行调查。调查的内容主要有两个方面：一是关于借款申请书内容的调查，主要包括其内容填写是否齐全，数字是否真实，印鉴是否与预留银行印鉴相符，申请贷款的用途是否真实合理等。二是贷款可行性的调查，主要包括借款人的品行、借款合法性、借款安全性、借款的盈利性。

（三）对贷款人的信用评估

银行在对借款人的借款申请进行深入调查研究的基础上，还要利用掌握的资料，对借款人进行信用评估并划分信用等级。信用评估可以由贷款银行独立进行，评估结果由银行内部掌握使用，也可以由人民银行认可的有资格的专门信用评估机构对借款人进行统一评估，评估结果供各家银行使用。

（四）借款审批

对经济审查符合贷款条件的借款申请，银行应当及时进行审批。银行要按照“分级负责、集体审定、一人审批”的贷款审批制度进行贷款决策，逐笔逐级签署审批意见并办理审批手续。为了保证贷款决策科学，凡有条件的银行都应当建立贷款审查委员会，进行集体决策。

（五）借款合同的签订和担保

借款申请经审查批准后，必须按《民法典》“合同编”及相关法规，由银行与借款人签订借款合同。对于保证贷款，保证人必须向银行出具不可撤销担保或由银行与保证人签订保证合同；对于抵押贷款和质押贷款，银行必须与借款人签订抵押合同或质押合同。需办理公证或登记的，还应依法办理公证和登记手续。

（六）贷款发放

贷款合同生效后，银行就应按合同规定的条款发放贷款。在发放贷款时，借款人应先填好借款借据，经银行经办人员审核无误，由信贷部门负责人或主管行长签字盖章，送银行会计部门，由其将贷款足额划入借款人账户，供借款人使用。

（七）贷款检查

贷款发放以后，银行要对借款人执行借款合同的情况即借款人的资信状况进行跟踪调查和检查。检查的主要内容包括：借款人是否按合同规定的用途使用贷款，借款人资产负债结构的变化情况，借款人还款能力即还款资金来源的落实情况等。对违反国家有关政策、制度和借款合同规定的，检查人员应及时制止并提出处理意见。对问题突出、性质严重的，要及时上报主管领导甚至上级银行采取紧急措施，以尽量减少贷款的风险损失。

（八）贷款的收回

贷款到期后，借款人应主动及时归还贷款本息，一般可由借款人开出结算凭证归还本息，也可由银行直接从借款人账户扣收贷款本息。贷款到期，由于客观情况发生变化，借款人经过努力仍不能还清贷款的，应提前向银行提出贷款展期申请。如果银行同意展期，应办理展期手续。每笔贷款只能展期一次，短期贷款展期不得超过原贷款期限；中长期贷款展期不得超过原贷款期限的一半，且最长不得超过3年。贷款展期后，如果展期期限加上原贷款期限达到新的档次利率期限，则按新期限档次利率计息。如果银行不同意展期，或展期以后仍不能到期还款，即列为逾期贷款，银行应对其进行专户管理，并加大催收力度。

第二节　贷款定价

贷款是商业银行主要的盈利资产，贷款利润的高低与贷款价格有着直接关系。贷款价格高，利润就高，但贷款的需求将因此而减少；相反，贷款价格低，利润就低，但贷款需求会增加。因此，合理确定贷款价格，既能为银行取得满意的利润，又能为客户所接受，是商业银行贷款管理的一项重要内容。

一、贷款定价原则

（一）利润最大化原则

商业银行作为经营货币信用业务的特殊企业，实现利润最大化始终是其追求的主要目标。信贷业务是商业银行传统的主营业务，存贷利差是商业银行利润的主要来源。因此，银行在进行贷款定价时，首先必须确保贷款收益足以弥补资金成本和各项费用，在此基础上，尽可能实现利润最大化。

（二）扩大市场份额原则

在金融业竞争日益激烈的情况下，商业银行要求得生存和发展，必须在信贷市场上不断扩大其市场份额。同时，商业银行追求利润最大化的目标也必须建立在市场份额不断扩大的基础上。影响一家银行市场份额的因素非常复杂，但贷款价格始终是影响市场份额的一个重要因素。如果一家银行贷款价格过高，就会使一部分客户难以承受而最终失去这部分客户，从而缩小银行的市场份额。因此，银行在贷款定价时，必须充分考虑同业、同类贷款的价格水平，不能盲目实行高价政策，除非银行在某些方面有着特别的优势。

（三）保证贷款安全原则

银行贷款业务是一项风险性业务，保证贷款的安全是银行贷款经营管理整个过程的核心内容。除了在贷款审查发放等环节要严格把关外，合理的贷款定价也是保证贷款安全的一个重要方面。贷款定价最基本的要求是使贷款收益能够足以弥补贷款的各项成本。贷款成本除了资金成本和各项管理费用外，还包括贷款风险带来的各项费用，如为弥补风险损失而计提的呆账准备金、为管理不良贷款和追偿风险贷款而花费的各项费用等。可见，贷款的风险越大，贷款成本就越高，贷款的价格也就越高。因此，银行在贷款定价时，必须遵循风险与收益对称的原则，确保银行贷款的安全性。

（四）维护银行形象原则

作为经营信用业务的企业，良好的社会形象是商业银行生存与发展的重要基础。商业银行要树立良好的社会形象，就必须守法、诚信、稳健经营，要通过自己的业务活动维护社会的整体利益，不能唯利是图。在贷款定价中，银行要严格遵循国家有关法律、法规和货币政策、利率政策的要求，不能利用贷款价格搞恶性竞争，破坏金融秩序的稳定，损害整体社会利益。

二、贷款价格的构成

一般来说，贷款价格的构成包括贷款利率、承诺费、补偿余额和隐含价格。

（一）贷款利率

贷款利率是一定时期客户向贷款人支付的贷款利息与贷款本金之比率，它是贷款价格的主体，也是贷款价格的主要内容。贷款利率分为年利率、月利率和日利率。年利率是贷款利率的基本形式，通常以百分比来表示。银行贷款利率一般有一个基本水平，它取决于中央银行的货币政策和有关的法律规章、资金供求状况和同业竞争状况。根据贷款使用情况，在具体确定一笔贷款的利率时，可以使用低于一般利率的优惠利率和高于一般利率的惩罚利率。根据确定一般利率的方式不同，贷款利率还可以分为固定利率和浮动利率。前者是指在发放贷款时确定并在贷款期间不再变动的利率。后者则是指在贷款期间内根据市场利率变化而定期调整的利率。

贷款利率的确定应以收取的利息足以弥补支出并取得合理利润为依据。银行贷款所支付的费用包括资金成本、提供贷款的费用以及今后可能发生的损失等。

合理的利润水平是指应由贷款收益提供的，与其他银行或企业相当的利润水平。

（二）承诺费

承诺费是指银行对已承诺贷给顾客而顾客又没有使用的那部分资金收取的费用。也就是说，银行已经与客户签订了贷款意向协议，并为此做好了资金准备，但客户并没有实际从银行贷出这笔资金，承诺费就是对这笔已作出承诺但没有贷出的款项所收取的费用。承诺费是顾客为了取得贷款而支付的费用，是贷款价格的一部分。

银行收取贷款承诺费的理由是，为了应付承诺贷款的要求，银行必须保持一定高性能的流动性资产，这就要放弃收益高的贷款或投资，使银行产生利益损失。为了补偿这种损失，就需要借款人提供一定的费用。支付了承诺费的贷款承诺是正式承诺，当借款人需要使用贷款时，银行必须予以及时满足，否则，银行要承担法律责任。

（三）补偿余额

补偿余额是应银行要求，借款人保持在银行的一定数量的活期存款和低利率定期存款，它通常作为银行同意贷款的一个条件而写进贷款协议。要求补偿余额的理由是：顾客不仅是资金的使用者，还是资金的提供者，而只有作为资金的提供者，才能成为资金的使用者。存款是银行业务的基础，是贷款的必要条件，银行发放贷款应该成为现在和将来获得存款的手段。从另一方面讲，也是银行变相提高贷款利率的一种方式，因此，它成为贷款价格的一个组成部分。补偿余额的计算分为两部分：一部分是按实际贷款余额计算的补偿余额，另一部分是按已承诺而未使用的限额计算的补偿余额。

（四）隐含价格

隐含价格是指贷款定价中的一些非货币性内容。银行在决定给客户贷款后，为了保证客户偿还贷款，常常在贷款协议中加上一些附加性条款。附加条款可以是禁止性的，即规定借款人必须遵守的特别条款。附加条款不直接给银行带来收益，但可以防止借款人经营状况的重大变化给银行利益造成损失，因此，它也可以视为贷款价格的一部分。

三、影响贷款价格的主要因素

按照一般的价格理论，影响贷款价格的主要因素是信贷资金的供求状况。然而，由于信贷资金是一种特殊的商品，其价格的决定因素更加复杂。通常，在贷款定价时银行应当考虑的因素主要有以下几个方面：

（一）资金成本

银行的资金成本分为资金平均成本和资金边际成本。资金平均成本是指每一单位的资金所花费的利息、费用额。它不考虑未来利率、费用变化后的资金成本变动，主要用来衡量银行过去的经营状况。如果银行的资金构成、利率、费用等不变，银行可以根据资金平均成本对新贷款定价。但如果银行资金来源结构、利率和费用等都处于变动状况中，它对贷款定价意义就不大。

资金的边际成本是指银行每增加一个单位的可投资资金所需要花费的利息、费用额。因为它反映的是未来新增资金来源的成本，所以在资金来源结构变化，尤其是在市场利率的条件下，以它作为新贷款的定价基础较为合适。资金边际成本由于资金来源的种类、性质、期限等不同而不同，每一种资金来源都会有不同的边际成本。但银行通常不能按某一种资金来确定贷款价格，而需要计算边际成本即新增一个单位的资金来源所平均花费的边际成本。

（二）贷款风险程度

由于贷款的期限、种类、保障程度及贷款对象等各种因素的不同，贷款的风险程度也有所不同。不同风险程度的贷款，银行为其花费的管理费用或对可能产生的损失的补偿费用也不同。这种银行为承担贷款风险而花费的费用，称为贷款的风险费用，也是贷款的风险成本。银行在贷款定价时，必须将风险成本纳入贷款价格之中。

一笔贷款的风险程度及由此而引起的银行贷款的风险费用受多种复杂因素的影响，如贷款的种类、用途、期限、贷款保障、借款人信用、财务状况、客观经济环境的变化等，因此，要精确地预测一笔贷款的风险费用是比较困难的。在实践中，为了便于操作，银行通常根据历史上同类贷款的平均费用水平并结合未来各种新增因素来确定贷款风险费用率。例如，过去5年中，对信用AAA级企业发放1年期信用贷款的平均风险管理费用率为0.6%，如以此作为新贷款的风险费用率，则银行对同类企业发放同类贷款500万元，就应收取贷款风险费用30 000元（5 000 000×0.6%）。

（三）贷款费用

商业银行向客户提供贷款，需要在贷款之前和贷款过程中做大量的工作，如进行信用调查、分析、评估、对担保品进行鉴定、估价、管理，对贷款所需的各种材料文件进行整理、归档、保管等。所有这些工作都需要花费人力、物力，发生各种费用。在贷款定价时，应将这些费用考虑进去，作为构成贷款价格的一个因素。当然，在实践中，银行贷款种类不同，所花费的贷款费用也不可能一样。为了操作方便，许多银行通常对各种贷款的收费种类及标准作具体的规定，在确定某一笔贷款的收费时，只需按规定计算即可。

（四）借款人的信用及与银行的关系

借款人的信用状况主要是指借款人的偿还能力和偿还意愿。借款人的信用状况越好，贷款风险越小，贷款价格也应越低。如果借款人信用状况不好，过去的偿债记录不能令人满意，银行就应以较高的价格和较严格的约束条件限制其借款。

借款人与银行的关系也是银行贷款定价时必须考虑的重要因素。这里的关系是指借款人与银行正常的业务往来关系，如借款人在银行的存款情况、借款人使用银行服务的情况等。那些在银行有大量存款，广泛使用该行提供的各种金融服务，或长期有规律地借用银行贷款的客户，就是与银行关系密切的客户，在制定贷款价格时，可以适当低于一般贷款的价格。

（五）银行贷款的目标收益率

商业银行都有自己的盈利目标，为了实现该目标，银行对各项资金运用都应当确定收益目标。贷款是银行主要的资金运用项目，贷款收益率目标是否能够实现，直接影响到银行总体盈利目标的实现。因此，在贷款定价时，必须考虑能否在总体上实现银行的贷款收益率目标。当然，贷款收益率目标本身应当制定得合理，过高的收益率目标会使银行贷款价格失去竞争能力。

（六）贷款的供求状况

市场供求状况是影响价格的一个基本因素。贷款作为一种金融产品，自然也受这一规律的制约。这里的贷款需求是指贷款人某一时期希望从银行取得贷款的数量，贷款供给是指所有银行在该时期内能够提供的贷款数量。当贷款供大于求时，贷款价格应当降低；当贷款供不应求时，贷款价格应当适当提高。

四、贷款定价方法

银行在对企业和消费者发放贷款时，一个很难的决策是如何对这些贷款进行科学的定价。通常银行希望贷款利率能高一些，以便能保证每笔贷款都有利可图并能充分补偿其所承担的风险。然而，贷款利率过高可能会影响借款人的还款能力，甚至会造成借款人向其他金融机构或在公开市场上借款，从而使得银行客户流失。随着金融管理放松和金融业竞争的不断加剧，银行在发放贷款方面的利润已大大减少，这使得对贷款的合理定价比以往任何时候都更加重要。

（一）成本加成贷款定价法

这是根据银行贷款的成本来确定贷款价格的方法。在商业性贷款的定价中，银行管理人员首先要考虑贷款金额所耗费的成本以及银行的管理费用。这就意味着银行必须首先了解其贷款成本的构成状况，从而对任何类型的贷款制定出切实可行的价格。

成本加成贷款定价法认为，任何商业性贷款均应包括四个部分：（1）银行筹集可贷资金的成本；（2）银行的非资金性经营成本（包括贷款人员的工资以及发放和管理贷款时使用的设备、工具等成本）；（3）对银行由于贷款可能发生的违约风险作出的必要补偿；（4）为银行股东提供一定的资本收益率所必需的每一贷款项目的预期利润水平。成本加成贷款定价法的公式如下：

贷款利率=筹集放贷资金的边际成本+非资金性银行经营成本
+预计补偿违约风险的边际成本+银行预计利润水平 （5-1）

公式中的每部分可以用贷款总额的年度百分比表示。

【例5-1】假设有一钢铁制造公司要求银行提供800万元的银行贷款，如果银行为了筹款必须在货币市场上以10%的利率卖出大额可转让存单，筹集资金的边际成本就是10%。银行分析、发放及监管这项贷款的非资金性经营成本大约为800万元的2%，银行信贷部门建议为了补偿贷款不能及时全额偿还的风险再加上800万元的2%。最后，银行要求在该项贷款的财务、经营和风险成本之上再加上1%的利润水平，这样，这家银行就以15%（10%+2%+2%+1%）的利率来发放这笔贷款。

（二）价格领导模型定价法

成本加成贷款定价法是假设银行能够精确地计算其成本，并将其分摊到各项业务中去，而且这种定价方法是以银行为核心，未考虑竞争因素。事实上，这种可能性较小，于是价格领导模型定价法便产生了。这种方法是以若干大银行统一的优惠利率为基础，考虑违约风险补偿和期限风险补偿所制定的利率。对于某个特定的顾客来说，其贷款的利率公式为：

贷款利率=优惠利率（包括各种成本和银行预期利润）+加成部分
=优惠利率+违约风险溢价+期限风险溢价 （5-2）

公式中优惠利率是对信用等级最高的大公司提供的短期流动资金贷款的最低利率，违约风险溢价是对非基准利率借款人收取的费用，期限风险溢价则是对长期贷款的借款人所收取的费用。

确定风险溢价是贷款定价中较难的一步，可以采用多种风险调整方法。美国金融学家科普兰（Copeland）建议依据表5-1中所列举的方案来评定贷款的质量等级。

表5-1 **专家建议的贷款的风险等级和溢价**

风险等级	风险溢价	风险等级	风险溢价
无风险	0	特别关注	1.5%
微小风险	0.25%	次级	2.5%
标准风险	0.50%	可疑的	5%

如果一家企业属于非优惠利率借款者，其5年期的固定资产贷款利率中除了优惠利率之外，还要包括违约风险溢价和期限风险溢价。假如优惠利率为10%，违约风险溢价为1.5%，期限风险溢价为2%，那么该笔贷款利率则为13.5%。

在利率自由化之后，优惠利率（或基准利率）定价法就产生了两个公式：优惠利率加数法和优惠利率乘数法。前者是用优惠利率加上一个比率构成贷款利率，后者是用优惠利率乘以一个数值得到贷款利率。表5-2是这两种方法的比较。

表5-2　　**优惠利率加数法和优惠利率乘数法的比较**

优惠利率	加数利率（优惠利率+2%）	乘数利率（优惠利率×1.2）
10%	12%	12%
11%	13%	13.2%
12%	14%	14.4%
13%	15%	15.6%
14%	16%	16.8%
15%	17%	18%

在表5-2中，只有在优惠利率为10%时，加数利率和乘数利率才一致。当优惠利率由10%上升到15%时，加数利率由12%上升到17%，而乘数利率则上升到18%，高出加数利率1个百分点；相反，当优惠利率下降到9%时，利用加数法得到的利率为11%，而用乘数法得到的利率则为10.8%，低于加数利率。这说明两种不同的利率计算方法对优惠利率变动的反映程度是不同的。

到了20世纪70年代，优惠利率（或基准利率）作为商业贷款基准利率的统治地位受到伦敦同业银行拆借利率（London Interbank Offered Rate，LIBOR）的挑战。伦敦同业银行拆借利率是指存期为几天到几个月的欧洲美元短期存款利率。随着时间推移，由于主要银行更多的用欧元作为放贷资金，这些银行开始使用伦敦同业银行拆借利率作为基准利率；另外一个原因是银行业的国际化使外国银行纷纷进入美国的国内贷款市场。伦敦同业银行拆借利率对国内和国外的所有银行提供了一个共同的标准，并为顾客对各种银行的贷款利率进行比较提供了准则。

表5-3所显示的是2021年11月5日星期五，伦敦16家大银行对伦敦同业银行拆借利率的美元利率报价。

假如一家大公司欲借数百万美元的贷款，期限为3个月，那么它从国内银行或国外银行借入的这笔贷款的利率报价可能会这样：

以伦敦同业银行拆借利率为基准的贷款利率=伦敦同业银行拆借利率+违约风险溢价+利润率

=5.91%+0.125%+0.125%=6.16%

表5-3　　**2021年11月5日伦敦银行间同业拆借利率（美元）**

期　限	伦敦银行间同业拆借利率
隔夜期	0.07263%
1个月	0.08863%
2个月	0.11213%
6个月	0.22088%

对于几个月或几年的长期贷款，银行家可能对上面公式中再加上期限风险溢价，作为对其商业客户长期承诺的一种额外风险补偿。例如，以一年期的伦敦同业银行拆借利率6.0%为基准的一年期贷款利率可能是：

$$\text{以伦敦同业银行拆借利率为基准的贷款利率}=\text{伦敦同业银行拆借利率}+\text{违约风险溢价}+\text{期限风险溢价}+\text{利润率}$$

$$=6\%+0.125\%+0.25\%+0.125\%=6.50\%$$

（三）客户盈利性分析定价法

客户盈利性分析定价法首先是假设银行在对每笔贷款申请定价时考虑银行与客户的整体关系。具体来说，客户盈利性分析定价法注重银行从与客户整体关系中获得收益，其收益率的计算公式如下：

$$\text{银行从整个客户关系中获得的净税前收益率}=\frac{\text{对某一客户提供贷款和其他服务的收入}-\text{对该客户提供贷款和其他服务的费用}}{\text{可用于超出该客户存款的净贷放资金}} \tag{5-3}$$

这里，客户付给银行的收入包括贷款利息、承诺费、现金管理服务费用和数据处理费用等。银行为客户服务所引起的费用包括银行雇员的工资和报酬、信用调查费用、存款利息、账户调整和处理费用（包括支付的支票、贷款和存款记录保存和收集费用、保险箱服务等）、筹集可贷放款资金成本。可贷资金净额是客户使用的信用额度减去该客户存入该银行所有存款的平均数（经过法定准备金调整）的资金额。

实际上，客户盈利性分析方法就是银行对每位客户所使用的超过其向该行所供资金的那部分银行资金的定价。如果从客户的所有关系中得到的净收益为正。那么这项贷款就有可能被批准，因为银行在所有费用支出之后仍有盈余；如果算出的净收益为负数，则银行可能否决该笔贷款申请，或者可能提高贷款利率，或者银行提高该客户所要求的其他服务收费价格以便能在盈利的基础上继续与该客户维持往来。

【例 5-2】假设银行正在考虑向一家制造企业发放一笔9个月期的300万美元的贷款。如果这家制造企业完全使用这笔贷款额度并在银行存放20%的补偿性存款，那么银行与该客户的这笔信贷交易将会产生表5-4所归纳的收入和费用：

表 5-4　**大客户盈利性综合分析**

该客户可能提供的收入来源	
贷款的利率收入（12%，9个月）	270 000
贷款承诺费用（1%）	30 000
客户存款的管理费用	6 000
资金转账费用	2 000
信托服务和记录保存费用	13 000
预期年度收入总额	321 000
对该客户提供服务引致的预期成本	
应付该客户的存款利息（10%）	45 000
对该客户放款的筹资成本	160 000
客户账户的运营成本	25 000
客户资本调动成本	1 000
处理贷款成本	3 000
簿记成本	1 000
年度总费用	235 000
顾客在年度将要提取的银行储备净额	
对顾客承诺的贷款平均额	3 000 000
减：该顾客在银行的存款平均额（减去准备金要求）	−540 000
对该顾客承诺的可放贷储备净额	2 460 000

由公式计算可得：

$$\text{不含成本的年度税前收益率}=\frac{\text{预期收入}-\text{预期成本}}{\text{能提供的可贷资金净额}}=\frac{321\,000-235\,000}{2\,460\,000}=0.035\text{（或}3.5\%\text{）}$$

对该例的解释为：如果银行从银行与客户的整体关系中获得的净收益率为正，该项贷款就可以接受，因为这时银行所有费用均得到了补偿；如果算出的净收益率为负，就银行而言，这项贷款和其余服务的定价就是不合理的。顾客所要求的贷款的风险越大，银行要求的净收益率就应越高。

客户盈利性分析定价法近年来在西方商业银行中变得越来越复杂且包罗万象。银行业已推出了表明对每一客户发生的收入和费用情况的明细账户说明书。银行通常将借款公司本身、其附属公司、主要股东、高层管理人员均合并在一起作统一的盈利性分析，这样可使银行管理人员综合掌握银行和客户的整体关系。这种综合方法的好处是可以说明对某一账户服务的损失是否可由银行和客户关系中的另一账户所抵补。目前，西方商业银行自动盈利性分析系统允许客户输入各种贷款和存款定价方案，来决定哪一种方案对银行和客户更有利。正如银行家罗伯特·奈特（Robert Knight）指出的那样：客户盈利性分析定价法还可以用来判定盈利最大的贷款和客户种类，以及哪位信贷客户做得最好。

（四）保留补偿余额定价法

这种方法是将借款人在银行保留补偿余额看作其贷款价格的一个组成部分，在考虑了借款人在银行补偿余额的多少后决定贷款利率的一种定价方法。在这种方法下，借款人补偿余额的不同，贷款利率也有所不同。

例如，假定银行在审查一笔1年期的100万元的流动资金贷款申请，并决定以承诺额的0.5%的比率一次性收取贷款承诺费。据预测，该借款人在这1年中贷款的平均使用额度为80万元，年存款服务费为4 000元，其债务的加权边际成本为7%，贷款的风险及管理费用为5 000元，银行税前股东目标利润率为15%，贷款的资金来源中，股权与债务比为1∶9，补偿余额的投资收益率为8%。那么下面我们考察在不同的补偿余额水平下贷款利率的确定。

表5-5列举了两种定价方案。方案A假定借款人保留在账户上的可用于投资的补偿余额为10万元，方案B假定借款人保留在账户上的可用于投资的补偿余额为6万元(假定这些补偿性余额全部为可投资金)。在方案A中银行要弥补贷款各项成本并获得预期的目标利润12 000元（目标利润=银行税前股东目标利润率×股权资本比率×贷款数额)，除了收取贷款承诺费5 000元和补偿性存款余额的投资的收入8 000元外，还需要收取贷款利息64 000元，这样，该笔贷款的利率应是8%；在方案B中，补偿性存款余额的投资收入为4 800元，需要收取的贷款利息为67 200元，这样该笔贷款的利率应是8.4%。这说明，在其他条件不变的情况下，补偿存款余额从10万元下降到6万元，贷款利率相应地由8%上升到8.4%。

表5-5 **保留补偿余额的定价分析**

费用	金额（元）	
存款服务成本	4 000	
贷款风险及管理费用	5 000	
借入资金利息	56 000	
目标利润	12 000	
小计	77 000	
收益	方案A	方案B
手续费收入	5 000	5 000
补偿性存款投资收入	8 000	4 800
应收贷款利息	64 000	67 200
应收贷款利率	8%	8.4%

第三节 贷款业务操作规程及贷款质量评价

一、贷款操作规程

（一）建立信贷关系

1.借款人申请

企业客户首次向贷款银行申请贷款时，应先向银行申请建立信贷关系，填写《建立信贷关系申请书》，见表5-6。

表5-6 **借贷企业建立信贷关系申请书**

单位名称		营业地址	
批准单位		批准文号	
批准日期		登记机关	
营业执照		税务登记号	
注册资本		实收资本	
经济性质		经营方式	
法定代表人		财务主管	
联系电话		本行账户	
经营范围			

2.向银行提供资料

（1）企业法人营业执照（副本及影印件）和年检证明；

（2）法人代码证书（副本及影印件）；

（3）法定代表人身份证明及必要的个人信息；

（4）近三年经审计的资产负债表、利润表、权益变动表以及销量情况。成立不足三年的客户，提交自成立以来年度的报表；

（5）当年近期的财务报表；

（6）本年度及最近月份存借款及对外担保情况；

（7）税务部门年检合格的税务登记证明和近2年税务部门纳税证明资料复印件；

（8）合同或章程（原件及影印件）；

（9）董事会成员和主要负责人、财务负责人名单和签字样本等；

（10）若为有限责任公司、股份有限公司、合资合作公司或承包经营客户，要求提供董事会或发包人同意申请贷款业务的决议、文件或具有同等法律效力的文件或证明；

（11）如贷款申请人为非独立法人，应同时提交上级单位的借款授权书；

（12）如贷款申请人为首次申请贷款的三资企业，应同时报送外经贸委管理部门的批准证书、合同、章程及有关批复文件；

（13）股东大会关于利润分配的决议；

（14）现金流量预测及营运计划；

（15）贷款业务由授权委托人办理的，需提供客户法定代表人授权委托书（原件）；

（16）其他必要的资料（如海关等部门出具的相关文件等）；

（17）对于中长期贷款项目贷款，还须有各类合格、有效的相关核准文件或批准文件，预计资金来源及使用情况、预计的资产负债情况、损益情况、项目建设进度及营运计划；

（18）银行开户许可证、预留印鉴卡和贷款卡。

3.银行受理审查

（1）资料核实。

银行接到客户提交的“建立信贷关系申请书”及有关资料后，应及时安排贷款调查人员对客户情况进行核实，对照银行贷款条件，判别其是否具备建立信贷关系的条件。

（2）受理审查。

贷款调查人员对上述情况调查了解后，写出书面报告，并签署是否建立信贷关系的意见，提交信贷部门经理、行长逐级审查批准。

4.签订“银企合作协议书”

经行长同意与企业建立信贷关系后，银企双方签订“银企合作协议书”。

5.信用等级评定

按照信用等级评估办法，对已经建立信贷关系的客户进行信用等级评定，评级结果通知客户（客户信用等级评定参考第六章企业信用分析）。

6.测算综合授信额度

按照授信审批制度，对客户的最高综合授信总额进行测算。测算结果不通知客户，内部掌握。

（二）贷款申请与受理

1.借款申请

借款人应向银行直接提出书面借款申请，说明借款币种、金额、期限、利率、用途、贷款方式、还款方式和借款人基本经营状况以及偿还能力等。

2.借款申请的受理。

银行贷款调查部门负责接受借款申请，并对借款人基本经营状况及项目可行性进行初步调查。根据初步调查结果和银行资金头寸、贷款规模，由开户行负责人决定是否同意受理。对同意受理的借款申请，贷款调查部门通知借款人正式填写借款申请书。

借款人根据贷款人要求，向银行贷款调查部门提供以下全部或部分资料：（1）借款人及担保人基本情况。（2）借款人及担保人营业执照。（3）有权部门批准的借款人公司章程及有关合同。（4）有资格部门出具的借款人及担保人验资报告。（5）中外合资经营等企业（公司）同意借款的董事会决议。

（三）贷款调查

1.借款合法性的调查

借款合法性的调查认定，应根据商业银行贷款法律审查的有关规定，重点调查认定以下内容：

（1）借款企业、担保企业的法人资格。

（2）借款人、担保人为自然人的资格。

（3）保证人资格。

（4）借款人、担保人、授权委托人的真实性和有效性。

（5）担保的真实性、合法性、有效性。

（6）抵押、质押的合法性。

（7）借款用途的合法性。

（8）购销合同的真实性。

（9）贷款证的真实性。

2.借款安全性的调查认定

借款安全性主要调查认定以下内容：

（1）借款人开户情况。调查认定借款申请人已在申请行开立基本账户或一般存款账户，且在其账户内保有不低于贷款余额10%的存款作为结算支付保证。

（2）借款企业经营管理情况。调查借款企业主要经营管理人员的业绩、品行、信用情况。

（3）财务报表的真实性。调查认定借款人及担保人注册资本、固定资产、所有者权益等资产负债情况，以及资产负债表等财务报表的真实性，并计算借款人及保证人资产负债率、流动比率、资产收益率等指标。

（4）贷款担保的有效性。调查保证人的担保能力，抵押物、质物和权利的抵押性能、变现能力，认定其符合商业银行贷款担保管理规定的条件，其中贷款保证人资产负债率不高于70%，保证贷款的最高额不超过保证人资产总额的80%，抵押担保贷款额一般不超过抵押物变现值的80%，质押贷款额一般不超过质物现值的90%。

（5）借款人原应付贷款利息和到期贷款的清偿情况。认定不良贷款数额和结欠贷款利息数额，并分析其成因，认定借款人作出的偿还计划。对在实行承包、租赁、联营、合并、合作、分立、产权有偿转让、股份制改造等体制变更过程中的借款人，应调查认定其已清偿原有贷款债务、落实原有贷款债务或提供相应的担保。

（6）借款人原有贷款情况。调查借款人原有不合理占用贷款及纠正情况。

（7）公司对外股本权益性投资情况。调查认定有限责任公司和股份有限公司对外股本权益性投资情况，认定借款人对外股本权益性投资累计额未超过其净资产的50%。

（8）保证人承担责任情况。调查认定保证人对借款承担连带责任。

（9）抵押的财产情况。调查认定抵押人用以抵押的财产具体明确，不得使用“以全部资产作抵押”的表述。

（10）抵押登记情况。认定抵押登记期限正确、有效，各类抵押物的使用期限、使用寿命长于借款期限。

（11）借款人实行抵押担保后，是否还另需保证担保。

（12）信用贷款条件。对申请信用贷款方式的，除对上述有关款项进行调查认定外，还应调查认定借款人同时具备以下条件：是AAA级信用企业；贷款数额不超过借款人所有者权益总额；资产负债率在40%以下；流动比率在1.5以上；无不良贷款和应收未收贷款利息。

（13）中长期贷款条件。对申请中长期贷款的，还应调查认定：借款人在开户行存入规定比例资本金的真实性；资本金和其他建设资金筹措方案及来源落实的可行性；对项目可行性及采购招标情况进行初步调查。

（14）外币贷款条件。对申请外币贷款的，还须调查认定借款人、保证人承受汇率、利率风险的能力。

3.借款盈利性的调查

借款盈利性的调查内容主要有：（1）调查认定借款人以往三年的经营效益情况；（2）调查借款人市场营销情况及拟实现的经济效益和社会效益；（3）调查借款给银行收入、结算、结售汇、存款等方面带来的效益，分析、预测销售收入归行情况；（4）调查外币借款人的创汇能力。

4.核实、认定借款人、保证人信用等级

贷款调查部门在对借款合法性、安全性、盈利性等情况进行调查认定的基础上，认定借款人、保证人信用等级。应根据商业银行企业信用等级评定办法，评定借款人、保证人年度信用等级。对借款人、保证人经营管理状况变化较大的，应进行重新测评，按新的信用等级掌握。对未参加年度信用等级评定的，应依据信用等级评定办法，评定借款人、保证人的信用等级。

5.测算贷款风险度

根据借款人信用等级、申请贷款方式，认定贷款对象和贷款方式的风险系数权重，测算贷款风险度。要测算贷款风险度，就必须先分析影响贷款风险的因素。其主要有：贷款对象、贷款方式、贷款期限和贷款形态。贷款风险的量度必须是上述四个因素对贷款风险影响程度的综合。

6.填写借款人基本情况调查表，撰写贷款调查报告

贷款调查结束后，应填写借款人基本情况调查表和贷款审查、审（报）批表，撰写贷款调查报告。

（四）贷款审查审批

1.贷款审查（风险评估）

贷款审核部门根据移交的有关资料，审查核准贷款调查部门提出调查认定意见的准确性、完整性、合理性，复测贷款风险度，并提出贷与不贷的建议。贷款审核部门主要审查、核准以下内容：

（1）资料的完整性。审查调查部门移交的有关借款人资料、贷款调查认定资料以及项目评估机构撰写的项目评估报告等资料的完整性。

（2）调查认定意见的合理性、准确性。依据有关法规、政策、制度，逐项核准调查岗位调查认定意见的合理性、准确性。

（3）复测信用等级、贷款风险度。复测借款人、保证人的信用等级和该笔贷款的风险度。

（4）审核借款人授信额度。依据商业银行授信额度管理办法，审核借款人授信额度（包括本外币贷款、贴现、信用卡透支、承兑、国内外信用证、对外担保、进出口押汇和担保提货等）使用情况。

根据审查结果，提出贷与不贷以及贷款币种、期限、金额、利率、贷款方式、还款方式等建议。对贷款调查部门、项目评估机构移交资料不全、调查认定意见不完整不准确的，贷款审核部门将有关材料退回贷款调查部门、评估机构。审核结束后，贷款审核部门填写贷款调查、审查、审（报）批表贷款审查部分，并连同有关资料交本部门登记。登记后，移交贷款审查委员会、贷款决策岗位。

2.贷款审批

当前，商业银行实行行长领导下的贷款审查委员会（小组）制度，贷款审查委员会（小组）对贷款进行终审。贷款审查委员会（小组）依据有关经济、金融法规和信贷管理政策、制度，最终确定贷款风险度，提出贷与不贷以及贷款币种、金额、期限、利率、贷款方式、还款方式等审查意见，并填写贷款审查委员会（小组）审查意见表。贷款审批由各级行的贷款决策岗位负责，贷款决策岗位由各级行长或行长授权人承担。

贷款实行分级审批制度，依据商业银行贷款授权管理办法，各级行长或行长授权人在授权范围内进行贷款审批。对超出审批权限的贷款提出呈报意见，并填写贷款调查、审查、审（报）批表审（报）批部分，连同有关资料，呈报上级行。上级行根据贷款审批授权，进行贷款审批，并将审批结果正式通知下级行。各级贷款决策岗位将贷款审批结果通知本行贷款调查部门、审查部门、贷款审查委员会（小组）。

贷款调查部门通知借款人借款审批结果。贷款调查部门应及时答复借款人借款审批结果，短期贷款答复时间不得超过1个月，中期、长期贷款答复时间不得超过6个月。对提交、上报资料存有疑义的，上级行和本行贷款审查委员会（小组）、决策岗位将有关资料退回，责成有关分（支）行、部门重新进行贷款调查、评估、审查、呈报。

（五）签订借款合同

1.约定签约

实践中，由贷款调查部门与借款人约定签约事宜。调查部门规范填写借款合同（含附件）有关内容，并由本部门逐项复核。由行长或行长授权人与借款人、担保人正式签订借款合同、抵押合同、质押合同或保证合同。

2.办理登记和财产保险

抵押人、出质人按合同要求依法向有权部门办理抵押物、质物登记和财产保险，向银行贷款调查部门出具、移交合法的抵押物所有权或使用权证书、抵押（质）物登记凭证、保险单、银行停止支付存单证明等凭据。

3.移交质物

出质人还应在合同规定时间内向贷款调查部门移交质物。此方面需注意，外币贷款签订借款合同后，借款人须凭借款合同及有关材料到当地外汇管理部门办理贷款登记及开立贷款户和还本付息账户等手续。

4.登记归档

贷款调查部门在确认借款合同内容、印章、签名等无误后，登记借款合同登记簿，并将借款合同及有关凭据归档。需要办理借款合同登记的，贷款调查部门依法到有关部门办理登记。贷款调查部门按制度规定，将有价单证、抵押登记凭证、权利证书等重要凭证移交财会部门保管。

（六）贷款发放与支付

1.通知借款人提出用款计划，并填报借款用款申请书

对最高额贷款和中长期项目贷款，贷款调查部门应通知借款人提出用款计划，并填报借款用款申请书。根据购销合同和合理工期以及资本金、其他建设资金到位情况，贷款调查部门调查、审核部门审核借款用款计划的可行性。决策岗位按照贷款审批权限审批、上报。

2.填写借款借据

经贷款调查部门认定借款合同生效后，贷款调查部门与借款人约定签订借款借据。会计部门审查借据后，办理放款账务。

3.贷款支付

银行在发放贷款前须确认借款人满足合同约定的提款条件，并按照合同约定，通过银行受托支付或借款人自主支付的方式对贷款资金的支付进行管理与控制，监督贷款资金按约定用途使用。银行受托支付是指银行根据借款人的提款申请和支付委托，将贷款通过借款人账户支付给符合合同约定用途的借款人交易对象。借款人自主支付是指银行根据借款人的提款申请将贷款资金发放至借款人账户后，由借款人自主支付

给符合合同约定用途的借款人交易对象。对新建立信贷业务关系且信用状况一般的借款人，若支付对象明确且单笔支付金额较大，银行原则上应采用贷款人受托支付方式。

4.建立、登记贷款登记簿

贷款调查部门、贷款检查部门分别逐户建立、登记贷款登记簿。贷款调查部门将借款借据专门保管。贷款调查部门、贷款审查委员会（小组）将资料原件登记后，移交贷款检查部门。重要资料复印后，留存归档。

（七）贷后检查

1.贷后检查主要内容

贷款检查部门负责对贷款使用情况进行检查。在贷款发放15天内，应对贷款使用情况进行第一次跟踪检查，并填写贷后第一次跟踪检查表。

贷后第一次跟踪检查主要检查内容有：（1）贷款资料的合法性、真实性、完整性；（2）贷款运作规范情况；（3）贷款是否按合同要求按期发放；（4）贷款使用主体是否是借款合同规定的借款人；（5）借款人是否按规定用途使用贷款，有无挤占挪用贷款的现象；（6）中长期贷款项目资本金及其他建设资金到位情况；（7）抵押物、质押物保管情况。

2.贷后定期检查

贷后定期检查贷款运行情况，填写贷后检查表。

3.中长期贷款项目贷后评价

对中长期贷款项目，还应根据商业银行中长期贷款项目管理办法，进行项目建设期管理和营运期管理，并填写中长期贷款项目竣工报告表，撰写项目竣工报告，报送贷款项目审批行。对贷款项目在竣工投产并达到设计能力一年后或竣工投产两年仍未达产的，原贷款审批行应按照商业银行中长期贷款项目后评价办法，组织进行贷款项目后评价，写出后评价报告，报送审批行行长和贷款审查委员会（小组）。

后评价主要内容有：（1）项目建设实施后评价，并编制项目建设实施概况表、固定资产投资超概算原因分析表、项目投资来源变动表；（2）项目生产经营后评价；（3）项目管理水平和资信后评价；（4）项目财务效益后评价，并编制成本分析表、损益分析表、贷款偿还期计算分析表、财务现金流量分析表、外汇平衡分析表；（5）贷款风险后评价。

贷款检查部门将贷款检查情况及处理意见或建议，呈报行长。对检查中发现的贷款运作问题，行长责成审计稽核部门核实后，依据贷款管理岗位责任制和有关处罚办法，提出相应处理意见。对发现借款人违约的，经行长或信贷部门负责人同意后，对借款人给予相应的信贷制裁，贷款检查部门填写商业银行信贷制裁通知书，并通知借款人。贷款检查部门将贷后检查资料归档。

（八）贷款收回

贷款检查部门在短期贷款到期前7天、中长期贷款到期前30天向借款人签发贷款到期通知书，并通知担保人。开户行依据借款合同约定从借款人账户上划收贷款本金和利息。借款人能按期归还贷款本息的，会计部门填写贷款收回凭证收账。贷款调查部门、贷款检查部门凭此登记贷款登记簿，贷款调查部门登记借款合同登记簿，贷款检查部门通知贷款决策岗位。

借款人不能按期还清贷款需要展期还款的，必须在贷款到期前15天向开户行提出展期申请，填写借款展期申请书，并出具保证人、抵押人、出质人同意担保的书面证明。经贷款调查部门调查、审核部门审查、决策岗位批准后，签订展期还款协议书，并报原贷款审批人备案。外币贷款展期须到原国家外汇管理登记部门重新办理登记手续，贷款偿还完毕后，借款人应及时到原国家外汇管理登记部门办理登记注销手续。借款人要求提前归还贷款的，借款人应与开户行协商，报经行长或行长授权人同意后，贷款检查部门通知办理贷款提前还款手续。对借款人未申请展期或申请展期未得到批准而不能按期归还的，从到期日次日起，会计部门将贷款转入逾期贷款账户，并通知贷款检查部门、贷款调查部门。

（九）信贷档案管理

信贷档案管理的主要内容包括：(1) 信贷档案管理。信贷部门应建立、管理信贷档案。贷款调查部门、贷款检查部门按借款人分别建立信贷档案。(2) 信贷档案内容。信贷档案主要包括：借款人及担保人的资料档案、贷款运作资料档案。(3) 信贷资料积累。

二、贷款质量及评价

贷款分类是指银行的信贷分析和管理人员，或监管当局的检查人员，综合能获得的全部信息并运用最佳判断，根据贷款风险程度对贷款质量作出评价。五级分类法就是按照贷款的风险程度，将贷款划分为五类，即正常类、关注类、次级类、可疑类、损失类。

（一）贷款五级分类的定义

(1) 正常类。借款人能够履行合同，有充分把握按时足额偿还本息。

(2) 关注类。尽管借款人目前有能力偿还贷款本息，但是仍存在一些可能对偿还产生不利影响的因素。

(3) 次级类。借款人的还款能力出现了明显问题，依靠其正常经营收入已无法保证足额偿还本息。

(4) 可疑类。借款人无法足额偿还本息，即使执行抵押或担保，也肯定造成一部分损失。

(5) 损失类。在采取所有可能的措施和一切必要的法律程序之后，本息仍然无法收回，或只能收回极少部分。

由此看出，贷款五级分类是根据贷款偿还的可能性进行确认的。

（二）影响分类的主要因素

1.借款人的还款能力

借款人的还款能力是一个综合概念，包括借款人现金流量、财务状况；影响还款能力的非财务因素等。

2.借款人的还款意愿

还款意愿是指借款人向出借人还款的意思表达和愿望。借款人的还款意愿可以分为两类，主动的还款意愿和被动的还款意愿，其中，主动的还款意愿取决于借款人的人品和道德，被动的还款意愿取决于借款人的违约成本。

3.借款人的还款记录

若借款人为新往来公司，参考其在同业往来记录、资信状况；若借款人为新成立的公司，考察其股东的往来记录、资信状况。借款人的还款记录可反映贷款的展、逾期情况，分类时贷款的展、逾期状况亦作为一个重要因素考虑。

4.贷款的担保

（1）信用保证：考察保证人的资信状况、履保记录。

（2）抵、质押品：抵、质押品的质量、折扣、估值的准确性、可变现能力。

5.贷款偿还的法律责任

重点考察贷款手续（包括但不限于担保手续及贷款文件的签订）的完整性、有效性和合法性及可采取的补救措施。

6.银行的贷款管理

银行出于发展目标以及总体额度等的考虑，会对贷款进行总体的考量、管理。

（三）五级分类结果

中国人民银行制定的贷款五级分类法可以帮助信贷人员准确判断贷款的类别，见表5-7。

表5-7 **贷款五级分类的主要特征**

类别	主要特征
正常类	借款人有能力履行承诺，并对贷款的本金和利息进行全额偿还，没有问题贷款
关注类	净现金流量减少 借款人销售收入、经营利润在下降，或净值开始减少，或出现流动性不足的征兆 借款人的一些关键财务指标低于行业平均水平或有较大下降 借款人的还款意愿差，不与银行积极合作 贷款的抵押品，质押品价值下降 银行对抵押品失去控制 银行对贷款缺乏有效的监督等
次级类	借款人支付出现困难，并难以按市场条件获得新资金 借款人不能偿还对其他人的债务 借款人内部管理问题未解决，妨碍债务的及时足额偿还 借款人采取隐瞒事实等不正当的手段套取贷款
可疑类	借款人处于停产、半停产状态 固定资产贷款项目处于停缓状态 借款人已资不抵债 银行已诉诸法律来收回贷款 贷款经过重组仍然逾期，或仍然不能正常归还本息，还款状况没有得到明显改善等
损失类	借款人无力还款，抵押品价值低于贷款额 抵押品价值不确定 借款人已彻底停止经营活动 固定资产贷款项目停止时间长，复工无望等

当银行对所有贷款都进行了分类之后，银行整体贷款的质量就会一清二楚了。如果把它们量化，可以归纳出若干个指标。

1.不良贷款余额/全部贷款余额

不良贷款是次级类、可疑类、损失类三类贷款的总称。不良贷款余额与全部贷款总额的比例可以说明银行贷款质量的恶化程度。如果进行细致的划分，还可以运用以下比率：次级类贷款余额/全部贷款余额、可疑类贷款余额/全部贷款余额、损失类贷款余额/全部贷款余额。通过以上比率的计算，可以更清楚地看出银行不良贷款的分布，以便找到问题的集中点。

2.（正常类贷款余额+关注类贷款余额）/全部贷款余额

这一比例反映的是贷款的总体安全程度。当然，也可以分别反映：正常类贷款余额/全部贷款余额；关注类贷款余额/全部贷款余额。

正常类贷款比例和关注类贷款比例还能够反映贷款的变化趋势。如果关注类贷款比例在增长，则说明银行贷款安全程度在降低。

3.加权不良贷款余额/（核心资本+准备金）

加权不良贷款余额的计算首先要确定不同种类贷款的风险权重，中国人民银行提供的参考权重指标是：正常类1%，关注类3%~5%，次级类15%~25%，可疑类50%~75%，损失类100%。用加权不良贷款余额与核心资本和准备金之和进行比较，能够反映银行资本可能遭受侵蚀的程度和银行消化这些损失的能力。

4.其他比率

下列指标能更直接地反映贷款的质量：逾期贷款余额/全部贷款余额、重组贷款余额/全部贷款余额、停止计息贷款余额/全部贷款余额。这些曾是我国长期用来监测银行贷款质量的指标。

评价银行贷款质量的指标不仅能使银行对贷款的风险管理状况有清楚的了解，更重要的是，银行根据评价结果可以找出问题所在，进一步提高贷款的风险管理水平。此外，银行使用连续的评价指标可以进行历史比较，发现银行贷款管理的趋势；同时，也可以进行同业比较，明确自己的竞争地位。

长期以来，我国曾一直使用“一逾两呆”的评价方法，简单地根据贷款是否逾期和逾期时间长短来判断贷款是否安全。这种评价方法不仅无法准确反映贷款的真实风险程度，也不利于健全银行的信贷风险管理体系。因此，我国从1999年起广泛使用贷款的五级分类法。

第四节　企业贷款的管理

一、企业贷款的种类

（一）短期贷款

银行对企业发放的短期贷款通常是指企业的临时性、季节性贷款，也可称为流动资金贷款。

银行对企业发放的短期流动资金贷款具有自动清偿的性质。企业用借入的现金购买原材料、半成品或产成品等，然后进行生产和销售，再用收取的货款偿还银行贷款。这样，银行贷款的期限就是从企业购买存货到产品销售的完成，通常会持续几个星期或几个月。

目前，无论是西方国家的商业银行还是我国的商业银行，对企业发放的短期流动资金贷款都是贷款的主要种类。银行发放此类贷款可以有抵押品，也可以没有抵押品。

在允许银行业与证券业混业经营的国家，银行还可以对证券交易商进行短期融资，银行以未到期的证券作为抵押发放贷款，可以作为抵押的证券往往是质量较高的政府债券。一般来说，银行和证券交易商都欢迎这类贷款，它一方面满足了交易商购买新证券的资金需求；另一方面，银行可以从中获得收益。

近年来，银行还开展了资产担保贷款，就是以企业的短期资产作为抵押，这些资产主要是应收账款和存货，银行以其面值的一定百分比（如50%或70%）发放贷款，待这些资产转化为现金时用于偿还银行贷款。这里的关键问题是资产的流动性及资产的质量，如果应收账款是根本无法收回的或用于抵押的存货无法在市场上出售，则此类贷款的发放会存在很大的风险。

（二）定期贷款

定期贷款是指贷款期限在1年以上的贷款。由于企业定期贷款不具有自动清偿性质，只能以企业的收益或新借债来偿还，因此贷款风险较大，银行在发放这类贷款时，要进行详细的信用分析。

目前，在西方国家较受欢迎的定期贷款发放方式是循环信贷额度方式，也称循环信贷。这种方式的具体做法是：银行给借款人规定一个借款最高限额，在一定期限内（通常为1～5年），只要不超过限额，借款人就可以随时获得贷款和偿还贷款。这个信贷额度相当于一个资金池，企业可以根据自己的资金松紧程度来确定取款或者还款，在使用期内，企业可以多次使用贷款限额，这给企业带来了极大的方便。但是，商业银行要根据贷款限额的大小收取承诺费，而贷款利息则按实际借款额和时间来计算。如果企业没有真正借款，就只需支付承诺费。银行通常只给那些信用等级高的企业发放循环信贷限额，一般不需要抵押担保。在循环信贷限额到期后，可以转为定期贷款。

银行在发放定期贷款时，风险最大的是项目贷款，这种贷款数额巨大，常用于基础设施的贷款项目中，如矿山建设、港口设施、卫星发射等。由于银行在发放这类贷款时要承受较大的风险，因此银行会要求借款者提供担保，并设定了较高的利率。目前，对大型项目的贷款多由银行组成银团，然后用银团贷款的方式进行，以分散风险。

（三）小企业贷款

对于小银行而言，给小企业发放贷款是其主要的服务内容，与大企业相比，小企业的经营风险较大，因此获取贷款的可能性较小。但是，由于小企业是支撑各国经济增长的重要力量，解决小企业的融资问题普遍被各国所关注。各种担保公司的出现为小企业获得贷款提供了很大帮助，如美国成立了小型企业管理局，为小企业提供担保。

近年来，我国小企业的发展迅速，但贷款难问题没有得到根本解决，而小企业抵抗风险能力低可能是贷款占比低的原因。

（四）农业贷款

在经济发达国家，农业贷款并不占银行业务的主要份额，但因我国是个农业大国，对农业发放贷款的主体目前主要是农村信用合作社和中国农业发展银行。而从长期看，我国工业化进程在不断加快，而加大对农业的投入是实现工业化的重要保障。

二、银行贷款管理过程

从企业提出借款申请到一笔贷款被发放出去，不是一个简单的过程。从某种意义上说，该笔贷款能否按时收回取决于银行对借款人申请理由的判断和对借款企业信用状况的分析是否正确，以及银行组织的贷款能否满足借款企业的需要。这一过程可以如下描述：

（一）机会评估

（1）借款人。借款人是否符合银行的要求？如果借款人是银行的新客户，其与银行的关系是否可以进一步发展？

（2）确认机会。考察借款人的战略目标和财务结构。借款人需要什么样的短期或长期信贷与信贷服务？

（二）初步分析

（1）初步概况。贷款的特殊需要是什么？这些需要是否合法或是否符合银行政策？贷款条件是否合理？潜在的风险是否可接受？

（2）确认借款原因。是什么原因引起借款需求？借款需要使用多久？

（三）还款来源分析

（1）行业和企业风险分析。在借款人所处的行业中，所有竞争者均面临的风险是什么？借款人偿还贷款需要控制哪些风险？

（2）财务报表分析。财务报表中的趋势说明借款人的管理能力如何？其中的哪些趋势将影响还款能力？

（3）现金流量分析和预测。借款人是否有足够的现金按约定的方式偿还贷款？对还款能力影响最大的风险是什么？

（四）贷款包

（1）总结和建议。该笔贷款的主要优缺点是什么？是否应该发放？

（2）贷款结构和协议。有哪些适当的贷款工具、价格、支付方式、证明文件和契约条款？

（五）贷款管理（贷款稽核）

借款人的行为是否与预期一致？是什么原因引起变化？还款风险有哪些？如何保

护银行的利益？

三、企业借款理由的分析

银行在发放任何一笔贷款之前，都要先分析企业的借款理由，并以此判断是否符合银行的要求。企业借款理由可以归纳为以下几个方面。

（一）销售增长导致的借款

企业销售的增长可能帮助企业获得更多的利润，但同时它也需要更多的资金支持，由于销售增长，企业的应收账款和存货通常也会成比例地增长。如果销售增长适中，企业需要的额外现金可以由企业内部创造的利润满足，而不需要向外部筹集资金；如果销售增长非常快，额外的现金就需要从外部筹集，银行贷款就是其主要来源。

企业销售增长有两种类型，即短期或季节性销售增长（1年以内）和长期性销售增长（1年以上），这两种类型的销售增长都会导致借款需求，对于短期或季节性销售增长引起的借款需求，银行发放的贷款一般是为应收账款和存货增加提供临时性资金，贷款也应该是短期的，并且随着销售的下降而得到偿还。银行在发放此类贷款时，要检查至少1年的企业月销售额的情况，确定是否存在季节性增长，发放的贷款要保证银行有盈利，同时，企业在产生短期季节性借款需求时，还会由于营业投资的增加而提出借款申请，贷款是为弥补应收账款和存货的增加而提供的融资，企业的营业投资额等于净应收账款加存货减去应付账款和应计费用。如果销售增长是长期性的，那么企业的借款需求也会持续增长。相对于未分配利润，企业的营业投资会以一个更快的速度持续增长，如果利润率没有大的变化，并且没有外界的资本输入，企业必然产生对长期贷款的需求，银行要检查最近几年企业的销售增长情况，在一般情况下，销售增长率超过10%意味着企业可能需要资金，银行发放此类贷款的期限要根据销售增长的时间、盈利水平和外界资本的可获得性而定。

（二）营业周期减慢引起的借款

企业营业周期减慢包括存货周转减慢和应收账款回收减慢。存货周转减慢可以用存货周转次数（销货成本/存货）或存货周转期（存货/销货成本）来衡量。银行发放此类贷款的目的是为企业业务的临时性扩大或结构性转换提供资金，贷款的期限要根据存货周转减慢的原因和企业产生现金的能力而定。

应收账款回收减慢可以用应收账款周转率（销售收入净额/应收账款净额）或应收账款回收期（应收账款净额/销售收入净额）来测量，同时要检查最近的应收账款账龄分析表，银行贷款的目的是为因回收减慢导致的应收账款增加提供资金，贷款的期限要视其是长期问题还是短期问题而定。

（三）固定资产购买引起的借款

固定资产购买引起的借款有两种形式：一是更新固定资产的需要而产生的借款需求；二是固定资产扩大引起的借款需求，任何一个企业都有扩大固定资产的需要，因此银行要先证明是否存在合理的固定资产扩张需求，对于前者的借款需求，银行可以用固定资产利用率（已提折旧累计额/折旧固定资产总额）和固定资产存续期（固定资产净额/折旧费）来测算，银行提供的借款通常是长期的，具体要根据借款的生利能力和资产的使用期限确定，对于固定资产扩张需求的鉴定，销售/固定资产比是一个有效的工具，它能计算每一元的固定资产带来的销售收入有多少，银行对固定资产扩张需求的贷款一般是长期的，具体期限要视借款人产生现金的时间和资产的使用期限而定。

（四）其他原因引起的借款

由其他原因引起的借款需求主要有资产增长增加的支出、债务重组增加的支出、低效经营增加的支出、股息支出或所有者提款引起的支出以及不正常的或意外的费用支出等。投资账户、递延费用、预付费用、无形资产以及商誉都是资产账户，它们的超常增加能够产生借款的需要，仔细审查账户，就会发现它们是否出现迅速增加，是否占到了总资产的10%以上，是否反映了不同于企业主营业务的一个重要部分。银行要视资产账户增加的原因确定是否贷款和贷款的期限。

对债务重组所需贷款，银行要检查企业资金搭配是否不当及其原因，发放贷款的目的是替换现存的债务还是支付费用。借款期限要视被替换债务的性质而定，并确定借款理由，对低效经营贷款，银行要观察企业利润占销售收入比例的下降情况，确定贷款是支付费用、为生产提供资金，还是替换负债，贷款期限根据低利润的持续期长短而定。如果企业为股息支出或所有者提款而产生借款需求，银行要检查企业的股利发放率（现金股息/税后净利润），以确定是否贷款。有时，企业也会发生一次性的或意外的费用支出，如保险费、设备安装费等，银行要确认什么原因导致企业无法支付这些费用，以及是否应该发放贷款和贷款的期限。银行掌握了企业的借款理由，就可以进行详细的偿还来源分析和风险分析。

四、借款企业的信用分析

对借款企业的信用分析是为了确定企业的未来还款能力如何。影响企业未来还款能力的因素主要有财务状况、现金流量、信用支持以及非财务因素，企业的财务状况和现金流量构成企业的第一还款来源，而信用支持为第二还款来源，非财务因素虽不构成直接还款来源，但会影响企业的还款能力。

（一）对借款企业的财务分析

对借款企业的财务分析就是银行对借款人财务报表中的有关数据资料所进行的确认、比较、研究和分析，借以掌握借款人的财务状况，分析借款人的偿债能力，预测借款人的未来发展趋势。

1.审查借款人的利润表

在对借款人利润表进行分析和审查之前，可能需要对利润表的结构进行必要的调整。在对利润表进行调整后，就可以进行百分比分析。百分比分析的目的是发现借款人经营出现不连贯的信号及线索。

2.审查借款人的资产负债表

在对借款人资产负债表进行审查时，可以借助以下三大比率指标进行：营运效率、杠杆比率和流动性。企业的资产管理可以通过对其营运效率的分析来评价。杠杆比率中，资产负债率、负债与所有者权益比率、负债与有形资产比率以及利息保障倍数四个比率能帮助银行分析借款企业的资本结构和资本的杠杆作用程度。流动性是企业迅速将资产变现以偿付流动负债的能力，衡量流动性的指标有两个：流动比率和速动比率。

（二）对借款企业现金流量的分析

1.净利润不能偿还贷款

净利润不是现金，只是会计报表上的数学反映。从企业利润表上看，无论是否收到现金，销售都表现为收入，而应收账款告诉我们有多少销售是应收而未收的现金；即使未向供货者付款，销货成本也已包括了存货的成本；费用包括非现金项目，如折旧和对或有项目预提的准备等，即使利润表上所有的项目都代表现金，银行也不能期望企业用净利润代替现金，因为企业会将一部分利润投资于新的存货、固定资产或应收账款。

如果净利润不能偿还贷款，那么什么能够用来偿债呢？是现金，只有现金才能偿还贷款，现金可能来自各种渠道，利润只是来源之一，其他来源包括出售财产、注入资本、借款和从贷款者那里获得信用展期，银行需要确定现金流量和流向，分析引起现金流动的原因。通过现金流量分析可以了解借款人当期收到了多少现金，支付了多少现金，有多少现金余额或者现金不足，从而得到定量的信息。此外，它还会告诉我们这些现金来自哪一种活动，借款人过去偿还债务的能力及实际还款状况如何。

2.现金流量分析的内容

现金流量包括现金流入量、现金流出量和现金净流量；现金净流量为现金流入量与现金流出量之差，计算方法为：

现金净流量=经营活动的现金净流量+投资活动的现金净流量+融资活动的现金净流量

（三）对借款企业的担保分析

银行要求对其提供的贷款给予担保，是为了提高贷款偿还的可能性，降低银行资金损失的风险所采取的保护性措施，它为银行提供了一个可以影响或控制的潜在的还款来源，在一定条件下担保会变成现实的还款来源。因此，在银行发放贷款时，会尽可能要求借款人为借款提供相应的担保。

1.贷款担保的种类

担保的种类很多，主要有抵押、质押、保证和附属合同，但并非任何种类的贷款都可以任意选择一种担保，担保和用于还款的现金来源之间应存在一定的联系。

（1）抵押。抵押是指借款人或第三人在不转移财产占有权的情况下，将财产作为债权的担保。

（2）质押。质押是指借款人或者第三人将其动产或权利移交银行占有，将该动产或权利作为债权的担保。

（3）保证。保证是指银行、借款人和第三方签订一个保证协议，当借款人违约或无力归还贷款时，由保证人按照约定发行债务或者承担相应的责任。

（4）附属合同。附属合同是由借款人的其他债权人签署的，同意对银行贷款负第二责任的协议，作用是为银行提供对其他债权人的债务清偿优先权。

2.贷款担保的管理

银行依法获得担保，还要对担保进行妥善的管理，这是防范贷款风险的第二重保证，因此，银行对担保要进行特别的管理。

（四）对借款企业的非财务因素分析

为了更准确地考察借款人的偿还能力，一个重要的方面就是非财务因素对借款人的影响，主要是指借款人所处的行业、经营特征、管理方式、还款意愿、其他因素等。一笔好贷款的取得，银行要做许多工作，但这并不意味着只要银行按照上面的要求去做，就一定能保证贷款的安全，这就是说，问题贷款的出现仍是不可避免的。

五、企业贷款的定价

为贷款确定一个合理的价格是银行获取贷款业务利润的基础，也是银行与借款人能否达成该项贷款业务的关键。近年来，随着金融全球化的加快，各国金融管制在不断放松。企业以直接融资方式获取资金越来越便利，这就使得银行传统的存货业务趋于萎缩，竞争更加激烈，从而贷款定价的合理性显得更为重要，合理的贷款价格不但能够保证银行获得一定的利润，还使企业能够接受。由于贷款市场的激烈竞争，银行事实上已不是贷款的定价者而是贷款价格的接受者。

（一）成本加成贷款定价法

在对贷款进行定价时，银行管理人员必须考虑其筹集可贷资金的成本和银行的其他经营成本。一个完整的贷款利率中必须包括四部分的内容：银行筹集足够的可贷资金的成本、银行的经营成本（工资和物质设施的成本）、银行对违约风险所进行的必要补偿、每笔贷款的适当利润，以保证银行获得必要的收益。因此，用公式可以表示为：

贷款利率=筹集资金的边际成本+银行的其他经营成本+预计违约风险补偿费用+银行预期的利润

（二）价格领导模型定价法

成本加成定价法是假设银行能够精确地计算其成本，并将其分摊到各项业务中去，而且这种定价方法是以银行为核心的。事实上，这两种情况发生的可能性都较小，因此，价格领导模型定价方法便产生了，它是以若干个大银行统一的优惠利率为基础，考虑违约风险补偿和期限风险补偿，而后制定贷款利率，对某个特定的顾客来说，贷款利率的公式为：

贷款利率=优惠利率（包括各种成本和银行预期的利润）+加成部分

=优惠利率+违约风险贴水+期限风险贴水

（三）成本–收益定价法

在银行内部还有更复杂的贷款定价系统，这就是成本–收益定价法。在成本–收益定价法下，需要考虑的因素有3个：（1）贷款产生的总收入；（2）借款人实际使用的资金额；（3）贷款总收入与借款人实际使用的资金额之间的比率。

第五节 个人贷款的管理

个人贷款产生的理论基础是生命周期消费理论。从经济效用最大化角度看，理性的经济人应该而且必然会从恒久收入出发，在一生这样一个较长的时间范围内安排消费支出，使得自身的消费与恒久收入相匹配，从而获得最大的收入效用。实现个人收入效用最大化的路径就是消费信贷，从商业银行角度看，就是个人贷款。个人贷款是实现资产多元化、降低不良资产比率、提高竞争能力的有效手段：个人贷款可以改善银行资产结构，降低经营风险；个人贷款是商业银行一个新的利润增长点；个人贷款是提高商业银行竞争力的重要途径。

一、个人贷款的种类

个人贷款种类繁多，按照不同的分类标准可以分为不同的类型，通常说来，按照资金用途，个人贷款可以分为个人住房贷款、个人汽车贷款、个人综合消费贷款、国家助学贷款、个人经营贷款等。按照贷款方式，个人贷款可以分为个人抵押贷款、个人质押贷款、个人信用贷款（包含信用卡贷款）等。按照还款方式，个人贷款还可以分为分期还款和到期一次性还款两种类型。

（一）个人住房贷款

个人住房贷款（residential mortgage loans）是指向借款人发放的用于购买住房的贷款，从全球范围看，商业银行个人贷款中住房贷款的占比最高，约为50%～90%，如2011年美国花旗银行个人住房抵押贷款占比达89%、中国工商银行的比例为59%。

个人住房贷款期限一般比较长，最长可达30年。由于住房贷款金额较大、期限较长，其间借款人可能遇到失业、收入下降、疾病、自然灾害等影响其偿还能力的情况，因此商业银行面临较高的信用风险。为了降低银行的风险，个人住房贷款都要求用借款人购买的住房作抵押，在借款人不能按照约定还款时，银行有权收回住房并进行出售，以避免损失，所以，个人住房贷款是一种典型的抵押贷款。

个人住房贷款的利率有两种：一种为固定利率，利率波动的风险主要由银行承担；另一种是浮动利率，利率风险由借款人承担。欧美国家大多采用固定利率；我国是自中国人民银行调整利率后的下一个年度开始，银行采用变动后的利率来计算住房贷款余额的利息。

（二）个人汽车贷款

个人汽车贷款是指为借款人发放的用于购买汽车的贷款。从汽车的用途看，贷款购买的汽车可以分为不以营利为目的的自用车和以营利为目的的商用车，不同的用途使得汽车的损耗、使用寿命和风险大不一样，银行要求的首付比例相应地也有所差异，自用车的首付比例一般为20%，商用车的首付比例一般为30%。个人汽车贷款属于中长期个人贷款，贷款年限一般为3～5年，要求借款人提供抵押、质押或保证等担保。汽车贷款除了金融机构直接向消费者发放外，还可以经由汽车销售商发放给购车的个人，即提供间接的汽车贷款。

（三）个人综合消费贷款

个人综合消费贷款是向借款人发放的、用于指定消费用途的担保贷款，贷款用途包括住房装修、购买耐用消费品、教育支出、旅游和医疗等消费用途。

随着中国经济的快速发展，留学贷款成为个人综合消费贷款中增长最快的品种，此外，用于借款人国内外旅游的贷款增长也很迅速。个人综合消费贷款属于中长期贷款，期限通常不超过5年，但留学贷款、医疗贷款的期限最长可到8年，个人综合消费贷款也可以有不同形式的担保，贷款金额与担保金额直接挂钩。

（四）国家助学贷款

国家助学贷款是指向高等院校中经济困难学生发放的，用于支付学杂费和生活费的贷款，商业银行发放的助学贷款可以分为国家助学贷款和一般助学贷款，国家助学贷款是指对符合中央和地方财政贴息规定的高等学校在校学生发放的人民币贷款；一般助学贷款是指对高等学校在校学生和新录取学生发放的无贴息的人民币贷款。

国家助学贷款不需要担保，由借款人毕业后用自己的收入进行偿还，一般要求借款人毕业后6年内还清，也可根据具体情况延期偿还，但最长不超过10年。国家助学贷款的利率执行中国人民银行规定的同期同档次的基准利率，一般使用按月分期还本付息的方式。

（五）个人经营贷款

个人经营贷款是指向借款人发放的用于其合法经营活动所需资金周转的贷款。银行的个人经营贷款主要用于满足经营状况良好、收入稳定的个人经营资金需求，贷款对象为个人独资、合伙企业的主要出资人或股东。根据个人经营状况不同，个人经营贷款金额最高可达3 000万元，单笔贷款最长可达5年。由于个人经营贷款具有较高的市场风险和信用风险，银行要求借款人提供足够的担保，我国商业银行的个人经营贷款增长较快，目前已经占到个人贷款总额的10%以上。

（六）信用卡贷款

信用卡贷款是向借款人发放的短期、用于消费的贷款。信用卡贷款以透支的形式发放，支持借款人先消费、后付账，信用卡贷款不需要担保，属于信用贷款。

二、个人贷款的特点

鉴于个人贷款的主体——个人的收入稳定性受到自身健康状况、家庭关系、职业稳定性、经济周期、行业盛衰等多种因素的影响，在遭遇危机时抵御风险的能力比较薄弱，偿债能力波动性较大，因此，与公司信贷相比，个人贷款具有高风险性、高收益性、周期性、利率不敏感性等特点。

（一）高风险性

1.个人贷款的还款来源不稳定，波动性较大

个人贷款的还款来源主要是个人的人力资源收入和财产性收入，它受到国内外经济形势变化、企业经营状况、资产市场价格、个人身体健康状况、家庭及意外情况的制约，个人贷款容易发生到期不能偿债的违约风险，例如，2007年的次贷危机中，美国的失业率超过10%，个人住房抵押贷款的违约率创下60年来的最高水平，数百万家庭因不能按期还款而失去住房，致使银行受到重创，政府不得不拿出8 700亿美元来救助金融机构。

2.信息不对称风险比较严重

为了获得贷款，借款人往往趋向于隐瞒与贷款清偿力有关的重要信息。与企业法人相比，个人贷款的信息不对称情况更严重，个人信息的私密性更高，收集信息的难度以及相应的成本更大，如果社会征信体系不健全，银行很难核实，借款人提供信息的真伪，特别是难以把握那些不能量化的软信息，个人贷款客观上要承受更高的逆向选择风险和道德风险。

3.个人贷款的贷款结构内含较高的利率风险和违约风险

鉴于绝大多数个人都是风险规避者，偏好固定的收入与支出，表现在住房贷款、汽车贷款和综合消费信贷中，人们喜欢采用固定利率。固定利率的个人贷款锁定了银行的收益，意味着在贷款期间，一旦中央银行调整利率政策，出现银行的筹资成本上升并超过个人贷款的利率，银行发放的个人贷款就会出现收支倒挂，不得不承受利率风险及其带来的损失。为了减轻银行潜在的利率风险损失，银行经常在个人贷款定价中加入足够多的风险补偿，即提高贷款利率。然而，银行这一降低利率风险的定价措施，容易导致违约风险或提前偿付风险，给银行造成损失，一方面，在收入不变或者收入下降时，过高的利息开支降低了借款人的偿债能力，容易导致到期不还本付息的现象发生；另一方面，市场利率低于贷款利率时，为了节省利息成本，借款人往往大规模提前偿还贷款，从而给银行的资产负债管理造成了不利的影响，致使银行承担再投资风险。

（二）高收益性

个人贷款的收益主要来自利息收入与其他相关手续费。个人贷款的高风险性决定了它具有高收益性。由于个人贷款的信用风险比公司贷款高，银行在确定个人贷款利率时必然收取更高的风险溢价。除了利息收入外，银行还能通过个人贷款获得大量的非利息收入，包括各种消费回佣收入（如信用卡特约商户向银行返还的占消费额一定比例的佣金）、手续费收入和年费收入。

（三）周期性

个人贷款的周期性体现为较高的经济周期敏感性。在经济扩张时期，居民对未来的收入预期比较乐观，导致个人的消费和投资需求上升，个人贷款规模急剧膨胀；相反，在经济衰退时期，随着失业率上升，很多个人和家庭对未来的收入预期变得比较悲观，个人贷款以及投资规模会明显收缩。个人贷款规模的这种顺周期变化给银行带

来了较高的系统性周期风险，为了防范这一风险，个人贷款的利率中必须包含周期风险溢价。

（四）利率不敏感性

除了个人经营贷款，在其他个人贷款产品中，借款人对利率不敏感。个人收入以工资收入为主，住房、汽车以及耐用消费品贷款更多地取决于借款人的受教育程度、收入水平、社会地位和生活质量要求，利率水平以及利率变动通常不是借款人考虑的主要因素。

三、个人贷款的风险控制

随着个人贷款规模及其在银行贷款中的占比不断提高，如何管理个人贷款的高风险，对银行的生存和竞争力具有重大意义。

（一）使用个人信用系统

为了获得个人信用信息、世界各国都建立了自己的个人征信系统。我国也已建成了全国联网的个人和企业征信系统，截至2017年底，个人征信系统收录已达9.7亿人，涵盖了我国银行业全部个人客户的信用信息。银行在发放个人贷款时，可以选择查询中国人民银行的个人信用信息基础数据库，将信用等级不符合贷款要求的借款人排除在外，以减轻因信息不对称导致的风险。

（二）选择合适的合作机构

个人贷款合作机构是指与商业银行建立个人贷款业务合作关系的房地产开发企业、汽车经销商、房地产经纪公司、房地产评估机构、担保公司、保险公司等机构，个人贷款如果采用抵押方式，以住房、汽车作为抵押品，银行必须弄清楚住房和汽车是否真实存在，它们的质量如何，它们在市场上值多少钱，如果是第三方担保贷款，银行需要知道该担保人是否具有资格，是否有能力在借款人违约时进行代位清偿，要回答这些问题，银行需要合作机构的帮助。为了控制合作机构可能带来的信用风险，商业银行通常实行名单准入制度，商业银行根据过去3年的合作经历，选择没有出现过不良贷款、不良行为的机构作为合作者。

（三）实行五级分类管理

个人贷款种类多、客户差异大，而且住房贷款期限长，贷款期间借款人的偿债能力具有较大的不确定性，因此个人贷款的信用风险随时间在不断发生着变化，为了准确、全面、动态地反映个人贷款的质量，与企业贷款风险分类相同，商业银行对个人贷款也实行五级分类管理。

（四）贷后监测与检查

贷后监测与检查的目的在于及时发现个人贷款中的风险项目和风险客户，为制定风险控制措施提供科学依据。

风险项目是指存在假按揭、项目烂尾、违规违章建筑、建筑质量不合格、拖欠工程款、受到有关机构处置、有不良信用记录、客户投诉较多等情况的项目或合作机构；风险客户是指上述风险项目的法定代表人、主要股东和高管以及个人贷款的不良客户，贷后监测就是要收集银行特别关注的客户信息，一旦发现某类个人贷款品种或合作机构的违约率大幅上升，信贷部门将进行有针对性的现场或非现场检查。个人贷款监测是提高贷后检查效率的基础。贷后检查分为日常检查、定期或不定期信贷检查。

（五）通过二级市场出售贷款

为了避免某类个人贷款的借款人或者项目所在地过分集中，以及个人贷款期限错配造成的信用风险和利率风险，银行往往根据自身资产负债管理的需要，将已经发放的个人贷款直接出售给其他机构，或者进行资产证券化处理后出售给资产支持证券的投资者，将个人贷款风险转移、分散给其他投资者，避免风险过度集中于银行。银行通过二级市场将部分个人贷款证券化，除了转移、分散信用和流动性风险外，还可以获得其他好处，比如降低风险资本金、增加中间业务收入以及获得资本市场溢价收入。

四、个人贷款的信用评估

（一）个人信用评估及其经济意义

信用评估也称征信，是指信贷活动中的贷款人了解、调查、验证借款人的信用，评估其真实资信情况和偿还能力的活动，是银行选择客户的重要手段和途径。只有正确地评价借款人的信用水平，银行才能制定科学的信贷政策，通过有效的手段切实消除信息不对称带来的逆向选择和道德风险。由于个人信用具有信息分散、隐蔽性强等特点，仅仅依靠银行自身的力量很难充分了解和验证各行各业人员的真实信用状况，因此个人信用评估必须依靠政府立法，组织、汇集多个部门的信息，全面、动态地评估个人的信用状况，许多国家都在银行之外建立了由专业机构提供个人信用的个人信用征信系统。

世界上第一家征信公司产生于1830年的英国伦敦，而现代意义上的征信服务和技术发展则是在1929年成立的美国信用局（Credit Bureau）的推动下发展起来的。目前，美国的个人信用征信主要由三家机构来提供，它们是Experian、Equifax和Trans Union。当然，社会征信机构并不是个人征信主体的全部，有实力的银行往往自行建立个人信用数据库，并不使用社会征信机构的资料，如美国花旗银行，因为社会征信机构提供的信息不一定与银行风险管理的目标完全吻合。

2003年，中国人民银行设立了征信管理局，征信体系由“企业信贷征信系统”和“个人信贷征信系统”组成，拥有全国集中统一的覆盖银行、企业和个人的信用信息数据库，而且各地区的信用信息资源可以共享。2008年5月，中国人民银行征信中心在上海成立，其任务是根据企业和个人的信用记录进行诚信等级评定，截至2011年底，企业信贷征信系统收录企业及其他组织共计1 800万户，全年累计查询次数为6 930万次。截至2017年底，累计查询13.68亿次。

（二）个人财务分析的主要内容和目标

影响个人偿债能力的主要因素包括两个方面：一是个人的财务状况；二是主观意

愿或信用意识，因此，在进行借款人资信评估时，银行首先要进行个人财务分析，选择有偿还能力的客户，以便控制贷款违约率和信用风险。

个人财务分析的内容包括：①未来的还款来源或抵押品，界定资产的所有权和确定资产的价值、稳定性及流动性，通过纳税申报表上的信息来确定客户的收入。②负债和费用，确定财务报表内容的准确性和完整性，明确借款人的还款方式，并估计担保贷款的影响。③综合分析，运用财务报表所获得的信息综合评价借款人的流动资金状况和偿债能力。

个人财务分析的目标包括：①确定借款人各种资产的价值和可靠性，找到财务报表中所有者权益相对应的资产，并用纳税申报表中的内容来验证财务报表中的数据真实性。②确定一个或几个可能作为抵押品的流动性资产。③明确客户的财务状况和未来的变化，估计流动负债金额及其偿还方式，确定可能的还款来源。④通过比较财务报表的各部分信息来确定客户的总体负债情况和流动性，同时还要确定担保人的偿债能力。

（三）个人财务报表的分析方法

1.个人资产分析范围

银行没有必要对个人的所有资产都进行评估，应该按照重要性及必要性原则，通过四个方面的测试来确定需要分析评估的资产范围：①借款人是否有银行认可的抵押资产？许多私人财产，如衣服、首饰、收藏品，因没有出售价值或者难以变现而不能充当抵押品，这些资产应该被排除在分析范围之外。②借款人是否计划将资产变卖来偿还贷款？如果是，银行才需要分析该资产的价值和变现能力，有些国家的政府从保护消费者的最低生活权益出发，禁止银行在消费者找到合适的住所前拍卖处置抵押房屋，这显然会影响抵押资产的变现性和价值，银行需要充分考虑法律约束。③借款人从资产获得的收入是其重要的收入来源吗？如果是，银行需要分析该资产带来收入的持续性和稳定性。④某项资产占借款人总资产的比重是否超过10%？如果超过了，银行应将其视为重要的资产进行分析。

在进行个人资产评估时，银行必须关注三个问题：①价值稳定性。作为贷款抵押品或担保品的资产能否顺利变现，在贷款期限内，其价值可能发生多大变化等问题。②流动性。被评估的资产是否有现成的市场，变现是否比较容易等。③所有权和控制权。借款人是否拥有并控制着这些资产，借款人对资产的所有权是否真实等。

2.流动资产分析

个人流动资产是指现金、大额可转让存单和储蓄存单、可转让证券等具有较强变现能力的资产，这类资产是偿还贷款的重要来源，银行评估该类资产的重点是资产的价值、稳定性和流动性，同时也要确定借款人对流动资产的所有权和控制权，银行应该在财务报表中剔除负债，分析净流动资产的实际价值。

3.不动产分析

对不动产的审查首先要确定该财产是否真实存在并属于借款人，在税收制度比较完善的国家，最佳的办法是要求借款人提供一份最近的财产纳税单的复印件，确定这些财产价值、所有权是否与纳税单中所填写的一致。如果银行决定用此作为抵押资产，应该取得这些不动产的所有权和其他一些留置权的所有权证明书。

4.应收贷款分析

应收贷款是借款人向其他人或企业实体贷款后形成的资产，往往也构成借款人的主要资产，银行是否需要或者需要花多少时间来审查应收贷款取决于两个条件：应收贷款的数量规模；借款人是否提出将应收贷款作为收入来源来偿还贷款。如果应收贷款占借款人总资产的比重小于10%，可以不进行应收贷款分析。如果借款人将应收贷款的收回作为归还贷款的主要或者唯一收入来源，银行必须对应收贷款进行分析。

5.人寿保险分析

人寿保险在规定的时间内也是客户的一项资产。人寿保险有两种主要形式：终身人寿保险和定期人寿保险。定期寿险没有退保金额，而终身寿险则有退保金额。如果客户有退保金额，一定要确定其保险单是终身寿险。除非保单的财务报表上填有人寿保险，否则退保金额通常不是一笔很大的资产，而且保单的期限很长。

6.退休基金分析

养老保险或者退休计划的既得收入也形成借款人的财产，大部分养老基金限制参加者在退休年龄之前提取资金，提前提取资金要承受高额罚金和税金，这迫使大多数参加者将资金存到退休之时。一般情况下，只要借款人愿意支付罚金和税金，还是可以提前提取这部分资产，因此这部分资产只能部分计入财务报表的所有者权益。

7.私人财产

私人财产的价值通常对银行的贷款分析没有明显作用，一般来说，私人财产没有任何抵押价值，在出售后也不能作为可靠的还款来源。

8.其他资产

在借款人的财务报表上，银行可能发现的较常见的特殊资产包括：营业资产、合营公司资产、退税、奖金和佣金。银行需审慎对待这些资产。

9.个人收入分析

银行审查的个人收入范围包括工资和其他经常收入（包括借款人的工资、佣金、奖金）；利息收入；股息收入；应收赡养费；退休基金收入；失业救济和社会保障福利。其中，工资和其他经常收入通常是第一还款来源，是重点审查对象，利息和股利收入是第二还款来源。

10.个人负债分析

在分析借款人的负债科目时，银行需要特别注意以下几点：借款人是否列出其所有的负债，哪些负债有资产作担保，借款人对哪些票据进行了背书、担保或联合承兑，有什么悬而未决的诉讼或要求牵涉借款人，借款人的杠杆率有多高，负债中有无拖欠，借款人有无任何商业上的负债等问题。

11.其他信息

银行对借款人个人财务的分析，不仅包括资产、收入、负债，也包括银行需要了解的其他信息，最常见的其他信息通常是指资产所有权、营业投机风险、作为担保人和联合承兑人的义务以及其他可能产生未来负债的行为。

（四）个人信用评估方法

1.Z值评分模型

Z值评分模型是一种以会计资料为基础的多变量信用评分模型，由模型所计算出的Z值可以较为明确地反映借款人在一定时期内的信用状况，因此可以作为预测借款人财务好坏的早期预警系统。

银行在运用该模型时，只需将贷款申请人的有关财务指标数据填入，便可由计算机自动计算得出Z值。Z值越大，信用就越好；Z值越小，信用就越差。

2.“5C”分析法

为了克服Z值评分模型在个人信用评估方面的缺陷，银行除了要考虑个人财务状况外，还加入了个人品德、职业、年龄、住所和受教育程度等其他决定贷款违约的非财务因素，一些银行选择的评估个人信用的参数是人们熟悉的5C：品德（character）、能力（capacity）、资本（capital）、担保品（collateral）和环境（condition）。

（1）品德。品德是贷款质量的主观决定性因素，也是所有参数中最重要的一个，对消费者品德评估的重点主要在三个方面上：个人的稳定性、信贷历史以及职业和个人声望。

（2）能力。能力评估就是要考察申请人的还款能力，或者是管理更高水平债务的能力，这主要取决于消费者的收入以及债务水平。

（3）资本。资本评估的目的在于明确申请人收入出现波动时的其他还款途径，评估的主要手段是前面所述的个人财务分析。

（4）担保品。担保品也是申请人的一项重要资本，对担保品的评估内容包括担保品的种类、价值及价值的变化趋势、产权情况，收回担保的难易程度、担保品的二级市场情况等。

（5）环境。环境是指所有影响消费者还款能力的外部环境，如政治、经济、法律、市场竞争等。

3.信贷记分法

（1）杜兰德九因素记分法。较早的评分系统是杜兰德九因素消费信贷评分体系，通过统计分析找出与发生消费信贷违约事件相关的九个因素，并运用打分的方法刻画各因素与风险的相关性，将各因素的分值加总后获得个人信用分。

（2）FICO信用分。FICO信用分计算的基本原理是统计学的聚集原理，通过统计模型，对这些因素的相似程度打分，然后将各个分值加总后得到个人信用分。分值越高表明信用越好，反之则越差。

五、我国个人贷款的发展

（一）个人贷款规模迅速扩张

近年来，我国个人贷款规模正以惊人的速度扩张，在银行信贷资产中的比重不断上涨。1998年我国个人贷款余额为172亿元，占银行信贷总额的比重仅为0.85%；2003年个人贷款余额增至1.5万亿元，占银行信贷总额的比重上升到9.9%；2012年个人贷款余额接近17.52万亿元，占银行信贷总额的比重接近26%。截至2017年末，我国消费信贷量达到9.8万亿元，占GDP比例为12.3%。尽管如此，与国际上其他大银行相比（图5-1），中国的个人贷款规模差距仍然较大。因此，中国的个人贷款规模还有较大的发展空间。

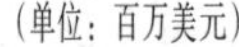

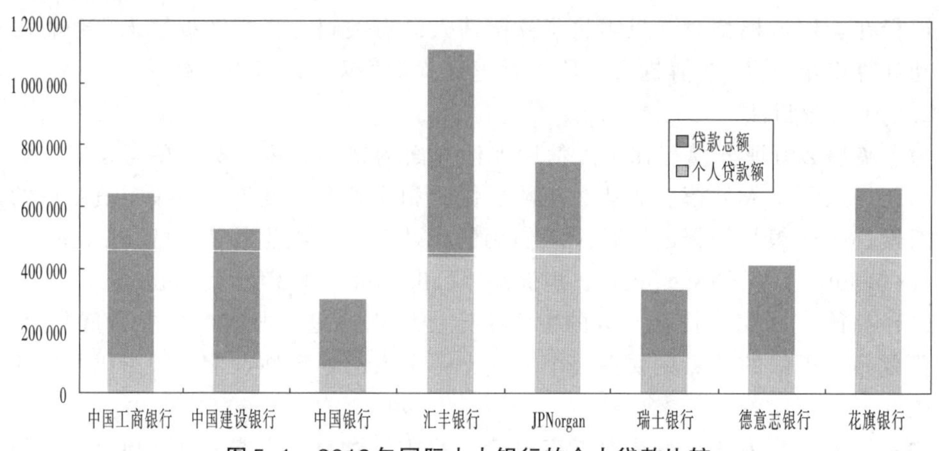

图5-1　2012年国际十大银行的个人贷款比较

（二）住房贷款为主的多元化结构

我国商业银行个人贷款在东南亚金融危机后全面启动，在中国加入WTO后迅速发展，形成了个人住房贷款、汽车贷款、综合消费贷款、个人经营贷款、教育助学贷款、质押贷款、信用贷款等十多类上百个贷款品种组成的个人贷款体系，呈现出多元化趋势。截至2017年末，我国金融机构人民币消费贷款余额31.5万亿元，增加6.47万亿元。其中，个人短期消费贷款余额6.8万亿元，增加1.87万亿元；个人中长期消费贷款余额24.7万亿元，增加45 993亿元。2017年度，信用卡授信总额9.14万亿元，个人住房贷款总额21.86万亿元，个人经营贷款总额11万亿元，其他0.3万亿元，如图5-2所示。

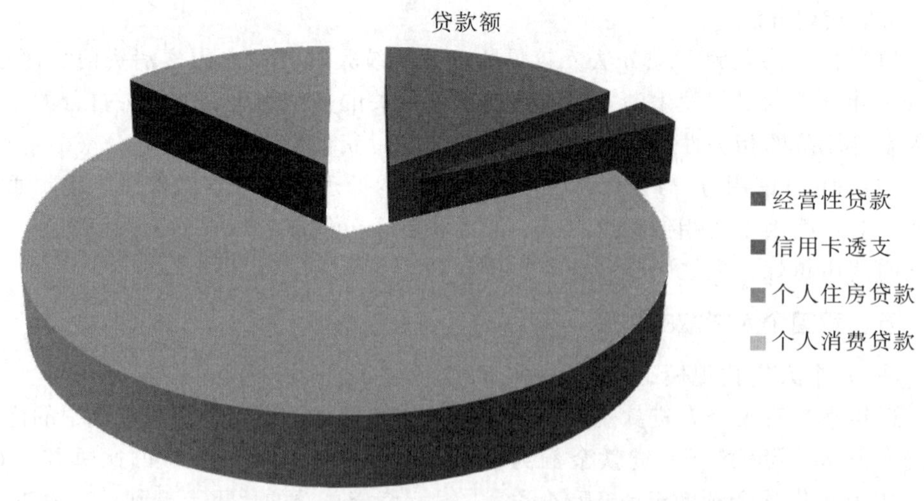

图5-2　我国金融机构人民币消费贷款构成

（三）个人贷款集中度较高

个人贷款集中度较高主要表现在两个方面：一是贷款地域比较集中；二是贷款银行比较集中。由于我国经济发展存在明显的地区差异，长江三角洲、珠江三角洲、环渤海地区国际化程度较高，经济增长速度快于西部地区和东北地区，贷款需求旺盛。与此相对应，企业和个人贷款规模与增长也存在突出的地区差异。2017年中国工商银行贷款的地区结构如图5-3所示。

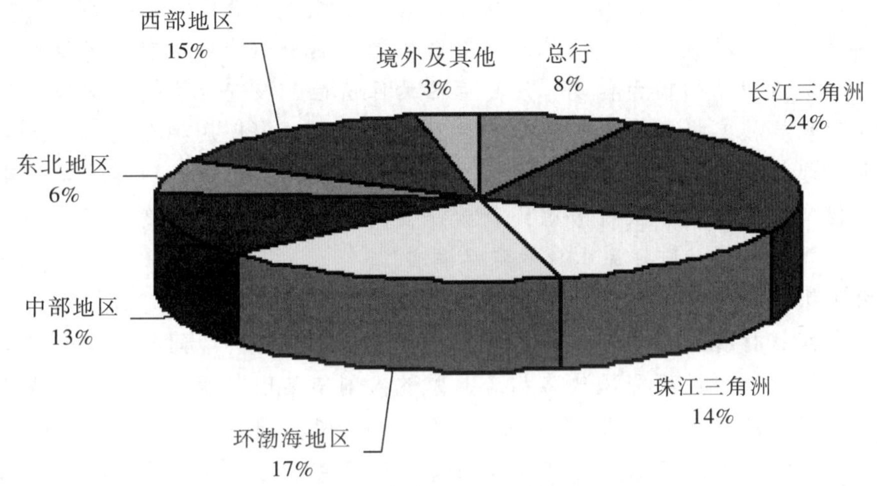

图5-3 2017年中国工商银行贷款的地区结构

（四）农村个人贷款严重滞后

我国个人贷款业务表现出严重的城乡差距问题。目前，我国88%的个人贷款集中在城市，占人口比重65%以上的农村地区仅有12%的个人贷款份额。同时，个人贷款具有以住房贷款为主、信贷结构单一、信贷产品较少等特征。制约农村个人贷款的主要因素有：（1）收入预期不稳定。（2）信用环境差。（3）个人贷款运作机制存在缺陷、操作过程和办理手续烦琐、收费环节多、收费标准高等问题。

【思政课堂】

仓单质押融资诈骗案——大连华城案

大连华城矿业有限公司（大连华城资源控股有限公司的全资子公司）在大连港的仓单质押融资中出现违约（仓单质押融资是供应链动产质押融资的一种特殊融资方式），近20家中外银行深陷其中，风险敞口超过人民币160亿元。始作俑者是拥有庞杂商业版图的大连华城资源控股有限公司（下称“华城资源”），其掌舵人为刘某某。

【案情过程】

2014年6月，大连华城矿业有限公司为获得巨额贷款，打算将企业自有的动产，如铝锭、电解铜和氧化铝等作为质押物，质押给银行。而对于数量庞大的质押物，近些年银行一般将监管业务外包给第三方仓储物流企业——大连港仓储公司。

据了解，该仓储公司管理粗放、设备陈旧，也未与银行联网，造成了监管脱节。它建立的仓储管理信息系统，在客户企业资信信息集成、交换分析、业务流程监控方面仍达不到要求。为了能够获得更多的资金，大连华城矿业有限公司与这个仓储公司勾结，使得质押品出质后没有移库，仍然存放在原仓库中，使这一批货物出具了多张仓单。事实上，地位殊为重要的仓储业至今连正规的仓单格式都没有统一，就被广泛应用。利用这些仓单，大连华城矿业有限公司向各银行提出了贷款申请。从标准流程看，从风险调查阶段到发放贷款阶段都有许多步骤，比如前期要核实质押品的畅销程度、注意商品的保值性、核查存货仓库的规模和设备条件，后期要核实提货仓单正规与否，到市场监管局办理质押登记时，还要和贷款企业一起持仓单和进货发票办理，请市场监管部门一起进行评估，实行事前控制等，但实际操作中，银行考虑到贷款评估的成本和核查的难度，基本都是简化流程的，并忽略了对质押品本身的详尽调查。

由于银行业信息不共享、征信系统失效以及华城公司作为“红顶企业”的地位等，各家银行纷纷将贷款以仓单质押方式贷给了该公司。同年，本来看似相安无事的潜规则，与反腐飓风狭路相逢，掌舵人刘某某因与西部矿业前董事长李某资金往来密切，被“协助调查”，从而激发业内恐慌。此事一出，部分商业银行开始减少对华城矿业的贷款，并要求偿付之前的债务。包括多家银行在内的债权人陆续前往大连港查看，纷纷检查与华城有关的金属库存，很快发现了华城系的重复抵押问题，而后银行、港口均向警方报案。

【相关企业与银行】

1.参与企业简介

本案的授信企业有两个，分别是大连华城矿业有限公司和华城资源控股有限公司。大连华城矿业有限公司是一家中小型民营企业，法定代表人是刘某，成立于2005年10月，注册资本8.5亿元人民币，经营范围是有色金属、金银制品、金属材料、钢材、木材、建筑材料、炭素制品、化工产品（危险品除外）、重油、渣油的批发和货物、技术的进出口（但国家禁止及限定经营的项目除外）的零售，铝土矿、氧化铝以及一些铜精矿进口等，其主要股东是华城资源控股有限公司。大连华城矿业公司的铝金属货物主要集中在大连港集团下属的大港分公司，很多贸易企业在进口产品之后进行内销，因为在大港有铝锭交割市场，所以可以在这里做货物质押，客户便可以不断融资，大连港主要负责监管，起仓储保管的作用。

华城资源控股有限公司，成立于2004年9月，位于大连市，法定代表人是刘某某，注册资本3.7亿元人民币。它是一家主要从事氧化铝及铝土矿等开发以及国内外贸易的大型能源集团，向大连当地的银行申请融资主要以仓单质押的方式为主。其中，由大连港大港分公司保管其仓单质押融资项下的货物，它承担着向银行出具货物仓单并对动产质押物进行监管的责任。

2.物流企业的基本情况

大连港承担一系列管理服务的工作，主要以仓储、运输、信息的日常管理为主，银行质押品的仓储近些年才开设，相对薄弱。一方面，外商通过第三方物流服务可以先将货物存放在大港分公司，另一方面，在货物交割市场中贸易商必须要保持一定的货物存量，这样一来，都有利于稳固大港分公司的货主和货源，货物中转流动中，大港分公司也取得了不菲的收益。

3.相关银行的情况

本案涉及的相关银行不少于20家，这些银行包括国有大型商业银行、股份制银行以及地方性中小银行等，都是大连本地的一些知名银行，像中国银行大连分行、中国工商银行大连分行、中国建设银行大连分行以及中国农业银行大连分行等。其中，中国进出口银行授信以40亿元居首位，中国银行授信21亿元居其次。此外，大连当地的建行、工行、农行及民生银行每家授信约为10亿元，大连银行、盛京银行、浦发银行每家7亿至8亿元，中信银行、兴业银行、招商银行每家5亿至6亿元。

本案例中，授信企业是以华城资源及其子公司华城矿业为主体的“华城系”。借款人采取仓单质押融资的方式向银行借款。仓单质押是供应链动产质押融资的一种形式，它是基于仓库中的动产质押物而进行的融资。仓单质押融资中一般涉及三个当事人，即银行、借款人（华城矿业为主的华城系）和仓储公司（大连港仓储企业），仓单质押融资的操作流程以及交易结构见表5-8。

表5-8 **仓单质押融资的操作流程**

步骤	具体操作内容
1	银行与借款人签订贷款协议
2	借款人与仓储公司签订仓储协议
3	借款人将货物存到仓储公司，并由仓储公司开具仓单
4	借款人拿着仓储公司开具的仓单向银行进行质押贷款
5	银行核实仓单的真实性，并决定企业贷款的额度

【讨论与思考】

通过上述案例展开讨论与思考，商业银行及其员工如何将遵纪守法、诚信、廉自律等放在工作中的每一个环节。

本章小结

1.贷款是商业银行的传统核心业务，也是商业银行主要的盈利性资产。它还是商业银行实现利润最大化目标的主要手段。然而贷款又是一种风险较大的资产，是商业银行经营管理的重点。

2.贷款是商业银行作为贷款人按照一定的贷款原则和政策，以还本付息为条件，将一定数量的货币资金提供给借款人使用的一种借贷行为。

3. 贷款政策是指商业银行指导和规范贷款业务、管理和控制贷款风险的各项方针、措施和程序的总和。

4. 贷款是商业银行主要的盈利资产，贷款利润的高低与贷款价格有着直接的关系。合理确定贷款价格，既能为银行取得满意的利润，又能为客户所接受，是商业银行贷款管理的重要内容。

5. 贷款操作规程，将贷款业务划分成九个具体程序。

6. 信用分析是对债务人的道德品格、资本实力、还款能力、担保及环境条件等进行系统分析，以确定是否给予贷款及相应的贷款条件。对客户进行信用分析是银行管理贷款信用风险的基本方法。通过对客户进行信用分析，银行可以了解该客户履约还款的可靠性程度，从而为有针对性地加强贷款管理、防范信用风险提供依据。

关键概念

贷款　贷款利率　贷款承诺费　信用贷款　担保贷款　抵押贷款　质押贷款　抵押率　票据贴现　信用分析　不良贷款　关注贷款　次级贷款　可疑贷款　消费者贷款

复习思考题

1. 银行贷款如何分类？可以分为哪几类？
2. 商业银行贷款定价的原则是什么？
3. 确定贷款抵押率应考虑哪些因素？它们如何影响抵押率？
4. 银行办理票据贴现的业务流程和操作要点是什么？贴现有哪些特点？
5. 流动性比率一般包括哪几项？它们通常应控制在什么水平？
6. 贷款价格的构成如何？
7. 影响贷款五级分类的因素有哪些？
8. 贷款五级分类的含义及其分类结果是怎样的？
9. 我国个人贷款发展的现状是怎样的？

第六章

商业银行证券投资业务

导读

证券投资是商业银行重要的资产业务之一，不仅是银行获利的来源之一，也为银行在流动性管理、资产优化配置及合理避税等方面发挥了积极作用。20世纪80年代初到90年代，美国受联邦存款保险公司承保的银行，其资产有20%左右都分布在各种证券上，90年代以来伴随金融自由化的趋势，各种金融创新屡屡冲破各国法规限制，使商业银行证券投资业务不断发展，各国政府也纷纷放宽对商业银行证券投资的管制。本章介绍了商业银行证券投资的功能、种类、证券投资策略以及证券投资的风险管理等。

引导案例

2016年中国农业银行票据案

中国农业银行2016年1月22日晚间发布公告，农业银行北京分行票据买入返售业务发生重大风险事件，经核查，涉及风险金额为39.15亿元，公安机关已立案侦查。农业银行正积极配合侦办工作，加强与相关机构沟通协调，最大程度地保证资金安全。

1月22日，农行北京分行2名员工已被立案调查，原因是涉嫌非法套取38亿元票据，同时利用非法套取的票据进行回购资金，且未建立台账，回购款中相当部分资金违规流入股市，而由于股价下跌，出现巨额资金缺口无法兑付。由于涉及金额巨大，公安部和银监会已将该案件上报国务院。现在北京分行的保险柜里除了虚假贸易背景的假票，更有相当部分票据变成了报纸。

农行北京分行此次出现的风险，属于内外勾结，直接从银行偷出票据去贴现套取资金使用了。

在该事件爆发后，农业银行甚至从2016年1月15日开始，暂停票据买入返售业务。此外，农行北京分行已经进行全面排查。农行北京分行还要求所有员工上交护照和港澳通行证等证件。

不过，截至2016年初，90%的银行都还在做票据业务，只是加强风控，严格按照2016年年初的203号文件落实。在市场上爆出该事件后，再加上2016年初银监会关于票据业务的风险提示，各家银行都在收紧甚至暂停业务，致使整个票据市场利率大幅攀升，6个月的国有股份制银行承兑汇票的贴现利率从原来的2.85%骤然升至3.70%，相当于每1亿元的银行承兑汇票增加了95万元。

案例中的关键角色有：卖票行（直贴行）为民生银行重庆分行；过桥行为宁波银行等；票据中介为重庆票据中介；出资行为农业银行北京分行。

事件中涉及的风险主要有人员风险、内部流程风险、外部环境风险。

【讨论与思考】

1.该案件发生的主要原因有哪些？给银行带来哪些风险？

2.本案例透视出哪些内控与外部监管的漏洞？如何完善？

3.案例中涉及的基础理论有哪些？

第一节　证券投资的功能与种类

一、商业银行证券投资的功能

商业银行证券投资是指为了获取一定收益而承担一定风险，对有一定期限的资本证券的购买行为。它包含收益、风险和期限三个要素，其中收益与风险呈正相关，期限则影响投资收益率与风险的大小。银行证券投资的基本目的是在一定风险水平下使投资收益最大化。围绕这一基本目标，商业银行证券投资具有以下几项主要功能：

（1）获取收益。从证券投资中获取收益是商业银行投资业务的基本功能。商业银行证券投资由两部分组成：一是利息收益，包括债券利息、股票红利等；二是资本利得收益，即证券的市场价格发生变动所带来的收益。

（2）保持流动性。商业银行保持一定比例的高流动性资产是保证其资产业务安全的重要前提。尽管现金资产具有高流动性在流动性管理中具有重要作用，但现金资产无利息收入，为保持流动性而持有过多的现金资产会增加银行的机会成本，降低盈利性。变现能力很强的证券是商业银行理想的高流动性资产，特别是短期证券，既可以随时变现，又能够获得一定的收益，是银行流动性管理中不可或缺的第二级准备金。

（3）分散风险。降低风险的一个基本做法是实行资产分散化。证券投资为银行资产分散化提供了一种选择，而且证券投资的风险比贷款风险小，形式比较灵活，可以根据需要在市场上随时买卖，有利于资金运用。

（4）合理避税。商业银行投资的证券多数集中在国债和地方政府的债券上，政府债券往往有税收优惠，银行可以利用证券组合投资达到合理避税的目的，增加其收益。

除此之外，商业银行投资的某些证券还可以作为向中央银行借款的抵押品，证券投资也是银行管理资产利率敏感性和期限结构的重要手段。总之，银行从事证券投资是兼顾资产流动性、盈利性和安全性的有效手段。

二、商业银行证券投资的主要类别

在1929—1933年资本主义世界经济大危机以前，西方国家在法律上对商业银行证券投资的对象没有明确限制。大危机后，经济学家认为这场资本主义社会的空前经济危机与商业银行大量从事股票承销和投资密切相关。为了恢复公众对银行体系的信心，西方国家纷纷立法对商业银行证券投资业务予以规范，其中最有影响的是美国1933年颁布的《格拉斯–斯蒂格尔法》。它严格禁止美国商业银行从事股票的承销和投资，但允许其投资国库券、中长期国债、政府机构债券、市政债券和具有一定信用评级等级的公司债券。美国对商业银行证券投资的限定有理论和法律的支持，对世界其他国家具有广泛影响。除了德国全能型模式下的商业银行可以从事股票投资外，大多数国家禁止商业银行参与股票业务。20世纪80年代以来，随着来自非银行金融机构的竞争压力的增大，以及金融工具和交易方式的创新，西方商业银行努力扩展证券投资的业务范围，商业银行兼营投资银行业务已成为一种趋势。1993年1月正式实施的欧盟“第二号银行指令”，规定欧盟成员国银行间采取相互承认的原则，即欧盟内相互承认的商业银行可直接或通过子公司经营包括证券承销与买卖、衍生金融工具交易等在内的13类业务。1998年4月，美国花旗银行与擅长证券承销、企业并购策划的旅行者公司宣布组成花旗集团。然而，这些仅仅表现为一种趋势，在分业经营的国家里，商业银行从事投资银行业务还有许多法律和监管冲突没有解决。因此，商业银行证券投资仍以各类债券特别是国家债券为主。

（一）政府债券

政府债券通常有三种类型：中央政府债券、政府机构债券和地方政府债券。

1.中央政府债券

中央政府债券又称国家债券，简称国债，是由中央政府财政部发行的借款凭证。按其发行对象可以分为公开销售债券和指定销售债券。公开销售债券向社会公众销售，可以自由交易；指定销售债券向指定机构销售，不能自由交易和转移。商业银行投资的政府债券一般是公开销售债券。

国债按照期限长短可分为短期国债和中长期国债。短期国债又称为国库券，通常期限为1年以内，所筹资金主要用于弥补中央财政预算临时性收支不平衡。国库券期限短、风险低、流动性高，是商业银行流动性管理的重要工具；国库券一般为不含息票债券，交易以贴现方式进行。中长期国债是政府发行的中长期债务凭证，2～10年为中期国债，10年以上为长期国债，所筹资金用于弥补中央财政预算赤字，多为含息票债券。银行进行证券投资时一般首选国债，因为它与其他债券相比具有安全性高、流动性强、抵押代用率高的特点，素有金边证券之称。

2.政府机构债券

它是中央财政部以外的其他政府机构所发行的债券，如中央银行发行的融资债券、国家政策性银行发行的债券等。政府机构债券的特点与中央政府债券相似，违约风险较小，故在二级市场上交易十分活跃。

政府机构债券通常以中长期债券为主，流动性不如国库券，但收益率较高。它虽然不是政府的直接债务，但通常也会受到政府的担保，因此债券信誉较高，风险较低。政府机构债券的利息收入通常要缴纳中央所得税，不用缴纳地方所得税，税后收益较高。

3.地方政府债券

它又称市政债券，是由中央政府以下的各级地方政府发行的债券，所筹资金多用于地方基础设施建设和公益事业发展。市政债券按其偿还的保障可以分为两类：第一类称“普通债券”，一般用于提供基本的政府服务如教育等，其本息偿还由地方政府的征税能力作保证；第二类称“收益债券”，用于政府所属企业或公益事业单位的项目，其本息偿还以所筹资金投资项目的未来收益作保证，安全性不如普通债券。地方政府债券的发行和流通市场不如国家债券活跃。

（二）优级公司债券

公司债券是企业为对外筹集资金而发行的一种债务凭证，发行债券的公司向债券持有者作出承诺，在指定的时间按票面金额还本付息。优级公司债券是规模、业绩、经营管理等各方面较好的公司发行的债券。

公司债券可分为两类：一类是抵押债券，即公司以不动产或动产作为抵押而发行的债券。另一类是信用债券，即公司仅凭其信用发行，通常只有信誉卓著的大公司才有资格发行此类债券。

商业银行对公司债券的投资较为有限，主要原因是：（1）公司债券要缴纳中央和地方两级所得税，税后收益有时比其他债券低；（2）由于公司经营状况差异很大，且市场变化无常，故公司债券的违约风险较大；（3）公司债券在二级市场上的流动性不如政府债券。为保障商业银行投资的安全，许多国家在银行法中规定，仅允许商业银行购买信用等级在投资级别以上的公司债券，且投资级别的信用等级各国规定也有一定差别。

除了以上两类主要证券之外，商业银行还可以投资货币市场的短期债券、票据、金融工具等，随着各国金融管制的放松，商业银行证券投资的范围逐渐扩大。

第二节　证券投资的策略选择

商业银行证券投资的主要目的是获取收益、分散风险和增强流动性。银行在综合考虑自身的投资目的、流动性需要、税收利益以及法规限制等各方面因素后，会选择合适的投资策略。由于商业银行持有证券的范围有限，证券投资的违约风险相对较小，而主要是市场利率风险或期限控制风险，因而银行证券投资策略的目标强调在控制利率风险的前提下实现证券投资流动性和收益的高效组合。

一、周期期限决策方法

（一）利率与商业周期

债券的收益主要依赖于利率环境的变化，而利率环境的变化又与商业周期的变化息息相关。在经济扩张时期，企业和消费者会借入更多的资金，对资金的需求增加将推动利率上升和债券价格的下降。在经济衰退时期，企业与消费者将变得更谨慎，会减少借款和增加储蓄，以预防可能的失业与收入的损失，这时利率通常会下跌，而债券价格将上升。伴随着经济的周期发展，利率变化也呈现出一定的周期性。

（二）债券组合与利率的周期变动

伴随商业周期的变动，利率为银行的证券投资提供了一种周期期限决策方法（cyclical maturity determination approach）。在经济周期进入波谷，经济即将恢复扩张时，银行应当更多地持有短期证券，减少长期证券；在经济周期进入波峰，利率处于上升周期转折点并逐步下降时，银行应当将其证券组合大部分转换成长期证券；当利率再次降低到下降周期的转折点时，银行应再次将其证券组合转换成以短期证券为主。这种投资策略将利率与商业周期的变动联系起来，在长期中被认为是最大程度地利用了利率波动。因为当利率上升时，到期证券的现金流将按不断上升的利率进行再投资，银行投资组合的收益率自然得到了提高。当利率达到上升周期阶段的最高点时，银行将证券组合逐步调整到长期证券占较高比重的状态，等待下一轮利率下降周期的出现。

但周期投资策略也存在一定的局限性，它只适用于利率环境呈现出有规律周期波动的情况，因此只在长期中可以运用，对日常频繁变动的市场利率，该方法不具有可操作性。在股份制商业银行组织结构下，由于银行投资管理人员与股东集团对投资获利方式和时机的选择往往存在差异，该投资策略的实施效果会大打折扣。例如，在经济复苏的初期，银行信贷需求疲软，利率相对较低，银行证券投资管理人员会遇到来自股东集团的压力，要求其在证券投资上增加当期盈利。由于这段时间利率曲线向上倾斜，这种压力意味着银行会延长投资证券的期限。这样一来，银行实际上把投资的证券锁定在了相对于转折点而言较低的利率上，从而使其证券组合急需调整时降低了自身的流动性。

二、久期与免疫投资组合

如果市场上利率的未来变动很难预测和把握，银行应当选择被动的证券组合管理，也就是使投资组合处于不受利率变化影响的“免疫”（immunization）状态。市场利率变化给银行的证券投资带来了两种风险：利率风险和再投资风险。前者是利率升高导致证券价格下降的风险，后者恰恰相反，是利率降低使得从证券所收到的现金流必须以越来越低的利率再投资的风险。这两种风险恰好呈反向运动，我们可以利用久期的概念来使投资组合获得免疫。

证券的久期是从现金流动的角度考虑证券投资本金与利息的实际回收时间，它表现为投资者真正收到该投资所产生的所有现金流量的加权平均时间。如果我们使单个证券或证券组合的久期等于银行计划持有该证券或证券组合的期间长度，银行的投资组合就获得了免疫性。可以用以下公式来表示：

$$H = -\frac{\Delta P/P}{\Delta i/(1+i)} \tag{6-1}$$

在公式6-1中，H为证券组合计划到期期限；P为证券价格；i为市场利率。当证券的久期等于银行计划持有期时，证券面临的上述两种风险将相互冲抵。如果购买证券后利率上升，证券的市价将会下降，但银行能把这些证券产生的现金流以较高的市场利率进行再投资。类似地，如果利率下降，银行将被迫把证券所产生的现金流以较低的利率再投资，但相应地，这些证券的价格将上升。例如，由于当前的贷款需求弱，一家银行现在想购入美国中期国债和长期国债，但它担心明年此时贷款需求恢复时，不得不售出这些证券以便向其顾客发放贷款。面对这样的前景，为使利率风险最小化，投资经理可以选择那些有效期限为一年的国债。这样，不论利率走向如何，所购买的证券均可免于收入损失。

在本教材第九章中会详细介绍久期与利用久期技术免疫于利率风险。

三、证券投资的期限选择

银行选择了持有证券类型后，还存在所持有的这些证券在一段时间内怎样分配的问题，也就是其投资组合中短期证券和长期证券的比重问题。下面介绍几种不同的期限组合策略，每一种策略都有其特有的优势和劣势。各个银行基于对利率波动预测能力的差异，可以采取相对稳健或相对积极的投资策略。

（一）梯形期限策略

梯形期限策略是相对稳健的投资方法，该方法要求银行把全部的证券投资资金平均投入到不同期限的证券上，使银行持有的各种期限的证券数量都相等，当期限最短的证券到期后，银行用收回的资金再次购买期限最长的证券，如此循环往复，使银行持有的各种期限的证券总是保持相等的数额，从而可以获得各种证券的平均收益率。其虽然不会使投资收益最大化，但由于投资分散使得违约风险减少，收益较为稳定。由于这种投资方法用图形表示很像阶梯形状，所以就被称为梯形（矩形）期限策略，如图6-1所示。

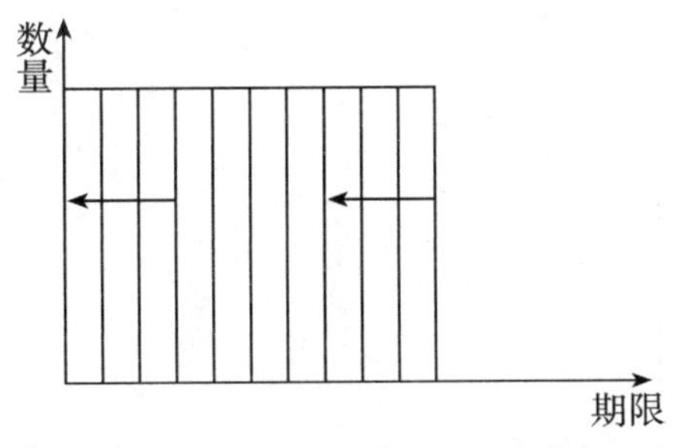

图6-1　梯形（矩形）期限策略

假设某银行有1 000万元可用于证券投资，并决定不购买期限超过10年的证券，那么，在梯形期限策略中，该银行可以把其投资组合的10%投资于1年期证券，10%投资于2年期证券，10%投资于3年期证券，依此类推，使得资金平均分配在1～10年的这10种证券上，每种证券投入100万元。1年后，1年期证券到期，银行可以用收回的资金购买新发行的10年期证券，而此时原有的证券组合中证券的到期日均缩短一年，银行仍然持有1～10年期的证券各100万元。也就是说，通过不断地将最短期限证券到期后收回的资金再投资于最长期限证券，银行可以在保持证券组合的实际偿还期结构不变的情况下，获取更高的投资收益率。

梯形期限策略是中小银行在证券投资中较多采用的，其优点在于：一是管理方便，容易掌握。银行将资金在期限上作均匀分布，并定期进行再投资安排即可。二是银行不必对市场利率走势进行预测，也不必频繁地进行证券交易。三是这种投资组合策略可以保障银行在避免因利率波动出现投资损失的同时，使银行获取至少是平均收益的投资回报。但梯形期限策略也有其缺陷：一是过于僵硬，缺少灵活性，当有利的投资机会出现时，特别是当短期利率提高较快时，不能利用新的投资组合来扩大利润；二是流动性不高，该策略中的短期证券持有量较少，当银行面临较高的流动性需求时出售中长期证券有可能出现投资损失。

为了避免梯形期限策略的缺陷，一些银行采用了更为灵活的方法。当市场上短期利率上升、短期证券价格下降时，银行用到期证券收回的资金购买短期证券而不是长期证券。当短期利率下降、短期证券价格上升后，再出售短期证券，购买长期证券。在这个循环后，银行持有的证券仍然是梯形的。

（二）前置期限策略

前置期限策略是指在银行面临资金高度流动性需求且其认为一段时间内短期利率将趋于下跌的情况下，银行将绝大部分证券投资资金投放在短期证券上，很少或几乎不购买其他期限的证券。例如，银行投资经理把1 000万元资金中的990万元投资于2年或2年期以下的证券，将10万元投资于2年期以上的证券，如图6-2所示。

这一策略使证券组合具有高度的流动性，强调投资组合主要作为流动性来源而非收入来源。当银行需要资金时，可以迅速地把短期证券卖出。但是，这种投资策略的收益取决于证券市场上利率的变动情况。如果银行购买证券后市场上短期利率下降，

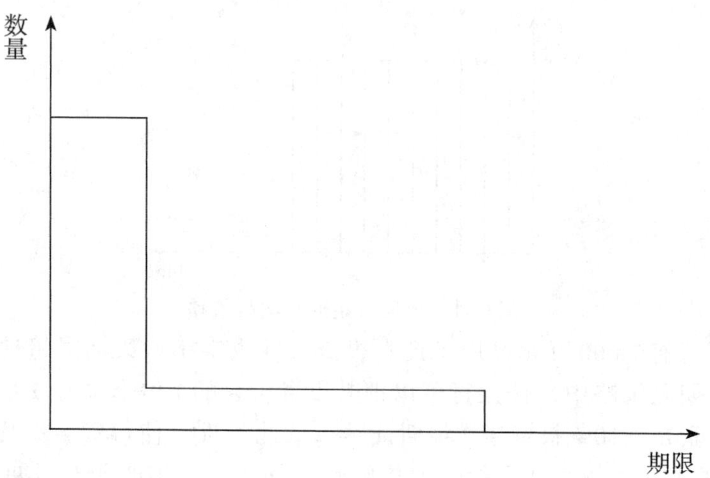

图6-2　前置期限策略

短期证券的价格会上涨，银行就会获得资本收入；反之，如果市场上短期利率上升，短期证券价格会下降，银行就会遭受较大的损失。

（三）后置期限策略

后置期限策略与前置期限策略恰恰相反，它把绝大部分资金投资于长期证券上，几乎不持有任何其他期限的证券。例如，银行投资经理把1 000万元资金中的990万元投资于9～10年期限范围的证券，如图6-3所示。

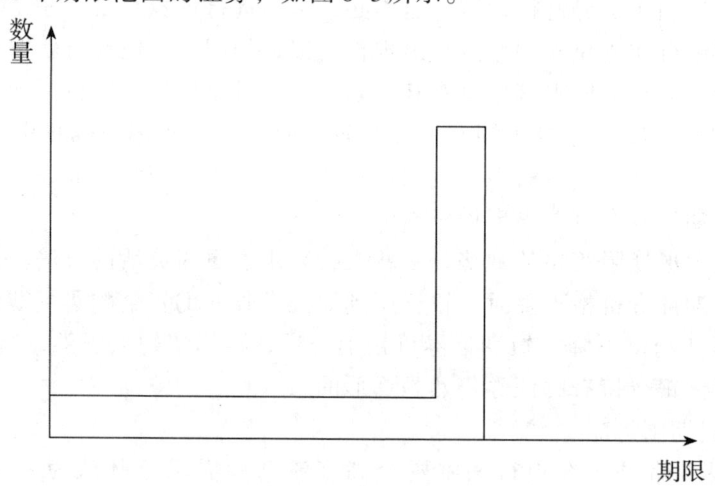

图6-3　后置期限策略

这种策略强调把投资组合作为收入来源。由于长期利率的变化并不频繁，从而使长期证券的价格波动不大，银行投资的资本收入和损失不明显，而且长期证券票面收益率比其他期限的票面收益率都要高，所以这种策略可以使银行获得较高的收益。但是该策略缺乏流动性，银行在需要现金时难以转手长期证券，或者在证券转让时可能遭受较大的损失，这样银行可能严重依赖于从货币市场上借款以满足其流动性的需要。

（四）杠铃期限策略

杠铃期限策略是前置期限策略和后置期限策略的一种组合方法，即银行把大部分资金投资于具有高度流动性的短期证券和较高收益率的长期证券，不投或只投少量资金用于购买中期证券。因为这种投资方法用图形表示很像杠铃形状，于是被称为杠铃期限策略。例如，银行投资经理把1 000万元资金中的490万元投资于9～10年期限范围的证券，另外490万元投资于2年或2年期以下的证券，余下的20万元投资于3～8年期等中期证券，如图6-4所示。

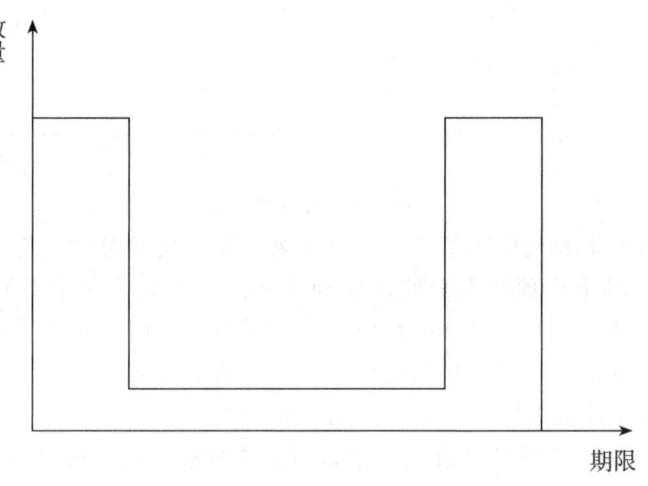

图6-4　杠铃期限策略

杠铃期限策略具有两个优势：第一，比较灵活，银行可以根据市场利率的变动对其投资进行调整。当银行预期长期市场利率下降、长期证券价格将上升时，它可以出售部分短期证券，用所得资金购入长期证券；等到长期利率确实下降，长期证券价格已经上涨到一定幅度时，银行再将这部分证券售出，购入短期证券，这样银行可以多获得一部分收益。当银行预测短期市场利率将下降、短期证券价格将上涨时，它可以出售部分长期证券购入短期证券；等到短期利率确实下降，短期证券价格已经上涨到一定幅度时，银行再将这部分证券售出，购入长期证券，这样银行可以多获得一部分收益。第二，可以使银行的投资活动在保持较高收益的同时兼顾较好的流动性。但是，该方法对银行证券的转换能力、交易能力和投资经验要求较高，风险也较高。

（五）收益率曲线策略

收益率曲线是描绘市场利率因贷款和证券的到期时间不同而变化的图形。一般来说，收益率曲线是向上倾斜的，如图6-5所示，但少数情况下收益率曲线可能发生变异，向下倾斜或者保持水平。例如，在20世纪80年代初，美国为了反通货膨胀，将短期利率提高至20%以上的高水平，同时，减少了长期国债的发行。这使得短期债券收益率急剧上升，而中长期债券收益率升幅有限，导致了债券收益率曲线呈略向下弯曲的形态。

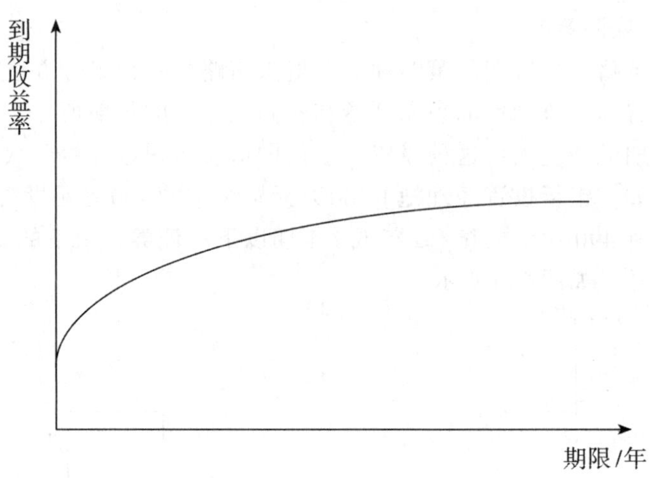

图6-5 收益率曲线

事实上，收益率曲线反映了投资者对未来利率变化的隐含预期。向上倾斜的收益率曲线反映了市场平均预测未来的短期利率将比现在高。更重要的是，债券期限越长，流动性风险越高，基于风险补偿原理，期限越长的债券往往收益率越高。收益率曲线对于银行证券投资管理人员的投资决策具有重要意义。

显然，收益率曲线策略需要很高的市场预测技能，风险相当大。银行对收益率曲线的预测必须正确，如果发生错误，银行所遭受的损失将十分惨重。由于这一原因，在证券投资管理中不应当过分强调收益率曲线策略，而应与一种或多种其他投资策略一起使用。

四、债券投资的避税组合策略

应税证券与免税证券在税负上的差异使得银行可以利用应税证券与免税证券的组合，使银行证券投资的收益率进一步提高。基于避税目标的证券投资组合的基本原则是：在投资组合中尽量利用税前收益率高的应税证券，使其利息收入抵补融资成本，并使剩余资金全部投资于税后收益率最高的免税证券上，从而提高证券投资盈利水平。

现举例说明，某商业银行计划发行1 000万元大额存单，这笔资金将专用于证券投资。大额存单年利率为8.2%，并必须对大额存款持有3%的法定存款准备金。现有两种可供银行投资选择的债券：一种是年收益率为10%的应税国债，另一种是年收益率为8%的免税市政债券，该银行所处边际税率等级为34%。问该银行应如何组合证券才能使投资收益最高？

表6-1展示了三种不同的组合方式对盈利的影响。第一种组合，银行将970万元的可用资金全部投资在应税国债上，产生应税利息收入97万元，扣除82万元的融资成本后，税前净利息收入为15万元。该笔收入按34%的所得税税率纳税后，银行得到的税后净收入是9.9万元。第二种组合，银行将970万元的可用资金全部投资在免税市政债券上，产生了77.6万元的利息收入，扣除82万元的融资成本后，银行的投

资亏损额为4.4万元。第三种组合，银行将可用资金分成两部分，其中820万元投资于应税国债，获得82万元的利息收入，150万元投资于免税市政债券，获得12万元的利息收入，合计获得94万元的利息收入。应税国债的利息收入正好与82万元的融资成本相抵消，这样该银行就不需缴纳所得税，税后净收入就是12万元。很显然，第三种组合利用税负差异成功避税，使该种组合的投资回报水平最高。

表6-1 **证券投资组合效果比较** 单位：元

项目	全部投资于国债	全投资于市政债券	最佳投资组合
投资额：国债	9 700 000	0	8 200 000
市政债券	0	9 700 000	1 500 000
利息收入：国债	970 000	0	820 000
市政债券	0	776 000	120 000
利息收入总计	970 000	776 000	940 000
利息支出：大额存单	820 000	820 000	820 000
利息净收益	150 000	-44 000	120 000
支付所得税（税率按34%）	51 000	0	0
税后净收入	99 000	-44 000	120 000

从上述分析可以看出，在对一种免税证券和一种应税证券组成的投资组合进行分配时，确定两种证券最佳持有量的关键在于使投资于应税证券所得的利息收入与该组合的融资成本恰好互抵，则投资于免税证券所得的利息收入就是该组合的净收入。这种方法充分发挥了应税证券税前收益率高和免税证券税后收益率高的比较优势。

五、证券互换策略

证券互换是通过对收益率进行预测，将证券进行置换以便主动管理证券资产。在进行互换时，证券投资经理会用价格低估的证券来替换价格高估的证券。互换分类有很多标准，一般分为五类。因为商业银行的特殊地位，各国对其证券投资的对象都有严格的规定，多以债券为主。因此，下面将以债券为例进行介绍：

（1）替代互换（substitution swap）。如果两种债券在面值、到期期限等方面相同，仅在价格方面存在短期差别，那么，当其中的一种债券已在投资组合中时，银行用投资组合中的低收入债券与组合之外的高收入债券进行交换可以提高投资组合的收益。

（2）场间价差互换（intermarket spread swap）。它是指利用现行市场各部分收益率的不平衡，从市场的一部分转移到另一部分以赚取差价。在不同市场上的两种证券，若各个方面的特征基本相似，但收益有所差别，银行交换这两种证券可以改善投资组合的收益。

（3）避税互换（tax shelter swap）。通过把税款支付从当前年份推迟到未来的纳税年份而从中赚取收益。

（4）利率预测互换（rate anticipation swap）。这种互换利用对市场利率总体运动趋势的预测来获取利益。

（5）纯收益率选择互换（pure yield pickup swap）。这种互换主要基于从长期来看收益率的改善。它很少注意市场各部分以及市场整体的短期价格变动。

下面我们将重点讨论三种常用的证券互换策略，即替代互换、场间价差互换、避税互换的操作。

（一）替代互换

假设某银行持有一种期限为30年的政府长期债券，票面收益率为7%，到期收益率为7%。现在假设还有另一种AAA的公用事业债券可供选择，该债券票面收益率也是7%，但现行售价却使债券的到期收益率为7.10%。预计第二种债券7.10%的到期收益率不会持久，最终会降到7%的水平。这样，该银行就可以进行一个替代互换操作，卖掉到期收益率7%的债券，买入到期收益率为7.10%的债券。

表6-2解释了这样一个操作过程：假设债券的定价使得1年后的到期收益率为7.00%，那么目前到期收益率暂时为7.10%的债券实际所实现的回报率是8.29%。对于该银行现在所实际持有的债券，7.00%既是期望的也是实际的回报率。这样，通过互换操作，即卖出现在所持有的债券，买入上面所提到的暂时到期收益率为7.10%的另一种债券，即可得到129个基点的额外收益。

表6-2　**替代互换操作举例**　单位：元

项目	目前的债券	新债券
每种债券的投资额	1 000.00	987.70
收到的票面利息总额	70.00	70.00
6个月票面利息再投资额	1.23	1.23
年终到期收益率为7%时的本金	1 000.00	1 000.00
应计总收入	1 071.23	1 071.23
收益总额	71.23	83.53
每单位投资收益	0.07123	0.08458
所实现的半年复合的年收益率	7%	8.29%
互换的价值	在1年内129个基点	

说明，目前持有的债券：30年期，票息率为7%，定价1 000元，到期收益率为7%。作为互换对象的债券：30年期，票息率为7%，定价987.70元，到期收益率为7.10%。

（二）场间价差互换

场间价差互换是不同市场债券之间的互换。进行这种互换的动机，是认为不同市场间利差偏离正常水准。与替代互换的区别在于，场间价差互换所涉及的债券是完全不同的。例如，互换的债券一种可能是工业债券，而另一种则可能是公用债券。场间价差互换可以从两个角度进行操作：其一，买入一种收益较高的新债券，卖出现在持有的债券。进行这种操作的原因是期望市场间利差会缩小。这样，相对于已售出债券，新购买的债券到期收益率会下降，因此通过新购买债券价格的上升能获得资本增值。其二，买入一种收益较低的新债券，卖出现在持有的债券。进行这种操作的原因是期望市场间利差会扩大。这样，相对于原有债券，新购买债券的到期收益率还会下降，但由此而获得的资本增值足以补偿到期收益率的下降。

表6-3是在利差缩小的情况下场间价差互换的一个例子。互换的基础是期望当前的50个基点的利差会缩小为40个基点。如果某银行预期一种公司债券的到期收益率会由现在的7.00%下降到6.90%，那么该银行即可以将现在持有的政府长期债券换成上述债券。如果互换的结果能和预期的一样，公司债券的价格就会由1 000元上升到1 012.46元。这一价格加上票息以及票息再投资的利息，到年末的总价值将达到1 083.69元。这样，该银行的投资回报率将达到8.20%，比1年之中始终持有政府长期债券的投资回报率高出170个基点。

表6-3　**场间价差互换操作举例**　单位：元

项目	目前的债券	新债券
每种债券的投资额	671.82	1 000.00
收到的票面利息总额	40.00	70.00
6个月票面利息再投资的利息	0.70	1.23
年终到期收益率为7%时的本金	675.55	1 012.46
应计总收入	716.25	1 083.69
收益总额	44.43	83.69
每单位投资收益	0.0661	0.0837
所实现的半年复合的年收益率	6.50%	8.20%
互换的价值	在1年内170个基点	

说明，目前持有的债券：30年期政府长期债券，息票率4%，定价671.82元，到期收益率为6.50%。作为互换的新债券：30年期的AAA级公司债券，息票率为7%，定价为1 000元，到期收益率为7%。过渡期：1年；再投资利率：7%。互换基础：公司债券与政府长期债券之间的利差从现在的50个基点降低为40个基点，即公司债的到期收益率为6.90%，而政府长期债券的到期收益率为6.50%。

（三）避税互换

在避税互换中，应税债券的经营者将出售一种价值下降的债券，购买一种相似而并不相等的债券。在出售前一种债券时产生的损失，会减少在本纳税年度实现的应纳税收入。假设某银行的债券投资组合自购入以来其价值已经从50万元下降到40万元，如果该银行以40万元出售这些债券，并且购买另外一种类似的债券，在交易过程中会出现10万元的损失，这能抵消该银行赚得的其他应纳税收入。然而，该银行持有的证券组合结构事实上并没有发生变化，只是用一种相类似的债券代替了原有债券而已。

在避税互换中，债券比股票具有特别的吸引力，这是因为一些国家的税法对避税互换有条文上的限制，而债券能够比较容易地避开这些限制。在美国，税法禁止对任何证券进行避税互换，如果某个投资者在证券出售前或出售后30天之内因受损失而购买“大批等同的证券”，便拒绝承认这是一笔可避税的损失，并认为这是虚售。因此，如果一位投资者出售股票产生了一笔亏损，他便被禁止在出售后30天内购买同类股票并禁止就这笔资本损失要求税负减免。而如果这位投资者购买一些其他股票来代替出售的股票，这种互换便不能被认为是一次虚售。但由于不同发行者的股票是不同的，替换的股票不可能具有与已出售股票相同的投资特点，因此其证券组合的构成会发生变化。如果这位投资者是因为出售债券发生了一笔亏损，他可以很容易找到一种具有相似的票面收益率、期限以及信用等级的替代债券，即使它的发行者可能不同。因此，证券组合的实际构成没有任何变化，但税务当局不会将涉及两个不同的发行人的这种避税互换当作一次虚假销售来处理。显然，债券可以被很好地利用来进行避税互换。

第三节　证券投资的收益与风险

一、证券投资的收益

收益和风险是证券投资中不可分割的两个方面。一般而言，收益越高，风险越大。银行在进行证券投资时，应当在承担既定风险的条件下使收益最大化。

（一）收益的一般特点

证券投资的收益由两部分组成：一是利息类收益，包括债券利息、股票红利等；二是资本利得收益，即证券的市场价格发生变动所带来的收益。由于债券的收益是固定的，只要将其持有至到期日，就不会发生资本收益上的损失。但如果在到期日前就将债券出售，则有可能因为市场利率和供求关系的变动而遭受收益损失。股票的收益是非固定的且无到期日，除了获得股利外，股票投资的回收只有通过将股票出售才能实现，而只要出售就有可能获利或受损，因此股票的收益不如债券稳定。

（二）证券收益率的种类

1.票面收益率

票面收益率是发行证券时证券发行人同意支付的协定利率。如一张面值为1 000元的债券，票面上标有年利率8%，则8%就是该债券的票面收益率，债券持有人每年可以获得80元的利息收入。由于债券的价格随市场状况而波动，正好按面值交易的情况极少，所以票面收益率不是债券收益率的一个合适的衡量标准。

2.当期收益率

当期收益率是债券的票面利息与当期债券市场价格的比率。例如，银行以94元的价格购入面值为100元、票面收益率为8%的债券，那么该债券的现实收益率则为8.51%（8÷94×100%），通常金融报刊上公布的股票与债券的收益率都是当期收益率。当期收益率考虑了证券市场的价格变化，比票面收益率更接近实际；但它只考虑了债券的利息收入，而没有考虑债券的资本收益或损失，因而不能完全反映出投资者的收益。

3.到期收益率

到期收益率是使证券的购买价格等于其预期年净现金流的现值的收益率，是被广泛接受的证券收益率的衡量标准。到期收益率考虑了货币的时间价值，因而比上述两种方法更为精确和全面。其计算公式为：

$$P=\sum_{t=1}^{n}\frac{Ct}{(1+YTM)^{t}}+\frac{B}{(1+YTM)^{n}} \tag{6-2}$$

式中：P为债券的当前市场价格；YTM为债券的到期收益率；C_t为第t期的收入；B为债券的本金；n为债券距到期所剩的时间。

假设投资者正在考虑购买一种债券，期限20年，票面利息率10%，以当前市场价格850元买入。如果该债券的面值是1 000元，到期时向投资者进行支付，那么，其到期收益率YTM可以通过解以下方程得到：

$$850=\sum_{t=1}^{20}\frac{100}{(1+YTM)^{t}}+\frac{1000}{(1+YTM)^{20}}$$

可得，YTM为12%，高于10%的票面利息率，这是因为该债券现在是以低于面值的价格折价出售的。

到期收益率对大多数股票而言并不是一种合适的衡量标准，因为股票是永久性投资工具。到期收益率甚至也不能用来衡量某些债券，因为如果投资者在债券的到期日前卖出债券，或债券每年支付可变的收益，则到期收益率不好计算。同时，到期收益率也没有考虑利息的再投资风险，而是假设流向投资者的所有现金可以按照计算的到期收益率进行再投资。

4.持有期收益率

持有期收益率是对到期收益率的修正，这种衡量标准适合于投资者只持有证券一段时间并在到期日前把它卖出的情况。其计算公式为：

$$P=\sum_{t=1}^{m}\frac{Ct}{(1+HPY)^{t}}+\frac{P_s}{(1+HPY)^{m}} \tag{6-3}$$

式中：HPY为持有期收益率，P_t为出售时的价格，C_t为第t期的收入，m为债券的持有期年数。持有期收益率是使一种证券的市场价格P等于从该证券的购买日到卖出日的全部净现金流的折现率。如果证券被持有至到期，它的持有期收益率就等于其到期收益率。

二、证券投资的风险

对证券投资而言，风险指的是由于未来的不确定性给投资人带来的投入本金和预期收益发生损失的可能性。

（一）证券投资风险的分类

一般来说，证券投资风险根据能否通过投资组合来消除，可以分为系统性风险和非系统性风险。系统性风险是指由于某种因素的影响和变化，导致市场上所有证券价格的下跌而给证券持有人带来损失的可能性。

这种风险的影响是全局性的，对投资者来说无法消除，其来源可能是经济周期、通货膨胀、战争等，不能通过投资组合抵消或削弱，又称不可分散风险。非系统性风险是指某种特定因素给某一个或某一类证券带来损失的可能性。它可能是由于某个企业的生产经营状况、市场条件等发生变化引起的，可通过投资组合的方法降低或消除，也称为可分散风险。

（二）证券投资风险类型

证券投资主要面临以下五种风险：利率风险、购买力风险、经营风险、财务风险和信用风险。前两种属于系统风险，后三种属于非系统风险。

1.利率风险

利率风险是由于利率水平变化引起投资收益发生变化而产生的不确定性。从长期来看，不同的市场利率都趋向于一起上升或下降，这些利率变化对所有证券都有一定程度的影响，而且影响的方式是一致的。随着利率的变化，长期证券价格的变化大于短期证券价格的变化，长期证券面临着更大的利率风险。

2.购买力风险

购买力风险也就是通货膨胀风险，是指物价上涨使得投资的本金及投资收益所代表的实际购买力下降，从而给商业银行实际收入所带来的损害。债券和其他固定收入的证券很容易受到购买力风险的影响。

3.经营风险

经营风险是由公司经营引起的收入现金流的不确定性。运营收入变化越大，经营风险就越大，债务违约的可能性也就越大；运营收入变化越小，经营风险越小。经营风险包括内部和外部两种。内部经营风险与公司内部能控制的运营条件联系在一起，通过公司的运营效率得以体现。外部经营风险与公司所处的政治环境和经济环境等客观运营环境联系在一起。政府债券不存在经营风险，高质量的公司债券也仅在一个有限程度上存在经营风险，只有低质量债券更多地面临这种风险。

4.财务风险

财务风险是企业收入不足以支付自身债务的可能性。有负债的公司的普通股会面临这种风险，而且负债在资本结构中比重越大，这种风险就越大。这一风险也可反映在有沉重债务负担的公司债券上：负债越多，债券的质量越低。承担负债数额较小的公司的高等级债券，只在有限的程度上存在这一风险，而政府债券不存在这一风险。

5.信用风险

信用风险也称违约风险，是指证券发行人在证券到期时不能向投资者偿还本金的可能性。它主要受证券发行人的经营能力和资金实力等因素的影响。银行证券投资主要集中于政府证券，其信用风险很小，公司证券存在违约的可能性。西方国家有专门的证券评级公司对证券进行信用评级，并根据不同的信用状况把证券分为投资级证券和投机级证券。前者是银行投资的主要对象。

（三）证券投资风险的测量

证券投资一般运用标准差法和β系数法来表示风险的大小。

1.标准差法

它就是将证券已得收益进行平均后，与预期收益作比较，计算出偏差幅度。其计算公式为：

$$\sigma=\sqrt{\frac{\sum(X-\bar{X})^2}{N}} \tag{6-4}$$

式中：X为某证券在某一时期内的收益率，$\bar{X}$为该证券的平均收益率；N为选取的时期总数。求出的σ越小，表明收益率偏离的幅度越小，收益越稳定，风险越小；σ越大，表明收益率偏离的幅度越大，收益越不稳定，风险越大。

2.β系数法

该法主要衡量某种证券的收益相对于整个证券市场收益水平的变化情况。其计算公式为：

$$\beta=\frac{\text{某种证券的预期收益}-\text{该期收益中无风险部分}}{\text{整个市场的证券组合预期收益}-\text{该收益的无风险部分}} \tag{6-5}$$

如果$\beta>1$，说明该种证券风险水平大于整个证券市场的风险水平；如果$\beta<1$，说明该种证券风险水平小于整个证券市场的风险水平。

三、证券投资组合的管理

（一）投资目标与投资政策的制定

商业银行进行证券投资主要有三个目的：获取收益、分散风险和增强流动性。因此，银行的投资目标是在证券投资组合单位风险状况下实现收益最大化。这一投资目标应适合特定的银行环境，体现全面性和连续性，此外还必须具备可操作性和可测评性。

只有当银行根据投资目标制定自己的投资政策时，投资经理才可以作出与银行总体目标相一致的决策。投资政策应当有足够的灵活性，使银行在经济环境发生变化和竞争对手出现新动向时可以及时进行调整；投资政策必须形成书面文件，使之成为投资管理者明确责任、确定投资目标和评估组合业绩的指导原则。投资政策的制定至少应当注意以下几个方面：

1.协调银行投资安排与流动性计划

银行投资政策应当使银行投资安排与流动性计划相统一。银行的流动性要求必须得到满足，因此在进行证券投资时必须考虑其变现能力。各种证券的到期期限必须与银行计划资金需求相吻合，从而满足银行的流动性需求。

2.估计存款保障需求

在西方国家，政府机构在银行的存款一般都要求银行持有各种证券中风险程度最低、流动性最强的国库券作为抵押。显然，银行必须投资于相当数量的国库券以满足这一要求。

3.估计当前的风险状况

银行还应明确在证券投资中可以承担的适当风险。首先，银行要确定在贷款组合及其他资产上的风险总量。如果银行处于贷款需求旺盛的经济环境下，要满足较大的贷款需求就应当使投资风险不宜过大。其次，银行要考察相对于总资产的资本状况，其对贷款和其他风险资产的资本供给是否超额。如果存在资本超额，银行增加证券投资份额的行为就不会面临过大风险。

4.分析应税状况

银行在进行证券投资时需要考虑税后收益率的高低，尽量把资金投向税后收益率较高的证券，使整个证券投资组合收益最大化。

5.估计分散度需求

银行需根据贷款及证券投资在行业和地域上的分布，努力避免在高集中度的地区及行业上增加投资。

6.估计利率敏感性需求

银行进行证券投资还应分析其非证券资产和负债的利率敏感性，以此来估计证券组合的利率敏感性需求。银行必须在优化资产负债总体状况的基础上确定证券投资的利率敏感性。

（二）证券投资组合的管理

根据银行证券投资政策的要求，可以确定证券投资组合的规模、类型和期限。

1.证券组合规模

证券组合规模取决于三个方面的要求：满足流动性需求和合理贷款需求后的剩余资金、需用做担保的证券投资量、证券投资盈利能力。这三方面分别考虑了银行流动性需求保障和贷款政策及需求的满足，银行所在地法律要求及银行争取资金来源的方式和力度，银行证券组合与其他资金运用的收益率差别。银行证券组合规模管理的一项有效措施是将银行证券组合满足所有流动性需求后的剩余部分定义为核心组合。这样，这些核心组合中的证券将不会因为银行的流动性问题而被强制在不适当的时机出售，银行可以在核心组合的证券类型、期限安排上采取更为积极的策略。

2.证券类型和质量

第一，存款保障要求的规模及可接受形式会影响证券投资的类型和质量，其要求银行必须持有一定数量的国债和地方政府债券。如果满足存款保障要求可以在多种类型证券中进行选择，其决策还需结合银行的风险状况和税收状况。第二，银行风险状况在较大程度上会影响证券投资类型和质量。对于那些承担大量贷款风险以及缺乏证券组合管理专业技能和人才的银行，只能投资AAA或AA级政府及公司债券；对于那些能够在证券投资上承担风险以及拥有证券投资组合管理专业技能和人才的银行，可以适当购买高收益的风险债券。第三，银行税负状况会影响银行是否持有免税证券及免税证券的数量调整。只要存在边际应税收益，增加免税证券投资将增加银行总体盈利。第四，银行流动性状况也会对证券类型及质量选择产生影响。如果银行为了满足流动性需求需要大量即将到期的证券资产，证券投资组合管理就需要提供相应的高质量、高流动性证券。第五，银行证券组合管理的内在要求可能需要扩大证券类型在行业和地域上的分散度。

3.证券投资组合到期期限

证券投资组合到期期限的要求表现在两个方面：证券投资所能允许的最长期限以及证券投资组合中不同期限的配合。银行进行证券组合时证券最长期限限制取决于两个关键的风险因素：一是证券质量变化带来的风险。缺乏证券组合管理专门技能及人才的银行可以通过较短的证券最长期限限制来降低这类风险。二是利率变动带来的风险。如果利率上升，长期证券价格下降将超过短期证券价格下降；如果利率下降，长期证券价格上升将快于短期证券价格上升。通常来讲，银行如果不具备较好的专业管理技能和人才，应确定较短的证券最长期限限制；银行如果拥有证券组合管理能力并能够接受某些可能的损失，为了追求长期证券的较高收益可以不规定证券最长期限限制。

【思政课堂】

银行理财投资范围划定，炒股限制正式“开禁”

2018年9月26日，银保监会公布《商业银行理财业务监督管理办法》（此处下称《办法》），正式解除了银行理财投资股票的限制。执行了多年的银行理财资金不能炒股的限制，终于随着监管新规的出台被打破。

1.单一银行理财最高可买30%流通股票

银行理财产品可以“炒股”，这是此次《办法》与以前有关理财监管规则的最大不同。《办法》第八条规定，公募理财是商业银行向不特定社会公众公开发行的，公募产品投资于境内上市交易的股票的相关规定，由国务院银行业监督管理机构另行制定。

2.投资范围具体框定

按照资管新规的规定，公募资管产品主要投资于标准化债权类资产，以及上市交易的股票。而此次出台的《办法》中，虽然并未出现公募理财投资标准化债权产品的提法，但对银行理财产品的投资范围进行了具体框定。

根据《办法》第三十五条，商业银行理财产品，可投资国债、地方债、央行票据、政府机构债、金融债、银行存款、大额存单、同业存单、公司信用类债券、在银行间市场发行的信贷资产支持证券、在交易所市场发行的企业资产支持证券、公募证券投资基金、其他债权类资产、权益类资产以及国务院银行业监督管理机构认可的其他资产。不过，上述理财产品可投的资产类别中，究竟哪些算理财产品可投的标准化产品，哪些是非标准化产品，《办法》并未明确划分。

3.非标实施集中度管理

20日晚间，央行发布《进一步明确规范金融机构资产管理业务指导意见有关事项的通知》，明确除了标准化债权和上市股票外，公募资管还可以适当投资"非标"，但应当符合于"非标"投资的期限匹配、限额管理、信息披露等监管规定。

《办法》也对银行理财投资非标资产的比例进行了具体限制。但与此前相比，并未出现太大变化。根据《办法》三十九条，理财产品投资非标债权，不得超过产品净资产的35%，或银行总资产的4%；但投资单一机构及其关联企业的非标准化债权类资产余额，不能超过银行资本净额的10%。

资料来源：杨佼. 银行理财投资范围划定，炒股限制正式"开禁"[EB/OL]. [2018-07-23]. https: //finance.sina.com.cn/roll/2018-07-23/doc-ihftenhy6538347.shtml. 此处有修改.

本章小结

商业银行证券投资业务是指商业银行买卖有价证券的业务。这项业务虽然给商业银行带来了风险，但是也带来了可观的利润。

商业银行证券投资的主要目的有：获取收益、保持流动性、分散风险、合理避税等。

商业银行证券投资业务自1933年的《格拉斯-斯蒂格尔法》出台后，一直受到限制。到了1993年的欧盟和1998年后的美国，这一限制基本被打破，混业经营在西方经济世界里由此展开。

我国商业银行的证券投资业务范围则仍然受到较为严格的限制，主要投资于政府债券和公司债券，并逐步发展到投资于部分货币市场票据与金融工具。

关键概念

证券投资　合理避税　梯形期限策略　杠铃投资策略　后置期限策略

复习思考题

1.什么是商业银行的证券投资业务？

2.证券投资业务的功能有哪些？

3.商业银行证券投资的策略有哪些？

4.我国商业银行证券投资的种类有哪些？

5.欧盟和美国商业银行证券投资的范围有哪些？

6.证券投资面临的风险有哪些？

第七章

商业银行现金资产

导读

本章主要介绍现金资产的构成及来源，现金资产管理的目的及原则。通过本章的学习，可以掌握关于库存现金管理、准备金管理、存放同业款项管理和托收中的现金管理等内容，同时初步了解商业银行流动性管理理论及流动性管理策略。

商业银行是高负债经营的金融企业，经营对象是货币。在日常经营活动中，商业银行为了保持清偿力和获取更有利的投资机会，必须持有一定比例的现金等高流动性资产，并对其进行科学管理。因此，现金资产业务也是商业银行管理的一项重要内容。

引导案例

美国伊利诺斯大陆银行的流动性危机

1984年，伊利诺斯大陆银行（Continental Illinois National Bank）是美国第7大银行，同时也是美国最大的商业贷款银行，有21 000位股东、29处外国分行，拥有290亿美元存款、420亿美元资产，与花旗银行、大通银行一样，是货币中心银行。该行的存款客户主要是大公司、货币市场互助基金和大额存户。伊利诺斯大陆银行并没有稳定的核心存款来源，其贷款主要由出售短期可转让大额定期存单、吸收欧洲美元和工商企业及金融机构的隔夜存款来支持。该行由于核心存款不足，因而大量借款，同期借入资金的年增长率高达22%，游资来源几乎是同等规模银行的2倍。该行的大部分资金都是向其他银行拆借来的，或是通过控股公司发行商业票据，再转给该行。该行290亿美元存款中，有90%以上是没有存款保险的外国人存款，以及远超过10万美元保障上限的存款（联邦存款保险公司不对超过10万美元的存款提供保险)。1982年以后，伊利诺斯大陆银行固定每天晚上都要拆借80亿美元的联邦资金。伊利诺斯大陆银行管理者制定了更富于进取性的负债管理策略，期望以高风险换取高收益。

在雄心勃勃的信贷扩张计划下，信贷员们有权发放大额贷款，而为了赢得客户，贷款利率往往低于其他竞争对手。伊利诺斯大陆银行深信能够以较高的利率将借来的钱贷出去，所以四处放款。在它的放款对象中，有一家叫作宝恩广场银行（Penn Square Bank）。它是后者最大的资金来源。宝恩广场银行是开设在俄克拉荷马市一处购物中心的银行，专门承放油气钻探贷款。它的大部分资金都是用较高的利率，从银行间拆借市场借来的，然后再以更高的利率贷出去。伊利诺斯大陆银行持有宝恩广场银行发行的贷款债券面值就高达10亿美元。1982年，宝恩广场银行倒闭。伊利诺斯大陆银行受到牵连，不再是其他银行愿意拆借的对象。1984年5月，伊利诺斯大陆银行遭到资金联行的挤兑。起因有两个：(1) 一些美国投资银行家希望争取业务，于是向日本银行表示，或许可以廉价并购伊利诺斯大陆银行；(2) 政府监管部门到一些小型银行检查时，质疑它们存放到伊利诺斯大陆银行的资金是否安全。谣言一传开，挤兑就开始了。芝加哥商品交易所从该行的账户中提出了5 000万美元。这个消息传出去以后，10天之内伊利诺斯大陆银行流失了60亿美元的资金。

1984年5月8日，市场上开始流传伊利诺斯大陆银行有大量呆账即将倒闭的谣言。此时挤兑风潮已经开始，该行门口提存的队伍排过了几个街口。在290亿美元的存款中，只有40亿美元得到了联邦存款保险公司的保险。储户极度恐慌，大额存单到期后，大公司、货币市场基金和外国客户迅速撤资，几天内存款减少了100亿美元，约占存款的1/3；存款者拒绝将大额可转让存单和欧洲美元存单展期。为了挽救伊利诺斯大陆银行，芝加哥储备银行向其出借了36亿美元，并且强迫其他16家银行提供45亿美元的30天信用额度，借给伊利诺斯大陆银行。这个消息是星期五宣布的，但是到了星期二，大部分钱就用光了。伊利诺斯大陆银行的存款继续流失，两个月内存款又流失150亿美元。

1984年5月17日，联邦存款保险公司向公众保证该行的所有存款户和债权人的利益将能得到完全的保护，并宣布将和其他几家大银行一起向该行注入资金。1982年通过的《加恩-圣杰曼法》规定，只要联邦存款保险公司认为有必要，也就是银行倒闭会对银行体系造成重大损害时就可以出钱拯救银行，即使拯救成本远高于清算银行的成本，联邦存款保险公司仍然可以出手拯救。最后关头，出于对挤提恐慌可能波及其他银行并引发大规模金融危机的担心，犹豫再三的联邦存款保险公司终于答应出手相救，施以空前的援助行动，这才使得破产倒闭的命运最终没有降临到伊利诺斯大陆银行的头上。尽管如此，这家银行还是一蹶不振，难复当年之勇；此外也使联邦存款保险公司元气大伤。1984年7月，因不断注资，联邦存款保险公司拥有了该行80%的股份，彻底接管了伊利诺斯大陆银行。

【讨论与思考】

1.伊利诺斯大陆银行发生挤兑的原因有哪些？

2.商业银行如何保持流动性？商业银行流动性风险的特征有哪些？

3.对于商业银行该如何避免挤兑？如果发生了挤兑，该如何应对？

第一节　商业银行现金资产概述

一、现金资产的构成

（一）银行库存现金

银行库存现金又称业务库存现金，是银行持有的库存现金以及与现金等同的可随时用于支付的资产，也可以理解为我们肉眼可见的纸币和硬币，其主要作用是满足客户提取现金和银行本身的日常零星开支。

（二）中央银行存款

商业银行在中央银行的存款是指商业银行存放在中央银行的资金，即存款准备金，包括法定存款准备金和超额准备金。

法定存款准备金，是商业银行按照中央银行规定的法定比率（称为存款准备金率），以自身吸收的存款总额为基础，向中央银行缴存的存款准备金。规定缴存存款准备金的最初目的在于保证商业银行的正常支付和清算，避免商业银行将资金过多贷出而影响自身的流动性和对客户的支付能力。之后，存款准备金逐渐演变成货币政策工具。中央银行通过调整存款准备金率来影响商业银行的信贷扩张能力，间接调控货币供应量。因此，这部分存款商业银行不得任意动用，具有强制性，只能按商业银行的存款余额或法定存款准备金率的变动定期调整。

超额准备金，是指商业银行存放在中央银行的超出法定存款准备金的那部分存款，在日常业务活动中可以自主支配。它主要用于金融机构之间的清算业务和国库券交易的清算业务。超额准备金是商业银行的可用资金，因此，其多寡直接影响着商业银行的信贷扩张能力。

（三）存放同业款项

存放同业款项又称同业存款，是指商业银行之间因相互代理业务而在其他银行和金融机构保留的存款。商业银行有着繁多的汇兑、结算、托收和代理业务，所以商业银行要在其他银行存放一定的款项，用于在同业之间开展代理业务和结算收付。由于存放同业存款属于活期存款性质，可以随时支用，因而可以视同银行的现金资产。

二、现金资产的特点

现金资产的最大特点在于它的流动性最好，而收益性最差。库存现金不能给银行带来任何收益，反而需要一定的保管费用。存放在中央银行的款项有利息收入，但利率很低。在我国，法定存款准备金与超额准备金需要支付利息，但其利率与同档次储蓄利率差别不大。同业存款利率相当于活期存款利率。因此，现金资产存在着高流动性与低盈利性之间的矛盾。

同时，现金资产还具有流动非常频繁、波动性强、法定准备金具有强制性等特点。

三、现金资产的作用

（一）保证商业银行的清偿能力

保证商业银行的清偿能力，是商业银行正常经营的基础。商业银行是经营货币信用业务的企业，是以营利为目的的。这就要求商业银行在安排资产结构时，尽可能持有期限长、收益较高的资产。但商业银行又是一种风险性特别大的特殊企业，银行的经营资金主要来源于客户存款和各项借入资金。从存款负债来看，由于它是商业银行的被动负债，其存与不存、存多存少、期限长短、何时提取等主动权都掌握在客户手中，银行只能无条件地满足客户的要求。如果银行不能满足客户的要求，就有可能影响银行的信誉，引发存款“挤兑”风潮，甚至使银行陷入清偿能力危机而遭受破产的命运。

商业银行的负债存款必须按期还本付息，而且客户的活期存款也需要做好随时提取的准备，因此银行必须随时都保有满足客户提取需要的现钞，否则将影响银行的信誉，严重威胁银行的安全性。商业银行持续的现金短缺，对于银行业务之间的往来，也会产生很大影响。持续的现金短缺肯定是银行管理不善的结果，而管理不善会在同行业内造成不良影响，且会遭到管理当局的调查，降低在同行业内的信誉。

因此，商业银行在追求盈利的过程中必须保有一定数量的可直接用于应付提现和清偿债务的资产，而现金资产正是为了满足银行的流动性需要而安排的准备资产。所以，商业银行保有一定数量的现金资产，对于保持商业银行经营过程中的债务清偿能力、防范支付风险，具有非常重要的意义。

（二）保持资金的流动性

商业银行在经营过程中会因为不同的用途而持有不同种类的资产，但现金资产是商业银行所有资产中最具有流动性的资产。商业银行在经营过程中会面临复杂的经营环境。环境的变化又会使银行的各种资产的特征发生变化。从银行经营的安全性和盈利性的要求出发，商业银行应不断地调整其资产负债结构，保持应有的流动性。在保持银行经营过程的流动性方面，不仅需要合理搭配银行的资产负债结构，确保原有贷款和投资的高质量、易变现性，同时，更需要银行持有一定数量的流动性资产。

第二节　现金资产的管理

一、现金资产的管理原则

现金资产管理的目的是在保证流动性的前提下，尽可能保持最低现金资产占用量。虽然现金资产的各个项目都是盈利性很低或者收益率为零的资产，但是现金资产是维持银行安全稳定的必要储备，是协调安全性和盈利性的杠杆，是商业银行不得不持有的一部分资产。银行持有现金资产所失去的利息收入是持有现金资产的机会成本，持有的现金资产越多，银行所能运用的盈利性资产越少，银行的盈利性水平越低。现金不足无法满足客户的提取需要和监管当局的要求，现金过多则需要承担较多的机会成本，因此商业银行需要在持有现金资产的机会成本和现金不足的危害之间进行权衡，在不损害流动性的基础上，尽可能减少现金资产的持有量，尽量使资产成为收益性资产。在对现金资产的管理中，商业银行要坚持以下三个原则：

（一）总量适度原则

总量适度原则是指银行现金资产总量必须保持在一个适当的规模上。现金资产规模太小，无法满足客户的提现需要和合理的贷款需求，容易引发公众对银行的信用危机，导致银行的流动性风险和银行信誉、客户的丧失；现金资产规模太大，则会由于现金资产是一种无利资产而导致银行付出过大的机会成本，使银行的盈利性受到影响，最终威胁银行经营的安全。因此，商业银行要保持一个合理的现金资产存量，并且注重现金资产各个组成部分的结构合理性，实现银行经营安全性和盈利性的统一，促进银行经营总目标的实现。

（二）适时流量调节原则

银行要根据业务过程中的现金流量变化，及时地调节资金头寸，确保资产的规模适度。

适时流量调节原则的理论依据是资金的动态变化。商业银行的资金始终处于动态变化之中，原本适度的状态随时都会被打破，这就要求在动态中不断调节，以保持适度存量。银行的现金资产规模（存量）的变化，取决于在一定时期内银行业务经营过程中的现金流量的变化情况。当现金资产流入大于现金资产流出时，存量上升，需要把多余的资金头寸运用出去；当现金资产流入小于现金资产流出时，存量下降，需及时筹措资金，补充头寸。商业银行现金资产管理的核心目标是始终维持对现金资产流量的适时灵活调节。

（三）安全保障原则

商业银行大部分现金资产主要由其在中央银行和同业的存款及库存现金构成。其中，库存现金是商业银行业务经营过程中必要的支付周转金，广泛分布于银行的各个营业网点，而且库存现金是银行资产中唯一以现钞形态存在的资产，用于银行日常支付，是最具有流动性的资产。银行在业务经营过程中，需要对库存现金进行保管、清点、运输等管理活动。由于库存现金是以现钞形式存在的，必然面临被盗、被抢，清点、包装出错，以及自然灾害的损失风险。因此，银行在现金资产特别是库存现金的管理中，必须健全安全保卫制度，严格业务操作规程，提高工作人员职业道德和业务素质，确保资金的安全无损。

以上三个原则是根据商业银行管理实际提出的，有一定的理论依据。总量适度原则是依据最优存款管理理论提出的，适时流量调解原则是依据商业银行资金总是在动态变化的理论提出的，而安全保障原则是依据商业银行经营存在内外风险所提出的。

二、现金资产的管理内容

（一）库存现金的管理

银行库存现金是现金流入与流出的差额。一方面，库存现金必须满足客户提取现金的需要，因此库存现金不能太少；另一方面，库存现金不仅不能为银行带来任何收益，还需要花费大量管理成本，而且中央银行通常对银行的库存现金有一定的限制，因此，库存现金不能太多。所以，保持合理的库存现金比率对于提高资产使用效率和防范现金资产风险有着十分重要的意义，为此，银行必须在分析影响库存现金数量变动的各种因素的情况下，准确测算库存现金需求量，及时调节库存现金的存量，同时加强各项管理措施，确保库存现金的安全。

1.影响银行库存现金的因素

（1）现金收支规律。银行的现金收支在数量上和时间上都有一定的规律性。例如，对公出纳业务，一般是上午大量支出现金，下午则大量收入现金。由于季节性因素的影响，有的季节银行收入多、支出少，而有的季节则支出多、收入少。例如，春节期间，企业结算支付职工年终工资和奖金，居民过年购置年货需要取出存款，银行现金支出多、收入少。所以，银行可以根据历年的现金收支状况，认真寻找其变化规律，为现金头寸的预测提供依据。

（2）居民、企业的现金收支模式。例如，银行大客户的存款和取款关系着银行对库存现金的需求，所以银行要对大客户的经营模式和资金运用模式有所了解，以便满足客户的提现和现金的调运。银行通常规定客户提取大额现金必须提前几天通知，以便银行提前准备。

（3）营业网点的多少。银行每一个营业网点都要有一定的铺底现金，网点越多，对库存现金的需要量就越大。因此，从一般情况来说，库存现金的需要量与银行营业网点的数量是成正比的。

（4）与中央银行发行库的距离、交通条件及发行库的规定。一般来说，商业银行营业网点与中央银行发行库距离较近、交通运输条件较好，商业银行就可以尽量压缩库存现金的规模。同时，中央银行发行库的营业时间、出入库时间的规定，也对商业银行库存现金的需要量产生重要影响。

2.库存现金的主动调节

从经营角度讲，银行库存现金显然是最为安全的资产。但事实上，库存现金也有其特有的风险。这种风险主要来自被偷、被抢和自然灾害的损失，也来自业务人员在清点、包装时的差错，还可能来自银行内部不法分子的贪污、挪用。因此，银行必须严格加强对金库的管理。

银行必须做到“四防”（防火、防盗、防抢、防爆），同时严密监控，既防外盗，又防内盗，真正将“大门有人看，院内有人转，重点部门有人守，出了事有人管”的规定落在实处，严防各类案件发生。同时，建立严格的规章管理制度和执行纪律，在银行内部实行多重监管，账实分离，并及时清账、查库，上级主管部门也要不定期查账清库，确保账实一致。

为了保持适度的库存现金规模，商业银行的营业网点需要经常性地调节现金头寸，及时将多余的库存现金送到中央银行发行库。当库存现金低于其需要量时，银行就需要从中央银行发行库调入现金。同时，为了应付一些临时性的大额现金支出，银行还需要有一个额外的保险库存量。因此，银行需要保持一个现金调拨临界点，据以确定现金调拨的时间，从而确保库存现金的适度。

（二）存款准备金的管理

存款准备金是商业银行现金资产的主要构成部分，包括法定存款准备金和超额准备金两部分。

1.法定存款准备金的管理

我国目前的存款准备金制度具有以下特点：①对所有存款准备金都支付利息，且利率相对较高；②存款准备金的计提基础是全部存款，因此，存款准备金计提基础较大；③存款准备金率比较高；④自2004年4月25日起实行差别存款准备金率制度，即金融机构适用的存款准备金率与其资本充足率、资产质量状况等挂钩，金融机构资本充足率越低、不良资产比率越高，适用的存款准备金率就越高，反之就越低。

商业银行对于中央银行的法定存款准备金要求只能无条件服从，因此，对存款准备金的管理主要是准确计算法定存款准备金的需要量，及时上缴应缴的准备金，确保满足法定存款准备金要求。

在西方国家，计算法定存款准备金需要量的方法有两种：一种是滞后准备金计算法，主要用于对非交易性账户存款的准备金计算；另一种是同步准备金计算法，主要适用于对交易性账户存款的准备金计算。

（1）滞后准备金计算法。滞后准备金计算法是根据前期存款负债的余额确定本期准备金需要量的方法。按照这种方法，银行可根据两周前的存款负债余额来确定目前应当持有的准备金数量。假设第三周为银行的准备金持有周，这样银行可以将第一周作为基期，以基期的实际存款余额为基础，计算准备金持有周应持有的准备金的平均数。

（2）同步准备金计算法。同步准备金计算法是指以本期的存款余额为基础计算本期的准备金需要量的方法。通常的做法是：确定两周为一个计算期，如从3月23日至

4月5日为一个计算期，计算在这14天中银行交易性账户存款的日平均余额。准备金的保持期从3月25日开始，到4月7日结束。在这14天中的准备金平均余额以3月23日至4月5日的存款平均余额为计算基础计算。

2.超额准备金的管理

超额准备金是商业银行存在中央银行的超出了法定存款准备金的那部分存款，银行可以用来进行日常的各种支付活动，如支票的清算、电子划拨和其他交易。超额准备金是商业银行最重要的可用头寸，是银行用来进行投资、贷款、清偿债务和提取周转金的准备资产。在存款准备金总量一定的情况下，超额准备金与法定存款准备金有着此消彼长的关系。法定存款准备金的变动会导致存款准备金总量的变化，进而影响银行的信贷扩张能力，因此银行的超额准备金账户保留的存款不宜过多。同时，超额准备金虽然能获得一定的利息收入，但是与其他盈利性资产相比属于微利资产，因此，银行的超额准备金账户保留的存款也不宜过多。银行超额准备金管理的重点，就是在准确测算超额准备金需要量的前提下，适当控制规模。在测算超额准备金需要量时，要充分考虑存款的增加和减少、贷款的发放与收回、向中央银行借款、同业往来、法定存款准备金等内容。

（三）存放同业款项的管理

银行由于自身资源、地域的限制，有时购买其他银行的服务可能比直接投资划算得多，因此，银行有时需要跟其他银行建立代理行关系。通过代理行关系，银行可以较低的成本获得自身无力经营或经营成本过高的业务。一般银行与代理行之间要签订协议，为了获得这些金融服务，银行需要在代理行开立账户并保持一定金额的存款，以便于交易款项的划拨以及手续费的支付。这部分同业存款可以随时提取，与存在中央银行的超额准备金一样，因此也被视为银行的现金资产。

由于同业存款仅能获得活期存款利息，相对于其他投资途径的收益率要低，所以，同业存款也应当保持一个适度的量。同业存款过多，会使银行付出较多的机会成本；同业存款过少，又会影响银行委托他行代理业务的开展，甚至影响本行在行业内的信誉。因此，银行需要准确地预测同业存款的需要量。这个需要量大致保持在汇兑结算、支付准备金的必要范围内。

（四）托收中现金的管理

当银行收到顾客存入的支票时，银行无法立即动用这部分款项，因为支票需要通过银行间的支付系统进行收付结算，这个过程需要1~4天。这种托收中的款项又称为浮差，能为银行在未来几日内带来现金流入，是提高银行流动性的一条渠道。托收中的现金不需要银行支付利息，是低廉的资金来源。因此，加快银行间的支票结算，可使该类资金尽早成为银行的现金资产存量，银行可早日动用这类款项，将其转化为收益性资产，如购买货币市场工具。为了加快托收过程，接收到支票的银行（即支票托收行）一方面通过电磁数码将支票传给支票付款行，另一方面将支票以急件寄出。支票付款行收到支票后，将支票与支票签发人的账户核对，如果发现支票签发人的账户不足以支付支票金额，将支票退回，如果满足付款条件将予以支付。有时，托收行与付款行之间需要通过代理行进行结算。一般情况下，托收行在付款行确认支票的有效性之后才允许顾客提现。现在这部分可以利用的结算时间与客户提现之间的时间差逐渐缩小，一方面是由于银行间的电子联行系统大大减少了支票的结算时间，另一方面是由于一些发达国家存在制约银行占用客户资金、延迟支票存户提现的相关法律。

第三节　流动性管理

一、商业银行的流动性与现金资产

（一）流动性管理与现金资产管理的关系

商业银行的现金管理与银行的流动性管理密切相关。银行保留的现金资产的规模在一定程度上需要根据对流动性的判断来决定，银行持有现金规模的决策需要以流动性分析为基础。流动性管理侧重于现金资产的源头管理，控制着其他资产的变现数量，而现金管理侧重于现金资产的内部结构管理。流动性管理的范围不仅包括现金资产，还包括资产负债表中的其他资产和负债，以及通过表外途径可以获得或运用的资金。现金资产是流动性管理的实现，现金资产管理是流动性管理的一部分。

（二）商业银行保持流动性的意义

流动性问题是商业银行破产的直接原因，也是很多金融危机的导火索。具体来说，商业银行保持充足的流动性有以下几个方面的意义：

（1）增强市场信心，向市场表明商业银行是安全的并且有能力偿还借款；

（2）确保银行有能力实现贷款承诺，稳固客户关系；

（3）避免商业银行的资产廉价出售；

（4）降低商业银行借入资金所需支付的风险溢价。

（三）流动性需求与流动性供给

流动性需求是指商业银行为了满足客户需要和往来银行清算，按照监管当局的规定而必须立即兑现的流动性资产需求。商业银行的流动性需求通常来自以下几个方面：客户从其存款账户中提取现金；为了留住老客户，同意对已到期贷款展期；对已承诺的贷款履行承诺；为了争取新客户，满足新客户的贷款需求；偿还其他商业银行的借款；向中央银行缴存存款准备金；支付营业费用及税金；向股东派发现金红利等。

流动性供给主要来源于两个方面：一是资产方；二是负债方。资产方的流动性供给是指银行资产的变现能力，其核心思想是如果客户需要资金，银行就直接运用手中所持有的现金进行支付；如果手中现金不够就将所持有的资产（如有价证券）在市场上抛售、变现，转换成现金以后，再用于支付。负债方的流动性供给则是指银行借入资金的能力，其核心思想是，如果客户需要资金，银行在不动用（或无法动用）手持现金或可变现资产的情况下，能够通过吸收存款、在公开市场上发行债券或存单，或者在同业市场上拆借，通过“借新债，还旧债”，满足客户对现金的需求。

二、流动性缺口分析

商业银行的流动性是用来满足客户的流动性需求的。银行的正常运营必然会出现流动性缺口。银行资产的流动性反映了银行的应变能力，所以有必要对银行的流动性缺口进行分析和管理。

流动性缺口=资金来源-资金运用

若流动性缺口为正值，表示该银行在未来一定时间内有现金流量的盈余；若流动性缺口为负值，则表示未来一定时期内资金的使用将大于资金来源，资金需求大于供给，银行必须通过动用现金储备、变现流动资产或者在市场上“购买”流动性以获得新的资金来填补缺口，以避免陷入流动性危机。

商业银行的流动性风险主要来源于两个方面：一是资产负债在期限、币种、分布上的错配；二是银行风险的积聚。

（一）资产负债的错配

1.期限的错配

商业银行资产负债期限的错配，是指在未来特定时间内，银行到期资产的数量（现金流入）与到期负债的数量（现金流出）不对称。最常见的资产负债期限错配的情况是，商业银行将大量短期借款（负债）用于长期贷款（资产），即“借短贷长”。这就有可能因到期支付困难而面临较高的流动性风险。这种“借短贷长”的资产负债结构导致商业银行的资产所产生的现金流入只能在极少情况下刚好弥补因偿还负债所必需的现金流出。

2.币种的错配

商业银行资产负债币种的错配，是指在未来特定时间内，银行到期资产的币种与到期负债的币种不对称。在这种情况下，一旦本国或国际市场出现异常波动，外币债权方通常因为对债务方（国内商业银行）缺乏深入了解，而要求债务方提前偿付债务。此时，国内商业银行如果不能迅速满足外币债务的偿付需求，将不可避免地陷入外币流动性的危机，并严重影响其在国际市场上的声誉。

3.分布的错配

商业银行资产负债分布的错配，是指商业银行资产的运用对象与负债对象不对称。资产的分布结构决定银行现金流入的稳定性和多样性，而负债的分布结构决定银行现金流出的稳定性和多样性。

（二）银行风险的积聚

银行的流动性问题，是其信用风险、市场风险、操作风险、法律风险、声誉风险及战略风险等长期积累的结果，是银行经营稳健程度的综合反映。银行的流动性管理归根结底是一种信心游戏，只要银行能够获得存款人、债权人、股东的信心，存款人就会将存款继续留在银行，并有新的存款人不断加入，债权人会乐意将钱借给银行，股东会对银行不断提供支持，银行也就不会存在流动性的问题。

三、流动性管理策略

银行资产的流动性综合反映了银行的应变能力，流动性是银行的生命线，它不仅直接决定单个商业银行的安危存亡，对整个国家乃至全球经济的稳定都至关重要。但是，银行如果保持高流动性的话，就会减少收益，所以有必要对商业银行的流动性进行管理，制定流动性管理策略。银行流动性管理的核心是流动性的供给与需求平衡。流动性管理的根本目的是保证到期存款、债务的支付能力，保持银行的经营生命线，使银行的信用不受损，银行不倒闭。

商业银行流动性管理策略主要有资产流动性管理策略、负债流动性管理策略、资产负债平衡管理策略以及流动性资产比率管理策略。

（一）资产流动性管理策略

资产流动性管理策略又称资产转换策略，是银行通过资产负债表中的不同资产项目之间的转换满足流动性需求的策略。这种策略强调银行在资产负债表中保持一定的具有流动性的非现金资产，如政府证券，为流动性需求做准备。当银行的流动性需求超过银行所持有的现金时，银行可以将这部分流动性资产迅速变现，以保证银行的偿付能力，维持银行的流动性。

银行可以储备的流动性资产需要具备以下几个特征：流动性强；价格稳定；可以进行反向操作。

资产流动性管理策略是一种防守性的策略，面对可能出现的流动性需求，银行要提前做好准备。这种策略可以防患于未然，当出现流动性缺口时，银行可以及时解决流动性的问题。流动性资产相对于其他资产风险要小，有利于改善资产质量，进一步稳定存款人的信心。

但是这种“未雨绸缪”的方法损害了银行资产的盈利性。商业银行的经营目标不仅仅是保证流动性，其最终目的是获取利润。持有过多收益率较低的流动性资产毫无疑问会降低银行的盈利水平。同时，片面地执行这种策略会阻碍银行资产规模的扩大，制约银行的发展潜力。此外，银行在资产转换时常常需要支付一定的交易成本，如支付给经纪人的佣金及应交税费，并且有时为了弥补流动性缺口不得不承担一定的损失。

（二）负债流动性管理策略

在商业银行的流动性管理中，负债流动性管理尤为重要，因为银行资金的90%都来自负债。负债流动性管理策略是通过从金融市场借款以“购买”流动性，为银行流动性提供资金来源。

负债分为主动型负债和被动型负债。一般而言，存款是商业银行负债的主要来源，包括企业存款和居民存款，但存款大部分是被动负债。存款自愿，取款自由，款项的存取完全取决于客户，银行处于被动地位，所以银行必须对它进行科学的预测和分析。主动型负债包括同业拆借、证券回购和向中央银行借款。银行一般是把主动型负债作为补充流动性不足的手段，不能过多使用。

负债流动性管理策略为银行提供了一种资金来源的渠道。如果银行有稳定的外部资金来源，就没有必要像资产流动性管理策略那样保持大量的流动性资产。当流动性发生缺口时，可以避免对内部资产进行调整，直接从外部购入资金即可。同时，银行又可以将资产集中到收益率比较高的项目中去。但是，负债流动性管理策略相当于将银行的流动性情况置于变幻莫测的金融市场中，具有一定的风险。市场并不能始终以固定的成本随时提供流动性。市场尤其是货币市场对利率等宏观经济变量十分敏感，一旦发生变动，可能出现以再高的价格都难以获得资金的情况。因此，完全用负债来解决所有的流动性缺口将会使市场的波动迅速传导到银行内部，使银行的流动性管理完全暴露在波动的市场中。当市场发生剧烈变化时，银行将毫无招架之力。另外，市场对银行内部的财务状况也十分敏感。当银行陷入财务危机时，市场也会表现出无情的一面，拒绝借款的可能性也会增大，即使同意借款也会要求更高的风险溢价或附加一些苛刻的条件。

（三）资产负债平衡管理策略

资产负债平衡管理策略又称平衡流动性管理策略，它是资产流动性管理策略和负债流动性管理策略的折中。

平衡流动性管理可以取资产流动性管理和负债流动性管理之长而补二者之短，更灵活地调度资金。其基本思路是：从资产和负债两方面满足流动性需求。其做法是：将未来的流动性需求划分为预期的流动性需求和未预期的流动性需求两部分。对预期的流动性需求，一部分以资产方式储存（主要是持有证券和在其他银行存款），另一部分由往来银行及其他资金供应商事先以信贷额度给予支持。对于未预期的流动性需求，则临时由短期借款满足，对于期限较远的流动性需求可以事先做一些借款安排。

这一策略并不是对资产流动性管理策略和负债流动性管理策略的否定，而是既吸收了二者的精华，又克服了二者的缺陷，并对其进行深化和发展。一方面，它避免了资产流动性管理策略过于偏重安全性和流动性，而以牺牲盈利性为代价的弊端；另一方面，它摆脱了负债流动性管理策略多依赖于外部条件、经营风险很大的缺陷。

（四）流动性资产比率管理策略

在流动性管理上，我们可以通过一些财务指标和市场信号动态地衡量商业银行的流动性。西方各国的金融监管当局明确规定商业银行持有的具有流动性的资产必须在总资产中占有一定的比例，即通常所说的流动性比率。这是为防止银行资金周转不灵而采取的一项极为重要的预防性措施。衡量流动性资产比率的指标主要有：

1.现金比

现金比的计算公式为：

现金比=现金资产/总资产×100%

现金资产是银行保持其支付能力的基本构成要素，但现金资产占总资产的比例不能过高，也不能过低。现金比过高说明银行不能充分利用资金，因为现金资产主要来源于负债，至少要支付利息。现金比过低也有如下弊端：（1）难以满足提现要求；（2）可能丧失有利的贷款或投资机会；（3）为了应急，有时被迫持有价格较高的现金，也会增加银行成本。银行现金资产占总资产的比例没有固定的值，必须在兼顾安全、流动和效益的原则下，综合考虑多种因素来确定。

2.流动比

流动比的计算公式为：

流动比=流动资产/流动负债×100%

流动资产是指那些流动性强，可以迅速变现的资产。流动比体现银行偿还债务的能力。流动资产越多，短期债务越少，则流动性越大，银行的短期偿债能力越强。《商业银行法》第四章第三十九条第二款规定：流动性资产余额与流动性负债余额的比例不得低于25%。这是衡量商业银行流动性的重要指标。流动比还可以理解为流动资产与总负债的比例或者流动资产与总资产的比例。

3.贷存比

贷存比的计算公式为：

贷存比=贷款/存款×100%

贷存比是银行贷款与存款的比例，这是长期以来分析银行流动性经常使用的指标。贷存比越高，银行流动性越低；贷存比越低，银行流动性越高。《商业银行法》第四章第三十九条第二款规定：贷款余额与存款余额的比例不得超过75%。

4.核心存款比

核心存款比的计算公式为：

核心存款比=核心存款/总资产×100%

核心存款比还可以理解为核心存款与存款总额的比例、核心存款与贷款总额的比例，以及核心存款与中长期贷款的比例。

核心存款是指以保值获息为主要目的的存款，这部分存款对宏观经济变化等因素都不敏感，是银行稳定的资金来源。

核心存款比在一定程度上反映了银行流动性的高低。对于同类银行而言，该比率高的银行，其流动性也相应较高。该比率越高说明存款越稳定，突发性的流动性需求越少，银行对本行流动性状况越容易控制。

【思政课堂】

《现金管理暂行条例》

《现金管理暂行条例》由国务院1988年8月16日发布，自1988年10月1日起施行。2011年1月8日，该条例发布了修订后的版本。

《现金管理暂行条例》的总则如下：

第一条　为改善现金管理，促进商品生产和流通，加强对社会经济活动的监督，制定本条例。

第二条　凡在银行和其他金融机构（以下简称开户银行）开立账户的机关、团体、部队、企业、事业单位和其他单位（以下简称开户单位），必须依照本条例的规定收支和使用现金，接受开户银行的监督。

国家鼓励开户单位和个人在经济活动中，采取转账方式进行结算，减少使用现金。

第三条　开户单位之间的经济往来，除按本条例规定的范围可以使用现金外，应当通过开户银行进行转账结算。

第四条　各级人民银行应当严格履行金融主管机关的职责，负责对开户银行的现金管理进行监督和稽核。

开户银行依照本条例和中国人民银行的规定，负责现金管理的具体实施，对开户单位收支、使用现金进行监督管理。

限于篇幅，条例全文不予列示，有兴趣的读者请搜索查阅。

资料来源：中国人民银行.

本章小结

1.现金资产是商业银行所有资产中最具流动性的资产。商业银行为维持流动性，满足中央银行存款准备金制度的要求，保持清偿力和获取更有利的投资机会，必须保持一定比例的现金资产，并对其进行科学管理。现金资产是银行持有的库存现金以及与现金等同的可随时用于支付的银行资产，由库存现金、中央银行存款、存放同业款项和托收中的现金构成。

2.商业银行现金资产管理的基本原则是总量适度、适时调节和安全保障。在库存现金的管理中，商业银行应准确预测需要量，主动调节，并在此过程中充分行使现金管理的职责。在存款准备金管理中，商业银行可以采用滞后准备金计算法和同步准备金计算法计算法定存款准备金的需要量，要确保满足法定准备金的要求，并适当控制超额准备金的规模。在同业存款的管理中，也需要保持一个适度的量。

3.银行流动性的需求是对银行现金资产的需求，流动性的来源包括资产和负债两个方面。银行的流动性问题主要源于两个方面：一是银行资产负债在期限、币种、分布上的错配；二是银行风险的积累。

4.商业银行流动性管理策略包括资产流动性管理策略、负债流动性管理策略、资产负债平衡管理策略、流动性资产比率管理策略。

关键概念

现金资产　库存现金　法定存款准备金　超额准备金　存放同业款项　托收中现金　资产流动性管理策略　负债流动性管理策略　资产负债平衡管理策略　流动性资产比率管理策略

复习思考题

1. 商业银行现金资产由哪几部分构成？各部分的作用是什么？
2. 商业银行现金资产管理的目的和原则是什么？
3. 商业银行的流动性需求和流动性供给有哪些？
4. 影响商业银行库存现金的因素有哪些？
5. 商业银行流动性管理策略有哪些？
6. 说明商业银行流动性管理的主要内容。

第八章

商业银行表外业务

导读

表外业务是现代银行业务的重要组成部分，表外业务收入也日益成为商业银行收入的重要来源，在各国商业银行的收入中占比也不断提升。本章重点介绍商业银行表外业务的基本概念、种类，同时介绍中间业务的种类和特点、金融衍生品的种类和特点。此外，还介绍一些表外业务风险管理的基本方法。

引导案例

中行原油宝事件

北京时间2020年4月22日，由于原油宝与WTI原油期货价格挂钩，中行宣布原油宝5月WTI原油期货以-37.63美元/桶结算，击穿了投资客户的仓位防线。中行原油宝有6万余客户，按照结算价来计算，这6万余客户不仅42亿元的保证金全部损失，还要偿还中行58亿元欠款，总亏损超过90亿元。面对如此巨大的损失，很多投资者打算提起诉讼。

中国银行发布公告，表明会对客户负责，积极与投资者沟通协商，并依法承担相应责任。5月5日，中行表示由于受全球疫情蔓延的影响，原油市场波动始料未及，中行对此表示深切不安。但它力图给投资者一个交代。到2020年5月16日，中行已经和超过80%的客户完成了和解。在本次的和解协议里，中行认可其对合同中约定的20%强制平仓义务，承认自己在合同履行时出现的过错，并愿意为此承担责任，给投资者20%的补偿。

【讨论与思考】

1.本案例涉及的基础理论有哪些？

2.该事件发生的主要原因是什么？

3.中国银行的这一事件，给银行业和投资者带来了哪些经验与教训？

4.如何从风险管理的角度去完善与管理商业银行的相关业务？

第一节　商业银行表外业务概述

随着20世纪80年代以来金融自由化的发展，金融工具不断创新，世界各国商业银行的表外业务都得到了长足发展，资产业务所占比重及盈利空间不断下降。与国际同业相比，我国商业银行的表外业务范围相对狭窄、业务量较小，正面临与众多强大对手争夺表外业务市场的严峻形势。国际上，商业银行总收入中的贷款利息收入占比在逐年下降，而表外业务收入占比却在逐年提高，1999年美国银行业平均达到42%，最高达到60%，瑞士银行为53.4%，德国银行为60%，而中国银行业平均仅为8%。2000年，我国的这一占比突破10%，而到了2013年，我国银行业总收入中表外业务收入的占比则到了平均20%的水平。这说明，20年间，表外业务在我国获得了巨大的发展。

一、表外业务的含义

根据巴塞尔委员会的界定，表外业务（off-balance-sheet activities，OBS）是指商业银行从事的按通行的会计准则不列入资产负债表内、不影响其资产负债总额，但能影响银行当期损益并改变银行资产负债报酬率的经营活动。表外业务有狭义和广义之分。

狭义的表外业务指那些未列入资产负债表，但同表内资产业务和负债业务关系密切，并在一定条件下会转为表内资产业务和负债业务的经营活动，通常把这些经营活动称为或有资产和或有负债。在一定的条件下，这种潜在的资产或负债会转化为现实的资产或负债。因为这些业务存在一定的风险，因而一般会在银行会计报表的附注中予以披露。

广义的表外业务是指商业银行从事的所有不在资产负债表内反映的业务，即除了包括狭义的表外业务之外，还包括结算、代理等无风险的经营活动。按照巴塞尔委员会提出的要求，广义表外业务包括两大类：一是或有债权（债务），即狭义的表外业务；二是金融服务类业务。

商业银行发展表外业务的直接动机是规避金融当局对资本金的要求，通过不改变资产负债表的规模和结构来占有更大的市场份额和获取更多的收益。当然，表外业务也是银行顺应外部环境变化的必然产物。近些年来，国际上一些商业银行的表外业务收益甚至已经超过了传统的表内业务收益。

表外业务在带来巨额收入的同时，也给商业银行带来很大风险。商业银行表外业务的产生、发展与为逃避金融监管而进行的创新活动密不可分。金融创新一方面提供了规避原有风险的途径，另一方面又不能彻底消除风险，甚至在规避原有风险的情况下很可能产生更大的风险。因此，如果商业银行从事过多的表外业务而没有表外业务风险管理的有效办法，一旦出现问题，就会危害到银行的经营。从整个金融体系的角度看，表外业务会加大整个银行业的风险，特别是与金融创新工具紧密相关的表外业务，开展得过多而没有行之有效的风险防范与合理监管措施，就会极大地影响整个金融体系的稳定性。因此，在盈利性与安全性之间取得平衡是表外业务管理的重点。

二、表外业务的不同分类

表外业务是正在发展的银行业务，新业务不断涌现，表外业务的构成非常广泛，其分类标准也无法统一，常见的分类主要包括：

（1）按照是否构成银行或有资产和或有负债，可将表外业务分为或有债权/债务类表外业务和金融服务类表外业务。前者在一定条件下可转化为银行的表内资产或负债，主要包括担保、承诺和金融衍生工具类业务。后者则指的是向客户提供金融服务，以收取手续费为目的，不承担任何资金损失的风险，主要包括结算支付类、代理类、咨询顾问类等业务。

（2）按照商业银行在业务开展中是否与信用活动有关，可将表外业务分为信用类业务和非信用类业务。前者指的是所有与信用有关的表外业务，是表内资产或负债的延伸，如担保、衍生交易等。后者指的是所有与信用没有关系的表外业务，是商业银行为了提高人员和固定资产利用效率以增加盈利或扩大市场占有而推出的业务，同表内资产没有必然的联系，如结算、咨询等业务。

（3）按照表外业务的功能和形式，可将表外业务分为结算类、担保类、融资类、管理类、衍生类及其他业务。结算类业务是指商业银行为客户办理因债权债务关系引起的与货币收付相关的业务。担保类业务是指商业银行为客户承担风险引起的有关业务，如保函、担保等业务。融资类业务是指商业银行向客户提供传统信贷以外的其他融资服务引起的有关业务，如信托、租赁等业务。管理类业务是指商业银行利用自有资产或资源以及经营管理上的优势为客户提供服务等业务，如现金管理业务、保管箱业务等。衍生类业务是指商业银行从事与衍生金融工具有关的各种交易引起的有关业务，如远期、期货和期权业务等。其他类业务则指的是上述之外的表外业务，包括投资咨询、评估等。

（4）按照商业银行在业务开展中的身份，可将表外业务分为委托类、代理类和自营类业务。委托类业务是指商业银行在接受客户的委托后，以自己的名义开展的各类表外业务，如结算业务等。代理类业务是指商业银行在接受客户委托后，以客户的名义开展的各类表外业务，如代理基金或保险、代收代付等业务。自营类业务是指商业银行自己直接参与的各类表外业务，如担保、衍生产品交易等，在自营类业务中，商业银行要承担与其相关的一切责任。

（5）按照商业银行开展业务是否给商业银行带来较大风险，可将表外业务分为风险类和无风险类业务。前者指的是在一定条件下能够转化为资产负债表内项目，银行将承担较大风险的业务。因而，在开展此类业务过程中，银行要获得一定的风险报酬。后者指的是商业银行不运用或较少运用自己的资金，以中间人的身份为客户提供代理收付、保管、咨询等金融服务，并收取必要的手续费。在开展此类业务过程中，银行处于居间地位，风险小、成本低、收入稳定。

（6）按照风险和复杂程度，可将表外业务分为审批制业务和备案制业务。前者主要是形成或有资产、或有负债的表外业务以及与证券、保险业务相关的表外业务。后者则主要是不形成或有资产、或有负债的表外业务。

三、表外业务分类介绍

（一）担保类表外业务

担保类表外业务即银行应交易的一方申请，承诺当申请人不能履约时由银行承担对另一方的全部或部分义务的行为。此类业务一般不占用银行的资金，但会形成银行的或有负债，当申请人（被担保人）不能及时履行其应尽的义务时，银行就必须代为履行付款等职责。银行要承担违约风险、汇率风险以及国家风险等多项风险，因此是一项风险较大的表外业务。银行担保类表外业务主要有担保、保函、银行承兑、备用信用证、商业信用证等。

1.担保

商业银行的担保业务主要是应企业要求为购货单位提供信用担保，常见的有监督付款、保证付款和投标鉴证三种类型。

（1）监督付款。商业银行应客户请求作出监督承诺以后，负责监督购销双方履行交易合同，监督供货方按合同要求按时发货，同时监督购货方收到对方货物后及时付款。银行在整个交易过程中除了起监督作用外不承担任何经济责任。

（2）保证付款。商业银行与购货方签订金融担保见证契约，为其履行付款义务提供保证。商业银行负责监督购货方在收到货物后及时付款。若到期后购货方无力支付货款，商业银行必须代替购货方支付。由于此项担保业务中商业银行负有较大的经济责任，所以担保费用较高。

（3）投标鉴证。商业银行应投标客户的请求，对其资金、技术能力和信用状况进行可行性调查，并为其提供信用保证。投标鉴证主要用于工程项目和设备订货的投标。

2.保函

保函又称银行保证书（letter of guarantee，L/G），是商业银行应申请人的请求，向第三方（受益人）开立的一种书面信用担保凭证，保证申请人在未能按双方协议履行其责任或义务时，由担保人代其履行一定金额、一定期限范围内的某种支付责任或经济赔偿责任。在保证付款责任上，根据保函性质不同，银行可以承担第一性的付款责任，也可以承担第二性的付款责任。保函业务与担保见证的最大区别是银行对外开立保函负有赔付责任，因此保函业务的手续费率比担保见证业务高。发达国家商业银行的保函业务主要有：投标保函（tender guarantee）、履约保函（performance guarantee/bond）、付款保函（payment guarantee）、租赁保函（leasing guarantee）、预付款保函（advance payment guarantee）、借款保函（bank guarantee for loan）等。常用的保函主要有投标保函、履约保函、付款保函。

3.银行承兑

银行承兑也称为票据承兑。票据一旦由银行开出并承兑，承兑银行就有义务在规定日期支付规定的金额。经过银行承兑的汇票，持票人可以在汇票到期之前在市场上贴现、筹借资金。在发达的金融市场上，承兑票据是可贴现的工具，可转让、出售。银行在票据承兑中，承担了信用风险，因此，银行收取承兑手续费作为补偿。银行在为承兑的汇票贴现时，还可以取得贴现利息。

4.备用信用证

备用信用证（standby letter of credit）是银行担保类业务的一种主要类型，通常是为债务人的融资提供担保。当某个信用等级较低的企业试图通过发行商业票据筹资时，常会面临不利的发行条件，此时它可以向一家银行申请开立备用信用证作为担保，一旦这家企业无力还本付息，由开证行承担债务的偿还责任。实际上，银行发放备用信用证给企业，就相当于在借款期内把自己的信用出借给了发行人，使发行人的信用等级从较低水平提高到了一个较高水平。

备用信用证的优点主要是：对于借款人来说，利用备用信用证使其由较低的信用等级上升到较高的信用等级，在融资中处于有利地位，可以较低成本获得资金。对于开证行而言，备用信用证业务的成本较低，申请人通常是与银行业务关系稳定的客户，减少了银行信用评估所耗费的支出；备用信用证可给银行带来较高盈利，银行在几乎不占用自有资金的情况下，仅靠出借自身信誉就可以获得较高收入，拓宽收益渠道。对受益人来说，备用信用证使受益人获得较高安全性。

5.商业信用证

商业信用证是国际贸易结算中的一种重要方式，是指进口商请求当地银行开出的一种证书，授权出口商所在地的另一家银行通知出口商，在符合信用证规定的条件下，愿意承兑或付款承购出口商提交的附有全套商业单据的汇票。信用证结算业务实际上就是进出口双方签订合同以后，进口商主动请求进口地银行为自己的付款责任作出的保证。

对于商业信用证，人们通常把它看作一种结算工具。而实际上从银行角度来看，商业信用证业务是一种重要的表外业务，银行以自身的信誉为进出口商之间的交货、付款作担保，一般来说不会占用其自有资金，是银行获取收益的重要途径。

商业信用证的特点有：（1）在商业信用证结算方式中，开证行担负第一付款责任，是第一付款人。出口商可以直接要求银行凭单付款，而无须先找进口商。开证行对出口商的付款责任是一种独立的责任，这一点与备用信用证的备用性有较大区别。（2）商业信用证是一个独立的文件。商业信用证一经开立，就完全脱离了买卖合同，成为一个独立的信用文件，开证行只须对信用证负责，只要出口商提供的单据符合信用证的规定，则开证行就有付款的责任，而不管实际中的交易情况如何，即信用证业务是以单证而不是货物作为付款依据的。(3) 商业信用证给各方带来好处：对进口商来说，商业信用证的使用提高了其资信度，使对方按约发货得到了保障；对出口商来说，最大的好处就是出口收款有较大的保障；对开证行来说，开立信用证既不必占用自有资金，还可以得到开证手续费收入。同时，进口商所交纳的押金，在降低垫款风险的同时，也可以为银行提供一定的流动资金。

(二) 承诺类表外业务

传统上的银行承诺主要是由银行向顾客允诺对其未来的经济交易如支付货款等承担某种信贷义务，目前各家银行进行的承诺通常是不反映在资产负债表上的信贷替代工具。作为金融创新品种，开立信贷证明、票据发行便利等得到了广泛应用。

1.贷款承诺

贷款承诺（loan commitment）是银行与借款客户之间达成的一种具有法律约束力的正式契约，在承诺期内，在客户满足贷款承诺中约定的先决条件下，银行按约定的金额、利率、时间等，满足客户的借款需要。出具贷款承诺视同发放贷款，因此贷款承诺的授权与贷款的授权一致，审批程序也一致。由于贷款承诺具有法律效力，银行要为此准备资金，因而要向客户收取一定金额的承诺费。

贷款承诺是介于银行资产负债业务和表外业务之间的一种业务，当借款客户按协议使用贷款额度后，贷款承诺就转成资产负债业务，反映在资产负债表上。如果借款客户未使用协议所规定的贷款额度，客户应对银行支付承诺费，此时贷款承诺属于表外业务，银行获取的承诺收入不反映在银行资产负债表上。常见的贷款承诺主要有三类：定期贷款承诺、备用贷款承诺（standby commitment）、循环贷款承诺。

2.贷款出售

贷款出售（loan sales）是指银行改变发放和持有贷款的传统经营思路，开始将贷款视为可销售的资产，在贷款形成以后，进一步采取各种方式出售贷款债权给其他投资者，出售贷款的银行将从中获得手续费收入。常见的贷款出售的类型有三种：更改、转让与参与。

(1) 更改是指出售银行将彻底从与借款人达成的合同中退出，由贷款的购买者取而代之，并与借款人重新签订新的合同，出售银行与借款人和购买者不再有任何联系。

(2) 转让是指出售银行事先通知借款人，将贷款合同中属于出售银行的权利转让给购买者，即购买者取得直接要求借款人还本付息的权利。

(3) 参与是指出售银行与购买者之间签订一个无追索权的协议，购买者通过支付一定金额，取得获取相应贷款本金所产生收益的权利。在这一过程中，并不涉及贷款合同中法定权利的正式转移。出售银行通常保留服务权，继续管理贷款，在借款人和购买者之间拨付资金。

3.票据发行便利

票据发行便利（note issuance facilities，NIFs）是一种具有法律约束力的中期周转性票据发行融资的承诺。根据事先与商业银行等金融机构签订的一系列协议，借款人可以在一个周期内（一般期限为5～7年），以自己的名义周转性发行短期票据，从而以较低的成本取得中长期的资金融通效果。银行允诺在一定期间内为其客户的票据融资提供各种便利条件。如果票据发行人是银行，票据通常采用短期存款证形式；如果票据发行人是一般企业，票据则采取本票形式。银行提供票据发行便利，实际上是运用自己发达的票据发行网络及丰富的客户资源，帮助特定客户出售短期票据以实现筹集资金的目的。这项业务不仅满足了客户对资金的需求，也节约了银行自有资金，使之被运用到收益更高的用途上去。

在票据发行便利中，发行的票据是可以循环的，大部分票据的期限为3个月或6个月。大多数欧美票据以美元计值，面额很大，通常为50万美元或更多，其销售对象主要是专业投资者或机构投资者，而不是私人投资者。持票人在他们的资产负债表中把票据列为一项资产，而银行的承诺通常不在资产负债表中列示，因此属于表外业务。

票据发行便利通过向大众发售票据，避免了由一家银行单独向客户提供资金，其功能类似于银行辛迪加，可以分散信贷集中造成的风险，规避金融监管当局对同一客户大额贷款不得超过银行资本金一定比例的管制。此外，提供票据发行便利的成本大大低于组织辛迪加贷款的成本，极具灵活性，可以使银行获得更多的手续费收入，同时还避免了资产负债表上资产及相应的资本金的增加。由于以上原因，票据发行便利迅速发展。

4.证券回购与逆回购协议

证券回购协议也称为再回购协议，是商业银行进行短期融资的一种方式，其含义是指出售证券等金融资产时签订协议，约定在一定的期限后按原定价格或约定价格购回所卖证券，从而获得即时可用资金。回购协议通常只有一个交易日，所涉及的证券主要是国债。还有一种逆回购协议，即贷出资金取得证券的一方承诺在一定时期后出售证券，收回贷出资金。

5.开立信贷证明

开立信贷证明是应投标人和招标人或项目业主的要求，在项目投标人资格预审阶段开出的用以证明投标人在中标后可在承诺行获得针对该项目的一定额度信贷支持的授信文件。

（三）租赁类表外业务

1.租赁类表外业务的概念

现代租赁是以“融物”的形式进行“融资”的，采取的是金融和贸易相结合的方式，因此不同于银行借款、发行公司债券、分期付款等长期信贷方式，而成为一种独立的信用形式。对商业银行自身来说，租赁类表外业务可视为一种资金运用，可列为资产业务：由银行出资购买设备租借给承租人，由于在租赁期内设备的所有权属于银行，从而成为银行的固定资产。此外，租赁业务还体现为表外业务的综合：如租赁公司或承租人委托银行提供信息，联系供货厂商，提供复杂的预测和计算服务，就属于信息咨询业务；在委托租赁中，银行为委托单位按时收取租赁费，就是一种代理业务；而委托单位如不提取租赁费，就成为银行可以占用的存款负债等。因此，租赁业务不但为商业银行提供了新的融资渠道，有利于银行资产业务的多样化和分散投资风险，而且为商业银行进一步拓展表外业务、加强服务功能提供了新的空间。

2.租赁类表外业务的种类

（1）经营性租赁与融资性租赁。

以性质为标准，租赁一般可以分为经营性租赁和融资性租赁两大类。

经营性租赁又称操作性租赁。这是一种短期租赁，指的是出租人向承租人短期租出设备，在租期内由出租人负责设备的安装、保养、维修、纳税、支付保险费和提供专门的技术服务等，因此其租金要高于融资性租赁。经营性租赁的租期要短于设备的预期寿命，租赁合同可中途解约，一次租赁的租金不足以抵消购置设备的成本，故又称非全部收回租赁。经营性租赁是一个反复出租的过程，当第一个租赁合约期满后，承租人将设备退回；出租人再与第二个承租人签订出租设备合同。由此决定了租赁物件一般是通用设备或技术含量高、更新速度快的设备，前者如银行的保管箱出租，后者如出租银行电脑、现代通信设施等。

融资性租赁是集融资和融物为一体的信用方式，兼有商品信贷和资金信贷的双重性特征。在整个租赁过程中，出租人通过出租设备商品的形式向承租人提供了信贷便利；而承租人直接借入设备商品，取得了设备商品的使用权，这实际上是获得了一笔资金信贷，并在从事生产经营的过程中创造出新的价值。这种既表现为设备融通的贸易形式，又反映为资金融通的信贷方式的融资性租赁，其特征表现为：设备的所有权和使用权分离；租金分期归流；资金与物资运动紧密结合。此外，还包括：具有出租方、承租方、供货方至少三个方面的关系和两个以上的合同，合同具有不可撤销性；承租人对设备保养、维修、保险和过时风险承担责任等。

（2）直接租赁、转租赁和回租租赁。

以租赁业务的具体方法为标准，租赁可分为直接租赁、转租赁和回租租赁三种形式。直接租赁又称自营租赁，指由银行或租赁公司从供货厂商购进承租人所需设备，然后直接租给承租人，设备所付款项由出租人筹措。转租赁指银行先以承租人的身份向租赁公司或厂商租进其用户所需要的设备，然后再以出租人的身份把设备租给承租人。回租租赁又称售后回租，指企业先将自己设备、厂房的所有权出售给银行，然后再作为承租人将其租回来使用。回租租赁是一种紧急融资方式，当企业急需资金时，可利用这种方式把固定资产变为流动资金，同时又不影响资产的使用，还可提前收回折旧和利润。

（3）单一投资租赁和杠杆租赁。

以租赁中出资者的出资比例为标准，租赁可分为单一投资租赁和杠杆租赁。单一投资租赁指的是由出租人承担购买租赁设备全部资金的租赁。出租人运用自有资金购买设备，必将受自身资金实力所限，因而是一种规模不大的传统租赁形式。杠杆租赁或代偿贷款租赁，指银行租赁部门若一时无能力购买巨额价值的设备，如海上钻井平台、大型客机、炼油或炼钢的成套设备等，可在小部分自筹资金的基础上向其他银行或保险公司筹借大部分贷款（一般占60%~80%），并以所购设备作为贷款抵押，以转让收取租金的权利作为贷款的额外保证，然后将设备租给承租人，以收取的租金偿还贷款。这种租赁方式现在比较常用。

第二节　商业银行中间业务

一、中间业务的含义

中间业务是指商业银行不运用或少运用自己的资金，而充分利用其在机构、技术、信息、信誉及资金等方面的优势，为客户提供各种金融服务并从中收取手续费的业务。国外商业银行一般将此类业务称为收费业务（fee-based businesses）。此项业务包含两层含义：一是指商业银行经营各项业务或提供金融服务时，均以中间代理人的身份或服务者的身份出现，为客户提供全方位的金融中介服务；二是指商业银行的中间业务从形式上看是独立于商业银行资产业务和负债业务之外的业务，实质上是与商业银行资产业务和负债业务相伴而生并长期依存的中介业务。

商业银行的中间业务，从是否间接形成资产负债业务或者承担风险大小的不同，可以分为狭义的中间业务和广义的中间业务，两者既有密切联系又有严格区分。关于狭义的中间业务，中国人民银行在2001年7月4日颁布的《商业银行中间业务暂行规定》中作出了明确定义，即“不构成商业银行表内资产、表内负债，形成银行非利息收入的业务”，也称无风险业务（risk free business）。可见，狭义的中间业务通过提供各类金融服务来收取手续费，属于纯粹的收费性质业务，由于在任何情况下都不会转化成表内的资产与负债，因此，它的风险也很小。

广义的中间业务，是指传统的中间业务加上表外业务。例如，担保类、承诺类等表外业务收入来源主要是担保费、承诺费等，而不是利息，在这点上它与传统中间业务相同，所以有人将它与传统中间业务并称为中间业务，也就是所谓的广义中间业务。

二、中间业务的主要种类

商业银行狭义中间业务主要有以下几大类别：

（一）支付结算类中间业务

支付结算类中间业务是指由商业银行为客户办理因债权债务关系引起的与货币支付、资金划拨有关的收费业务。商业银行通过支付结算业务成为全社会的转账结算中心和货币出纳中心，它不仅能为银行带来安全、稳定的收益，同时也是集聚闲散资金、扩大银行信贷资金来源的重要手段。规范和发展商业银行的支付结算业务，对市场经济的健康稳定发展，具有重要意义：加速资金周转，促进商品流通，提高资金运转效率；节约现金，调节货币流通，节约社会流通费用；加强资金管理，提高票据意识，增强信用观念；综合反映结算信息，监测国民经济活动，维护社会金融秩序的稳定等。

1.结算工具

结算业务借助的主要结算工具包括支票、汇票和本票。

（1）支票。支票是出票人签发的，委托办理支票存款业务的银行在见票时无条件支付确定的金额给收款人或者持票人的票据。支票的出票人，为经中国人民银行当地分支行批准办理支票业务的银行机构、开立可使用支票存款账户的单位和个人。按其支付方式，我国的支票可分为现金支票和转账支票。

（2）汇票。汇票有银行汇票和商业汇票之分。银行汇票是银行签发的并承诺在见票时按照实际结算金额无条件支付给收款人或者持票人的票据。由于银行汇票是自付证券，其出票人即付款人，因而具有本票的性质。商业汇票是由出票人签发的委托付款人在指定日期无条件支付确定的金额给收款人或者持票人的票据。商业汇票分为银行承兑汇票和商业承兑汇票。凡在银行开立账户的法人及法人内部独立核算的单位之间，必须具有真实交易关系的债权债务清算，才能使用商业汇票。

商业承兑汇票是由收款人签发，经付款人承兑，或由付款人签发并承兑的票据。在银行开立账户的法人之间进行购销活动等真实的商品交易，可使用商业承兑汇票。银行承兑汇票是由收款人或承兑申请人签发，并由承兑申请人向开户银行申请，经银行审查同意承兑的票据。目前我国的非银行金融机构不能办理商业汇票承兑业务。

（3）本票。依据出票人的不同，本票可分为商业本票和银行本票两种。商业本票是企业签发的无条件见票即付的票据。银行本票是银行签发的，承诺自己在见票时无条件支付确定的金额给收款人或者持票人的票据。银行本票分为定额和不定额两种，目前流行的主要是不定额本票。银行本票见票即付，视同现金，具有信誉高、支付能力强的特点。

2.支付结算方式

（1）汇款业务。这是指商业银行凭借自己的资信，通过国内外分支行或代理行之间的资金划拨，为各类客户办理款项收受或了结债权债务关系的一种业务。通常可分为电汇、信汇和票汇三种。电汇成本较高，故费率较高；信汇、票汇成本较低，且银行占用客户款项的时间较长，故费用较低。汇款结算方式一般涉及四个当事人，即付出款项的汇款人、接受汇款的收款人、办理汇出汇款的银行（汇出行）、受汇款行委托解付汇款的银行（汇入行或解付行）。此外，如汇出行和汇入行之间没有建立直接账户往来关系，还要有其他代理行参与汇款业务。

（2）托收业务。这是指收款人委托银行向付款人收取款项的结算方式。凡在银行开立账户的企业、单位和个人凭已承兑商业汇票、债券、存单及付款人债务证明办理款项结算的，均可使用托收结算方式。托收有跟单托收和光票托收之分。光票托收是指委托人开立的汇票不附带货运单据，有时汇票也附带发票等票据凭证，但只要不附带货运单据的都属于光票托收。跟单托收是指委托人将附有货运单据的汇票送交托收行代收款项的托收方式。

（3）托收承付业务。托收承付，又称异地托收承付，是根据购销合同由收款人发货后委托银行向异地付款人收取款项，由付款人向银行承认付款的结算方式。托收承付适用于国有企业、供销合作社以及经营管理较好，并经开户银行审查同意的企业的商品交易和因商品交易而产生的劳务供应的异地款项结算。使用托收承付结算方式必须具备下列条件：

①办理托收承付结算的款项，必须有商品交易或因商品交易而产生的劳务供应的款项。代销、寄销、赊销商品的款项，不得办理托收承付结算。

②收付款单位必须签有符合《中华人民共和国民法典》“合同编”的购销合同，并在合同上注明使用托收承付结算方式。

③收付双方必须重合同，守信用。

④要有商品确已发运的证件（包括铁路、航运、公路等运输部门签发的运单、运单副本和邮局包裹回执）。

（4）信用证结算。信用证结算是当今世界国际贸易领域使用最广泛的结算方式。信用证是指开证银行根据申请人的要求和指示，向受益人开立的具有一定金额、在一定期限内凭规定的单据在指定地点付款的书面保证文件。信用证结算涉及的基本当事人有：开证申请人，一般为进口商或购货商；开证行，即应开证申请人要求开立信用证的银行；受益人，即信用证保证金额的合法享有人，一般为出口商或销货商。

信用证结算方式的基本特点有：一是有银行信用作为保障，由开证行负第一性的付款责任，因而出口商收款有保证。二是信用证是独立的文件。它虽然以贸易合同为依据，但不依附于贸易合同。开证行只对信用证负责，只要表面上“单证一致”“单单一致”，银行就要履行付款责任。三是只凭单据，在信用证结算方式下，受益人要保证收款，就一定要提供相符单据，开证行要拒付也只能以单据表面的不符点为由。

3.其他支付结算业务

其他支付结算业务包括利用现代支付系统实现的资金划拨、清算，利用银行内外部网络实现的转账等业务。

（二）代理类中间业务

1.代理类中间业务的概念

代理类中间业务是指商业银行接受政府、企业单位、其他金融机构以及自然人的委托，以代理人的身份代表委托人办理指定的经济事务、提供金融服务并收取一定费用的经营活动。在代理业务中，委托人和银行必须用契约方式规定双方的权利和义务，包括代理的范围、内容、期限以及纠纷的处理等，并由此而形成一定的法律关系。在代理过程中，客户的财产所有权不变，银行则充分运用自身的信誉、技能、信息等资源优势，代客户行使监督管理权，提供各种金融服务。银行一般不动用自己的资产，不为客户垫款，不参与收益分配，只收取代理手续费，因而是风险较低的银行业务。

2.代理类中间业务的种类

商业银行代理业务的种类繁多，服务范围广泛，并随着经济和金融的发展，在传统代理业务不断改进和完善的基础上，源源不断地推出创新品种。

（1）代理中央银行或政策性银行业务。商业银行接受中央银行或政策性银行委托，代为办理因服务功能和网点设置等方面的限制而无法办理的业务，如代理财政性存款、代理国库、代理发行库、代理贷款项目管理等。

（2）代理行业务。分支机构的有限性与业务的综合化和全球性之间的矛盾催生了代理行业务。代理行关系一般都是双向的，代理行为对方银行及其客户提供各类金融服务，如为对方接受及发放贷款、划拨资金、买卖证券等。

（3）代收代付业务。商业银行利用自身的固定资产和结算网络，接受客户的委托办理指定款项收付事项的业务，如代理各项公用事业收费、代理行政事业性收费、代发工资、代扣按揭消费贷款还款等。

（4）代理证券业务。商业银行接受委托代为办理发行、兑换和买卖各类有价证券的业务，还包括接受委托代办债务还本付息、代发股票红利、代理证券清算等业务。这里的证券主要包括国债、金融债券、公司债券、股票、保单和基金等。

（5）代理保险业务。商业银行接受保险公司委托代其办理保险业务。商业银行代理保险业务，可以受托代个人或法人投保各险种的投保事宜，也可以作为保险公司的代表，与保险公司签订代理协议，代保险公司承接有关的保险业务。代理保险业务一般包括代售保单业务和代付保险金业务。

（6）其他代理业务。其他代理业务包括代理财政委托业务、代理保管、代理会计事务、代理监督、代理清欠等。

（三）咨询顾问类中间业务

咨询顾问类中间业务指商业银行依靠自身在信息、人才、信誉等方面的优势，收集和整理有关信息，并通过对这些信息以及银行和客户资金运作的记录和分析，形成系统的档案和解决方案，供客户选择，以满足其业务经营管理或发展需要的服务活动。咨询顾问类中间业务一般有以下四种类型：

（1）企业信息咨询服务，如企业信用等级评估、资信证明、项目评估、企业管理咨询等。

（2）资产管理服务，是为自然人或机构投资者提供全面的资产管理方案，包括投资组合管理、投资分析、税务服务以及风险控制等。

（3）财务顾问服务，主要包括项目顾问服务和并购顾问服务等。项目顾问服务是指商业银行为大型建设项目的融资安排提供系统和专业的方案，并购顾问服务是指商业银行为企业的并购提供财务顾问服务。

（4）现金管理服务。现金管理是商业银行帮助企业合理高效地管理经营过程中的资金头寸。在这一过程中，企业既不闲置资金又能保证灵活周转，以获取经济效益；同时，银行也能收取一定的手续费，并进一步加强与客户的关系。目前，各商业银行的现金管理平台已经被众多集团性客户广泛接受，且运行良好。

（四）银行卡类业务

银行卡是由经授权的金融机构（主要是商业银行）向社会发行的具有信用、存取现金、转账结算等全部或部分功能的信用支付工具。银行卡按是否能透支分为贷记卡（信用卡）和借记卡；按币种不同可分为人民币卡和外币卡；按信息存储介质不同可分为磁条卡和芯片卡等。

1.信用卡

信用卡按是否向发卡银行交存备用金分为贷记卡和准贷记卡。贷记卡是发卡银行给予持卡人一定的信用额度，持卡人可在信用额度内先消费、后还款的信用卡。准贷记卡是指持卡人必须先按一定的要求交存一定金额的备用金，当备用金账户余额不足时，可在发卡行规定的信用额度内透支的信用卡。

2.借记卡

借记卡是无透支功能的银行卡，其遵循“先存款，后消费”的原则，根据其功能不同又可分为转账卡、专用卡和储值卡等。转账卡是实时扣账的借记卡，有转账结算、存取现金和消费的功能。专用卡是指在特定区域具有专门用途（不包括百货、餐饮、娱乐等行业）的借记卡，具有转账、存取现金的功能。储值卡是银行根据持卡人要求将资金转至卡内储存，交易时直接从卡内扣款的钱包式借记卡。

3.联名/认同卡

联名/认同卡是商业银行与营利性机构、非营利性机构合作发行的银行卡附属产品，其所依附的银行卡品种必须是已经银行监管机构批准的品种，并应当遵守相应品种的业务章程或管理办法。

4.芯片卡

不同于一般的磁条卡，芯片卡是指在银行卡中嵌入了集成电路芯片，可以存储银行卡业务中与客户相关的大量数据信息，既可以联机使用，也可以脱机使用的一种智能卡。芯片卡还可以通过射频技术与IC卡的读卡器进行通信，其通过卡里的集成电路存储信息，不同于磁条卡是通过卡内的磁力记录信息。因此，芯片卡的成本一般比磁条卡高，但保密性更好。

第三节　金融衍生品

一、金融衍生品的含义及特点

（一）金融衍生品的界定

金融衍生产品（derivatives）是指价值依赖于基础资产（underlying）价值变动的合约（contracts）。这种合约可以是标准化的，也可以是非标准化的。标准化合约是指其标的物（基础资产）的交易价格、交易时间、资产特征、交易方式等都是事先标准化的，因此此类合约大多在交易所上市交易，如期货。非标准化合约是指以上各项由交易的双方自行约定，因此具有很强的灵活性，比如远期协议。通常金融衍生品主要包括远期、期货、期权、互换及其组合。

金融衍生品的共同特征是保证金交易，即只要支付一定比例的保证金就可进行全额交易，不需实际上的本金转移，合约的了结一般也采用现金差价结算的方式进行。因此，金融衍生品交易具有杠杆效应，保证金越低，杠杆效应越大，风险也就越高。

金融衍生类表外业务是指商业银行在金融衍生品市场上通过购买金融衍生工具以套期保值或投机获利的经营活动。

（二）金融衍生品的特点

金融衍生品具有以下几个特点：

1.零和博弈

零和博弈即合约交易的双方盈亏完全负相关，并且净损益为零，即一方的收益必然意味着另一方的损失，因此称“零和”。

2.跨期性

金融衍生工具是交易双方通过对利率、汇率、股价等因素变动的趋势的预测，约定在未来某一时间按一定的条件进行交易或选择是否交易的合约。无论是哪一种金融衍生工具，都会影响交易者在未来一段时间内或未来某时间上的现金流，跨期交易的特点十分突出。这就要求交易的双方对利率、汇率、股价等价格因素的未来变动趋势作出判断，而判断的准确与否直接决定了交易者的交易盈亏。

3.联动性

联动性是指金融衍生工具的价值与基础产品或基础变量紧密联系，规则变动。通常，金融衍生工具与基础变量相联系的特征由衍生工具合约所规定，其联动关系既可以是简单的线性关系，也可以是非线性函数或者分段函数关系。

4.不确定性和高风险性

金融衍生工具的交易后果取决于交易者对基础工具未来价格的预测和判断的准确程度。基础工具价格的变幻莫测决定了金融衍生工具交易盈亏的不稳定性，这是金融衍生工具具有高风险的重要原因。

5.高杠杆性

金融衍生品的交易采用保证金（margin）制度，即交易所需的最低资金只需满足基础资产价值的某个百分比。保证金可以分为初始保证金（initial margin）、维持保证金（maintains margin），在交易所交易时采取盯市（marking to market）制度。如果交易过程中的保证金比例低于维持保证金比例，那么将收到追加保证金通知（margin call）；如果投资者没有及时追加保证金，将被强行平仓。金融衍生品交易具有高风险、高收益的特点。

二、金融衍生品的种类

（一）金融远期

金融远期（forward）是指双方约定在未来的某一确定时间，按确定的价格买卖一定数量的某种金融资产的合约。合约中规定的未来买卖标的物的价格称为交割价格。

远期合约是非标准化合约，因此它不在交易所交易。在签订远期合约之前，双方可以就交割地点、交割时间、交割价格、合约规模等细节进行谈判，以便尽量满足双方的需要。远期合约跟期货合约相比灵活性更强，这是远期合约的主要优点。金融远期合约主要有远期利率合约、远期外汇合约和远期股票合约等。

（二）金融期货

金融期货（future）是指以各种金融工具作为标的物的期货交易方式。这些金融工具可以是外汇、债券、股票指数等。金融期货以脱离了实物形态的货币汇率、借贷利率、各种股票指数作为交易对象，和商品期货有很大不同，其中金融期货最为特殊之处在于许多金融期货并不进行传统意义上的交割，合约到期后进行对冲结算差额。按照标的物不同，金融期货可以分为利率期货、外汇期货和股票指数期货。利率期货是指标的物的价格依赖于利率水平的期货合约，如长期国债期货、短期国债期货和欧洲美元期货等。外汇期货也称货币期货，是指以汇率为标的物的期货合约。股票指数期货的标的物就是股票指数，由于股票指数没有具体的实物形式，双方在交易时只能把股票指数的点数换算成货币单位进行结算。

（三）金融期权

金融期权（option）又称选择权，是指赋予其购买者在规定期限内按双方约定的价格购买或出售一定数量某种金融资产的权利的合约。对于期权的购买者来说，期权合约赋予他的只有权利，而没有任何义务。他可以在规定期限以内的任何时间或期满日行使其购买或出售标的资产的权利，也可以不行使这个权利。对期权的出售者来说，他只有履行合约的义务，而没有任何权利。当期权购买者按合约规定行使其买进或卖出标的资产的权利时，期权出售者必须依约相应地卖出或买进该标的资产。作为给期权出售者承担义务的报酬，期权购买者要支付给期权出售者一定的费用，称为期权费或期权价格。

期权费视期权种类、期限、标的资产价格的易变程度不同而不同。按期权购买者的权利划分，期权可以分为看涨期权和看跌期权。凡是赋予期权购买者购买标的资产权利的合约，就是看涨期权，而赋予期权购买者出售标的资产权利的合约就是看跌期权。按期权购买者执行期权的时限划分，期权可以分为欧式期权和美式期权。欧式期权的购买者只能在期权到期日才能执行期权，而美式期权允许购买者在期权到期前的任何时间执行期权。按期权合约的标的资产划分，金融期权合约可以分为利率期权、货币期权、股票指数期权、股票期权等现货期权以及金融期货期权。

（四）互换合约

互换（swap）是两个或两个以上的交易方根据预先制定的规则，在一段时期内交换一系列款项的支付活动。这些款项有本金、利息、收益等，可以是其中一项，也可以是多个组合，以达到双方互利的目的。通常，筹资者的规模、收益能力、信用级别各不相同，同时不同筹资场所信息的不对称性程度也不同，其结果不仅使不同的筹资者在同一筹资场所的筹资成本存在差异，而且使同一筹资者在不同的筹资场所筹资成本也有很大差异。因此，互换正是旨在借助各个筹资者的比较优势来对市场之间的这种差异进行套利，将这部分利益分配给有关各方。互换的种类有利率互换、货币互换、商品互换和股权互换等。商业银行经常进行的互换交易主要是利率互换和货币互换。

三、金融创新与衍生品

（一）金融创新的含义

有关金融创新的定义，大多是根据美籍奥地利著名经济学家熊彼特（Joseph Alois Schumpeter，1883—1950）的观点衍生而来。熊彼特于1912年在其成名作《经济发展理论》（Theory of Economic Development）中对创新所下的定义是：创新是指新的生产函数的建立，也就是企业家对企业要素实行新的组合。

按照这个观点，创新包括技术创新（产品创新与工艺创新）与组织管理上的创新，因为两者均可导致生产函数或供应函数的变化。具体地讲，创新包括五种情形：（1）新产品的出现；（2）新工艺的应用；（3）新资源的开发；（4）新市场的开拓；（5）新的生产组织与管理方式的确立，也称为组织创新。

金融创新定义虽然大多源于熊彼特经济创新的概念，但各个定义的内涵差异较大，总括起来，对于金融创新的理解有三个层面：

1.宏观层面

宏观层面的金融创新将金融创新与金融史上的重大历史变革等同起来，认为整个金融业的发展史就是一部不断创新的历史，金融业的每项重大发展都离不开金融创新。

从这个层面上理解，金融创新有如下特点：金融创新的时间跨度长，将整个货币信用的发展史视为金融创新史，金融发展史上的每一次重大突破都被视为金融创新；金融创新涉及的范围相当广泛，不仅包括金融技术的创新，金融市场的创新，金融服务、产品的创新，金融企业组织和管理方式的创新，金融服务业结构上的创新，而且包括现代银行业产生以来有关银行业务、银行支付和清算体系、银行的资产负债管理乃至金融机构、金融市场、金融体系、国际货币制度等方面的历次变革。如此长的历史跨度和如此广的研究空间使得金融创新研究可望而不可即。

2.中观层面

中观层面的金融创新是指20世纪50年代末60年代初以后，金融机构特别是银行中介功能的变化，它可以分为技术创新、产品创新以及制度创新。技术创新是指制造新产品时，采用新的生产要素或重新组合要素、生产方法、管理系统的过程。产品创新是指产品的供给方生产出比传统产品性能更好、质量更优的新产品的过程。制度创新则是指一个系统的形成和功能发生了变化，而使系统效率有所提高的过程。从这个层面上看，可将金融创新定义为政府或金融当局和金融机构为适应经济环境的变化和金融过程中的内部矛盾运动，防止或转移经营风险和降低成本，为更好地实现流动性、安全性和盈利性目标而逐步改变金融中介功能，创造和组合一个新的高效率的资金营运方式或营运体系的过程。中观层面的金融创新概念不仅把研究的时间限制在

20世纪60年代以后，而且研究对象也有明确的内涵，因此，大多数关于金融创新理论的研究均采用此概念。

3.微观层面

微观层面的金融创新仅指金融工具的创新。其大致可分为四种类型：①信用创新型，如用短期信用来实现中期信用，以及分散投资者独家承担贷款风险的票据发行便利等；②风险转移创新型，它包括能在各经济机构之间相互转移金融工具内在风险的各种新工具，如货币互换、利率互换等；③增加流动创新型，它包括能使原有的金融工具提高变现能力和可转换性的新金融工具，如长期贷款的证券化等；④股权创新型，它包括使债权变为股权的各种新金融工具，如附有股权认购书的债券等。

我国学者对此的定义为：金融创新是指金融内部通过各种要素的重新组合和创造性变革所创造或引进的新事物，并认为金融创新大致可归为三类：（1）金融制度创新；（2）金融业务创新；（3）金融组织创新。

从思维层次上看，"创新"有三层含义：（1）原创性思想的跃进，如第一份期权合约的产生；（2）整合性，即将已有观念的重新理解和运用，如期货合约的产生；（3）组合性创新，如蝶式期权的产生。

（二）金融衍生品的创新

短期商业票据（ABCP）、住房抵押贷款支持证券（MBS）、抵押担保凭证（CMO）、商业抵押贷款支持证券（CMBS）、资产支持证券（ABS）等，以及SPV（资产证券化）、SIV（结构性投资载体）、CDS（信用违约互换）、CDO（担保债务凭证）、资产支持信用联结票据、利差期权、信用风险证券化、依托信用指数的信用衍生产品等，都是金融不断创新的产物。

四、表外业务面临的风险

商业银行表外业务，特别是金融衍生品交易，杠杆率高，自由度大，而透明度差，所以表外业务隐含的风险较高。巴塞尔委员会对表外业务有专门的规定，根据巴塞尔委员会的定义，表外业务主要存在以下风险：

（一）信用风险

信用风险是指借款人还款的能力发生问题而使债权人遭受损失的风险。表外业务不直接涉及债权债务关系，但由于表外业务多是或有债权和或有负债，当潜在的债务人由于各种原因而不能偿付给债权人时，银行就有可能变成债务人。例如，在信用证业务和票据发行便利业务中，一旦开证人或票据发行人不能按期偿付，银行就要承担偿付责任。在场外远期交易中，常会发生交易对手因破产或故意违约而使预定风险管理计划落空的情况。

（二）市场风险

市场风险是指由于市场价格波动而使债权人蒙受损失的风险。在表外业务中，由于利率和汇率频繁波动，银行的预测也经常会失误，这会导致资产发生损失的概率增大。特别是在金融衍生品交易中，往往会由于金融市场的突然性变化，在预定目标无法实现的同时还会引致亏损，这有悖于银行参与交易的初衷，非但没能达到避险、控制成本的目的，反而使银行蒙受巨大损失。

（三）流动性风险

流动性风险是指在表外业务中，特别是在进行金融衍生品的交易中，交易一方要想进行对冲，轧平其交易标的的头寸时，却找不到合适的对手，无法以合适的价格在短时间内完成抛补而出现资金短缺所带来的风险。这种风险经常发生在当银行提供过多的贷款承诺和备用信用证时，这隐含着银行有可能无法满足客户随时提用资金要求的风险。一旦出现大范围金融动荡，大家都会急于收回资金，结果导致在最需要流动性时，银行面临的流动性风险最大。

（四）结算风险

结算风险是在开展表外业务后，到交割期不能及时履约而产生的风险。风险发生的原因较复杂，有可能是由于会计技术操作上的原因造成的，也可能是由于债务人或付款人偿还能力不足造成的。

（五）操作风险

操作风险是由于银行内部控制失效，对操作人员的授权管理不当，或者是业务人员工作失误，内部工作人员出现道德风险而犯罪作案等给银行带来的损失。由于表外业务透明度较差，其运作中存在的问题不易被及时发现，因此，操作风险存在的可能性较大，而且一旦发生操作风险，银行就会损失惨重。

（六）经营风险

经营风险是指由于银行经营决策失误，导致在表外业务中，特别是金融衍生品交易中交易品种搭配不当，或在某一时点面临风险头寸敞口可能带来的损失远超银行偿付能力等，使银行在交易中处于不利地位。

（七）信息风险

信息风险是指表外业务给银行会计处理带来诸多困难，而无法真实地反映银行的财务状况，使银行管理层、客户和投资者不能及时得到准确的信息，从而作出不适当的投资决策所遭受的损失。尽管某些表外业务可降低单个交易的风险，但由于现行会计制度无法及时、准确地披露表外业务给银行带来的盈亏，进而使各关系人无法作出适当的决策。这种情况重复出现得越多，反映在银行账户变化上的错误信息也越多，管理层作出的投资决策失误就越严重，银行面临的风险也就越大。

第四节　商业银行其他表外业务

一、资管业务的形成与发展

（一）资管业务与资管产品

根据艾瑞咨询所发布的《2019中国互联网财富管理行业研究报告》，中国个人可投资金融资产规模从2013年的76万亿元增长到2018年的147万亿元，且预期未来5年将以10.6%的速度增长。随着经济的快速发展，居民收入水平大幅度增长，我国资管行业也获得快速发展。理财产品、私人银行、财富管理、非标资产、“大资管”等概念广为流传。

1.金融机构资管业务

资管业务是指银行等资产管理机构接受投资者委托，对受托的投资者财产进行投资和管理的金融服务。根据中国人民银行等颁布的《关于规范金融机构资产管理业务的指导意见》（银发〔2018〕106号），金融机构为委托人利益履行诚实信用、勤勉尽责义务并收取相应的管理费用，委托人自担投资风险并获得收益。金融机构可以与委托人在合同中事先约定收取合理的业绩报酬，业绩报酬计入管理费，需与产品一一对应并逐个结算，不同产品之间不得相互串用。

2.资管业务的属性

根据中国人民银行等颁布的《关于规范金融机构资产管理业务的指导意见》，资管业务是金融机构的表外业务，金融机构开展资管业务时不得承诺保本保收益。出现兑付困难时，金融机构不得以任何形式垫资兑付。金融机构不得在表内开展资管业务。信托产品的上位法为《中华人民共和国信托法》，基金产品的上位法为《中华人民共和国证券投资基金法》，证监会亦明确规定了证券期货私募资管产品监管细则的上位法是《中华人民共和国证券投资基金法》。而商业银行和银行理财子公司发行的理财产品依据信托法律关系设立。《商业银行理财业务管理办法》和《商业银行理财子公司管理办法》明确规定，理财产品财产是独立于管理人、托管人的资产，不属于其清算财产，不能进行债权债务抵销。同时，要求商业银行和银行理财子公司诚实守信、勤勉尽责地履行受人之托、代人理财的职责，在“买者有责”的基础上实现“买者自负”，保护投资者合法权益。因此，理财产品本质上并不是“委托代理”关系，而是信托关系。“委托代理”关系是委托人（授权人）将其财产和货币交给受托人之后，受托人投照委托人的指令和以委托人的名义进行各种活动。而信托关系是委托人将其货币资金或者财产交给受托人之后，受托人以自己的名义来管理和操作这些货币资金和财产。

3.金融机构资管产品

获批经营资管业务的机构可以提供的资管产品包括但不限于人民币或外币形式的银行非保本理财产品、资金信托，以及证券公司、证券公司子公司、保险资产管理机构、基金管理公司、期货公司、期货公司子公司、金融资产投资公司发行的资管产品等。

资管产品根据募集方式的不同，分为公募产品和私募产品。根据投资性质的不同，分为固定收益类产品、权益类产品、商品及金融衍生品类产品和混合类产品。固定收益类产品投资于存款、债券等债权类资产的比例不低于80%，权益类产品投资于股票、未上市企业股权等权益类资产的比例不低于80%，商品及金融衍生品类产品投资于商品及金融衍生品的比例不低于80%，混合类产品投资于债权类资产、权益类资产、商品及金融衍生品类资产且任一资产的投资比例未达到前三类产品标准。

金融机构在发行资管产品时，应当按照上述分类标准向投资者明示资管产品的类型，并按照确定的产品性质进行投资。在产品成立后至到期日前，不得擅自改变产品类型。混合型产品投资债权类资产、权益类资产和商品及金融衍生品类资产的比例范围，应当在发行产品时予以确定并向投资者明示，在产品成立后至到期日前不得擅自改变。产品的实际投向不得违反合同约定，除高风险类型的产品超出比例范围投资较低风险资产外，应当先行取得投资者书面同意，并履行登记备案等法律法规以及金融监督管理部门规定的程序。

（二）美国的资管业务形成与发展

1.20世纪70年代

金融机构对客户的资管业务历史悠久，但具有现代意义的资管业务大约出现在20世纪70年代，这主要是受金融机构间的竞争加剧和利率市场化的推动，当时美国最有名的产品就是货币市场互助基金（MMMF）、货币市场存款（MMDA）等创新产品。第二次世界大战后至20世纪60年代，随着美国成为全球第一大经济体，富裕阶层和中产阶级逐渐形成。为了争夺这一庞大的市场，金融机构开始面向更广大的中产阶层提供综合理财服务，投资顾问业务由此兴起和壮大。

20世纪70年代中后期，美国为应对公共养老金不足的难题，政府以税收优惠鼓励个人为退休进行更多储蓄，推出个人退休金账户（即IRAS）和雇主养老金计划。其中，用于企业补充养老保险的401K计划影响最为广泛。

2.20世纪八九十年代

一方面，20世纪八九十年代，是美国财富管理蓬勃发展期。1946—1964年出生的“婴儿潮”一代步入中青年，理财人口基数和理财需求大幅上升。另一方面，随着20世纪80年代开始的利率市场化改革的不断深入，银行等金融机构的利差变窄，利息收入变少，银行转型面临巨大压力。银行转型非利息业务成为必然，而财富管理业务以收取佣金为主要盈利模式，为银行带来非利息收入增长点。

在这一过程中，银行的服务模式和盈利模式也在悄然发生变化。“资产管理-投资顾问-产品销售”服务模式和交叉销售成为主流。投资顾问为投资者提供理财规划和服务，向投资者收费的“Fee-based”收入模式开始在美国占据主流。

3.1999年之后的混业经营时代

1999年美国通过了《金融服务现代化法案》，重新允许商业银行与投资银行业务混业经营。由于财富管理行业资本占用少、收益高，因此参与机构的数量和范围不断扩大。截至2019年12月，美国SEC注册投顾数量已超过1.3万家。2017年年底，美国资管规模达到30.73万亿美元，占全球主要地区资管总额的近60%。在全球资管规模排名前20的机构中，有13家是美国的资管机构。

美国资管机构的投资标的主要可分为权益类投资、固定收益类投资、混合类投资（即权益与固定收益的混合投资）、现金管理类投资。大型资管机构对上述类别的产品都会有所涉猎。美国道富银行资产托管规模全球第一，号称“银行的银行”，专注于被动型权益投资、固定收益投资。道富银行的专业化、信息化、差异化是其核心竞争力。摩根大通的资管产品以主动型为主，包括共同基金、对冲基金、指数投资等，能够为客户供优质的服务。纽约梅隆银行的收入主要依靠收取管理费和服务费，其产品线中主要以负债驱动投资、指数投资类和现金资产为主。

从参与主体来看，主要包括五大类：传统私人银行、资产管理公司、券商、独立顾问和家族财富管理工作室。资产管理机构通过代销或直销渠道，向客户群提供标准的基金产品或者具有一定理财功能的生命周期产品。

（三）中国的资管业务形成与发展

自光大银行2004年发行第一只银行理财产品后，我国银行理财业务发展迅速，成为资管市场的主力军。2012年以来，银行、信托、证券、保险、基金等各类金融机构纷纷瞄准资管业务，形成了“大资管”格局。

2013年后，来自基金、券商、信托、保险等机构的竞争对商业银行资管业务形成了明显冲击。特别是货币市场基金规模的迅速壮大，使银行理财产品中的无固定期限类产品受到重大影响。2013年阿里巴巴与天弘基金推出的余额宝的收益水平远超一年期定期存款水平，加上支付、转账等功能的嵌入，这种产品受到市场的热烈追捧。2014年年初，天弘基金管理的货币市场基金规模超过2 500亿元，已经相当于中型股份制商业银行理财业务的总规模。

我国资产管理规模2012年年末大约为27万亿元人民币，到2017年年末已经超过120万亿元。在资产管理大发展的同时，也出现了许多乱象，因此2017年11月“资管新规”出台。此后，资管行业规模开始呈现下降趋势。2019年第二季度末，资管行业规模达115.83万亿元。

二、商业银行理财产品

（一）银行理财产品分类

商业银行理财产品是资管产品的一个部分。根据中国人民银行等颁布的《关于规范金融机构资产管理业务的指导意见》的规定，资管产品包括但不限于人民币或外币形式的银行非保本理财产品，资金信托，证券公司、证券公司子公司、基金管理公司、基金公司子公司、期货公司、期货公司子公司、保险资产管理机构、金融资产投资公司发行的资管产品等。

按不同标准，商业银行理财产品可进行不同的分类：根据币种的不同，可分为人民币理财产品和外币理财产品；根据客户获取收益方式的不同，可分为保证收益理财产品和非保证收益理财产品；根据投资领域的不同，可分为债券型理财产品、信托型理财产品、挂钩型理财产品、QDII型理财广品；根据客户自身条件的不同，可分为一般个人类产品、高资产净值类产品、私人银行类产品、机构专属类产品、金融同业产品。

（二）产品要素

作为金融产品，银行理财产品尽管纷繁复杂，但也具备一般金融产品，特别是债权类产品的基本要件，主要由以下要素构成：

（1）发行者。发行者也就是银行理财产品的卖家，一般就是开发理财产品的金融机构。

（2）认购者。认购者也就是银行理财产品的投资人。有些理财产品并不是面向公众的，而是有针对性地向特定认购群体推出的。

（3）期限。任何理财产品发行之时都会规定一个期限。银行发行的理财产品大部分期限都比较短。当投资长期理财产品时，投资人还需要避免利率波动等造成的损失。

（4）价格和收益。对理财产品而言，其价格就是相关的认购、管理等费用以及该笔投资的机会成本。收益率表示的是该产品给投资人带来的收入占投资额的百分比。

（5）风险。在有效的金融市场上，风险和收益永远是对等的，投资人应该详细了解自己的风险偏好和产品的风险结构状况。

（6）流动性。流动性指的是资产的变现能力。在同等条件下，流动性越高，收益率越低。

（7）理财产品中嵌套的其他权利。在一些结构性理财产品中，常常嵌入了期权等金融衍生品。有些理财产品中包含了投资人提前赎回条款或银行提前终止合同条款。

三、资产证券化

（一）资产证券化的定义和意义

资产证券化是指将缺乏流动性但具有稳定现金流量的资产，通过信用增级等发行资产支持证券（Asset-backed Securities，ABS）的过程。资产证券化的概念一般有两种比较知名的定义。按美国证券交易委员会的概念，资产证券化是指创立主要由一组不连续的应收账款和其他资产组合产生的现金流担保的证券，它可以是固定的和循环的，并可根据条款在一定时期内变现，同时附加一些其他权利或资产来保证上述担保或按时间向证券持有人分配收益。按美国学者Dener给出的定义，资产证券化是使储蓄者和借款者通过金融市场得以部分或全部匹配的一个过程或工具。这一定义更加微观、具体、形象。

信贷资产证券化代表性模式大致有三种：一是美国模式，也称表外业务模式；二是欧洲模式，亦称表内业务模式；三是澳大利亚模式，也称准表外模式。这三种模式的主要区别是已证券化资产是否脱离原始权益人的资产负债表。

资产证券化的意义在于，资产证券化为金融机构规避利率风险、增强资产流动性提供了有效手段，资产证券化的手续费已经成为金融机构的重要收入来源，资产证券化也有助于降低监管成本，降低资本充足要求、准备金要求和保险费等。资产证券化为银行资产流动性管理提供了新的手段来降低银行存款依存度，对商业银行业经营模式和盈利模式、银行业的作用和地位以及金融监管产生重大影响。不仅如此，证券化还实现了银行与金融市场的连接，是新的金融生态链中不可或缺的一环。资产证券化自20世纪80年代初创立以来，发展非常迅速，在欧美等发达国家运用得非常普遍。曾经美国一半以上的住房抵押贷款、3/4以上的汽车贷款都是靠发行资产支持证券来提供的。我国是从2005年开始引入资产证券化业务的。

（二）美国资产证券化市场

1.基本情况

20世纪80年代初，美国的政府国民抵押贷款协会（吉利美）首次发行以抵押贷款组合为基础资产的抵押支持证券——房贷转付证券。此后，资产证券化因逐渐成为一种被广泛采用的金融创新工具而得到了迅猛发展，并衍生出一系列各具特色的证券化产品。根据证券化的基础资产不同，可以将资产证券化分为不动产证券化、应收账款证券化、信贷资产证券化、未来收益证券化（如高速公路收费）、债券组合证券化等类别。

资产证券化产品主要有住房抵押贷款支持证券（MBS）、资产支持证券（ABS）两大类，MBS又可以分为住房抵押担保证券（RMBS）和商业地产抵押担保证券（CMBS）及其他衍生证券（CMO）。资产支持证券包括以汽车贷款、信用卡贷款、学生贷款等为基础资产的ABS区担保债务凭证（CDO）。CDO主要是以投资级、高收益级公司债，杠杆化银行贷款为基础资产的衍生证券，包括担保债券凭证（CBO）和担保贷款凭证（CLO）。

截至2015年年末，美国资产证券化产品余额达到了10万亿美元，其中由房地美、房利美和吉利美三大机构担保的MBS产品余额达到7.23万亿美元，占到全部证券化产品的72%；私人发行的MBS达到1.49万亿美元；ABS产品余额相对较小，但也达到了1.33万亿美元。其中，ABS产品的基础资产主要包括学生贷款、汽车贷款、信用卡贷款、企业设备租赁以及CDO产品。

对发行的资产支持证券根据风险大小分级，设计结构化产品，为需求不同的投资人提供“风险-收益”不同组合的投资产品，是资产证券化市场的一大发展趋势。CLO的基础资产是风险较高且收益较高的贷款，按信用风险从低到高分为优先级、中间级和股权级，最优质资产为AAA级。一旦抵押贷款出现违约，损失就将由股权级先行吸收，AAA级最后承担损失。CLO证券化产品的投资者是美国、日本和欧洲的银行及保险公司，包括富国银行、花旗银行、摩根大通、瑞穗银行、索尼银行等。一般而言，商业银行等购买AAA级别和AA级别的CLO，保险公司购买A级别的CLO，BBB级别的投资人大多是投资基金，其他风险更高的产品由对冲基金购买。2007年的次级抵押债券引发了次贷危机，并席卷全球。2019年，根据穆迪公司发布的报告，美国结构化融资市场自次贷危机后开始呈现复苏迹象，其中以担保贷款凭证（CLO）的增长最为明显。

2.MBS的市场情况

一直以来，美国固定收益证券市场非常发达，债务类型包括联邦政府债、地方政府债、联邦机构债、MBS、公司债券和资产支持证券等。在次贷危机发生前的2005

年，MBS占据市场绝对地位。相比之下，传统的联邦政府债、地方政府债、联邦机构债不像过去那样受投资者追捧。但是，次级贷款危机后，MBS市场大幅度萎缩。2016年的数据显示，联邦政府债又成为市场的主角。

（三）我国资产证券化市场的发展

总体来讲，我国信贷资产证券化起步较晚，发展历程可分为试点、停滞和重启三个阶段。到目前为止，资产证券化市场规模还不够大。

自从2005年12月中国建设银行发行国内首单个人住房抵押贷款证券化产品后，各大银行积极开展信贷资产证券化，在不良资产处置、存量资产盘活和信贷结构优化调整等方面发挥了重要作用。以中国工商银行为例，2019年共发起18期信贷资产证券化项目，发行规模1 406.8亿元。其中，有10期是个人住房抵押贷款证券化项目，发行规模1 312.39亿元；4期为个贷不良贷款资产证券化项目，发行规模合计41.57亿元；3期为信用卡不良资产证券化项目，发行规模合计17.47亿元；1期为并购贷款资产证券化项目，发行规模35.37亿元。

第一阶段为试点阶段（2005—2008年）。2005年4月，中国人民银行、中国银监会发布《信贷资产证券化试点管理办法》，将信贷资产证券化明确定义为“银行业金融机构作为发起机构，将信贷资产信托给受托机构，由受托机构以资产支持证券的形式向投资机构发行受益证券，以该资产所产生的现金支付资产支持证券收益的结构性融资活动”。中国银监会于同年11月发布了《金融机构信贷资产证券化试点监督管理办法》。同时，国家税务总局等机构也出台了与信贷资产证券化相关的法规。2005年12月15日，中国建设银行作为发起机构的国内首单个人住房抵押贷款证券化产品——“建元2005-1个人住房抵押贷款支持证券”正式进入全国银行间债券市场。

第二阶段为停滞阶段（2009—2011年）。受2007年美国次贷危机影响，我国资产证券化发展处于停滞状态。

第三阶段为实践阶段（2012年至今）。2012年5月，中国人民银行、中国银监会、财政部联合发布《关于进一步扩大信贷资产证券化试点有关事项的通知》，重新启动试点。2012年8月，中国银行间市场交易商协会发布并实施《银行间债券市场非金融企业资产支持票据指引》，正式推出资产支持票据（ABN），非金融企业资产收益权开始在银行间债券市场发行。2014年年底，我国资产证券化业务启用备案制，在市场的强烈需求的推动下，近年来，我国资产证券化市场规模取得了跳跃式发展。

从监管主体来看，我国资产证券化按照监管机构分类主要包括：银保监会主管ABS、证监会主管ABS和其他部门主管ABS。从发行主体来看，信托公司发行的资产证券化产品占68%，证券公司发行的资产证券化产品占24%，其他发行产品仅占8%。从总体来看，资产证券化在中国债券市场总发行规模中的占比不断提高。2018年同比增长34%，高于整体供券市场同比7.4%的增速。截至2018年年底，MBS提供的贷款资金约占中国住房抵押贷款债务总量中的2.9%，还有巨大的发展空间。

【思政课堂】

资管新规

为规范金融机构资产管理业务，统一同类资产管理产品监管标准，有效防控金融风险，更好地服务实体经济，经国务院同意，中国人民银行、中国银行保险监督管理委员会、中国证券监督管理委员会、国家外汇管理局2018年4月27日联合印发了《关于规范金融机构资产管理业务的指导意见》（银发〔2018〕106号，此处以下简称《意见》）。

《意见》根据党中央、国务院“服务实体经济、防控金融风险、深化金融改革”的总体要求，按照“坚决打好防范化解重大风险攻坚战”的决策部署，坚持严控风险的底线思维，坚持服务实体经济的根本目标，坚持宏观审慎管理与微观审慎监管相结合的监管理念，坚持有的放矢的问题导向，坚持积极稳妥审慎推进的基本思路，全面覆盖、统一规制各类金融机构的资产管理业务，实行公平的市场准入和监管，最大程度地消除监管套利空间，切实保护金融消费者合法权益。

《意见》按照产品类型统一监管标准，从募集方式和投资性质两个维度对资产管理产品进行分类，分别统一投资范围、杠杆约束、信息披露等要求。坚持产品和投资者匹配原则，加强投资者适当性管理，强化金融机构的勤勉尽责和信息披露义务。明确资产管理业务不得承诺保本保收益，打破刚性兑付。严格非标准化债权类资产投资要求，禁止资金池，防范影子银行风险和流动性风险。分类统一负债和分级杠杆要求，消除多层嵌套，抑制通道业务。加强监管协调，强化宏观审慎管理和功能监管。

《意见》坚持防范风险与有序规范相结合，合理设置过渡期，给予金融机构资产管理业务有序整改和转型时间，确保金融市场稳定运行。

下一步，各相关部门将按照职责分工，认真贯彻落实《意见》的各项要求。金融机构应按照《意见》的相关规定，依法合规开展资产管理业务。

资料来源：中国人民银行.

本章小结

1.表外业务是现代银行业务的重要组成部分，表外业务收入日益成为商业银行收入的重要来源，在各国商业银行的收入占比也不断提升。表外业务是不列入资产负债表，但能影响银行当期损益的经营活动，且能够影响商业银行的损益。

2.表外业务的主要类型有无风险的表外业务（中间业务）和有风险的表外业务。中间业务主要有结算、咨询、代理、保管箱业务等。

有风险的表外业务主要有：

（1）担保类业务，是指商业银行接受客户的委托对第三方承担责任的业务，包括担保（保函）、备用信用证、跟单信用证、承兑等。

(2) 承诺业务，是指商业银行在未来某一日期按照事先约定的条件向客户提供约定的信用业务，包括贷款承诺等。

(3) 租赁类业务，包括经营性租赁和融资性租赁。

(4) 金融衍生品，是指商业银行为满足客户保值或自身头寸管理等需要而进行的货币（包括外汇）和利率的远期、掉期、期权等衍生交易业务。

(5) 创新的金融工具。

3. 商业银行资管业务和资产证券化，成为21世纪的新的发展趋势与方向。伴随资产新规的出台，资管业务获得了完善与规范，也将为它的进一步发展提供保障和基础。

关键概念

表外业务　中间业务　期权　期货　互换　担保　信用证　贷款承诺　承兑　资产证券化　SPV　SIV　CDS　CDO　CLO　MBS　ABS

复习思考题

1. 简述商业银行表外业务的含义和种类。
2. 狭义表外业务的含义和类型是怎样的?
3. 商业银行发展表外业务的意义有哪些?
4. 简述商业银行中间业务的含义和种类。
5. 金融衍生品种类和各自的风险点有哪些?
6. 资管业务的含义和发展历程。
7. 资产证券化的发展历程和意义。

第三篇　商业银行管理篇

第九章

商业银行风险管理

导读

通过本章的学习，掌握商业银行风险的定义、分类和特征，了解我国商业银行面临的巨大风险及其表现，掌握商业银行风险收益分析的界定，了解商业银行风险主要存在于资产和表外业务。同时，本章还详细介绍了利率风险的概念和表现形式、利率风险的度量方法，可以学习持续期的计算方法、持续期缺口模型的运用以及如何应用利率敏感性缺口模型来规避利率风险等。

引导案例

某行H客户贷款五级分类

一、借款人基本情况

1.借款人：H生产资料公司。公司注册资金5 394万元，属于集体所有制，上级管理部门为省供销社。该公司主要经营农业生产资料，是省内农资市场最大的经销商。公司法定代表人A为原供销社法律处处长，财物总监B为原供销社财务处处长，都有丰富的从业经验，且文化素质较高。

2.分类截止日期：2015年1月。

3.分类截止日余额：3笔，1亿元。

二、贷款风险分析

（一）财务分析

1.现金流量分析（表9-1）

表9-1 现金流量分析 单位：万元

年份	净现金流量	经营活动	投资活动	筹资活动
2013	-1 821	-1 302	347	-866
2014	1 062	-2 682	744	3 000

分析：2014年净流量为1 062万元，其中经营活动现金流量为-2 682万元，主要原因是：（1）应收账款比2013年增加679万元；（2）为解决与中农公司诉讼付2 600万元。投资活动现金流量为744万元，筹资活动现金流量为3 000万元。经营活动现金流量为负，说明经营活动状况不理想，对外付债也影响企业的近期经营效果。

2.资产负债表及利润表分析

（1）公司资产变动表（表9-2）

表9-2 公司资产变动表 单位：万元

项目	2012年	2013年	2014年	2014年比上年
货币资金	3 255	2 487	3 909	1 422
应收账款净值	12 443	12 835	13 518	683
预付货款	2 611	1 467	4 552	3 085
应收补贴	4 068	4 068	4 068	0
其他应收款	8 100	7 820	8 900	1 080
存货	830	4 164	2 213	-1 951
待处理损失	2 659	2 672	2 811	139
流动资产合计	36 308	35 940	40 369	4 429
长期投资	8 401	5 594	5 561	-33
固定资产	3 205	2 998	2 817	-181
资产总计	47 914	44 532	48 747	4 215

分析：①应收账款净值2014年为13 518万元，其中90%为各农资公司的长期欠款，应收账款账龄较长，收回可能性不大。②应收账款净值2014年比上年增加了683万元，新增风险较小。其他应收款8 900万元，比上年增加1 080万元，主要是与省内供销社系统的往来款项，账龄较长，收回可能性不大。③应收账款和其他应收款占全部流动资产的41%，影响了正常经营。④预付货款比上年增加3 085万元，为冬季储备货款。2014年化肥销售较好，故存货减少1 951万元。

（2）公司负债变动表（表9-3）

表9-3 **公司负债变动表** 单位：万元

项目	2012年	2013年	2014年	2014年比上年
短期借款	14 200	14 000	17 000	3 000
应付票据	1 500	1 320	1 675	355
应付账款	15 036	2 833	2 934	101
预收账款	4 223	12 638	12 774	136
其他应付款	1 720	2 543	3 286	743
流动负债合计	38 013	34 446	38 637	4 191
长期负债	456	542	344	-198
负债合计	38 469	34 988	38 981	3 993

分析：①2014年短期借款17 000万元，银行承兑汇票1 675万元，分别比上年增加3 000万元、355万元。2013年由于解决纠纷，所以应付账款和预收账款两科目间变动较大。②其他变动不大。

（3）公司损益变动表（表9-4）

表9-4 **公司损益变动表** 单位：万元

项目	2012年	2013年	2014年	2014年比上年
销售收入	80 129	30 779	31 079	300
销售成本	77 614	28 278	30 085	1 807
经营费用	1 190	598	370	-228
销售利润	1 324	1 903	624	-1 279
管理费用	1 456	1 818	1 132	-686
财务费用	607	866	891	25
投资收益	252	448	590	142
补贴收入	--	388	343	-45
利润总额	-525	-99	122	221

分析：①该公司在改革背景下，社会效益比经济效益更受重视。②截至2014年12月，主要损益指标有较大改善。销售收入增加300万元，费用支出减少889万元，管理费用也减少。2014年扭亏为盈。

3.财务指标分析

（1）杠杆比率（表9-5）

表9-5　　**杠杆比率**　　单位：%

项目	2012年	2013年	2014年
负债与所有者权益比	407	366	403
负债与有形净资产	407	366	403
利息保障倍数	0.13	1.11	1.14
资产负债率	80	78	80

分析：财务状况好转，杠杆比率仍然较高，风险较大。

（2）流动比率（表9-6）

表9-6　　**流动比率**　　单位：%

项目	2012年	2013年	2014年
流动比率	95	104	104
速动比率	86	84	91

分析：流动比率和速动比率公认较好比率为200%和100%，该公司短期偿债能力较差。

（3）效率比率（表9-7）

表9-7　　**效率比率**　　单位：%

项目	2012年	2013年	2014年
总资产周转率	142	66	67
应收账款周转率	532	241	234
存货周转率	1 605	566	974

分析：①总资产周转率、应收账款周转率、存货周转率降低，是销售收入逐年下降导致的结果；②杠杆比率基本不达标，说明经营管理效率低。

（4）盈利比率（表9-8）

表9-8　　**盈利比率**　　单位：%

项目	2012年	2013年	2014年
销售利润率	1.65	6.18	2.00
净资产利润率	−5.5	1	1.26
净利润率	−0.66	0.32	0.39

分析：①采用了控制成本费用的办法，使公司盈利能力提高，扭亏为盈；②盈利比率没能达到标准，说明经营效果差。

4.其他财务问题

（1）公司应收账款数额较大。

（2）应收补贴款是按照省政府有关规定包销化肥所形成的补贴款。

（3）每年财政拨款贴息，2015年能否批准未知。

（二）非财务因素分析

1.该公司每年有11万～12万吨的进口化肥配额，此项业务2012年、2013年两年分别盈利1 200万元、400万元，占盈利比重较大。取消配额后，该公司丧失该项优势。

2.如果该公司在近期内不能在资产结构、盈利水平、产品销售等方面有较大提高，则存在生存风险。

三、档案管理情况

该公司连续3年财务资料完整、真实、准确、有效。档案管理较好。

四、抵押担保分析

1亿元贷款全部抵押。（1）3 600万元，2013年12月27日至2016年1月27日，以办公楼抵押，评估价值4 012万元。（2）2 200万元，2014年4月27日至2017年1月27日，以该公司仓库部分房产抵押，评估价值3 200万元。（3）4 200万元，2013年12月27日至2018年1月27日，以下属单位房产作抵押，评估价值6 000万元。

【讨论与思考】

1.本案例涉及的基础理论有哪些？

2.H客户存在哪些风险点？

3.如果由你来为该客户的贷款进行五级分类，可以分为哪类？为什么？

第一节　商业银行风险管理概述

一、商业银行风险和风险管理

商业银行风险是指商业银行在经营过程中，由于事前无法预料的不确定因素的影响，使商业银行的实际收益与预期收益产生背离，从而导致银行蒙受经济损失或获取预期收益的机会和可能性降低。

商业银行业务经营中面临的金融风险主要包括信用风险、流动性风险、利率风险。

信用风险是指由于借款人或市场交易对手违约而导致损失的可能性。一般而言，信用风险还包括由于借款人信用评级的下降和履约能力的变化，导致其债务市场价值变动而引起损失的可能性。

流动性风险是指商业银行无法满足储户提取存款的要求或无法支付到期债务而使自己声誉受损、蒙受经济损失甚至破产倒闭的可能性。

利率风险是指由于金融市场利率水平的变化而给商业银行带来的风险。

商业银行面临的风险如图9-1所示。

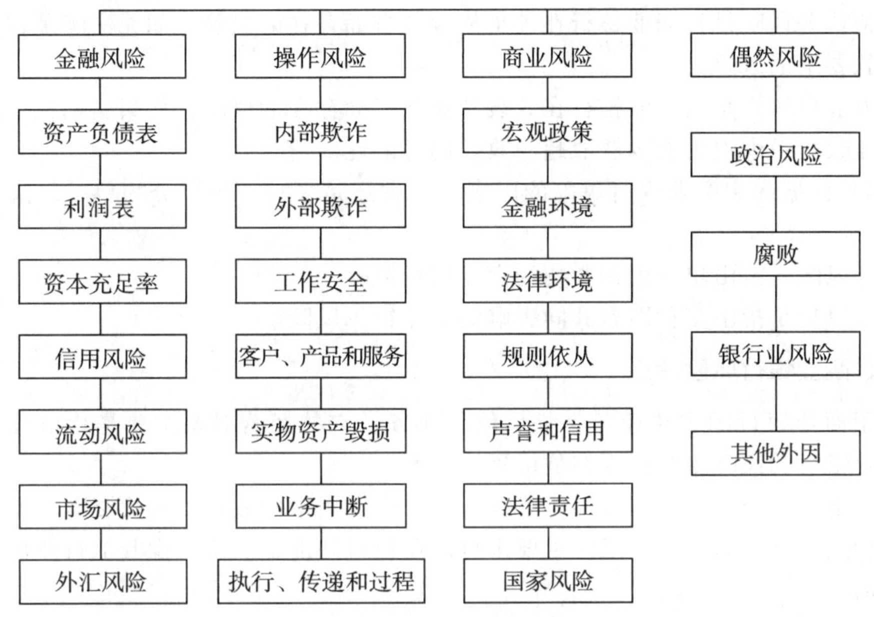

图9-1 商业银行面临的风险

二、商业银行风险的分类

(一) 根据商业银行风险的来源，可以将其划分为外部风险和内部风险

外部风险是指来自商业银行外部的各种因素对商业银行的经营所带来的风险，如国内宏观经济运行情况对商业银行的经营所带来的风险、国家宏观经济政策的变动对商业银行的经营所带来的风险、国际经济环境的变化对商业银行的经营所带来的风险，以及银行客户违约失信行为等其他种种外部因素的变化对商业银行的经营所带来的风险等。

内部风险是指来自商业银行内部的各种因素对商业银行的经营所带来的风险，如商业银行内部人员经营管理素质的高低对商业银行的经营所带来的风险、商业银行经营管理方针的对错对商业银行的经营所带来的风险、商业银行业务结构比例是否合理等其他内部因素对商业银行的经营所带来的风险等。

(二) 根据商业银行面临的风险的本身性质，可以分为纯粹风险和投机风险

纯粹风险是指商业银行只有损失的可能性而不可能获利的风险，如贷款人违约不能按期归还贷款的风险。

投机风险则是指商业银行既有可能遭受损失也有可能获取收益的风险，如银行进行外汇、股票买卖时所面临的风险。

（三）根据商业银行风险存在的业务范围，可以分为资产业务风险、负债业务风险和表外业务风险

资产业务风险是指商业银行在其资产业务方面存在的风险，如到期不能收回贷款的风险。

负债业务风险是指商业银行在其负债业务方面存在的风险，如无法满足存款人正常的提款要求的风险。

表外业务风险是指商业银行在其表外业务方面存在的风险，如买卖期权、期货可能给商业银行带来损失或少获取超额收益的可能性。

（四）根据影响商业银行风险的因素是一种还是多种，可以分为单一风险和综合风险

单一风险是指由单一因素影响的商业银行风险。

综合风险是指由多种因素共同影响的商业银行风险。

三、商业银行风险特点

由于商业银行的主要业务是货币信贷业务，它的经营对象主要是货币资金，因此，商业银行的风险主要体现在货币资金方面。

作为金融中介企业，商业银行吸收存款、融资用来发放贷款和投资赚取利润，这种经营特点决定了商业银行风险主要来自商业银行外部，而不是像其他行业那样来源企业内部。

商业银行风险涉及面广，具有连锁反应，一旦发生，严重的话会波及整个经济体系。

四、资产组合分配和风险管理

商业银行的资产一般包括现金、存拆放款项（包括存放央行款项、存放同业款项和拆放同业款项）、贷款、证券投资、固定资产和其他资产。出于风险控制的考虑，商业银行的资产一般应分散化，避免过度集中在某一项或某几项资产上，以降低风险，提高收益率。商业银行资产组合分配就是指将商业银行的资产多元化，以某种比例组合起来，以达到风险最小化或收益最大化的目的。在商业银行的资产中，贷款一般占据了最大的份额，接下来是证券投资，这两者是商业银行资产的主要部分。下面我们主要从这两个方面来简要介绍商业银行资产组合分配与风险管理。

（一）证券投资组合

商业银行进行证券投资，可选择的种类有很多，在金融业混业经营的国家，商业银行可以从事投资银行业务，可以投资股票、债券、基金等几乎所有金融工具，其中股票、债券、基金又各自包括许多种类；在金融业分业经营的国家，商业银行证券投资的范围较窄，一般不允许投资股票、基金，只允许投资债券，即使这样，债券也包括许多种。面对这许多种证券，商业银行应如何组合投资呢？

按照资产组合管理理论，应首先根据可选择的各种证券的历史数据，计算出其各自的期望收益率（用k_1，k_2，…，k_n表示）和用来描述其各自风险的标准差（用σ_1，σ_2，…，σ_n表示），按照各种证券的期望收益率、标准差和其在资产组合中所占的比

例（用w_1，w_2，…，w_n表示），计算出每种资产组合的期望收益率k和标准差σ；然后就可以进行比较，确定选择哪一种资产组合。

（二）商业银行贷款组合分配

贷款是商业银行最重要的资产，一般而言，其在商业银行资产总额中占据了最大的份额，这种情况在我国尤为明显。资产过分集中于贷款，这本身就是较大的风险。商业银行贷款组合分配包括以下内容：首先，应降低贷款在资产总额中的比重，将其降到一个较为合理的水平。其次，就贷款业务内部而言，也应保持一个较好的结构，即做好不同种类贷款的组合分配，以分散风险、提高收益。分散风险体现在贷款种类、行业、地区等方面，一般各行对单一贷款在资本中的比例不能超过10%。

五、商业银行风险管理的原则

商业银行风险管理经历了多年的发展历程和实践，积累和总结了许多成熟的理念和方法。掌握和吸取这些理念和方法，对于提高银行风险管理水平具有重要的意义。商业银行风险管理强调以下一些原则：

（一）全面的风险管理范围

所谓全面风险管理，是指对整个银行内各个层次的业务单位、各个种类风险的通盘管理，这种管理要求将信用风险、市场风险和操作性风险等不同风险类型，公司、零售、金融机构等不同客户种类，资产业务、负债业务和中间业务等不同性质业务的风险都纳入统一的风险管理范围，并将承担这些风险的各个业务单位纳入统一的管理体系中，对各类风险依据统一的标准进行测量并加总，依据全部业务的相关性对风险进行控制和管理。全面风险管理是银行业务多元化后产生的一种需求，其优点是可以大大改进风险-收益分析的质量。该原则说明，银行的风险管理部门有责任对银行的所有风险进行系统化的管理，在风险管理方面不应该存在任何“死角”。风险管理部门要通过进行风险管理规划、制定风险管理政策等方式，在银行内实现风险管理理念的统一、目标的统一和标准的统一，从而实现风险管理的全面化、系统化。

（二）全球的风险管理体系

跨国银行都是经营地域遍布全球的跨国企业，由于政治、经济、社会因素导致的国别风险成为危及银行业安全的重要因素。商业银行的国际化发展趋势要求风险管理体系必须是全球化的，应该根据业务中心和利润中心建立与之相适应的区域风险管理中心，与国内的风险管理体系相互衔接和配合，对各国、各地区的风险进行甄别，对风险在国别、地域之间的转化和转移进行评估和风险预警。

（三）全程的风险管理过程

商业银行的业务特点决定了业务的每个环节都具有风险，伴随着风险，银行的风险管理也应贯穿业务发展的每一个过程，哪一个环节缺少风险管理，就有可能出现损失，甚至导致整个业务活动的失败。

（四）全员的风险管理文化

风险存在于每一项业务和每一个环节，商业银行的内在风险特性决定了风险管理必须体现为每一个员工的行为，所有银行工作人员都应该具有风险管理的意识。为了有效地识别、防范和控制风险，商业银行一般都设有专门的风险管理部门，专司风险控制之职。但是，风险控制绝不仅是风险管理部门的事情，无论是董事会还是管理层，无论是风险管理部门还是业务部门，每个岗位、每个人在做每项业务时都要考虑风险因素。董事会是银行风险管理的最高机构，负责衡量银行的总体风险敞口，并对风险管理承担总的、最终的责任。董事会下设独立于管理层的风险管理委员会，通过风险管理委员会对银行风险管理的重大事项进行判断和决策，管理层必须执行。

（五）全新的风险管理方法

随着经济全球化趋势的不断深入，企业经营区域逐步国际化，股权逐步多样化和复杂化，业务领域逐步多元化，这给商业银行风险管理提出了新的要求。目前，商业银行风险管理的重点已经从信用风险扩大到既重视信用风险又重视市场风险和操作性风险；信用风险管理的重点从关注单笔交易、单项资产和单个客户，扩大到既重视单笔交易和单个客户的风险管理，又高度关注所有信用敞口的总体风险控制。

为了避免各类风险在地区、产品、行业和客户群的过度集中，我国商业银行采取统一授信管理、资产组合管理以及资产证券化、信用衍生产品等一系列全新的风险管理技术和方法，来防范和转移各类风险。商业银行风险管理越来越重视定量分析，大量使用盯市模型中的KMV、Credit Metrics等，违约模型中的credit risk等数理统计模型来识别、衡量和监控风险，这使得风险管理越来越多地体现出客观性和科学性的特征，也使得风险管理成为艺术性和科学性相结合的工作。

第二节　商业银行信用风险管理

一、信用风险管理背景

信用风险是金融市场中最古老、最重要的风险形式之一，也是商业银行等金融机构所面临的主要风险，信用风险的度量和管理历来都是商业银行的核心问题。对信用风险的准确度量和有效管理，有利于提高金融机构经营的安全性，也有利于金融体系整体的稳定和国民经济的持续健康发展。

在20世纪70年代以前，度量和管理信用风险的方法和模型主要是借助各种报表提供的静态财务数据，进而通过分析经济体的各种信息来相对主观地评价其信用质量。80年代的债务危机使银行普遍认识到防范和管理信用风险的重要性，同时，信用市场的发展和信用风险的变化使得风险度量和管理研究领域开始出现了许多新的量化分析方法、度量模型和管理策略。

从国内研究现状来看，对于信用风险的度量和管理尚处于起步阶段，还主要停留在定性分析的基础上，仍然是以对经济报表中反映出的各种财务比率的分析为主。从国外的研究现状看，量化度量以及应用量化度量产出管理信用风险的模式已经得到公认，学术界和金融界也已经发展了一系列的技术和方法以试图能够比较准确地度量和管理信用风险，如J.P.摩根建立的以VaR为基础的信用度量制模型（credit metrics model）、KMV公司建立的以期权理论为基础的KMV模型、麦肯锡公司建立的以宏观模型为基础的信用组合观点模型（credit portfolio view model）和瑞士信用银行建立的以保险精算方法为基础的credit risk+模型等。值得一提的是，国际清算银行也大力提倡国际性的商业银行建立高级的内部信用风险量化度量模型（internal credit-risk measurement model）来更好地度量和管理信用风险；2003年6月公布的新《巴塞尔协议》第三次征求意见稿规定，除了标准法外，允许银行运用内部评级法衡量和测算信用风险，以使资本充足框架更准确、及时地反映银行经营活动中的实际风险水平及其所需要配置的资本水平，进而促进金融体系的平衡健康发展。

但是，由于信用风险自身存在诸如分布不对称以及数据匮乏等理论和实际问题，而且各界对具体的信用风险量化度量方法也尚未达成共识，可以说这一研究领域目前正处于百家争鸣以及进一步的发展之中。当然，从未来的发展趋势看，随着科技的进步，特别是计算技术和信息技术的发展，以及金融理论和模型的发展，一个多数人认可的信用风险度量和管理模型不久将会出现。同时，企业和金融机构过去那种对不同风险采取分立度量和管理的方式将逐渐被统一的一体化风险度量和管理方式——综合风险管理（global risk management）所取代。

信用风险管理方法的总体情况见表9-9。

表9-9　　信用风险管理方法总览

信用风险管理方法总览
一、古典信贷风险度量方法Ⅰ：专家制度
1.专家制度的主要内容
2.专家制度存在的缺陷与不足
二、古典信用风险度量方法Ⅱ：Z评分模型和ZETA信用风险模型
1.Z评分模型的主要内容
2.第二代Z评分模型——ZETA信用风险模型
3.Z评分模型和ZETA信用风险模型的缺陷
三、现代信用风险度量和管理方法：信用度量制模型
1.受险价值（VaR）方法
2.信用度量制模型
3.信用度量制模型若干引起争议的技术问题

二、信用风险的概念和成因

（一）信用风险的含义

信用风险是指交易对手未按合同承诺履行合同义务或信用评级下降给金融机构带来损失的可能性。信用风险对银行来讲，是指借款者在贷款到期时，不愿或不能偿还贷款本息，或者由于借款者评级下降而给银行带来损失的可能性。信用风险可以分为道德风险和企业风险。

（二）信用风险的成因

信用风险的成因是信贷活动中的不确定性，主要包括外在不确定性和内在不确定性两种。

外在不确定性来自经济体系之外，包括经济运行过程中随机性、偶然性的变化或不可预测的趋势，外在不确定性导致的信贷风险等金融风险又称为“系统性风险”。系统性风险不可能通过投资分散化等方式来化解，而只能通过某些措施来转嫁或规避。

内在不确定性来源于经济体系之内，它是由行为人主观决策及获取信息的不充分性等原因造成的，带有明显的个性特征。内在不确定性可以通过设定合理的规则，如企业的信息披露制度和市场交易规则等方式来降低其产生的风险。所以，内在不确定性产生的风险又称为“非系统性风险”。

三、古典信用风险管理的方法

（一）专家制度

专家制度是一种最古老的信贷风险分析方法，它是商业银行在长期的信贷活动中所形成的一种行之有效的信贷风险分析和管理制度。这种方法的最大特征就是：银行信贷的决策权是由该机构那些经过长期训练、具有丰富经验的信贷员所掌握，并由他们作出是否贷款的决定。因此，在信贷决策过程中，信贷员的专业知识、主观判断以及某些要考虑的关键要素权重均为最重要的决定因素。

1.专家制度的主要内容

在专家制度下，由于各商业银行自身条件不同，因而在对贷款申请人进行信贷分析所涉及的内容上也不尽相同。但是绝大多数银行都将重点集中在借款人的“5C”上（如图9-2所示），也有些银行将信贷分析的内容归纳为“5W”或“5P”。“5W”系指借款人（who）、借款用途（why）、还款期限（when）、担保物（what）、如何还款（how）；“5P”系指个人因素（personal）、目的因素（purpose）、偿还因素（payment）、保障因素（protection）、前景因素（perspective）。

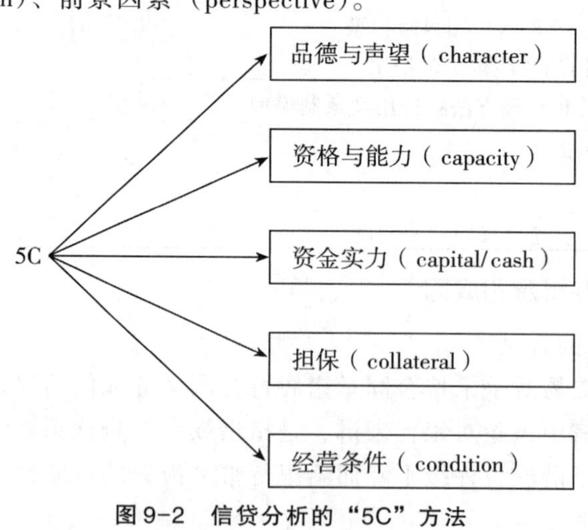

图9-2 信贷分析的“5C”方法

在传统的信贷分析过程中，信贷员常常要借助一些标准的分析技术来对借款人清偿债务的能力进行评估。表9-10列举了银行在信贷分析中经常使用的财务比率指标。

表9-10　**银行在信贷分析中经常使用的财务比率指标**

类　型	比　率
经营业绩	息税前利润/销售收入
	净收入/销售收入
	实际有效税率
	净收入/净值
	净收入/总资产量
	销售收入/固定资产
偿债保障程度	息税前利润/利息支付
	活动现金流量-资本支出/利息支付
	活动现金流量-资本支出-股息/利息支付
财务杠杆情况	长期债务/资本总额
	长期债务/有形净值
	总负债/有形净值
	（总负债-长期资本）/长期资本
	长期资本=总净值+优先股+次级债务
	流动负债/有形净值
流动性（变现速度）	流动比率
	速动比率
	存货占净销售收入比率
	存货占净流动资本比率
	流动负债占存货比率
	原材料、半成品、产成品占存货总量比率
应收款状况	应收款的期限：30天、60天、90天、90天以上
	应收款的平均收回期限

2.专家制度存在的缺陷与不足

尽管古典信用分析法——专家制度在银行的信用分析中发挥着积极作用，然而实践证明它存在许多难以克服的缺陷和不足。

第一，要维持这样的专家制度需要相当数量的专门信用分析人员，随着银行业务量的不断增加，其所需要的相应信用分析人员就会越来越多。因此，对于银行来说，对新老信用分析人员进行不间断的培训和教育就成为银行的一项长期重要的工作。在这样的制度下，必然会带来银行冗员、效率低下、成本居高不下等诸多问题。

第二，专家制度实施的效果很不稳定。这是因为专家制度所依靠的是具有专门知识的信贷员，而这些人员本身的素质高低和经验多少将直接影响该项制度的实施效果。例如，对于银行客户（公司）所提供的一套财务报表和文件，五位不同的信贷员对其进行分析会得出五种不同的分析结果，差异很大。

第三，专家制度与银行在经营管理中的官僚主义方式紧密相联，大大降低了银行应对市场变化的能力，影响了银行未来的发展。

第四，专家制度加剧了银行在贷款组合方面过度集中的问题，使银行面临更大的风险。造成银行贷款组合过度集中的原因是多方面的，但是专家制度是一个重要因素。在专家制度下，银行员工都热衷于成为专家，这就需要他们在某一行业或某类客户范围进行较长时期的分析研究，积累经验，成为这个行业的专才，因此这些人在选择客户时都有着强烈的偏好，他们所注重的客户都具有较高的相关性，这就加剧了银行贷款的集中程度，必然给银行带来潜在的风险。

第五，专家制度在对借款人进行信用分析时，难以确定要共同遵循的标准，造成信用评估的主观性、随意性和不一致性。例如，信贷员在对不同借款人的“5C”进行评估时，他们所确定的每一个“C”权重都有很大差异，即便在同一家银行，信贷员对同类型借款人的“5C”评估也存在差异。

综上所述，古典信用风险度量方法——专家制度有着许多难以克服的弊病，这就不得不促使人们去寻求更加客观、更为有效的度量信用风险的方法和手段，来提高银行信用评估的准确性。

（二）Z评分模型和ZETA信用风险模型

1.Z评分模型

Z评分模型（Z-score model）是美国纽约大学斯特商学院教授爱德华·阿尔特曼（Edward I. Altman）在1968年提出的。1977年他又对该模型进行了修正和扩展，建立了第二代模型ZETA信用风险模型（ZETA credit risk model），这两个模型也称为违约预测模型。

阿尔特曼的Z评分模型是一种多变量的分辨模型，他是根据数理统计中的辨别分析技术，对银行过去的贷款案例进行统计分析，选择一部分最能反映借款人的财务状况，对贷款质量影响最大、最具预测或分析价值的比率，设计出一个能最大程度地区分贷款风险度的数学模型（也称为判断函数），对贷款申请人进行信贷风险及资信评估。

阿尔特曼确立的分辨函数为：

$$Z=0.012(X_1)+0.014(X_2)+0.033(X_3)+0.006(X_4)+0.999(X_5)$$

阿尔特曼经过统计分析和计算，最后确定了借款人违约的临界值 $Z_0=2.675$，如果 $Z<2.675$，借款人被划入违约组；反之，如果 $Z\geq2.675$，则借款人被划为非违约组。当 $1.81<Z<2.99$ 时，阿尔特曼发现此时的判断失误较大，称该重叠区域为"未知区"（zone of ignorance）或"灰色区域"（gray area）。

2.第二代Z评分模型——ZETA信用风险模型

1977年，阿尔特曼（Altman）、赫尔德门（Haldeman）和纳内亚南（Narayanan）对原始的Z评分模型进行了重大修正和提升，推出了第二代信用评分模型——ZETA信用风险模型。新模型的变量由原始模型的5个增加到了7个，它的适应范围更宽了，对不良借款人的辨认精度也大大提高了。我们可以将ZETA信用风险模型写成下列式子，其中模型中的 a、b、c、d、e、f、g，分别是ZETA模型中7个变量各自的系数。

$$ZETA=aX_1+bX_2+cX_3+dX_4+eX_5+fX_6+gX_7$$

3.Z评分模型和ZETA信用风险模型的缺陷

Z评分模型和ZETA信用风险模型均为一种以统计资料为基础的多变量信用评分模型。由这两个模型所计算出的Z值可以较为明确地反映借款人（企业或公司）在一定时期内的信用状况（违约或不违约、破产或不破产），因此，它可以作为借款人经营前景好坏的早期预警系统。由于Z评分模型和ZETA信用风险模型具有较强的操作性、适应性以及较强的预测能力，所以它们一经推出便在许多国家和地区得到推广和使用并取得显著效果，成为当代预测企业违约或破产的核心分析方法之一。

然而，在实践中，人们发现无论是Z评分模型还是ZETA信用风险模型都存在先天不足，使模型的预测能力大打折扣，限制了模型功效的发挥。Z评分模型和ZETA信用风险模型存在的问题主要有以下几个方面：首先，两个模型都依赖于财务报表的账面数据，而忽视日益重要的各项资本市场指标，这就必然削弱模型预测结果的可靠性和及时性；其次，由于模型缺乏对违约和违约风险的系统认识，理论基础比较薄弱，从而难以令人信服；再次，两个模型都假设在解释变量中存在线性关系，而现实的经济现象是非线性的，因而也削弱了预测结果的准确程度，使得这两个模型不能精确地描述经济现实；最后，两个模型都无法计量企业的表外信贷风险，另外对某些特定行业的企业如公用企业、财务公司、新公司以及资源企业也不适用，因而它们的使用范围受到较大限制。针对这两个模型所存在的上述问题，人们一直在努力寻求新的方法和模型来替代传统的专家制度和借款人（企业）违约预测模型。

四、现代信用风险度量和管理模型

近年来，现代信用风险量化管理模型在国际金融界得到了很高的重视和相当大的发展。J.P.摩根继1994年推出著名的以VaR为基础的市场风险度量模型（risk metrics）后，1997年又推出了信用风险量化度量和管理模型——信用风险度量制，随后瑞士信用银行推出了另一类型的信用风险量化模型credit risk+，这些都在银行业引起很大的反响。同样为银行业所重视的其他一些信用风险模型，还有KMV公司的以EDF为核心手段的KMV模型，麦肯锡公司的credit portfolio view模型等。信用风险管理模型在金融领域的发展也引起了监管当局的高度重视，1999年4月，巴塞尔委员会提出名为“信用风险模型化：当前的实践和应用”的研究报告，开始研究这些风险管理模型的应用对国际金融领域风险管理的影响，以及这些模型在金融监管，尤其是在风险资本监管方面应用的可能性。毫无疑问，这些信用风险管理模型的发展正在对传统的信用风险管理模式产生革命性的影响，一个现代信用风险管理的新模式正在形成。

自1993年国际清算银行宣布引入对市场风险的资本充足要求以来，人们对受险价值方法产生了极大兴趣，并在对它的开发和试验方面取得了很大进展。受险价值作为一个概念，最先起源于20世纪80年代末交易商对金融资产风险测量的需要；作为一种市场风险测量和管理的新工具，则是由J.P.摩根最早在1994年提出，其标志性产品为“风险度量制”模型。

由于VaR方法能够简单清晰地表示市场风险的大小，又有严谨系统的概率统计理论作为依托，因而得到了国际金融界的广泛支持和认可。国际性研究机构30人小组和国际掉期交易协会（ISDA）等团体一致推荐，将VaR方法作为市场风险测量的最佳方法。目前，越来越多的金融机构纷纷采用VaR方法来测量、控制其市场风险，尤其在衍生工具投资领域，VaR方法的应用更加广泛。

（一）受险价值方法

受险价值模型就是为了度量一项给定的资产或负债在一定时间里和在一定的置信度下（如95%、97.5%、99%等）其价值最大的损失额。

由此可见，计算可交易金融资产受险价值的关键输入变量是该项金融资产的市值（P）和它的市值变动率或标准差（σ）；在给定的风险时段和所要求的置信水平下（如99%），一项金融资产的受险价值（VaR）便可以直接计算出来。

VaR方法特别适用于对可交易的金融资产受险价值的计量，因为人们可以很容易地从资本市场中获取这类资产的市值和它们的标准差。但是，若将这种方法直接用于度量非交易性金融资产——如贷款的受险价值时则会遇到如下问题：第一，一笔贷款当前的市值P不能够直接观察到，因为绝大多数贷款是不能直接进行交易的。第二，由于贷款的市值不能够观察，因而也就没有一个时间序列来计算贷款的方差σ，即贷款市值的变动率。第三，在VaR方法上，人们假定可交易性金融资产的收益分布是呈正态分布的，这与它们的实际分布是大体吻合的。但是对于贷款而言，它的价值分布离正态分布偏差较大，正如我们曾在前面所讨论过的贷款的收益是固定在一定水平之下，而它的风险则很大。因此，即使我们能够测定贷款的市值和它的变动率，我们仍然需要考虑贷款收益的非对称性问题。

VaR方法的优点有：（1）可以测量不同市场因子、不同金融工具构成的复杂证券组合和不同业务部门的总体风险大小；（2）有利于比较不同业务部门之间的风险大小；（3）它是基于资产组合层面上的风险度量工具，可以在具体业务品种、客户、机构等层面上度量敞口风险，充分考虑了不同资产价格变化之间的相关性，体现了出资产组合分散化对降低风险的作用；（4）可以度量资产集中度风险，为对此集中度进行总量控制提供依据，有利于监管部门的监管。

VaR方法的缺点有：（1）其前提是假设历史与未来相似；（2）VaR在特定条件下进行，如正态分布，有时与事实不符；（3）计算太复杂；（4）VaR只是市场处于正常变动下对市场风险的有效测量，对金融市场价格的极端变动给资产组合造成的损失无法进行度量，必须依靠压力测试。

（二）“信用度量制”方法

“信用度量制”是由J.P.摩根与其他合作者（美洲银行、KMV公司、瑞士联合银行等）在已有的“风险度量制”方法基础上，创立的一种专门用于对非交易性金融资产——如贷款和私募债券——的价值和风险进行度量的模型。风险度量制方法所要解决的问题是：“如果明天是一个坏天气的话，我所拥有的可交易性金融资产——如股票、债券和其他证券——的价值将会有多大的损失？”而信用度量制方法则是要解决这样的问题：“如果下一个年度是一个坏年头的话，我的贷款及贷款组合的价值将会遭受多大的损失呢？”

我们在前面曾谈及，由于贷款是不能够公开进行交易的，所以我们既无法观察到贷款的市值（P），也不能获得贷款市值的变动率（σ），但是人们仍然可以通过掌握借款企业的信用等级资料来解决这个问题。

一旦人们获得了这些资料，他们便可以计算出任何一项非交易性的贷款和债券的P值和σ值，从而最终可利用受险价值方法对单笔贷款或贷款组合的受险价值量进行度量。

五、现代信用风险管理制度

（一）资产风险分类管理办法

1.五级分类

商业银行风险分类标准参照中国人民银行《贷款风险分类指导原则》制定，分为五个级别。五个级别的贷款定义如下：

（1）正常类：借款人能够履行合同，没有足够理由怀疑贷款本息不能按时足额偿还。

（2）关注类：尽管借款人目前有能力偿还贷款本息，但存在一些可能对偿还产生不利影响的因素。

（3）次级类：借款人的还款能力出现明显问题，完全依靠其正常营业收入无法足额偿还贷款本息，即使执行担保，也可能造成一定损失。

（4）可疑类：借款人无法足额偿还贷款本息，即使执行担保，也肯定要造成较大损失。

（5）损失类：在采取所有可能的措施或一切必要的法律程序之后，本息仍然无法收回，或只能收回极少部分。

2.影响分类的主要因素

（1）借款人的还款能力。借款人的还款能力是一个综合概念，包括借款人现金流量、财务状况，影响还款能力的非财务因素等。

（2）借款人的还款意愿。

（3）借款人的还款记录。若借款人为新往来公司，参考其在同业往来记录、资信状况；若借款人为新成立的公司，考察其股东的往来记录、资信状况。借款人的还款记录可反映贷款的展、逾期情况，分类时贷款的展、逾期状况亦作为一个重要因素考虑。

（4）贷款的担保。①信用保证：考察保证人的资信状况、履保记录。②抵押品和质押品：抵押品和质押品的质量、折扣、估值的准确性、可变现能力。

（5）贷款偿还的法律责任。

重点考察贷款手续（包括但不限于担保手续及贷款文件的签订）的完整性、有效性和合法性及可采取的补救措施。

（6）银行的贷款管理。

（二）客户信用等级评定办法

商业银行将客户划分为农业、工业、商贸、房地产、建筑安装、外资、事业法人、银行、证券、非银行金融机构、综合等11类客户。对客户的评价指标分为信用履约评价、偿债能力评价、盈利能力评价、经营发展能力评价和综合评价五个指标体系。等级实行百分制，特殊加分超过百分的按照实际分数算。

信用等级设置为三类八个级别：AAA+、AAA、AA+、AA、A+、A、B、C。其中AAA+、AAA、AA+、AA为优良客户；A+、A为一般客户；B为限制客户；C为淘汰客户。

（三）综合统一授信管理制度

1.含义

综合统一授信管理是商业银行对单一法人客户或集团性客户统一确定最高综合授信额度，在额度内办理授信业务，并加以集中控制客户信用风险的信贷管理制度，包括贷款、贸易融资、贴现、承兑、信用证、保函、担保等表内外信用发放形式的本外币统一综合授信。

综合统一授信管理是一种信贷风险的控制制度，是风险管理的基础，通过对客户（包括单一客户和集团性客户）核定银行信用上限，并在限额内办理各类授信业务，来控制客户的整体风险。

2.发展阶段

授信管理经历了三个阶段。第一阶段：1999年7月，《银行客户统一授信管理暂行办法》出台；2001年，《关于进一步加强法人客户统一授信管理的通知》出台；2002年，《银行客户信用等级评定补充规定》出台；2002年，《银行城市土地储备贷款管理暂行办法》出台。第二阶段：2004年，《关于进一步加强集团性客户风险管理的意见》出台，强化集团性客户的风险管理。第三阶段：2006年开始着手授信管理办法的调研，进行了修订。该办法使用已有9年的时间，客观上需要修订，另外授信额度的核定方法存在一定缺陷，未能实现有效对客户授信进行动态监管，授信管理制度需要整合，该办法强调的授信管理与监管当局监管要求不适应。

3.授信业务范围

在授信额度项下，对客户提供的各类表内外、本外币信用业务，包括贷款、贸易融资、贴现、承兑、信用证、保函、担保等。授信对象指经国家市场监督管理机关（或主管机关）核准登记，与银行已建立或拟建立信用关系的单一法人客户、集团性客户。授信对象的基本条件包括营业执照（组织机构代码证）、贷款卡；生产经营合规合法，财务制度健全，符合国家政策和银行的信贷政策；有稳定的经营收入、良好的信用记录，五级分类无不良；授信用途符合国家法律法规及有关政策规定；信用等级原则上应在A级以上（含）；办理国际贸易融资业务的贸易型或代理型客户信用等级可在B级以上（含）；办理注资盘活业务或低风险业务，可不受客户信用等级和五级分类限制。

4.授信额度理论值和测算

根据公式测算法或担保测算法测算对客户愿意和能够承受的最高风险限额。银行在客户授信额度理论值之内，结合客户的经营管理水平、所处行业、发展阶段、实际信用需求以及还款能力等因素，对客户核定的各类授信业务的限额，包括单项业务额度、循环额度、增量授信、存量续授信、余额授信和行业可接受值等。授信额度核定的一般流程：综合评价客户——测算客户授信额度理论值——分析客户实际信用需求——核定授信额度。

5.测算方法

具体的测算方法包括：（1）公式测算法。其适用对象为经营期已满2个会计年度并能提供2个完整会计年度财务报表的法人客户。主要类别包含农工商建安房地产企业法人客户、事业法人客户、金融机构客户、土地储备机构客户。（2）担保测算法。其适用对象为经营期不足2个会计年度的客户。根据公式测算法测算授信理论值不足，但能够提供标准普尔（或穆迪、惠誉）等国际评级机构认定为A级以上（含）且被《财富》杂志最新评选为世界500强企业的在华控股子公司以及总行授权书中列明的优势行业重点客户担保的客户。担保测算法的原理为，根据客户提供的符合银行信贷业务担保管理办法规定的合法有效担保，在不超过确定的抵押、质押、保证担保的最高比率或最高值（不含上浮部分）之内测算授信额度理论值。（3）小企业测算法。其适用对象为符合《商业银行小企业信贷管理办法》规定的小企业客户（包括微型企业客户）。该方法还适用于缺乏必要担保且无法提供完整财务报表，但成长性或稳定性较好、现金流充足，并符合小企业信用贷款条件（一般各行总行确定）的小企业。根据客户经理调查情况、征信信息以及银企资金往来信息，结合企业注册资本、销售收入等因素，测算授信额度理论值（信用方式），最高不超过人民币80万元。

第三节　商业银行利率风险管理

一、利率风险管理的背景

20世纪后期，随着利率市场化进程的加快，国际商业银行开始遭遇比较严重的利率风险。当时，银行较为重视信用风险和流动性风险，将其视为影响盈利水平的主要约束条件。利率风险管理在商业银行风险管理中处于核心地位。国外商业银行利率决策机构一般为资产负债管理委员会（Asset/Liability Committee，ALCO）。ALCO制定利率风险管理的目标并确定该银行所能够承受的利率风险的程度。ALCO制定的政策报银行董事会审议批准后实施。为了突出利率风险的重要性，有些银行还设立了利率风险管理委员会或利率风险管理小组。利率风险管理委员会包括两部分人员：一部分来自银行的研究部或发展规划部，对宏观经济景气及国家政策有较强的把握，他们研究和预测市场利率的变动走向；另一部分来自银行的资产负债管理部或综合计划部，对本银行的资产负债配置比较熟悉，他们分析利率变动对银行净利息收入的影响以及重新配置银行的资产和负债头寸。

1997年，巴塞尔委员会公布了“利率风险管理十二原则”。巴塞尔委员会此次推出的“利率风险管理十二原则”强调银行应当建立综合性的风险管理机制，有效地辨别、测算、监控利率风险头寸。十二原则分为五大类，基本内容摘录如下：

（一）董事会及高层管理人员的作用

原则1：为了履行职责，银行董事会应审批利率风险管理的政策和监控规程，并应定期听取银行利率风险状况的汇报。

原则2：高层管理人员应当确保银行业务结构及所承受的利率风险水平得到有效控制，确保制定了合理的政策和监控规程，以控制和降低风险，并确保拥有评估和控制利率风险的条件。

原则3：银行应当建立职责明确的风险管理机制，直接向高层管理人员和董事会汇报风险承受情况。风险管理机制的运行应当独立于银行的业务部门。规模较大和业务较复杂的银行应当设立专门机构设计和管理银行的利率风险控制系统。

（二）利率风险管理政策及监控规程

原则4：应明确规定银行的利率风险管理政策和利率风险监控规程，并使之符合银行业务的性质和复杂性。这些机制应当能够反映银行的整体风险状况，在必要的情况下也应可以反映每一个分支机构的风险水平。

原则5：银行应该能够明确了解隐含在新产品、新业务方法中的风险，并确保新产品在推广之前、新业务方法在采用之前，针对风险已经制定了必要的监控规程和控制手段。重要的保值行为和风险管理手段在采用之前应经由董事会或得到董事会授权的委员会的批准。

（三）风险测算与监控系统

原则6：银行应当拥有风险测算系统，该系统应能够及时发现利率风险的所有重大根源，按照自身业务范围估算利率变动所将造成的影响。风险测算系统所使用的概念应能够被风险管理人员和银行管理人员明确理解。

原则7：银行应当建立授权制度及其他制度并执行这些制度，以便使风险头寸保持在银行内部风险管理政策所许可的范围内。

原则8：银行应当能对恶劣市场条件下本行可能遭受的损失进行测算（包括基本假设失效条件下的测算），在建立和检查本行利率风险监控政策和风险承受水平时应参考上述测算。

原则9：银行必须拥有能够满足利率风险管理需要的信息监控报告系统，定期向高层管理人员及董事会报告。

（四）独立控制机制

原则10：银行对内部的利率风险管理程序应有充分控制，应当定期评估风险控制手段的完备程度。负责评估风险管理程序的人员所负责评估的对象应与自身业务无关。

原则11：银行应定期进行本行利率风险程序的独立性评审。评审结果应向有关监管机构通报。

（五）监管机构应掌握的信息

原则12：十国集团的监管机构应能够按时从银行获得充足信息，以便审定它们的利率风险水平。这些信息应当包括银行资产组合的期限和货币种类，以及其他相关信息，譬如交易行为与非交易行为的划分情况等。其他监管机构也宜获得类似信息。

二、利率风险的含义和表现形式

（一）利率风险的含义

利率风险（interest rate risk）通常是指在官方利率或市场利率变化时，商业银行资产的收益与市场价值以及负债的成本与市场价值发生的不利于银行的变化，即商业银行的财务状况在利率波动时所面临的不确定性。利率的波动会给商业银行的经营管理带来巨大的风险：商业银行的传统业务收入来源于存贷的利差，当利率发生波动时，不可避免地影响商业银行的利润水平；市场利率变动后，银行的资产和负债的市场价值也必然发生变动，从而影响商业银行的资产净值的市场价值；难以预料的利率变动会严重影响商业银行的盈利水平、管理方式及创新发展能力。随着商业银行经营环境的变化及业务的多元化，利率风险的影响也越来越大。

（二）利率风险的表现形式

利率风险的表现形式多种多样，主要有重定价风险、收益曲线风险、基准风险和选择权风险等四种表现形式。

1.重定价风险

重定价风险最基本和最常见的表现形式，是银行业务的多样性和经营的持续性使资产、负债和表外业务的到期日不匹配而产生的风险。

当市场利率提高后，银行资产所带来的收益也应随之而提高，但由于到期日的限制，其并不能马上随着市场利率而调整，滞后反应的速度要由各种资产的到期日来决定。在到期之前，该资产仍然维持原来的利率水平。到期日越远，就需要越长的时间才能按照提高了的市场利率重新确定利率。到期日近，则只需要较短的时间就能按照市场利率重新确定新的利率。所以，如果银行的各项资产的平均到期日越近，银行对利率上升的反应就越明显，从而能增加收益，增强抵御风险的能力。

对浮动利率的银行头寸而言，重定价风险产生于合同规定的调整利率时间的不同。如浮动利率贷款合同中要规定利率调整的间隔时间，有的3个月一次，有的6个月一次，那么市场利率发生剧烈波动时，离利率调整时间越近的头寸价值因再定价原因造成的负面影响越小。

就实质而言，重定价风险的决定性因素并非交易合同对应的固定利率或浮动利率本身，而是不同条件下头寸价值可以根据市场利率调整的时间的长短。所以，在利率风险管理中，银行根据头寸价值的重新定价时间来划分固定利率与浮动利率项目，或者称为利率敏感性资金和利率不相关资金，这是利率敏感性缺口模型的基础。

大多数情况下，固定收益债券都有固定的收益率和票面价格，但如果市场利率发生波动，则会引起债券的价值的变化。债券的市场价值是未来各期现金流的现值之和，用公式表示如下：

$$P_0 = \sum_{t=1}^{n} \frac{C_t}{(1+r)^t}$$

其中：P_0为市场价值，C_t为第t年的现金流，r为市场利率，n为到期日到现在的年数。

当市场利率发生变动时，债券的市场价值会发生相应的变动。市场利率上升的时候，债券的市场价值会下跌；市场利率下降的时候，债券的市场价值会上涨。二者是负相关的关系。

【例9-1】银行吸收了一笔10万元的定期存款，期限3年，利率为2.29%，同时，还发放了一笔10万元的浮动利率贷款，期限也为3年，利率为4.58%。在第一年内银行能够稳定地赚取2.29%的利差。一年后，市场利率下降了0.5个百分点，贷款将重新定价，在存款利率不变的情况下，贷款利率下降，将给银行带来利息收入的损失。

2.收益曲线风险

收益曲线是利率期限结构的示意图。利率期限结构是其他条件相同而期限不同的金融工具的期限和利率之间的关系。所以，收益曲线是利率与期限所决定的点的连线。收益曲线有三种可能的形状：第一种是平坦型的，表明长短期利率相当；第二种是上升型的，表明随着期限的增加，利率升高，短期利率低于长期利率；第三种是下降型的，表明期限越长，利率就越低，短期利率高于长期利率。其中第二种上升型是最常见的收益曲线形状，部分的原因是为了弥补流动性风险的需要，借入长期资金必然要比短期资金支付更高的利率。

收益曲线的形状和斜率可以用来预测利率的市场走向，但是如果只依赖收益曲线和以往的经验对利率未来走势进行预测，从而制定投资和战略决策，无疑要承担比较高的风险。因为收益曲线斜率并不完全按照正向收益（期限越长，收益率越高）的方向变动，这是收益曲线风险的来源，即收益曲线风险产生于收益曲线的斜率和形状的变化，以及人们根据现有收益对未来利率走势预测时可能出现的偏差。

金融市场复杂多变，而且近几十年来，货币市场发生了巨大变化，深刻地影响了收益曲线。货币主义的盛行、金融管制的放松、证券融资方式的改变和金融创新等，也使得对收益曲线风险的评估变得越来越困难了。例如，放松管制会扰乱商业银行和客户旧有的偿还期偏好和投资习惯，减弱了各个长短期市场的隔离。通过收益曲线风险的分析，可以总体上把握资金市场，预测利率的变化，发现套利和互换的机会。

3.基准风险

基准风险也称为基准利率风险，是指当其他重新定价条件相同时，银行的资产和负债因为所依据的基准利率不同，即收益利率和成本利率的调节机制不能完全匹配的情况，使净利息收入和现金流发生变动，产生利率风险。

广义的基准利率风险还包括各种表外头寸因为所依据的基础证券价格变化而变化所带来的可能损失。基准利率是被选来作为各不同期限贷款基准的利率。通常为一年以下的短期货币市场资金借贷利率，其中最为常见的是伦敦银行间同业拆借利率(LIBOR)，它是指以伦敦为依托的欧洲货币市场上，银行同业之间进行以欧洲货币表示的短期货币资本借贷时所依托的利率，LIBOR是被选用最早和使用最为普遍的基准利率。例如，银行吸收了一笔一年期的浮动利率存款的同时，发放了同等期限的浮动利率贷款。存款利率根据LIBOR按月浮动，贷款利率根据美国联邦债券利率按月浮动，当这两个基准利率的波动幅度不一致时就产生了基准风险。

4.选择权风险

选择权风险也称为期权风险，是指由于利率变化，客户提前偿还贷款或支取存款，导致银行净利息收入变化所表现出来的风险。例如，客户存款金额2 000万元，期限2年，1年后可提前取款。如果1年后，客户不提前取款，商业银行将面临利率下降的风险；如果客户提前取款，则银行面临流动性风险和利率上升的再筹资成本上升的风险。

三、利率风险的度量

传统的利率风险度量方法主要有利率敏感性分析、持续期分析等，此外还有一些新的利率风险度量的方法，如动态收入模拟模型（情景分析和压力测试）、风险价值分析方法等现代方法。这里主要介绍持续期缺口模型和利率敏感性缺口模型。

（一）持续期缺口模型

1.持续期的含义和特征

持续期是指固定收入金融工具的所有预期现金流量的加权平均时间，也可以理解为固定收益金融工具各期现金流量抵补最初投入的平均时间。持续期缺口管理就是银行通过调整资产负债的期限与结构，采取对银行净值有利的持续期缺口策略来规避银行资产与负债的总体利率风险。

持续期也称为久期，它不仅考虑了资产或负债的到期期限问题，还考虑了每笔现金流的情况，是利用现金流的相对现值作为权数的资产/贷款的加权平均到期期限。

久期的特征有：（1）证券的票面利率越高，它的久期越短；（2）证券的到期收益率越高，它的久期越短；（3）随着固定收益资产或负债到期期限的增加，久期会以一个递减的速度增加。

2.持续期缺口模型的运用

假如一家商业银行，其拥有的资产和负债（均以市场价值入账，利息按年支付）如下：资产包括现金100亿元；年收益率为14%、偿还期为3年的商业贷款900亿元；年收益率为10%、偿还期为10年的国债200亿元。负债包括年利率为7%、1年期的一般定期存款500亿元；年利率为8%、偿还期为4年的可转让大额定期存单600亿元。股本为100亿元。各类资产和负债的利息按年计算。

（1）表9-11说明了银行资产负债情况和每项资产负债的持续期。表9-12说明了持续期缺口模型的实施情况。

表9-11　**资产负债情况和持续期**

GAP	利率变动	资产市值	变动方向	负债市值	净值市值变动
>0	上升	增加	>	增加	增加
>0	下降	减少	>	减少	减少
<0	上升	增加	<	增加	减少
<0	下降	减少	<	减少	增加
=0	上升	增加	=	增加	不变
=0	下降	减少	=	减少	不变

表9-12　**持续期缺口模型的实施**　单位：亿元

资产	市值	利率	持续期	负债和股本	市值	利率	持续期
现金	100			股本	100		
商业贷款	900	12%	2.69	一般定期存款	500	7%	1
国债	200	10%	6.76	CD	600	8%	3.58
总计	1 200		3.14		1 200		2.41

（2）假设所有资产和负债的利率上升2%，则资产负债情况见表9-13。

表 9-13 **市场利率变化后的资产负债** 单位：亿元

资产	市值	利率	负债和股本	市值
现金	100		股本	82
商业贷款	858	14%	一般定期存款	491
国债	177	12%	CD	562
总计	1 135			1 135

（3）为了使银行股本净值不受利率变动的影响，特别是利率上升的影响，该银行可以采取免疫的策略，使得持续期缺口为零。银行可以通过缩减资产的加权平均持续期或者增加负债的加权平均持续期来实现。假设银行减少一年期的一般性存款为224亿元，而增加利率为8%的6年期以复利计算的定期存款为224亿元，见表9-14。

表 9-14 **持续期缺口为零的资产负债表** 单位：亿元

资产	市值	利率	持续期	负债和股本	市值	利率	持续期
现金	100			股本	100		
商业贷款	900	12%	2.69	一般定期存款	276	7%	1
国债	200	10%	6.76	6年定期存款	224	8%	6
				CD	600	8%	3.58
总计	1 200		平均3.14		1 200		平均3.43

（4）同上面，当利率上升2%时，银行资产的市场价值是1 135亿元，但负债的市场价值有所不同，见表9-15。

表 9-15 **市场利率变化后的资产负债表** 单位：亿元

资产	市值	利率	负债和股本	市值	利率
现金	100		股本	101	
商业贷款	858	14%	一般定期存款	271	9%
国债	177	12%	6年定期存款	201	10%
			CD	562	10%
总计	1 135			1 135	

根据现代风险管理原则，一些大的银行或者比较富有冒险精神的ALCO并不单单是利用持续期缺口模型进行风险规避（$D_{Gap}=0$），它们可能会利用持续期模型，使股东权益最大化，见表9-16。

表9-16 ALCO的管理行为

预期利率变动	ALCO管理行为	可能结果
利率上升	增加利率敏感性资产，减少利率敏感负债，正缺口	净值增加（预期正确） 净值减少（预期错误）
利率下降	减少利率敏感资产，增加利率敏感负债，负缺口	净值增加（预期正确） 净值减少（预期错误）

3.持续期缺口模型的缺陷

商业银行某些资产和负债项目的持续期计算较为困难。例如客户如果提前归还贷款，会扭曲预期现金流量；而活期存款和储蓄存款的现金流量则更难以准确地确定。

很难控制商业银行的持续期缺口为零。计算银行资产和负债类组合的持续期是一项繁重的工作。除了零息票证券，一次性付息贷款和国库券之类的金融工具的持续期等于它们的到期日，其他证券的持续期小于它们的到期日，因此计算量非常大。而对这些资产和负债的调整也是有所限制的。

持续期缺口模型假设利率是稳定的，但在现实中，利率的波动是非常频繁的。

（二）利率敏感性缺口模型

前面介绍了利率敏感性分析的理论基础，我们已经清楚这样的道理：当预期市场利率上升的时候，银行应主动营造敏感性正缺口，这可以通过缩短资产到期日、延长负债到期日、增加利率敏感性资产、减少利率敏感性负债来实现。这样，当市场利率上升的时候能扩大净利息差额。当预期市场利率下降的时候，银行应主动营造敏感性负缺口，这可以通过延长资产到期日、缩短负债到期日、减少利率敏感性资产、增加利率敏感性负债来实现。这样，当市场利率下降的时候能扩大净利息差额。

1.利率敏感性缺口模型的实施

在运用利率敏感性缺口模型的时候，应确立如下事项，逐步进行实施：选择划分银行的净利息差的计划期，半年或者一年期，以便加强管理。一般来说，银行对外公布的数据为一年期敏感性数据。

决定选择净利息差的目标水平，确定是要规避风险、稳定净利息差，还是要扩大净利息差。如果银行决定扩大净利息差，则需要正确地预测利率，即根据宏观经济形势、国家的货币政策以及国际环境，对利率的走势进行预期。合理调配资产和负债，决定持有敏感性资产和敏感性负债的总额，以扩大净利息差。

利率变动、利率敏感性缺口与净利息收入的关系见表9-17。

表9-17 利率变动、利率敏感性缺口与净利息收入的关系

利率敏感性缺口（GAP）	利率变动	净利息收入
>0	上升	增加
>0	下降	减少
<0	上升	减少
<0	下降	增加
=0	上升	不变
=0	下降	不变

2.利率敏感性缺口模型的局限性

第一，利率敏感性缺口分析的精确性值得怀疑。利率敏感性缺口分析的精确性取决于计划期划分的长短，计划期越短结果越精确，但从实际操作上来说，计划期时间跨度太小是没有多大意义的。

第二，利率预测在现实中往往准确率不高，短期利率则更难加以预测。

第三，银行对利率敏感性缺口的控制欠缺灵活性。

第四，增加管理成本。银行为了调整利率敏感性缺口采取有竞争力的措施，会提高其隐含成本。

第五，未考虑利率变动的两面性。一方面，利率波动影响资产产生的收入和负债带来的成本；另一方面，利率波动还会影响银行资产的市场价值。而利率敏感性缺口模型并未考虑后者。在实际中，负债利率支付的变化一般快于资产利率收入的变化。

第四节 商业银行操作风险管理

一、操作风险的定义和特点

（一）操作风险的定义

英国银行家协会（BBA，1999）将操作风险定义为：由于内部程序、人员、系统的不完善或损失，或外部事件造成银行直接或间接损失的风险。

（二）操作风险的特点

操作风险的特点包括：（1）关注内部操作，银行及其员工的作为或不作为；（2）重视概念中的过程导向；（3）人员和人员失误起着决定性作用，但不包括出于个人利益和知识不足的失误；（4）外部事件指自然、政治或军事事件，技术设施的缺陷，以及法律、税收和监管方面的变化；（5）内部控制系统具有重要作用。

（三）操作风险的特征分析

操作风险具有具体性、内生性、不对称性、模糊性、多样性等特征。

二、操作风险的分类

历史上灾难事件的操作风险分析见表9-18。

表9-18 **历史上灾难事件的操作风险分析**

	巴林银行（1995）	住友银行（1996）	长期资本管理公司（1998）
总损失	1.3亿美元	2.6亿美元	4.4亿美元
违规内容	未经授权及隐匿的期货交易；隐匿亏损	越权商品交易达10年以上	使用金融衍生工具，使用杠杆作用等
违规者	交易员及结算主管，新加坡附属机构	分行办公室职员	高层管理者
危机诱发	催缴保证金	文件被误送到财务办公室	市场
操作风险诱因分析			
实施、交付及流程管理	违反政策、职责不清	内部控制和审计松懈	市场重要性或规模发生变化；模型调整和压力测试不充分
客户关系产品及业务操作	未履行规定报告义务	没有电子交易汇报链接	模型错误，缺乏已变更参数评估的实际技巧
内部欺诈	未经授权	雇员欺诈	

三、操作风险管理组织架构

操作风险管理组织架构如图9-3所示。

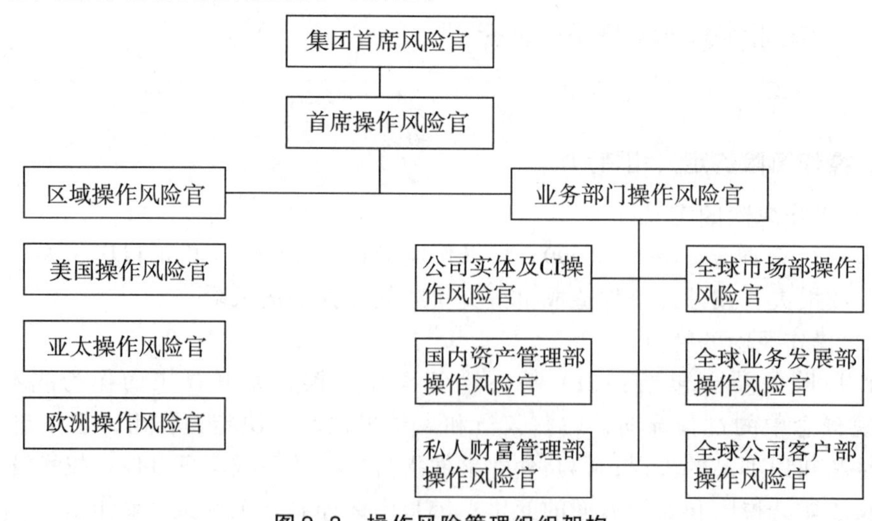

图9-3 操作风险管理组织架构

集团首席风险官：高级管理层负最终责任。这种责任要求高级管理层对本银行产品、业务过程和相关风险有全面的了解。管理层要定期检查操作风险报告，以确定其对操作风险管理的要求是否得到了满足。

操作风险管理职能部门包括以下几种：

（1）风险委员会：独立实施全行范围的操作风险管理；保证政策的执行；汇总操作风险官递交的有关主要操作风险报告及操作风险委员会决策情况。

（2）操作风险委员会：指导和监控全行范围的操作风险管理框架的有效实施；审核识别、报告、控制、监测操作风险的标准和各部门内操作风险管理标准；对外披露操作风险管理相关信息，接受外部监管。

（3）首席操作风险官：全行操作风险管理的核心，将操作风险管理职责分解给各部门、部门操作风险官和区域操作风险官。首席操作风险官的职责包括制定操作风险管理政策和工具，用以反映银行操作风险管理理念的操作风险策略及操作风险经济资本的计算与分配的方法；推广操作风险管理工具，推动操作风险管理框架的实施；规定各级机构提交的操作风险报告在内容、深度等方面的最低要求和标准；向高级管理层提供全行操作风险报告；保证部门制定的操作风险指引与标准和全行的操作风险政策相一致。

（4）业务部门操作风险官：采取事前措施防范因本部门业务特性引起的操作风险，对重大的操作风险事件进行识别与分析，采取足够的措施预防今后再次发生；监控本部门活动带来的操作风险；向首席操作风险官或操作风险委员会报告操作风险事件；推动全行操作风险政策在本部门的实施；制定与全行标准一致的本部门内操作风险管理标准。

（5）区域操作风险官：协助部门操作风险官在所管辖的区域内对操作风险管理进行指导；在所管辖的区域内执行操作风险管理政策；定期与首席执行官讨论风险管理；确保所制定的管辖区域内操作风险管理框架符合区域的监管机构的要求。

（6）集团审计部门：在集团全面操作风险管理框架内，集团审计是个至关重要的角色，其游离于集团开展业务和风险管理之外，独立地履行职责。集团审计的主要任务在于评估内控体系是否健康有效，是否确实发挥了安全保障作用。集团审计部门直接向董事会提交报告。

四、操作风险度量方法

操作风险的度量方法主要有基本指标法（BIA）、标准化方法（SA）、内部衡量法（IMA）、损失分布法（LDA）和极值理论方法（EVT）等。

（一）基本指标法

基本指标法是以单一的指标作为衡量银行整体操作风险的尺度，并以此为基础配置操作风险资本的方法。

如果把总收入作为这一指标，则：

监管操作风险资本=总收入×α（α值通常取30%）

（二）标准化方法

标准化方法是将银行业务活动分为标准业务单位和业务类别，每个业务类别都规定一个能充分体现该业务规模和风险特性的指标，这样单个业务类别的操作风险资本准备要求就可以通过指标与另一个固定百分比（β）的乘积得出。β的定值一般为20%。

β值的计算公式为：

β=（20%的目前最小监管资本×业务类别的权重）÷银行所有业务类别的金融指标加总

业务类别权重见表9-19，业务类别指标见表9-20。

表9-19 **业务类别权重**

业务类别	权重（%）
公司金融业务	8～12
贸易和销售业务	15～23
零售银行业务	17～25
商业银行业务	13～20
支付业务	12～18
零售经纪业务	6～9
资产管理业务	8～12

表9-20 **业务类别指标**

业务类别	指标
公司金融业务	总收入
贸易和销售业务	总收入
零售银行业务	每年的平均资产
商业银行业务	每年的平均资产
支付业务	每年的清偿总量
零售经纪业务	总收入
资产管理业务	管理的基金总量

（三）内部衡量法

内部衡量法是银行采用监管者规定的方法，自己收集整理损失数据，自己估算风险资本的一种方法。其主要步骤为：

（1）将业务划分为若干类别，对每个业务类别界定不同的损失类型。

（2）在每个业务类别和损失类别的组合中，监管者固定一个风险暴露指标（EI）。

（3）除了风险暴露之外，对每个业务类别和损失类别的组合，银行利用自己的内部数据计算出参数损失概率（PE）和给定事件发生率情况下的损失（LGE）。

预期损失=$EI \times PE \times LGE$

（4）针对每个业务类别和损失类别的组合给出一个系数（r），这样，预期损失就通过这个系数转换为风险资本要求。

风险资本=$\sum i \sum j$ ［r（e.g.）$\times EI$（I，j）$\times PE$（i，j）$\times LGE$（i，j）］

式中：i表示业务类别，j表示风险类型。

非预期损失（UL）=$a \times EL$

其他条件：具备若干年的充足数据、具有有效的风险管理和控制、具备测度和有效性。

五、操作风险衡量方法之间的关系

内部衡量法是损失分布法的离散变量模式，标准化方法则是对某一个业务类别中所有的风险集合体予以分析，基本指标法是对所有业务类别、所有风险集合的分析。

它们对数据的要求以及估计误差呈现出如图9-4所示的关系。

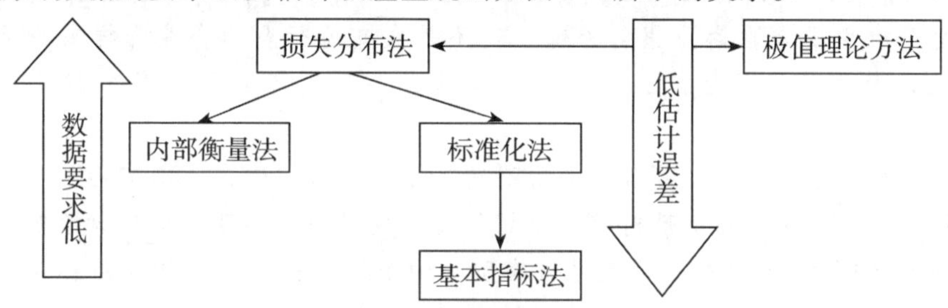

图9-4　操作风险衡量方法之间的关系

【思政课堂】

《银行业金融机构全面风险管理指引》

为提升银行业金融机构全面风险管理水平，引导银行业金融机构更好服务实体经济，银监会2016年10月正式发布《银行业金融机构全面风险管理指引》。

近年来，为加强和规范商业银行风险管理，银监会借鉴国际金融监管改革成果，紧密结合我国银行业实际，陆续制定了各类审慎监管规则，覆盖了资本管理、信用风险、市场风险、流动性风险、操作风险、并表管理等各个领域，初步建立起一套较为完整的风险管理规制体系。在此基础上，银监会从现有规则中梳理提炼出共性要素，同时参照巴塞尔委员会《有效银行监管核心原则》的基本要求，借鉴国际经验，制定了这份指引，形成了我国银行业全面风险管理的统领性、综合性规则，引导银行业树立全面风险管理意识，建立稳健的风险文化，健全风险管理治理架构和要素，完善全面风险管理体系，持续提高风险管理水平。

该指引共8章54条，包括总则，风险治理架构，风险管理策略、风险偏好和风险限额，风险管理政策和程序，管理信息系统和数据质量，内部控制和审计，监督管理及附则，强调银行业金融机构按照匹配性、全覆盖、独立性和有效性的原则，建立健全全面风险管理体系，并加强外部监管。

资料来源：国务院网站.

本章小结

1.商业银行风险是指商业银行在经营过程中，由于事前无法预料的不确定因素的影响，使商业银行的实际收益与预期收益产生背离，从而导致银行蒙受经济损失或获取额外收益的机会和可能性。根据不同的分类标准，可以将商业银行风险划分为不同的类型。

2.商业银行风险具有以下主要特征：商业银行的风险主要体现在货币资金方面；商业银行风险主要来自商业银行外部，而不是像其他行业的企业那样来源于企业内部；商业银行风险涉及面广，具有连锁反应，一旦发生，严重时会波及整个经济体系。

3.信用风险的成因是信用活动中的不确定性，包括“外在不确定性”和“内在不确定性”两种。外在不确定性对整个市场都会造成影响，导致的信贷风险等金融风险称为“系统性风险”。内在不确定性带有明显的个性特征，产生的风险称为“非系统性风险”。

4.专家制度是一种最古老的信用风险分析方法。在信贷决策过程中，信贷员的专业知识、主观判断以及某些要考虑的关键要素权重均为最重要的决定因素。尽管古典信用分析法在银行的信用分析中发挥着积极作用，然而实践证明它存在许多难以克服的缺点和不足。

5.为了克服专家制度的缺点，人们构筑了多变量的信用风险预测法，其中包括Z评分模型和修正并扩展后的第二代模型ZETA信用风险模型。

6.现代信用风险管理新模式中的信用度量制是由J.P.摩根与其他合作者在已有的“风险度量制”方法基础上，运用VaR方法创立的一种专门用于对非交易性金融资产如贷款、私募债券的价值和风险进行度量的模型。

7.利率风险是指在官方利率或市场利率变化时，商业银行资产的收益与市场价值以及负债的成本与市场价值发生的不利于银行的变化，即商业银行的财务状况在利率波动时所面临的不确定性。

8.利率风险的表现形式多种多样，主要有重定价风险、收益曲线风险、基准风险和选择权风险等四种表现形式。

9.操作风险已经纳入《巴塞尔协议》监管范畴，并且日益受到商业银行的重视。

关键概念

信用风险　利率风险　操作风险　外汇风险　重定价风险　基准利率风险　选择权风险　持续期

复习思考题

1. 商业银行信用风险的成因是什么？
2. 什么是利率风险？利率风险的表现形式有哪些？
3. 利率敏感性缺口模型的理论基础是什么？
4. 持续期缺口模型的缺陷是什么？
5. 商业银行的贷款业务应注意哪些问题？
6. 操作风险的特点有哪些？
7. 商业银行风险是如何分类的？

第十章

商业银行市场营销

导读

通过本章的学习，了解商业银行营销的基本概念及银行业务的特点，懂得区分服务营销与其他营销的异同，有效掌握金融产品的销售方法；掌握大客户开拓的基本理念和方法，把握大客户需求的探询、分析和发掘的方法，正确厘清大客户销售的复杂环境的方法和技巧；掌握与客户沟通和日常维护的技巧，提升日常客户服务的质量。本章重点介绍了银行营销的基本概念、基本理论，营销观念的创新、营销方法与途径的创新等。重点介绍了营销的流程，以及有效区分客户现有价值与潜在价值、针对不同的客户提供不同的整体服务的技术方法。

引导案例

花旗银行的差异化营销策略

为沙特王子提供客户服务是花旗银行差异化营销策略的成功运用。提到沙特阿拉伯，人们自然会联想到该国丰富的石油储量、富裕的中东富豪。

花旗银行把竞争提到了很高的层次上。通过收费达到过滤选择优质大客户的目的。争取客户不能只盯着他们的钱，而是要想办法帮他们圆经营大财富的梦想，教他们如何使用最佳理财组合方式。银行的主要目的是为他们用钱提供服务，并向他们收取服务费，从而开发出黄金客户的“黄金价值”。对于那些信誉好、存款额高的优质客户，不仅不收费，还要为其理财并提供优惠，凭借银行技术、资本操作经验、信息、网络、信誉等优势条件向大客户提供证券、保险、外汇以及黄金买卖等服务。花旗银行建立客户档案，定期或不定期联系沟通，根据他们的需求，进行特殊服务，执行有别于普通客户的差别营销策略。与众不同的是，花旗银行不设建议书，所有的建议都通过口头传递。

每一个持VIP卡的贵宾，不但可在专辟的贵宾室办理业务，而且享有专门配备的私人客户经理，在利率、费率上享有减免和优惠等待遇，并能在第一时间获得银行的新产品信息和量身定做的书面理财建议。如今的客户，都要求整体性的财富管理服务。花旗银行的“贵宾理财服务”为客户特派专业投资顾问、外汇资产顾问、研究部专才和花旗贵宾客户经理。这个庞大的专业组合为客户提供定期的资产组合评估服务，并针对客户财务状况及个人理财目标的转变，提供资产组合调配建议。

花旗银行以服务优势吸引并确立优质的客户。它把“贵宾理财服务”提升为“财富管理服务”。为重要个人客户设立了要客经理，为特大客户设立了私人银行部。该行设立了要客中心、要客经理，每人配一名助理，每个要客经理为要客提供全面的服务。专门设立代客理财顾问为客户设计理财最佳方案，提供理财增值服务，尽量让大客户满意而归。贵宾理财服务品牌战略，即对众多客户实行统一的服务内容、统一的服务价格、统一的视觉形象。而最尊贵的客户还会由机构最高领导人参与营销，不仅享受比一般客户高的存款利率、免费汇款服务等众多优惠，银行方面还会根据他们的财务需要和风险取向，为他们制定个人化的资产分配策略。

信用卡方面，花旗银行也可以根据所持卡的不同，要求有关部门提供不同质量和档次的服务，如对持有金卡的，花旗银行协同知名商家为客户提供购物、餐饮、健身等各方面的优惠和奖励等更为独到的服务。现在花旗银行更多地把目光转向市场广阔、潜力巨大的中小企业和普通工薪阶层。

花旗银行客户资料库在银行差异化营销中扮演着重要的角色，它不仅是市场细分的前提和基础，而且是协助将传统式营销工具转移到差异化营销作业中的最主要工具。通过整理和分析客户资料，如客户资金的增减、资金流动的趋势、客户对银行服务的不同选择等，花旗银行及时了解客户需求的变化，并对此作出相应的营销对策，以此来建立客户的忠诚度。

无论怎样的策略，花旗银行始终坚持提供高质量服务是银行差异化营销的最佳切入点。只有良好的服务，才能留住老顾客，争取新顾客。这永远都是聪明的做法。他们想保证在每一次服务交易时，客户都会得到一贯高质量的服务。比如，花旗银行在超级市场开设了服务周全的分支机构，并且在星期六、星期日和每天晚上为当地社区居民提供便利的服务。

【讨论与思考】

1.花旗银行的差异化营销策略主要体现在哪些方面？

2.该案例对我国商业银行有哪些启示？

3.我国商业银行营销管理中面临的机遇与挑战有哪些？

第一节 商业银行市场营销概述

市场营销学是建立在经济学、管理学、行为科学等学科基础上的综合性的应用管理学科。其既包含对营销规律的认识，也包含要掌握和使用这些规律应具有的正确的思维方法与观念。对于工商企业来说，“市场营销如此基本，以至于不能把它看成一个单独的功能……从它的最终结果来看，也就是从顾客的观点来看，市场营销是整个企业的活动”。(彼得·德鲁克)

一、市场的含义及构成要素

(一) 市场的含义

市场的概念由来已久，其最基本的含义是指商品交易的场所、商品行销的区域。其内涵包括：(1) 市场是商品交换的场所。(2) 市场是商品交换关系的总和。(3) 市场是由一切具有特定欲望和需求并且愿意与能够以交换来满足这些需求的潜在顾客所组成的。

简单的市场系统如图 10-1 所示。

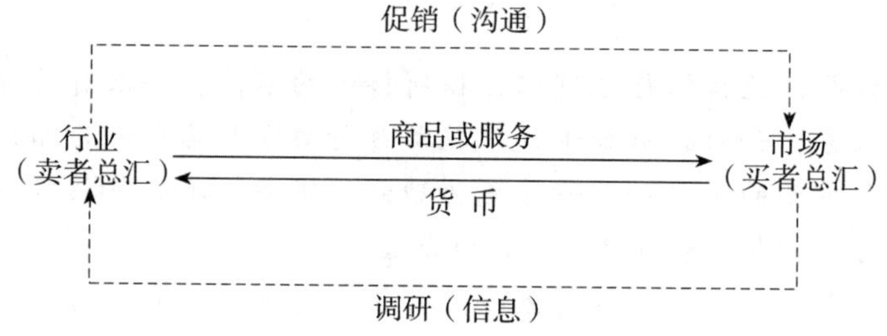

图 10-1 简单的市场系统

一个国家现代交换经济中的基本市场流程如图 10-2 所示。

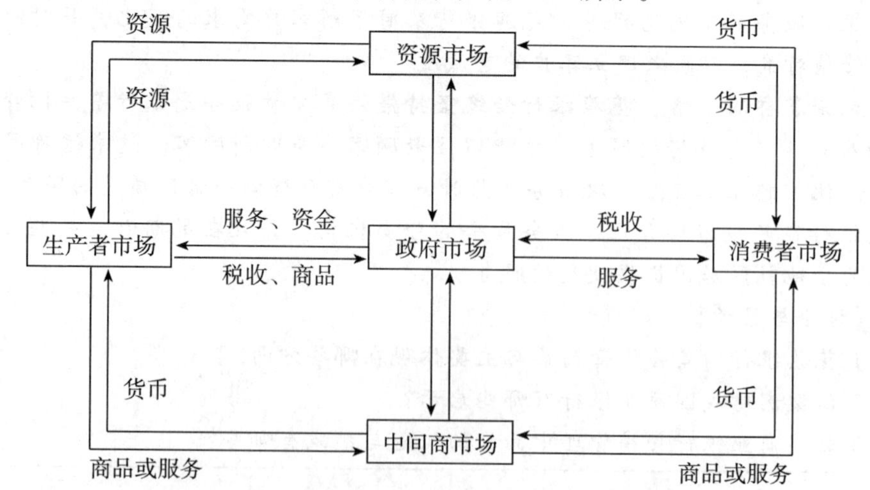

图 10-2 一个国家现代交换经济中的基本市场流程

（二）市场的构成要素

从经济学的角度看，市场的构成要素有：商品与劳务；商品的不同所有者；商品交换的当事人及交换条件。从市场学的角度看，市场的构成要素有：人口、购买力、购买动机。所以，我们可以得出结论：市场=人口+购买力+购买欲望。

二、市场营销的含义及相关概念

（一）市场营销的含义

1960年，美国市场营销协会的定义，即所谓的狭义定义为：市场营销是引导商品与劳务从生产者到达消费者或用户所实施的企业活动。

美国学者包尔·马苏的定义为：市场营销是传递社会生活标准给社会。

美国学者马尔康·麦克纳的定义为：市场营销是创造和传递社会生活标准给社会。

菲利普·科特勒的定义为：市场营销是个人与群体通过创造并同他人交换产品与价值以满足需求和欲望的一种社会与管理过程。这个定义中体现的是：（1）市场营销的最终目标是"满足需求和欲望"；（2）市场营销的核心是交换；（3）交换过程能否顺利进行，取决于营销者创造的产品和价值满足顾客需求的程度与交换过程管理的水平；（4）是一种社会与管理过程。

我国学者的定义为：市场营销是研究企业如何以顾客需求为中心，通过交易程序，提供和引导商品或劳务到达顾客手中，满足顾客需求与利益，从而获取利润的企业综合活动。

传统市场营销示意图如图10-3所示。

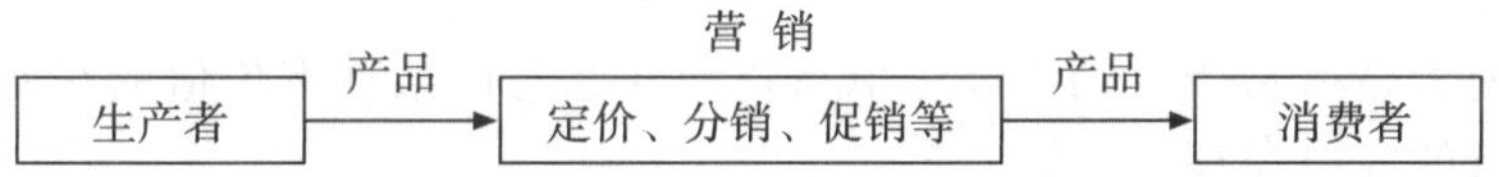

图10-3 传统市场营销示意图

广义的市场营销活动示意图如图10-4所示。

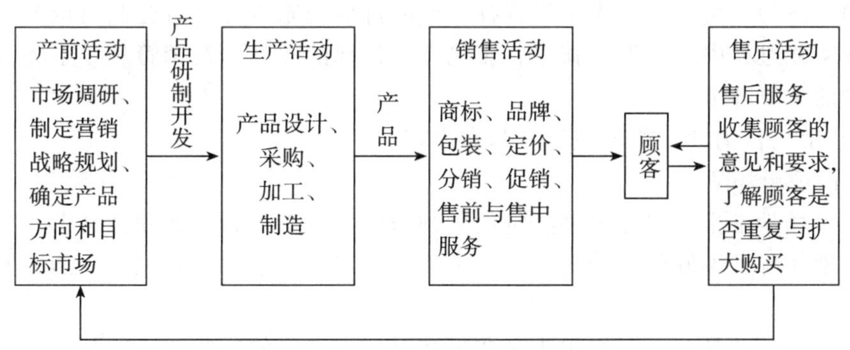

图10-4 广义的市场营销活动示意图

（二）市场营销的相关概念

1.需要、欲望和需求

需要是指某些没有得到基本满足的感觉状态，是人类与生俱来的基本需要。欲望是指对获得某种满足基本需要的具体物品的愿望。需求是指具有支付能力并且愿意购买某种物品的欲望。市场营销者不仅要了解有多少消费者需要其产品，还要了解他们是否有能力实现这种需要。

2.产品

产品是指任何能用以满足人类某种需要与欲望的东西。产品构成包括有形与无形的、可触摸与不可触摸的。市场营销就是要提供利益和服务，让消费者的需要得到更大的满足。

3.价值和满足

价值是指消费者对产品满足各种需要的能力评估，而不是产品本身价值的大小。消费者把产品按最喜欢的到最不喜欢的次序排列，位于顶端的，即最喜欢的那个产品就是最理想的产品、价值最大的产品。产品的价值取决于它与理想产品的接近程度，越接近，消费者就越满足，产品的价值也就越大；反之，则产品的价值越小。

4.交换与交易

交换是指从他人处取得所需之物，而以其某种东西作为回报的行为。交易是交换的基本组成单位，是交换双方之间的价值交换。

5.交易（市场）营销与关系（市场）营销

交易（市场）营销是指建立在交易基础上的市场营销。关系（市场）营销是指市场营销者与顾客、分销商、经销商、供应商等建立、保持并加强合作关系，通过互利交换及共同履行诺言，使各方实现各自目的的营销方式。

6.市场营销者

市场营销者是指希望从别人那里取得资源并愿意以某种有价值的东西作为交换的人，包括银行的客户经理。

7.营销管理

营销管理是指为实现营销目标，而对整个营销活动，包括营销计划的编制、执行，营销手段的采用，分销渠道的选择，产品价格的制定等进行控制与调节。任何营销活动在实践过程中都会发生偏差，影响营销目标的实现。营销管理是市场营销活动不可缺少的重要环节。

（三）市场营销学的相关理论及基本内容

1.宏微观市场学

宏观市场学是指，引导某种经济的货物与劳务从生产者流转到消费者，在某种程度上有效地使各种不同的供给能力与各种不同的需求相适应，实现社会的短期和长期目标。

微观市场学“是指某一组织为了实现其目标而进行的这些活动：预测顾客和委托人的需要，并引导满足需要的货物与劳务从生产者流转到顾客和委托人”。微观市场学的研究对象是：从卖方的角度出发，以买方（顾客）为对象，研究卖方面向市场，以顾客需求为中心，引导卖方将商品或劳务销售或转移给买方的全部市场营销活动的规律及技术。微观市场学的学科性质是建立在经济学、管理学、社会学、行为学基础上的应用性的经营管理学科。

微观市场学的研究内容主要包括：市场营销观念与战略、市场营销战略规划与管理过程；市场的分析与选择：市场调查和预测，市场营销环境分析，市场与购买者行为分析（需求分析）、市场竞争者分析；市场细分与目标市场（客户管理）；市场营销组合策略：产品、价格、分销、促销；市场营销管理（计划、组织、人员与控制）。

2.关于市场营销与企业职能

管理大师彼得·德鲁克指出，顾客是企业得以生存的基础，企业的目的是创造顾客，任何组织若没有营销或营销只是其业务的一部分，则不能称之为企业。“市场营销如此基本，以至于不能把它看成一个单独的功能……从它的最终结果来看，也就是从顾客的观点来看，市场营销是整个企业的活动。”“企业的基本职能只有两个，就是市场营销和创新”。

在市场营销中，企业必须以顾客的存在为前提和基础；顾客决定企业的本质，企业存在的价值在于能否有效地提供满足他人需要的产品，顾客的感觉、判断及购买行为决定企业的命运；企业最显著的、最独特的职能是市场营销。

3.市场营销的一般流程

（1）市场调研——需求分析、市场分析；

（2）市场细分——客户识别；

（3）选择目标市场——客户选择；

（4）设计、实施并控制营销项目；

（5）做好组织准备，使营销计划及活动得以成功实施——营销管理的过程。

三、商业银行营销的创新

（一）金融营销的基本理论

“营销”一词在商业银行中出现，应该在20世纪70年代，这个时期随着国际上信息技术的飞速发展、风险的加大、政府管制的放松，世界各国都出现了金融创新的浪潮。新的金融产品不断涌现，非银行金融机构的茁壮成长使银行在金融体系中的地位受到了挑战，银行的管理策略也从资产管理走向负债管理，竞争的加剧要求银行进一步走向市场，为客户提供更多的服务。这一时期的营销主要体现在通过金融创新为客户提供更多可选择的金融产品，如大额可转让存单、可转让支付命令、货币市场存款账户、货币市场存单等；在资产业务方面出现了浮动利率贷款、银团贷款、保付代理、债务互换等，金融工具方面推出了期货、期权、回购协议等。

经过几十年的营销探索和研究，银行在这方面已经趋于成熟，并积累了比较丰富的经验，各家银行纷纷建立起自己的营销机构，营销人员的培训和营销策略的应用也都进入了成熟阶段。

银行的营销组合策略一般由4P组成，即指综合市场活动的四个因素——产品（product）、价格（price）、促销（promotion）和分销（place）。现代的金融营销，又增加到了10P，即4P+政治力量策略+公共关系策略+市场探索+市场划分+市场选择+

产品定位，这是1986年菲利浦·科特勒提出的。20世纪80年代，市场竞争尤为激烈，最有效的对策是运用“战略性”营销策略。10P包含了战略性策略，企业必须注重市场分析，寻找市场机会，找准目标市场。只有形成自己的产品特色，才能在竞争中立于不败之地，并成功地实践现代的多种营销观念：市场观念、创造需求观念、权变观念、战略观念、竞争观念、文化营销观念等。

（二）金融营销的创新

1.顾客满意

顾客满意是20世纪80年代欧美国家率先提出的新观念。把顾客需求作为企业开发产品的源头，在产品功能、价格设定、分销环节建立、完善售后服务系统等方面以便利顾客为原则，最大程度地使顾客满意。企业要自始至终及时跟踪并研究顾客的满意程度，并根据顾客不满意的情况，设立改进目标，改进与调整顾客服务的各项活动，从而在使顾客满意中增强竞争能力。

顾客满意是指顾客通过对一个产品的可感知效果与他的期望值比较后所形成的感觉状态。顾客的可感知效果是指购买和使用产品后可以得到的好处、实现的利益、获得的享受、被提高的个人生活价值；顾客的期望值是指顾客在购买产品之前，对产品具有的可能给自己带来的好处、利益、提高其生活质量方面的期望。

2.全面质量管理

全面质量管理（TQM）是指一个组织以质量为中心，以全员参与为基础，目的在于通过让顾客满意和本组织所有成员及社会受益而达到长期成功的管理途径。全面质量管理的基本要求为：质量管理的范围是全面的；质量管理贯穿质量提出、形成、实现的全过程；质量管理要求全员参加。

实施全面质量管理的要点如下：质量必须是顾客认同的质量，质量必须在公司每一项活动中体现出来，而不仅在公司的产品中。质量要求全体员工的承诺。质量要求高质量的合作伙伴。质量必须建立在不断改进的基础之上。质量改进有时需要采取重大的改进措施。质量的改进提高未必要求更高的成本。质量是产品畅销的必要条件，而不是充分条件。

3.营销观念的创新

随着实践的发展，营销观念出现了一些创新，主要有绿色营销观念、形象营销观念、关系营销观念、全员营销观念。

4.客户经理制的产生

客户经理制是银行在内部培训和聘用一批专业的金融产品营销人员，通过他们向客户全面营销银行的所有金融产品或服务，全面负责客户的所有事务，从而形成介于银行内部作业、管理体系和银行客户之间的桥梁与纽带，并制定适合营销人员管理和激励特点的考核激励管理体系与规章制度，最大程度地鼓励客户经理努力拓展银行市场。

客户经理制的核心理念包括：客户导向理念；营销一体化理念；核心客户综合开发理念；个性化产品或服务理念；金融服务创新理念；深化金融服务技术内涵

理念。

客户经理的作用有：正确识别顾客的要求和需要；将顾客的要求准确地传递给产品设计者；确保顾客的订货正确而且及时地得到满足；检查顾客在如何使用产品方面是否得到了适当的指导、培训和技术性帮助；在商品销售后，必须与顾客保持接触，以确保顾客的满意能够持续下去；应收集顾客有关产品或服务的改进意见，并将其反映到公司各有关部门。

【例 10-1】客户经理管理示例——中国香港银行业对客户经理聘用的资格条件。

(1) 道德素质：专业操守，廉洁奉公，作风正派，注意保密。

(2) 性格素质：热情活跃，积极进取，善于交际，踏实冷静，灵活变通，不感情用事，具有团队精神。

(3) 业务素质：产品知识，法律知识，社会经济知识，营销技能，快捷准确，财务及信用状况分析技巧，多种语言能力，仪表举止。

(4) 学历素质：大学商学院本科生（工商管理、市场营销、经济学等），其他专业的要求为会计、财经、FCA或工商管理MBA等。

(5) 工作经验：具备3年以上银行工作经验，有拥有押汇实务和信贷实务者优先录用。

第二节　市场细分与目标客户选择

一、商业银行的客户识别与分类

（一）商业银行的客户观

商业银行的客户是指商业银行产品的使用者或服务的接受者，包括现实客户和潜在客户。客户是银行生存的基础；客户是银行利润的主要来源；客户是银行创新的推动力；客户是银行价值的体现。客户观认为：客户是企业最重要的来访者，他们不依赖我们，而是我们依赖他们；他们不是对我们工作的干扰，而是我们工作的目的；他们不是我们经营项目的外来者，而是其中的一部分。我们不是因为为他们提供服务而有恩于他们，而是由于他们给予我们提供服务的机会而有恩于我们。

银行的客户理念涵盖了客户至上、客户需求、客户满意、客户忠诚、客户价值、客户成本、客户关系价值等。了解客户需求是至关重要的，客户对银行服务的预期是什么？安全、可靠、有保障；专业性；敏感性、快速反应、及时补救；服务的时间和获取服务的便利性；可信度和忠诚；雇员的礼貌和友好程度；良好的服务设施；对客户的理解、与客户的关系等。

客户需求特征体现在理性、派生性、可诱导性、可替代性、伸缩性上。客户经理把握客户需求的难度主要在于沟通难度、需求识别与沟通技巧、隐性需求的唤起、个人需求的专业性指导、需求与银行产品服务包的对接、人性化特征。

（二）商业银行的客户分类

市场细分，也称市场区别、市场划分或市场区隔，是市场营销理论发展到20世纪50年代，由美国著名营销专家温德尔·斯密总结一些企业的实践经验而提出来的一个概念。

市场细分的提出不仅立即为理论界接受，更受到企业普遍重视，并迅速得到应用，使企业的市场营销进入到目标营销阶段。市场细分指根据消费需求的差异性，把某一产品（或服务）的整体市场划分为在需求上大体相似的若干个市场部分，形成不同的细分市场（即子市场），从而有利于企业选择目标市场和制定营销策略的一切活动的总称。

市场细分的目的是更加深入地研究消费需求，更好地适应消费需求，使企业所提供的产品或服务更好地满足目标客户的需要。市场细分可以解决市场消费需求的“多样性”与企业营销资源的“有限性”之间的矛盾；企业营销要确定自己的目标市场，必须进行市场细分。市场细分的依据是整体市场存在的消费需求差异性。由于消费者所处的地理环境、社会环境及自身的教育、心理因素都不同，因此必然存在消费需求的差异性。细分市场具有消费需求类似性特征，在同一个细分市场上，这一消费群体具有相同或相似的需求、欲望、消费习惯和购买特点。这种类似性只是求大同、存小异，不可能达到纯粹的同类。市场细分的标准主要有地理标准、人口标准、心理标准和行为标准。商业银行市场细分理论的运用已经炉火纯青。

1.按客户的主体分

按客户的主体分，商业银行的客户有：个人、企业及公司、政府及政府机构、金融机构、事业单位与社会团体。

（1）个人客户是指在业务活动中直接以个人身份出现，在法律关系上以自然人为资格条件，与商业银行进行业务往来的客户。个人客户的特点是个体化、有生命、有感情、依存性和群体性等。

（2）广义的公司客户是指除个人客户之外的所有客户，包括企业法人、事业法人、政府机构及其他经济组织。狭义的公司客户是指企业法人客户，即进行自主经营、实行独立经济核算的经济组织。公司客户的特点是：一种社会经济组织，以营利为目的，一般实行独立核算，并依法设立。

公司客户金融需求的特点是：理性、组合性、个性化、选择性。多数公司的首要动机是信贷需求；若非信贷需求，现金管理服务是“插足”公司的一种办法；企业要购买银行服务时，通常在开始时向与其有业务关系的银行咨询；公司客户会比较选择银行的产品、服务、功能、品牌与实力等；银行经理的能力与行为非常关键；公司的最终决策会反映出采购小组各位成员的相应权力，银行经理必须明确在公司决策中潜在的扮演各种角色的个人；个人和人际关系因素在银行服务销售中举足轻重；公司客户期望银行联络员有能力快速决定并采取行动；公司决策者希望受到关注。

（3）机构客户是指企业法人以外的非个人客户，包括政府机构、事业法人、社团法人及金融同业客户等。

2.按客户经济价值分

按客户经济价值分，商业银行的客户有：高价值客户、微利客户、保本客户和亏损客户等。高价值客户是银行追逐的对象，而保本和亏损客户则是银行市场退出的对象。客户经济价值的分析，主要在于客户给银行带来的贡献度，基本公式为“客户价值=CRM毛利=购买金额-产品成本-营销费用”。

（三）针对不同客户的营销策略

1.个人客户营销策略

个人客户的营销策略有：（1）差异化营销，是指对客户分层、进行差异化营销策略组合、评定等级实行动态管理；（2）服务营销、综合营销：源头或汇集营销、群体或批量营销、组合或捆绑营销、品牌营销。

2.公司客户营销方法

（1）直接营销，总、分行客户部门直接组织客户开发、受理、调查（评估）金融需求，提供金融产品或服务并维护和监管客户的营销方式；（2）联合营销，由某一级行受理、多级行共同组织客户开发，调查（评估）金融需求并提供金融产品或服务的金融方式；（3）协助营销，协办行（业务涉及的各区域行）在管理行（总、分行）的协调下，对主办行提供业务协助的营销方式。

3.机构客户营销策略

（1）直接营销、联合营销、协助营销，根据本行的目标客户战略，确定客户开发目标或择机开发；（2）客户信息资料的收集和研究工作，把客户需求研究到位；（3）按照大客户、集团客户开发管理程序；（4）业务切入点多是中间业务或信贷需求，实行“一对一”营销和关系营销。

二、目标客户的选择

（一）确定目标市场

目标市场的选择模式有：（1）市场集中化：以一类产品来满足某一类顾客群的消费需求；（2）产品专业化：以一种产品来满足各类顾客群的消费需求；（3）市场专业化：以各种产品来满足某一类顾客群的消费需求；（4）选择专业化：以不同产品来满足若干顾客群的消费需求；（5）市场全面化：以不同种产品来满足各类顾客群的消费需求等。

【例10-2】某国有银行的目标客户定位。

银行的客户工作重点是发展一批具有垄断地位的系统性大客户，包括全国性的企业集团、在行业中具有竞争优势和良好发展前景的企业集团，绩优上市公司，农业产业化龙头企业，新设立的大公司（如中外合资企业、外商投资企业），发展前景看好的高科技企业，绿色环保型企业。同业客户——其他商业银行、政策性银行、境内外资银行、企业财务公司、信用社和证券、保险等各类金融机构的合作；优质事业法人客户及各类中介机构等；零售客户——在巩固原有农村客户的同时，重点是城市中的个人客户。其中，有两类高价值客户：现有高收入群体和潜在高价值客户。总行的营销重点是：世界500强在中国的投资企业及跨国公司，国家级及跨省的大型公司客户，国家机关，全国性的金融同业客户，在行业中有较大影响力、资金实力雄厚的科教文卫客户，融资规模在10亿元人民币以上的国家大型重点项目，一级分行推荐、需由总行直接营销的大型优质客户。省级分行的营销重点是：除总行直销外的世界500强在辖内投资企业及跨国公司，省级及辖内跨地区的大型公司客户和优质科教文卫客户，区域性金融机构，基础设施项目，由下级行推荐、需由一级分行直销的大型优质客户。二级分行与支行营销重点定位在辖内龙头企业，系统性、源头性客户，基础设施项目，优质中小企业和个人客户的存款、贷款、中间业务等。

（二）目标客户的选择标准

目标客户的选择标准主要包括：合法合规性（法人资格、自然人资格、客户组织形式、经营方式的合法性分析）；银行战略及目标市场（战略的指导、银行目标市场选择的原则）；客户价值评价和判断。客户价值从客户的角度来讲是整体客户价值与客户总成本的差额（客户让渡价值），包括客户利润贡献度与客户份额、客户的回报与风险关系等。

目标客户的具体选择标准有：客户信用评级办法，客户综合统一授信管理办法，各分支行优良客户、一般客户、限制客户、淘汰客户的标准，各分支行个人客户评价标准和目标客户（重点客户）标准等。

评价客户价值和客户准入时应该注意以下几点：全行战略角度和分支行角度，全局利益角度和局部利益角度，全国、世界市场角度和区域市场角度，客户整体利润贡献度和单个业务角度，即期考核指标角度和全行利润回报角度，客户短期回报角度与长远潜在回报角度，客户开发角度与风险控制角度。

（三）目标客户的选择步骤与方法

客户经理选择本行客户的基本步骤包括：从本行战略、目标市场依据、方法和内容出发，分析区域经济状况、区域产业结构、优势及发展潜力；细分本区域市场客户；运用财务分析与非财务分析的方法对单一客户进行价值判断。

目标客户选择的方法有：

1.财务分析法

在财务分析法中，经常使用的有利润表分析、资产负债表分析、现金流量表分析。

2.非财务分析法

信用分析的一般方法，主要包括5C（品德、能力、资本、担保、环境）、5P（个人、偿付、目的、保障、前景）、5W（谁、原因、什么、时间、方式），同时结合行业分析、经营管理分析、客户内部控制分析、客户信用分析等。

3.项目评估法

项目评估法主要评估借款人的资信、项目概况分析、项目产品市场供求分析、投资估算与资金来源评估、财务评估、银行效益与风险防范评估。

第三节 商业银行客户关系管理

一、客户关系管理的含义

新时代的客户关系的理念，往往是通过客户关系管理来实现。客户关系管理（customer relationship management，CRM），其定义是企业与顾客之间建立管理双方接触活动的信息系统。一般而言，这是一种旨在改善企业与客户之间关系的新型管理机制，主要应用于企业市场营销、服务与技术支持等企业外部资源整合的领域。

CRM既是一种战略意识，又是一种理念，也是一套管理软件和技术。CRM的理念要求企业完整地认识整个客户生命周期，提供与客户沟通的统一平台，提高员工与客户接触的效率和客户反馈率。CRM是一套人机交互系统，利用CRM系统，企业可以搜集、追踪和分析每一个客户的信息。

失去客户的原因见表10-1。

表10-1 **失去客户的原因**

失去的客户的百分比（%）	原因
1	死亡
3	搬走了
4	自然地改变了喜好
5	在朋友的推荐下换了公司
9	在别处买到更便宜的产品
10	对产品不满意
68	与他们打交道的人对他们的需求漠不关心

另外，客户关系管理中，有个重要的“一百减一等于零”理论，见表10-2。

表10-2 **“一百减一等于零”理论**

时期	第一阶段	第二阶段	第三阶段	第四阶段	第五阶段
动作	购买	评价	决策	演变	结果
说明	客户开始购买各种商品或服务	经过使用和比较，客户评价是否从中获得满足	满意就继续购买并口耳相传	满意客户成为忠实客户	销售量及销售金额上升
			不满意就不再购买并且散播不满情绪	日积月累，不满客户开始流失	销售量及销售金额下降

二、客户满意度管理

客户满意度的含义是指当商家只满足了客户的基础产品需求时，客户感到不满意；当商家满足了客户的基础产品和期望中的服务两项需求时，客户感到满意；只有当商家提供了超越客户期望的服务时，客户才会感到特别满意。客户满意是由三个层面的内容构成的，即产品满意、服务满意、理念满意。客户满意度的影响因素如图 10-5 所示。

图 10-5　客户满意度的影响因素

客户满意可以为企业带来一系列好处。对客户来讲，获得安全感、信任感；获得心理满足。对银行员工来讲，获得心情愉快、效率提高；有成就感；获得晋升机会；增加收入；事业发展。对银行来讲，是生存与发展的关键；是团队协作的驱动力；是降低成本的特效药。

【例 10-3】客户满意带来的好处。

- 1个满意的顾客会将他的愉快经历告诉 1～5 人。
- 100个满意的客户会带来 25个新客户。
- 更多地购买并且长时间地对该公司的产品保持忠诚。
- 购买公司推荐的其他产品，较少注意竞争品牌的广告，并且对价格也不敏感。
- 给公司提供有关产品或服务的好主意。

• 顾客满意带来顾客的忠诚，从而带来利润的增长。据统计，顾客忠诚度增加5%可导致利润增长25%～85%。

• 满意的客户口中的一句表扬之词远远胜过描述产品用的一千个词语。

【例10-4】客户不满带来的问题。

• 1个投诉的顾客背后有25个不满的顾客。

• 24个人不满但并不投诉。

• 6个有严重的问题但未发出抱怨声。

• 70%的购物者将到别处购买。

• 1个不满的顾客会把他糟糕的经历告诉10～20人。

• 好事不出门，坏事传千里，尤其在如今的网络时代更是瞬间传万里。

• 人类对负面情感的反应要比正面情感的反应强烈，因此人们往往更倾向于跟朋友谈论他们从某个企业得到的负面情感。你也不例外，对吗？

在产品趋向同质化的市场，只有提供服务，并保证商业银行的服务优于别人，才能使自身与竞争对手区别开来，从而赢得客户！市场竞争的实质就是企业对客户资源的争夺。企业经营的目的就是在赢利的前提下，运用先进科技尽可能地满足客户不断增长的对个性化的需求。客户是企业经营和生存的根本，先有客户才有利润。

三、CRM价值链

客户终生价值分析是CRM价值链的第一步，也是最重要的一步，它是以后其他步骤的基础。通过LTV分析可以决定：值得花多少资源去赢得一个新客户，值得花多少资源去保持或激活已存在的客户，哪些客户是最有盈利能力的长期客户及他们的特征。赢得一位新客户的成本大约是留住一位老客户成本的七倍。第二步是亲近客户，保持密切联系和良好关系，是开展下一步网络发展的铺垫。第三步是网络发展。一个公司的网络连通性是公司巨大的竞争优势资源。网络包括如客户、员工、供应商、分销商、业主或投资者等合作伙伴。良好的网络能将企业的产品和信息及时快捷地传递给客户，并将客户反馈信息传递给企业。第四步是价值主张，客户是企业的重要资产。第五步是关系管理。组织架构要按照方便客户和便于沟通的原则进行重新设计。企业内部与客户相关部门的统合：（1）不同客户与部门之间业务集成；（2）来源于各种渠道信息集成共享；（3）共同遵守的互动规则。

做好客户关系的首要基础是建立客户服务文化，因为只有文化才能将服务中的所有动作凝聚成一个完整的服务文化。有了服务文化的规划，客户关系管理和服务品质才能保持一贯水准。这样，也才能在客户中建立起较高的声誉。

CRM系统的选择包括以下要素：产品功能、软件结构、软件供应商自身的管理水平与维护能力、实施能力、全球化的支持能力、软件供应商自身的生存能力以及产品的灵活性。

第四节　以服务营销为中心的现代营销体系

一、构建服务营销体系

1977年，美国花旗银行副总裁写的一篇文章《从产品营销中解脱出来》拉开了服务营销（service marketing）研究的序幕。

（一）服务营销的定义和一般特点

服务营销是指企业在充分认识满足消费者需求的前提下，为充分满足消费者需求在营销过程中所采取的一系列活动。这是一种通过关注顾客，进而提供服务，最终实现有利的交换的营销手段。其中，“顾客关注”工作质量的高低将决定后续环节的成功与否，影响服务整体方案的效果。

服务营销具有以下基本特点：供求分散、营销方式单一、营销对象复杂多变、服务消费者需求弹性大、对服务人员的技能要求高。

（二）以服务营销为中心

毋庸置疑，21世纪最大的产业就是服务业。很多银行将实行战略转移，从单纯的技术或产品的提供向产品和服务并重的方向转移。服务将成为银行的核心竞争力之一，成为整个银行业发展的新动力和增长点。

如今，银行在进行有形产品营销时，服务已成为销售的重要手段，成为银行间进行市场竞争的焦点，并日益成为产品市场竞争的主角。“营销服务必须贯穿整个经营管理过程”，这便是新时代银行营销的精髓。很多世界著名的商业机构开始纷纷转型，如IBM宣布自己为服务公司、微软也宣称变为服务公司。

目前，产品同质化是银行业务的一大特征。如何在“你有，我有，全都有”的背景下在服务深度、广度和细微度上下功夫、争创特色、以特色服务吸引客户，是各银行需要思考的问题。

（三）构建全方位的服务营销体系

金融是经济发展的核心，金融业也是服务业的支柱行业。经济全球化的过程也是金融国际化的过程。由于股票、期货以及各种有价证券的大量出现，尤其是各种金融衍生品的问世，货币的面值额迅速膨胀，虚拟成分倍增，这样的状况具有高度的不确定性或变动性，为适应这一时代特性的要求，各种金融服务应运而生。其中，不仅有金融自身运行的各种服务，还有如何使货币增值的服务，更有规避金融风险的服务；不仅有金融信息服务，还有金融法规服务，更有金融传输机制、传送手段的服务和高级金融人才的培养和训练。金融服务业不仅自身得以发展，而且带动和促进了其他相关服务业如电脑服务业、信息服务业的繁荣。

21世纪，现代商业银行的竞争和发展已开始突破传统业务的框架，银行业正处于一个以客户为中心的变革时代。注意收集客户信息，并进行充分的数据挖掘、分析和创新服务项目，设计出高附加值、个性化的金融产品，为客户提供完善的金融服务已成为现代商业银行经营的核心所在。

二、完善支持体系

（一）内部营销

内部营销（internal marketing）是指企业通过各种方式，激励员工以创造性的热情投身工作，以集体合作精神为顾客提供优质服务。内部营销的主要目的在于通过恰当的营销，使内部人员了解、支持外部营销活动，而“以顾客为导向”的概念则是商业银行成功营销的关键。

内部营销是一项管理战略，其核心是培养员工的顾客服务意识，把产品和服务通过营销活动推向外部市场之前，应先将其对内部员工进行营销。内部营销就是要把这些员工培训成“真正的营销人员”，并具有强烈的“顾客至上”意识。企业的内部人员都必须把自己视为其他同事的顾客。

可能有人会问：“难道员工还会不热爱自己的公司和它的品牌吗?”诚实来讲，不会。有些人工作的目的就是养家糊口。企业可以接受这样平庸的绩效，但肯定是不提倡的。如果某个员工对公司的品牌或产品兴趣索然，那么他对工作就会兴趣索然，对客户服务也会兴趣索然。这样糟糕的客户服务会让公司关门的。相反，如果某个员工激情四溢，他身边的同事很容易就能感觉到他热爱自己的公司，而客户也会受其影响。

银行职员的热情，非常有助于确保营销的成功。银行职员必须了解目前银行在干什么、为什么这么干，并了解要帮助银行达到目的每位员工应发挥什么样的作用。为客户提供全方位的服务，就需要调动银行各方面的资源，这就要求银行各部门之间必须加强合作，内部加强沟通，形成团队精神。培养银行员工对银行的认同感，主要表现在员工对本行要有强烈的责任感和甘愿为之效力的意愿，对本行的发展目标、整体利益和命运兴衰有着共同观念，并在实现自我价值的过程中为本行的发展而努力奉献。

（二）企业文化

企业文化（corporate culture）是指在一定的条件下，企业生产经营和管理活动中所创造的具有该企业特色的精神财富和物质形态。如果将企业文化比作河岸，那么企业里的行为如同在两岸间奔流的河水。随着时间的推移，奔流的河水会将河道冲刷得越来越深，企业文化加强了，就会不断重复过去曾使企业走向成功的行为。

企业文化看似虚，却是企业的灵魂。它能激发人们自觉地、创造性地从事经营活动，丰富企业物质财富。反之，如果企业仅有丰富的物质财富而没有良好的文化做保证，则不仅不能实现企业增值，反而会产生意想不到的负面效应。

企业文化由三个层次构成：（1）表面层的物质文化，这也称为企业的“硬文化”，包括厂容、厂貌、机械设备，产品造型、外观、质量等。（2）中间层的制度文化，包括领导体制、人际关系以及各项规章制度和纪律等。（3）核心层的精神文化，这也称为“企业软文化”，包括各种行为规范、价值观念、企业的群体意识、职工素质和优良传统等，是企业文化的核心，被称为企业精神。

（三）成功的关键

怎样才能留住优秀的银行专业人才？优秀的银行人才的业务水平如何继续提高？这是个难题。“公司和员工是一个整体，你研究任何一家大公司都会发现使该公司超过别的公司的是该公司的人才。”

服务性行业是人的产业，在服务型行业中，人的素质的重要性极为明显，远远超过了生产制造业。银行竞争终极在于人才对抗，银行如果没有善经营、懂管理的人驾驭市场，就将失去市场，为市场所淘汰。

三、整合营销策略

21世纪，市场是消费者统治的舞台，是互动的以及不断发展的。新时代传统的产品营销方式显然已经不行了，必须借鉴服务的营销创新。要考虑消费者的欲望和需求，考虑消费者为满足其需求愿意付出多少，考虑如何让消费者方便，考虑如何同消费者进行双向沟通。

整合营销（integrated marketing）作为一种新的营销方式，便应运而生。整合营销是以消费者为核心重组企业行为和市场行为，综合协调地使用各种形式的传播方式，以统一的目标和统一的传播形象，传递一致的产品信息，实现与消费者的双向沟通，迅速树立产品品牌在消费者心目中的地位，建立产品品牌与消费者长期密切的关系，更有效地达到广告传播和产品行销的目的。产品、价格、渠道、促销、公关等与市场营销相关的诸多环节协同运作、相得益彰，才能保障企业在竞争中立于不败之地。

整合营销传播的中心思想是：通过企业与消费者的沟通，以满足消费者需要的价值为取向，确定企业统一的促销策略，协调使用各种不同的传播手段，“不同的乐器，必要时能够一起合奏，并且演奏出悦耳的和谐之音”，发挥不同传播工具的优势，从而使企业的促销宣传实现低成本策略化和高冲击力的要求，形成营销高潮。

其实通俗来讲，整合就是最大程度地调用媒体。通常的做法是进行媒体分析，知道哪些信息渠道可能最有效地到达目标消费者，之后整合所有信息，用同一声音说话。整合营销强调“营销即传播”，运作应摆脱粗放的、单一的状态走向高效系统的整体。这是一个作为营销传播计划的概念。

总之，整合营销知易行难，它涉及企业内部理念、形象、管理组织的变化，又不是由营销界、传播界所决定的。

四、差异化营销与品牌营销

（一）差异化营销

差异化营销亦称“多样化营销”，顾名思义，更多追求个性和差异化，其核心思想是“细分市场，针对目标消费群进行定位，导入品牌，树立形象”。差异化营销不是某个营销层面、某种营销手段的创新，而是产品、概念、价值、形象、推广手段、促销方法等多方位、系统性的营销创新，并在创新的基础上实现品牌在细分市场上的目标聚焦，取得战略性的领先优势。

所谓“市场细分”，就是根据消费者之间需求的差异性，把一个整体市场划分为两个或更多的消费群体市场，从而确定企业目标市场的活动过程。市场细分在银行差异化营销中可以发挥重要的作用。银行面对的是众多的客户，他们对资金的需求存在差异，这不仅体现在金融产品的类型和档次上，而且体现在对利率、费率和销售方式的不同需求上。没有一家银行能够满足所有客户的所有需求，因为每一家银行都具有各自的优势和劣势，关键在于要将自身的资源加以合理的分配和应用，突出自身的特色，达到效用的最大化。只有把资源集中于最擅长的领域，找一块赖以生存的市场并设法在该市场上获得成功，而不盲目地追逐任何可获利的机会，才能适应瞬息万变的市场竞争。

（二）品牌营销

“即使可口可乐公司在一夜之间毁灭，我也可以凭借其品牌，在世界任何一家银行贷出款项而重振雄风。”从美国可口可乐公司总裁的这句话，我们可以看出品牌的威力。

随着市场经济的发展，产品质量同质化程度增加，在这样的市场条件下，品牌的力量开始显现，顾客的需求开始倾向于商品的品牌选择。品牌已成为21世纪的入场券、区域和企业综合实力的象征。品牌是企业的主要永久资产，比企业的产品和设备都更重要。一个优秀的品牌会在客户中享有很高的知名度和忠诚度。一个有影响力的品牌能使企业在激烈的价格竞争中增强防御能力。

“金融品牌”是指金融业在长期的市场营销活动中，在其金融产品的开发、管理、销售过程中，所逐渐形成的被市场广泛熟悉、乐于接受和一致认同的某一金融产品（比如信用卡），并进而使客户对其所属企业本身形成信赖。不同的品牌代表不同的产品性质、不同的利益，有了品牌银行，客户就更方便选择所需的商品和服务了。

银行的商品往往没有一个响亮的品牌名称、品牌标识，不少客户为此伤透了脑筋，他们既不知道活期存折储蓄和活期存单储蓄有何不同，也不明白定活两便储蓄、定期储蓄通知存款、大额可转让定期存单有什么区别，更不知道商场收银台上的交款机为什么叫POS机。有大量客户，其工资虽发在储蓄卡上，但每月都要取光，也有心里不踏实者非要去营业网点要求人工服务。随着金融新产品的大量推出，不仅客户不能一一了解，就连银行本身的职员除手中的工作外，大多也知之甚少。

商业银行的市场营销仅停留在表层，在金融产品的营销过程中，金融品牌的理念、金融品牌的价值并未得到广泛的重视，有一家商业银行在宣传其网上银行业务时，没有构思出一个富有想象力的品牌名称来统领全局，而是循着就业务谈业务的老路与公众进行效果平平的沟通，甚至忘记了在其宣传标语下写出具体的网址。商业银行拥有数量巨大的网点机构、众多的产品品种，仅有行名标识是远远不够的，往往不能突出优势。

金融品牌有两个内涵：一是指这个金融企业的整体形象。银行是依靠信誉生存和发展的，因而银行是最需要形象来表现的。品牌作为识别标志自然就应运而生，以此在潜在客户心中留下简洁而深刻明了的印象，占据有利的位置。品牌形象来源于客户对它的认同，受人们“口碑传播”和“使用效果”双重驱动。二是指金融产品品牌一旦在用户心目中树立了良好的形象和声誉，会大大提高金融品牌的附加价值和金融机构的商誉，这对金融机构整体形象的提高有着不可低估的作用。

鉴于名牌在产品销售上具有吸引顾客的特殊效应，“品牌热”在银行业不断升温。银行纷纷推出富于个性的品牌，在多维、动态、立体的现代金融竞争中，越来越重视在金融产品与服务的推销上实施名牌战略。金融名牌战略即银行以低廉的经营成本提供高质量的金融产品，并依靠高水平的服务将这些金融产品交付客户使用，配合广告宣传等种种手段让客户认可其产品与服务，以此来创造出名牌效应的一种策略。

银行业在很大程度上是在推销自己的优质服务、形象与实力，而推销它们的前提，就是要创设一个为公众所熟知的品牌。

【思政课堂】

合规、转型与创新并重 探索服务提升新举措

——中国银行业协会发布《2017年中国银行业服务报告》

2018年3月15日，中国银行业协会正式发布《2017年中国银行业服务报告》，这是中国银行业协会连续第11年发布的年度报告。中国银行业协会会长田国立为报告作序。报告从大处着眼，实处落笔，全方位梳理、记录了2017年银行业服务工作的主要方面，为我们展开了一幅生动精彩的银行业服务长卷。报告全面呈现了银行业服务工作的面貌风采，为进一步提升银行业服务工作带来启发借鉴。

报告从服务体制建设、渠道整合、流程优化、产品创新、客户体验、消费者权益保护、再创辉煌等方面全方位回顾2017年银行业服务改进工作的新成效，并以丰富的案例展现了银行业服务提升的创新成果。主要特点如下：

一是合规与创新并重，服务规范体系建设日趋健全。

二是网点转型深入推进，“轻型化、智能化、特色化、社区化”成为发展趋势。

三是电子渠道深化创新，网上银行、手机银行业务快速增长。

四是“三农”普惠产品创新频出、质效齐升，有力助推实体经济健康发展。

五是消费者权益保护融入银行业经营管理的各个环节。

六是聚焦问题根源，探索服务提升新举措。

资料来源：中国银行业协会. 2017年中国银行业服务报告［EB/OL］.［2018-03-15］. https: //www.China -cba.net/Index/show/catid/14/id/19010.html.

本章小结

1.本章阐述了市场营销的核心概念和基本理论，并介绍了营销的基本方法。其主要包括：市场、市场营销、需求、产品、价值、交换与交易、营销与营销者、营销管理等概念；营销观念的变化过程和现代营销观念在银行中的应用。

2.重点介绍了银行客户关系管理的理论和方法，以及银行营销管理中银行营销计划、银行营销组织、银行营销控制等管理流程。

3.关于市场细分和目标市场的选择标准与方法，商业银行都已经建立起一套完整的方案，并在实践中加以应用和完善。

4.传统营销策略的运用主要体现在产品策略、价格策略、分销和促销策略上，商业银行对于其营销策略的运用也已经日臻成熟。

关键概念

市场　市场营销　产品策略　价格策略　分销策略　促销策略　营销组合策略　客户满意度　客户关系管理　客户经理制　服务营销　内部营销　企业文化　差异化营销　品牌营销

复习思考题

1.有人说市场营销就是推销，这种理解正确吗？为什么？

2.如何理解商业银行产品的整体概念？

3.从商业银行的角度阐述现代营销观念与传统营销观念的区别。

4.市场细分的原则和方法是什么？

5.如何理解分销渠道的特征、功能与作用？

6.服务营销的一般定义和特点是什么？

7.如何建立以服务营销为中心的现代营销体系？

8.如何理解品牌营销的重要性？

9.营销观念的创新与制度的创新有哪些？

10.什么是客户经理制？客户经理的核心理念是什么？

11.举例说明不同经济环境下，营销策略如何调整。

第十一章

商业银行绩效评价

导读

通过本章的学习，掌握银行绩效评价的基本理论和方法，并可以初步运用。本章主要介绍的是商业银行绩效评价体系中的指标，包括盈利性指标、流动性指标、风险指标、清偿力和安全指标。在这些理论的基础上产生的杜邦分析法，是一种典型的综合分析法。杜邦分析法用来评价银行绩效，包括两因素的杜邦财务分析（这是杜邦分析法的基本出发点）、三因素（可以更好地分析银行业绩）。CAMEL评价体系是评价金融机构总体运营状况的分析工具，主要从资本充足程度、资产质量、管理水平、盈利性水平和流动性五项指标进行考察，评价金融机构风险管理质量和经营安全程度。

引导案例

我国商业银行的综合分析与评价

一、我国商业银行资产质量总体概况与分析

我国商业银行资产质量概况见表11-1。

表11-1 **我国商业银行资产质量概况**

银行	不良贷款比率（%）	风险加权资产比率（%）	贷款损失准备率（%）	不良贷款负债率（%）	资产利润率（%）
A银行	16.77	53.22	1.78	59.25	0.53
B银行	15.32	63.78	2.33	60.21	0.36
C银行	10.86	51.44	1.98	52.36	0.43
D银行	9.43	59.88	1.67	47.83	0.38
E银行	17.45	55.33	1.57	56.99	0.61
F银行	18.34	61.38	1.95	58.34	0.29
G银行	14.33	57.43	1.49	62.55	0.44
H银行	8.87	60.89	1.83	51.42	0.50

美国、日本和中国香港银行的资产质量概况见表11-2。

表11-2　　**美国、日本和中国香港银行的资产质量概况**

银　行	逾期贷款率（%）	呆滞贷款率（%）	呆账贷款率（%）	风险资产补偿率（%）
美国商业银行	1.2623	0.3264	0.6386	167.7600
日本10家银行	1.0664	3.1366	1.0438	95.9200
中国香港汇丰银行和渣打银行	1.08557	1.19732	1.3410	181.4810

二、对商业银行盈利状况的分析与评价

美国、日本、欧洲和中国香港银行的盈利概况见表11-3。

表11-3　　**美国、日本、欧洲和中国香港银行的盈利概况**

项　目	资产利润率（%）	资本利润率（%）
美国商业银行业	1.65910	19.53
日本10家银行	-1.12000	—
欧洲4家银行	0.62800	—
中国香港汇丰银行和渣打银行	1.13069	—

【讨论与思考】

1.对我国8家商业银行的资产质量状况进行自我分析和中外对比分析，能得出哪些结论？

2.中国商业银行盈利能力低的原因是什么？

3.如何改变中国商业银行的这种状况？

第一节　商业银行绩效评价指标体系

考查银行经营目标实现程度可从两个方面入手：一是银行获利情况，二是风险程度。这是设计绩效评估指标的基本出发点。商业银行的经营环境比一般企业更为复杂，加之其独特的资产负债结构，银行的流动性和清偿力状况就成为其能否生存的关键，因而在设计风险类指标时将清偿力指标和流动性指标单独列出，便于重点考查。商业银行绩效评价指标大多采用比率形式，这样可以剔除银行规模差异对绩效分析的干扰，还可将银行财务报表中的原始信息有机地结合起来，更准确地反映银行绩效。

商业银行绩效评价体系是一组财务比率指标，按实现银行经营总目标过程中所受的制约因素分为四类，即盈利性指标、流动性指标、风险指标和清偿力及安全性指标。

一、盈利性指标

盈利性指标用来衡量商业银行运用资金赚取收益和控制成本费用支出的能力。盈利性指标的核心是资产收益率和资本收益率，利用这两个财务指标及其他派生财务比率指标可较准确地了解银行的获利能力。

（一）资产收益率

资产收益率是银行净利润与全部资产净值之比，其计算公式为：

资产收益率=净利润÷资产总额×100%

资产收益率指标将资产负债表、利润表中相关信息有机结合起来，是银行运用其全部资产获取利润的能力的集中体现。有两点需说明：计算资产收益率指标时可以选择总资产的期末余额做分母，这一数据可以方便地在资产负债表上直接取得，但银行净利润是一个流量指标，为准确反映银行在整个报表期间的经营获利能力，采用总资产的期初与期末余额的平均数做分母效果更好。另外，银行净利润包括一些特殊的营业外项目的税后收入，因而资产收益率指标的变动有时不能简单理解为银行正常营业获利能力的改变，还应结合具体情况分析。

（二）营业利润率

营业利润率排除了特殊项目的影响，更准确地体现了银行经营效率，其计算公式为：

营业利润率=营业利润÷资产总额×100%

由利润表可以看出，银行营业利润来自经营活动中各项利息收入和非利息收入，不受证券交易、调整会计政策、设备盘盈盘亏等不常发生的营业外活动的影响，是银行经营能力和成果的真实情况，因而营业利润率指标反映了银行真实、稳定的获利能力。

（三）银行净利差率

银行利息收入是银行主要收入来源，利息支出是银行主要成本支出项目，因此，利差收入是影响商业银行经营业绩的关键因素。银行净利差率的计算公式为：

银行净利差率=（利息收入-利息支出）÷盈利资产

盈利资产指那些能带来利息收入的资产。银行总资产中，除现金资产、固定资产以外的资产，均可看作盈利资产。在计算中分母也应采取平均值。一般情况下，银行经营规模的扩大，盈利资产的增多会引起相应利息收入的增加，但银行净利差率的提高表明银行利差收入的增长幅度大于盈利资产增长幅度，即银行在扩大资金运用、增加收入的同时，较好地控制了相应的融资成本（利息支出）。该指标可有效反映银行在筹资放款这一主要业务中的获利能力。

（四）非利息净收入率

非利息净收入率不只是银行获利能力的标志，同时也反映出银行的经营管理效率，其计算公式为：

非利息净收入率=（非利息收入-非利息支出）÷资产总额×100%

由利润表可知，银行非利息收入来自手续费和佣金收入，获得这类收入不需要相应增加资产规模，较高的非利息净收入会明显提高银行资产收益率。非利息支出包括提取贷款损失准备、员工薪金、折旧等间接费用，同银行管理效率直接相关，因而较高的非利息净收入率意味着相对较低的各类间接费用开支，表明银行管理效率良好。

总的说来，非利息净收入率的提高是银行盈利能力和管理效率良好的表现，但有时也意味着经营中潜在风险的提高。这主要是因为非利息收入中的较大部分通过表外业务取得，常伴随着一定或有负债及其他风险，且不在财务报表中明确表示。应用该指标时应多注意其他相关信息，了解相应风险状况。

（五）银行利润率

银行利润率的计算公式为：

银行利润率=净利润÷总收入×100%

由计算公式可以看出，该指标反映了银行收入中有多大比例被用作各项开支，又有多大比例被作为可以发放股利或再投资的利润保留下来。该比例越高，说明银行获利能力越强。

（六）资本收益率

资本收益率（ROE）又称为净值收益率、股东投资收益报酬率等，其计算公式为：

资本收益率=净利润÷资本总额×100%

该指标反映了银行资本的获利程度，是银行资金运用效率和财务管理能力的综合体现，同股东财富直接相关，受到银行股东的格外重视。该指标具有极强的综合性。

表11-4对2020年中国银行业8强的经营状况进行了比较。

表11-4　**2020年一级资本排名前8位中资银行的经营状况比较**

按一级资本全球排名	银行	资本数量（10亿美元）	增长规模	盈利能力	运营效率	资产质量	流动性	综合表现排名
1	工行	440	7	3	2	3	5	3
2	建行	362	5	2	1	6	7	4
3	农行	336	6	6	7	7	9	6
4	中行	305	8	5	8	2	10	5
11	交行	132	9	7	6	4	6	7
17	招行	106	2	1	9	5	1	1
20	浦发	96	4	9	5	9	8	8
21	兴业	94	1	4	3	8	3	2

资料来源：佚名. 2020年银行的经营状况比较［J］. 银行家，2021（6）.

二、流动性指标

流动性在任何企业经营中都是盈利性和安全性之间的平衡杠杆。商业银行由于自身不寻常的资产负债结构，更易受到流动性危机的威胁，这也是银行将流动性指标从一般风险指标中分离出来的原因。流动性指标反映了银行的流动性供给和各种实际的或潜在的流动性需求之间的关系。银行流动性供给在资产方和负债方均可存在，如银行拆入资金或出售资产都可以获得一定的流动性。流动性需求则可通过申请贷款和提存等形式作用于资产、负债两个方面，因而流动性指标在设计时应综合考虑银行资产和负债两方面情况。

（一）现金资产比例（现金资产/资产总值）

该指标是银行所持现金资产与全部资产之比，现金资产具有完全的流动性，可随时应付各种流动性需求。该比例高，反映银行流动性状况较好，抗流动性风险能力较强。然而，现金资产一般是无利息收入的，如果现金资产比例太高，则银行盈利资产下降，影响收益。

（二）国库券持有比例（国库券/资产总值）

国库券是银行二级准备资产的重要组成部分，对银行流动性供给有较大作用。一方面，国库券自身有较强的变现能力，银行出售国库券可直接获得流动性供给；另一方面，国库券是一种被普遍接受的抵押品，银行可以用其进行质押贷款，即持有国库券也可产生间接的流动性供给。该比值越高，银行的流动性越强。

（三）持有证券比例（证券资产/资产总值）

商业银行资产组合中很大部分是其投资的各类证券。这些证券一般均可在二级市场上变现，为银行带来一定的流动性供给。

单纯应用该指标判断银行流动性具有很大局限性。这主要是因为证券的变现能力同其市场价值密切相关，在市场利率上升时，证券市价下跌，特别是一些长期证券难以按购入成本和记账价值流转出去，因此，分析持有证券给银行提供的流动性时，须结合指标市值/面值评判。一般情况下，市值/面值比例越低，说明银行所持有证券的变现能力越低，从中可获得的流动性供给越小。

（四）贷款资产比例（贷款/资产总值）

该指标是银行贷款资产与全部资产的比值。贷款是银行主要盈利资产，其流动性较差。如果该比值较高，反映银行资产结构中流动性较差部分所占比例较大，流动性相对不足。另外，贷款内部各组成部分又具有不同的流动性。其中，一年内到期的贷款在一个营业周期内自动清偿，可以带来相应的现金流入，提供一定的流动性，因而可以用一年内到期贷款/总贷款作为贷款资产比例的补充指标。补充指标值越高，说明银行贷款中流动性较强部分所占比例越大，银行的流动性状况越好。

上述4个指标主要从资产项目来反映银行的流动性。小银行受其规模、市场地位的影响，一般依靠提高资产的流动性来应付各种流动性风险，因而在对小银行进行绩效分析时，这4个指标具有较大意义。

（五）易变负债比例（易变负债/负债总值）

该指标是易变负债与全部负债之比。易变负债包括银行吸收的经纪人存款、可转让定期存单及各类借入的短期资金。这类负债受资金供求关系、市场利率、银行信誉等多种因素影响，其融资成本、规模均难以为银行所控制，是银行最不稳定的资金来源。该指标反映了银行负债方面的流动性风险情况，比值越高，说明银行面临的潜在流动性需求规模越大，越不稳定。

（六）短期资产/易变负债

银行短期资产包括同业拆出、存放同业的定期存款、回购协议下的证券持有、交易账户证券资产、一年内到期的贷款等。这部分资产是银行最可靠的流动性供给，可以较好地应付各类流动性需求，短期资产/易变负债指标衡量了银行最可靠的流动性供给和最不稳定的流动性需求之间的对比关系。该比值越高，说明银行的流动性越好。

第五个和第六个指标主要从负债方面考虑商业银行流动性情况。在运用这两个指标进行银行业绩分析时必须注意银行的规模，一些大银行，特别是地处金融中心的大银行，在经营中更多地利用增加短期负债来获取流动性，小银行依靠资产变现取得流动性，因而对于规模不同的银行，同一指标数值所反映的流动性状况会有较大差异。

（七）预期现金流量比

该指标是预计现金流入与流出的比值，设计时考虑了一些表外项目的影响，可以弥补前六个指标的不足。银行现金流出包括正常贷款发放、证券投资、支付提存等项目，还包括预计贷款承诺实际满足的部分及预计的其他或有负债一旦发生需要支付的部分。现金流入包括贷款收回、证券到期所得或偿付、预期中的证券出售及各类借款和存款的增加等。指标值大于1的不同值，反映了该银行未来流动性可能提高的程度。

三、风险指标

在财务管理和财务分析中，风险被定义为预期收入的不确定性，这种收入的不确定性会降低企业价值。商业银行面临复杂多变的经营环境，收益水平受多种因素的干扰，风险指标将这些因素做了分类，并定量反映商业银行面临的风险程度和抗风险能力。

（一）利率风险

当前的商业银行业务日益多样化，成为“金融百货公司”，以多种金融服务获取收益。但从根本上来看，银行主要收入来源仍然是各种生息资产，成本项目主要是为融资而发生的利息支出。市场利率的波动往往会引发银行利差收入甚至全部营业收入的波动。这就是利率风险。资金配置不同的银行面对相同的利率波动所受影响是不同的，即利率风险暴露不同。这种差别可以通过以下两个利率风险指标度量：

利率风险缺口=利率敏感性资产−利率敏感性负债

利率敏感比例=利率敏感性资产÷利率敏感性负债

利率敏感性资产是指收益率可随市场利率变动重新调整的资产，如浮动利率贷款。以相同的方式可以定义利率敏感性负债。在应用上述两个指标分析时，应注意保持计算式中资产负债期限上的一致。

以上两个指标在含义上是一致的。当缺口为0或比值为1时，银行不存在利率风险暴露，利差收益不受利率变动影响，其他指标值均意味着存在利率风险暴露。样本银行指标值与均衡值（0或1）偏差越大，银行面临的利率风险越大。

（二）信用风险

银行的信用风险指银行贷款或投资的本金、利息不能按合同得到偿付的风险。银行的主要资产和收入来源是各类金融债权，信用风险对其经营业绩影响很大。以下几个指标反映了银行面临多种实际和潜在的信用风险程度及银行为此所做的准备情况：

1.贷款净损失/贷款余额

贷款净损失是已被银行确认并冲销的贷款损失与其后经一定的收账工作重新收回部分的差额，反映了信用风险造成的贷款资产真实损失情况。该指标衡量了银行贷款资产的质量状况，该比值越大，说明银行贷款资产质量越差，信用风险越高。

2.低质量贷款/贷款总额

低质量贷款由三部分组成：一是逾期贷款，指超过偿还期90天尚未收回的贷款；二是可疑贷款，确认标志是债务人未能按约支付利息，这往往是债务人财务状况恶化、最终无力偿还本息的先兆；三是重组贷款资产，当债务人财务状况恶化时，银行为避免贷款债权的最终落空，有时会以延长期限、降低利率等方式同借款人进行债务重组协商。低质量贷款的信用风险很高，是产生未来贷款损失的主要根源。该指标是对利率风险缺口指标的补充，估计了潜在的贷款损失，该比值越高，银行贷款中信用风险越高，未来发生的可能的贷款损失就越大。

3.贷款损失准备/贷款损失净值

贷款损失准备来自银行历年税前利润，是对未来可能出现的贷款损失的估计，并可以弥补贷款资产损失。该项指标比值越高，表明银行抗信用风险的能力越强。

4.贷款损失保障倍数

该指标是当期利润加上贷款损失准备金后与贷款净损失之比。该比值较大，说明银行应付贷款资产损失的实力越强，可以减少贷款损失对银行造成的不利影响。

上述指标集中考查了银行贷款资产的风险状况，并未对证券投资进行信用风险评估，这是因为银行所持有的证券以政府债券为主，信用风险相对较低。

（三）欺诈风险

银行经营中会遭受内外部人员的欺诈或舞弊行为所产生的风险，称为欺诈风险。欺诈风险一般没有直接的度量指标，往往用其他指标间接反映，如内部贷款比例。该指标是银行对其股东或经营管理人员的贷款与总贷款之比，粗略衡量了由内部交易所带来的可能的欺诈风险程度。一般而言，欺诈风险与该指标数量呈正相关关系。

四、清偿力和安全性指标

银行清偿力是指银行运用其全部资产偿付债务的能力，反映了银行债权人所受保障的程度，清偿力充足与否会极大地影响银行的信誉。从恒等式“净值=资产-负债”来看，银行清偿力不足或者资不抵债的直接原因是资产损失过大，致使净值小于零，负债不能得到完全保障。但清偿力不足的根本原因是资本金不足，未能与资产规模相匹配，因而传统的清偿力指标主要着眼于资本充足情况。

（一）净值/资产总额

净值是银行全部资金中属于银行所有者的部分，具有保护功能，即吸收银行资产损失，保护债权人权益的功能。净值比例将资本量与资产总量结合起来，简单地反映银行动用自有资产，在不损害债权人的利益的前提下应付资产损失的能力。该项比值越高，表明银行清偿力越强。但其基本假设前提是银行资产规模和可能发生的损失之间存在简单的比例关系。该指标是一项传统指标，优点是计算方便。随着银行业务的不断发展，其资产和负债结构有了很大改变，不同资产所面临的风险有较大差异，资产规模和资产可能遭受的损失之间不再保持简单的比例关系，该指标的有效性有所下降。

（二）净值/风险资产

第二次世界大战以后，西方商业银行的资金运用由单纯贷款资产转向贷款和政府债券的资产组合。这两类资产所含的风险程度迥然不同，简单地应用净值/资产总额指标已无法确切反映银行的清偿力和安全情况，计算清偿力的考核重点转向净值对风险资产的比率。风险资产是总资产扣除现金资产、政府债券和对其他银行的债权后剩余的部分。将这些无风险资产排除后，净值/风险资产指标更多地体现了资本吸收资产损失的保护功能，能较准确地反映银行清偿力。

上述两个指标着眼于净值与资产的关系来衡量银行的清偿能力和安全程度，随着银行业的不断发展，这种分析思想已显示出较大局限性：首先，银行资本的构成日益复杂，在提供清偿力方面是有差异的，应区别对待；其次，表外业务在银行经营中的地位有了较大提高，有必要纳入清偿力考核指标内。

（三）《巴塞尔协议》中资本充足率指标

该指标即资本与加权风险资产之比。该比值要大于或等于8%，核心资本与加权风险资产之比要大于或等于4%。

（四）资产增长率和核心资本增长率

该组指标反映银行清偿力的变化情况。一般情况下，银行资产扩张速度较低，银行相对稳定。银行资产扩张较快，往往意味着较大的潜在风险，资产增长基础也不牢固，是银行清偿力下降的标志。结合核心资本增长率可更好地分析银行清偿力的变动。例如，当银行资产增长率保持原有水平而核心资本增长加快时，银行清偿力得以提高。这组指标也可用于同业比较中，即以银行同业的资产增长率与核心资本增长率为标准，将被考查银行的这两项指标值与标准指标值比较，分析其清偿力的变化。

（五）现金股利/利润

银行净值中比重最大的是未分配利润项目。该项目也是影响银行资本充足与否以及清偿力高低的重要因素。未分配利润项目来自历年累积的利润留存，现金股利是银行利润的净流出。较高的现金股利分配率，降低了银行内部积累资本的能力。另外，分配现金股利导致银行现金资产减少，风险资产比重相对加大。因而，现金股利/利润指标值太高，意味着银行清偿力未实现其应达到的标准。

第二节　杜邦分析法

杜邦分析法是由美国杜邦公司的经理创造的，故称为杜邦系统（The Du Pont System）。杜邦分析法是一种典型的综合分析方法，将银行经营业绩看作一个系统，从系统内盈利能力和风险因素的相互制约关系入手进行分析，从而对银行经营绩效进行比较全面的评估。银行的经营业绩是一个包括多个因素的完整系统，其内部因素相互依存、相互影响，杜邦分析法的核心是净值收益率（*ROE*）。该指标有极强的综合性，克服了比率分析法将银行业绩人为地分为几个方面、割裂了相互间联系的缺点，将银行盈利能力与风险状况结合起来对银行的经营业绩进行评价。

一、两因素的杜邦财务分析方法

两因素的杜邦财务分析方法是杜邦分析法的基本出发点，集中体现了其分析思想，其模型为：

资本收益率=净利润÷净值=净利润÷资产×资产÷资本总额

$ROE=ROA\times EM$

*EM*称为股本乘数。*ROE*是股东所关心的与股东财富直接相关的重要指标。从上面的两因素模型可以看出，*ROE*受资产收益率、股本乘数的共同影响。资产收益率是银行盈利能力的集中体现，它的提高会带来*ROE*的提高。也就是说，在*ROE*指标中间接反映了银行的盈利能力。

*ROE*指标也可体现银行的风险状况。提高股本乘数，可以改善*ROE*水平，但也将带来更大风险。一方面，股本乘数加大，银行净值比重降低，清偿力风险加大，资产损失较易导致银行破产清算；另一方面，股本乘数会放大资产收益率的波动幅度，较大的股本乘数，将导致*ROE*不稳定性增加。

因而两因素模型以*ROE*为核心，揭示了银行盈利性和风险之间的制约关系，从这两个角度可以对银行绩效进行全面分析评价。

二、三因素的杜邦分析方法

银行资产收益率取决于多个因素，将其分解可以扩展为三因素分析模型，能更好地从*ROE*指标出发分析评价银行业绩。

ROE=净利润÷资产×资产÷资本总额

=净利润÷总收入×总收入÷资产×资产÷资本总额

=银行利润率（*PM*）×资产利用率（*AU*）×股本乘数（*EM*）

该模型显示，银行ROE指标取决于上面这三个因素，其中，银行利润率和资产利用率也包含着丰富的内容。

首先，银行利润率的提高，要通过合理的资产和服务定价来扩大资产规模，增加收入，同时控制费用开支，使其增长速度小于收入增长速度才能得以实现，因而该指标是银行资金运用能力和费用管理效率的体现。其次，资产利用率体现了银行的资产管理效率。银行的资产组合包括周转快、收益低的短期贷款、投资，也包括期限长、收益高的长期资产，还包括一些非营利资产。各类资产在经营中都起一定作用，不可或缺。良好的资产管理可以在保证银行正常经营的情况下提高其资产利用率，使得*ROA*指标上升，最终给股东带来更高的回报率。

通过上面的分析，可以将三因素模型理解为：

ROE=资金运用和费用管理效率×资产管理效率×风险因素

采用这种分析方法，可以从这三个方面理解*ROE*指标的决定及变化原因，准确评价银行业绩。

银行利润率不仅同其资金运用以及费用管理效率相关，也同银行的税赋支出有关。

PM=净利润÷总收入=净利润÷税前利润×税前利润÷总收入

在银行利润表部分已说明，银行税前利润是其营业中的应税所得，不包括免税收入和特殊的营业外净收入。净利润与税前利润的比值越高，反映银行的税赋支出越小，税赋管理越成功。税前利润与总收入的比值也反映了银行的经营效率是银行资金运用和费用管理能力的体现。将*PM*分解后，可得到四因素的杜邦分析模型：

ROE=税赋支出管理效率×资金运用和费用控制管理效率×资产管理效率×风险因素

从杜邦分析模型中可以看出，*ROE*指标涉及了银行经营中的方方面面，杜邦分析法通过综合性极强的净值收益率指标，间接体现了银行经营中各方面情况及其间的制约关系，可以以此对银行业绩进行全面的分析评估。

第三节 CAMEL评价体系及其应用

骆驼评价体系（CAMEL）是评价金融机构总体运营状况的分析工具。该体系产生于1979年，目前已被国外主要金融监管机构广泛采用。金融监管机构通过对金融机构的资本充足程度、资产质量、管理水平、盈利性水平和流动性五项指标进行评级打分，来评价金融机构的风险管理质量和经营安全程度。我国加入WTO后，国内金融业也面临国际化趋势，骆驼评价体系的五项指标对我国商业银行分析自身整体经营水平，以国际化、现代化标准规范资产运营机制，加强风险管理，具有重要的借鉴意义。

一、资本充足程度

近年来，金融业的竞争日趋激烈，商业银行的经营风险日益增大。为保证银行能承受一定的呆账损失，保持稳健的运行和实现正常的盈利，商业银行在一定资产规模下必须持有充足的资本数量。资本充足程度分析主要有资本构成分析、资本水平和趋势分析、贷款损失账户补贴的充足性分析、股东背景及经济环境分析。

《巴塞尔协议》规定，从1992年年末起，各国银行资本（核心资本加补充资本）与风险资产的比率应达到8%的标准。目前，由于我国国有商业银行的不良资产比率较高，而且大多无法直接从资本市场获得补充资本，资本充足率普遍没有达到这一国际标准的要求。国有商业银行的资本充足率要达到国际标准，可以通过增加资本金和减少风险资产两种途径来实现。其一，增加资本金。除了由政府投入以外，一般可以采用从市场上筹集资金的做法，比如发行资本债券。国有商业银行上市后，其资本金的补充来源渠道会大大拓宽。其二，减少风险资产。减少风险资产的做法具有简单和见效快的特点，一般可以采用以下几种方式：①增加风险较低的资产，如增加国债和政策性金融债券的持有数量，加大住房按揭贷款的比重等。②减少风险较高的资产，比如可以减少在表外业务中风险权重达到100%的担保业务和银行承兑汇票业务的数量。③出售高风险资产，如将风险较高的商业贷款出售出去。④增加中间业务收入，如手续费收入。

资本充足率达到国际标准后，要保证资本金的持续、稳定增长，需要考虑以下三个方面的内容：一是资本的增长速度能够维持银行整体业务的发展速度。要维持银行业务的发展，资本也必须相应增长。如果业务发展速度快于资本金的增长速度，则会出现资本不足的问题，影响业务的长期良性发展。二是将通过发行资本债券增加资本金作为维持资本金持续增长的一个重要方面。三是如果银行上市，要考虑股息派发政策，以维持资本金的充足程度。

二、资产质量

资产质量的优劣可以反映一家商业银行对安全性、流动性和盈利性三大经营方针的执行情况。商业银行的资产质量考察，主要包括贷款质量分析和投资风险分析，其中重点是对贷款质量的分析。

（一）贷款质量分析

目前，我国商业银行的贷款质量分析基本采用一逾两呆和五级分类两种方法，但这仅局限于对单项贷款的质量评价，对于银行整体的贷款质量，要通过分析贷款在国家和地区分布情况、行业贷款分布情况、客户的规模和种类、贷款期限组合和贷款集中与分散程度、呆账准备的充足程度等因素来进行综合评价。国有商业银行的主要贷款集中于人民币信贷资产，信贷风险集中，不良贷款率偏高，而且缺乏分散资产风险的手段。要提高贷款质量，降低贷款风险，首先必须调整贷款的组合结构。具体措施如下：(1) 调整贷款国家和地区的分布。贷款在经济发达、金融秩序较好的国家和地区风险要小于经济落后、金融秩序不好的国家。(2) 调整行业贷款的分布。若是政府支持的行业，则贷款风险较低。相反，若是政府不支持的行业，则贷款风险较高。(3) 调整客户的规模和种类。由于大中型企业的信用等级较高，可以通过直接发行企业债券进行筹资，故贷款的客户应多集中在信誉较好的中小型企业。(4) 调整期限组合。中长期贷款的风险偏高，短期贷款的风险则较低。(5) 调整贷款的集中和分散程度。若贷款国家、行业和客户分散，则风险较低。反之，若贷款的国家、行业或客户集中，则风险较高。另外，贷款要提足充分的呆账准备。要按贷款的资产质量提足呆账准备，以应对贷款无法收回时造成的经济损失。

（二）投资风险分析

投资风险分析主要是对证券投资风险的分析。由于目前国有商业银行不能进入股市，因此，应侧重对债券投资风险进行分析。具体方法如下：其一，分析是什么机构发行的债券。发行机构的信誉越高，其所发行债券的风险越低。其二，分析债券的回报率。债券的评级会影响债券的收益率，评级越高，债券的风险越低，债券票面收益率越低。其三，分析债券组合的期限。若债券期限长，那么所承担的利率风险也会较高。其四，分析债券组合对风险的分散程度。这主要分析债券的期限结构和品种结构的组合如何降低风险。

三、管理水平

金融机构管理水平主要通过分析管理层对银行经营活动进行参与及监管的水平和程度、内部控制制度及手段的有效性和合理性、管理层对经营环境转变或新业务引致风险的反应能力及速度、管理信息及风险监控系统的准确性和及时性等来评价。目前，国有商业银行普遍存在监管层对银行经营活动管理及参与程度过深、银行管理信息及风险监控系统准确程度不高和不及时等现象。要提高商业银行管理水平，需从政策目标的实行和管理程序的完善两方面入手。

（一）政策目标的实行

（1）具体财务目标制度。这主要考虑三个目标：一是资产回报率和资本回报率。从股东权益的角度出发，应主要考虑资本回报率。二是资本金占资产的比重。若比重较高，则属于稳健性经营，但是由于财务杠杆小，会影响利润水平。三是资金周转计划。资金周转快，则盈利能力强。

（2）资金筹集政策。资金的筹集可以分为存款筹资、同业拆借筹资和发行债券筹资等方式。管理人员可以根据资金情况，选择合适的筹资渠道。如果需要短期资金，可以通过同业拆借筹集资金；若需要中长期资金，可以通过发行中长期债券筹集资金。

（3）信贷政策的控制。商业银行要从盈利性和安全性两方面，按照信贷组合理论进行贷款的决策。在贷款组合中加大不动产抵押贷款的比重、工商贷款（资产规模较大时）或消费贷款（资产规模较小时）的比重，减少农业贷款的比重。

（4）资金成本与贷款利率之间的利差。要扩大两者之间的利差，提高贷款利率比较困难，故要设法降低资金成本，以增加利差。

（5）成本控制目标。这可以选择裁员、兼并和网上银行等方式降低经营成本。

（二）管理程序的完善

这要求银行领导层必须及时、准确掌握管理的相关资料，可以通过设立警示系统，提高领导层对风险控制的及时性。要严格执行信贷程序，包括各主管的权限、贷款的评审和内部的信贷评审制度。要严格监控外汇买卖制度。应加强内部稽核职能，包括会计程序、信贷稽核和操作部门稽核等。

四、盈利水平

通过分析银行的利润变化趋势和稳定性、盈利来源是否合法、盈利质量和结构等方面来评价盈利水平。它主要通过资产回报率、停息贷款率（衡量停息贷款占生息资产的比重）、非利息收入率（体现银行业务经营的多样性及盈利能力）、收入准备率（说明银行收入可弥补准备金提取的程度）这几个指标来反映。在影响商业银行盈利水平方面，市场因素在不断增加（同业竞争加强、利差缩窄），收入获取途径狭窄，经营有关的费用支出水平较高，这些都是不利因素。

（一）收入来源以利息收入为主

我国商业银行的收入按来源渠道分为利息收入和非利息收入。其中，利息收入主要由贷款利息收入和金融机构往来收入构成。由于目前贷款平均收益率较低和已停息贷款相对较多，银行的净利差水平较低，影响其利息收入水平。非利息收入则由于品种单一、资金投放比重低，获利水平也比较低。

商业银行要提高获利水平，增加获利渠道，在增加利息收入、提高净利差水平的同时，应丰富非利息收入品种，提高其所占比重。非利息收入除了我国商业银行传统的结算收入和结售汇收入外，主要有以下来源：①金融交易。金融交易（如金融衍生品、证券的买卖）作为商业银行主营业务的一部分，可以投入相当一部分的资金，通过适当的风险控制手段，以获取收益。金融衍生品交易作为高度市场化的交易形式，其发展要依赖现货市场、监管水平、金融配套服务等多方面条件的成熟。②手续费用和佣金收入，如信用卡业务收入、信托业务相关收入和个人理财服务等。③长期投资收益。④及时推出适时的有竞争力的金融产品，如完善网上银行服务等。虽然目前国内对银行实行多种经营尚有诸多限制，但这些限制随着国内金融市场的日益健全及不断开放将逐渐放开，商业银行只有先做好各项准备，才能在新的市场中获益。

（二）经营相关的费用支出水平较高

国有商业银行机构设置重复，冗员过多和费用控制意识相对薄弱是主要原因。这要求商业银行提高信息化程度等，降低各方面经营成本。在采用高薪的竞争激励机制时，也要加强对费用的严格控制。

五、流动性

流动性是商业银行随时满足存款客户的取款需要和贷款客户的贷款要求的能力。通过对资产负债结构、利率风险敏感性等方面的分析，可以评价银行的流动性，判断银行是否具有充足的变现能力和偿付能力。目前，国有商业银行不但普遍存在资产负债期限结构不合理的现象（各个期限结构的资金缺口，特别是吸收的活期存款占整个存款总额的很大比重，短期头寸存在较大的负缺口，银行依赖不稳定的短期存款支持长期的贷款业务），而且在信贷操作上存在借新还旧的现象，严重影响商业银行的资金流动性。

由于流动性风险取决于资金来源和资金运用两方面的变化及影响，因此，商业银行的流动性风险管理也应从这两方面考虑。通过比较资金的来源和使用，加强资产负债的比例管理，预测在未来一定时期内是否有现金流量的盈余或赤字。很显然，盈余表明银行具有较强的流动性。但是，银行也应该考虑盈余的机会成本，过度的流动性会导致银行的收益下降。银行可以通过运用流动性指标，如现金头寸指标和核心存款比率等来综合分析风险和收益，优化资产负债期限结构的配比，保持适度的流动性，实现流动性综合管理。

分析商业银行对市场风险的敏感度，对分析流动性也是十分必要的。银行所面临的市场风险主要是利率及汇率变动带来的风险。目前，由于国有商业银行外币业务占业务总量比例较低，其面临的汇率风险较低。利率的市场风险主要来源于浮动利率及固定利率的资产负债的配比及固定利率类别及期限的不同。在国内，几乎所有的生息资产及负债都为固定利率，利率市场风险主要来源于各种生息资产及负债到期情况的不配比。我国商业银行由于业务品种单一、生息资产比重较高，市场利率风险敏感度较高。目前，利率在国内由中央银行统一规定及管理，商业银行对利率管理的自由度受到较大限制，而且没有交易金融衍生工具，对金融市场的波动不敏感。在这种情况下，国内银行只能在较有限的自由度下加强资产负债管理来回避这一风险。

【思政课堂】

《商业银行绩效评价办法》发布

据财政部官网，为深入贯彻落实党中央、国务院决策部署，进一步发挥市场机制的决定性作用，激励商业银行更加有效响应国家宏观政策，增强商业银行服务实体经济、服务微观经济的能力，引导和促进商业银行高质量发展，2021年1月，财政部印发了《商业银行绩效评价办法》，商业银行绩效评价维度包括服务国家发展目标和实体经济、发展质量、风险防控、经营效益等四个方面，评价重点是服务实体经济、服务经济重点领域和薄弱环节情况，以及经济效益、股东回报、资产质量等。该办法适用于国有独资及国有控股商业银行、国有独资及国有控股金融企业实质性管理的商业银行。

现行商业银行绩效评价办法是金融企业绩效评价制度中四个（银行、保险、证券、其他）评价类别之一，建立于2009年，2016年曾进行修订，在推动商业银行提升经营效益、提高资产质量、坚持稳健经营等方面发挥了重要作用。

随着我国经济发展进入新常态，现行商业银行绩效评价办法的局限性逐渐凸显，有必要根据新形势进行修改完善。一是适应当前党中央、国务院对金融工作的总体要求的需要。党的十九大报告指出，深化金融体制改革，增强金融服务实体经济的能力。党的十九届五中全会明确“坚持把发展经济着力点放在实体经济上”“构建金融有效支持实体经济的体制机制”。这就要求进一步完善现行评价体系，突出金融服务实体经济、金融服务创新发展的新理念。二是适应当前我国经济发展阶段的需要。党的十九大报告和十九届五中全会都进一步明确，我国已转向高质量发展阶段，要推动质量变革和效率变革。这就要求在追求规模增长的同时，更加注重发展质量与效益。三是保障银行信贷投放能力的需要。现阶段我国金融体系以间接融资为主，信贷融资占比较高，资本耗用较大，现行办法中偿付能力状况考核三项资本充足率指标，权重过高，降低了资本对信贷的撬动效率，不利于金融服务实体经济质效。

《商业银行绩效评价办法》是落实党中央、国务院决策部署，落实《中共中央、国务院关于完善国有金融资本管理的指导意见》的重要举措。此次修改，旨在进一步发挥市场机制作用，激励商业银行更加有效贯彻落实国家宏观政策，更好服务微观经济、实体经济，为商业银行稳健运行、高质量发展和服务实体经济提供保障支撑。

《商业银行绩效评价办法》包括四个文件：商业银行绩效评价办法、商业银行绩效评价指标体系、商业银行绩效评价办法有关说明、商业银行绩效评价申报及计分表。

资料来源：中华人民共和国中央人民政府网.

本章小结

1.商业银行绩效评价是通过一组财务比率指标进行的。这组指标分为四大类：第一类盈利性指标，衡量商业银行运用资金赚取收益和控制成本费用的能力；第二类流动性指标，反映银行流动性供给与流动性潜在需求的关系或银行及时支付能力的状态；第三类风险指标，反映银行面临的风险程度和抗风险能力；第四类安全性指标或清偿力指标，反映银行运用资产偿付债务的能力，也反映银行债权人所受保障的程度。

2.杜邦分析法是一种典型的综合分析法，包括两因素的杜邦财务分析、三因素及四因素的杜邦分析方法。杜邦分析法透过综合性极强的净值收益率指标，间接体现了银行经营中各方面的制约关系，可以此对银行业绩进行全面分析评估。

3.CAMEL评价体系是评价金融机构总体营运状况的分析工具，该体系中的五项指标，即资本充足程度、资产质量、管理水平、盈利性水平和流动性，对我国国有商业银行分析自身整体经营水平，以国际化、现代化标准规范资产运营机制，加强管理具有重要的借鉴意义。

关键概念

盈利资产　易变负债　清偿力　EM　ROA　ROE　杜邦分析法　CAMEL评价体系

复习思考题

1.商业银行绩效评价指标体系由哪几类构成？各自侧重分析哪些方面？

2.简述杜邦分析法评价要素的分解和组合。

3.CAMEL评价体系的指标包括什么？各指标具有怎样的意义？

第十二章

商业银行监管

导读

本章核心内容是政府对银行业的监管，重点介绍了监管的内涵、监管的手段、监管的法律法规以及各国的监管体系。这是商业银行外部管理的重要内容。

引导案例

A银行飞单案解析

2019年3月，LZ资产旗下的私募基金爆雷，旗下8只基金欠下20亿元尚未兑付。

这一事件使得A银行原理财经理陆某慌了神，因为在这之前，陆某对部分投资者说："这一产品投资于银行承兑汇票，这个产品有A银行信用做背书，银行刚性兑付，零风险。"这一席话使得一些投资者激动不已，他们以为自己买到了有A银行背书的理财产品，年利率为6.5%~9%，比银行同期定期存款至少高2倍，所以先后有27名投资者购买了这只他们以为的"理财产品"。而实际上，陆某将这笔钱做了"飞单"，陆某飞单投资的正好是LZ资产旗下的私募基金。而就在LZ基金爆雷的前一天，仍有储户通过陆某的介绍踏入"雷池"。据统计，27名投资人在A银行购买的私募基金都是100万元起买，所以购买资金总计金超3 700万元。2019年3月14日，陆某给这些投资者打电话表示他们所买的LZ基金延迟兑付，并表示延迟兑付是因为A银行支付额度的关系，其他方面并没有问题。

而就在这个电话打完两天后（2019年3月16日），陆某才正式通知客户，产品出事了，LZ基金爆雷了，并建议投资者去LZ公司签如皋银行的股份，因为那是LZ公司唯一剩下的能兑现的资产了，但是这一建议被许多投资者拒绝了，因为他们认为他们买的是票据基金，怎么会变成股份。

其后，漫长的两年过去了，投资者还是没有等到A银行的赔偿方案。

【讨论与思考】

1.“飞单”案涉及的基础理论有哪些？

2.“飞单”产生的根本原因是什么？

3.从商业银行自身角度谈谈如何防范“飞单”事件的发生。

4.从监管的角度谈谈如何避免“飞单”案件的发生。

第一节　监管概述

一、政府对银行业实施监管的原因

银行监管是指政府和金融管理当局对商业银行进行包括开业管制、分支机构管制、业务管理、价格管制、资产负债表控制等为主要内容的监控活动及制定相关的政策法规的总和。

一国政府之所以要对银行业实施监管，其原因在于银行业自身的经营特点：首先，为了保护储户的利益。其次，政府对银行业实施监管的原因还在于银行是信用货币的创造者。最后，当今世界各国的银行业正在向综合化、全能化的方向发展，银行业、证券业和保险业混业经营使商业银行的概念不断延伸，同时，世界经济、金融一体化又使得银行国际化进程加快。这些都对政府实施银行业监管提出了新的课题。近年来发生的全球性金融危机也恰恰证明了加强政府对银行业监管仍然有重要的意义，这也要求各国在银行业监管领域进一步加强合作。

二、政府对银行业实施监管的主要内容

从各国政府对银行业的监管实践来看，监管当局对商业银行监管主要包括以下具体内容：

（1）银行业的准入。对银行业准入进行监管是各国政府对银行业进行监管的最初手段，目的是防止银行业的过度集中、限制社会资金过度流入银行业而降低经济运行效率。

（2）银行资本的充足性。一般而言，目前绝大多数国家均按《巴塞尔协议》规定的资本比率对商业银行进行资本监管。

（3）银行的清偿力。银行清偿能力监管包括负债和资产两个方面。在负债方面，要考虑存款负债的异常变动、利率变动对负债的影响、银行筹集和调配资金的能力等；在资产方面，主要检查资产的流动性状况。

（4）银行业务活动的范围。这主要是指银行业与证券业、保险业混业与分业经营的问题。

（5）贷款的集中程度。对贷款的集中程度进行监管是商业银行分散风险的需要。从技术操作上来说，就是规定个别贷款对银行资本的最高比例。

三、政府对银行业监管的原则

根据商业银行的经营特点，政府对银行业的监管要以谨慎监管为原则，美国著名的“CAMEL”原则，也为我国的银行监管所用。运用CAMEL评级体系进行监管，主要是从以下几个方面着手：C—capital adequacy（资本充足率水平），A—asset quality（资产质量），M—management（管理水平），E—earnings（盈利能力），L—liquidity（流动性水平）。

（一）资本充足率水平

商业银行最主要的资本形式因产权组织形式不同而有所差异，股份制商业银行资本的主要形式是股本。《巴塞尔协议》将银行资本划分为核心资本和附属资本。核心资本包括实收资本和公开储备。附属资本包括未公开储备、资产重估准备、贷款损失准备、长期次级债务。考查以加权风险资产为基础计算的资本充足率可用如下标准：

资本充足率=总资本÷加权风险资产≥8%

核心资本充足率=核心资本÷加权风险资产≥4%

资本充足率级别根据充足率水平分别划分为：第一级，远高于8%，资本十分充足的银行；第二级，略高于8%，资本比较充足的银行；第三级，6%～8%，资本不充足的银行；第四级，2%～6%，资本很不充足的银行；第五级，2%以下，资本严重不足的银行。不同资产的风险权数详见表12-1。

表12-1 **资产风险权数**

风险权数	资　产
0	现金、业务周转金、存放款项、准备金、委托及代理资产、长期投资
10%	存放其他同业款项、拆放银行业款项
50%	拆放金融性公司款项、抵押贷款
100%	除抵押贷款外的贷款、贴现、短期投资等

（二）资产质量

商业银行资产质量是政府监管部门关注的一个问题。监管人员通过检查资产规模、结构和银行的工作程序等，获得对该银行的总体评价。

资产质量的考评以信用风险比率为尺度分为五级：第一级，信用风险比率低于5%，资产质量高、令人满意；第二级，信用风险比率低于15%，资产质量比较令人满意；第三级，信用风险比率为15%～30%，资产质量不太令人满意；第四级，信用风险比率为30%～50%，问题严重，可能导致倒闭；第五级，信用风险比率在50%以上，资产质量极差，足以使银行倒闭。具体计算公式为：

信用风险比率=（次级贷款×20%+可疑贷款×50%+损失贷款×100%）÷（权益资本+准备金+未分配利润）

（三）管理水平

管理水平用以评价银行管理人员包括董事会成员的品质和业绩。在相同条件下经营的银行，其成功或失败在很大程度上取决于管理者的管理能力。

评估管理水平的间接方法包括：历史、主要业务、战略定位、核心竞争力、行业地位等。评估管理水平的直接方法包括：评估管理水平的范围、管理者的领导能力、职员的业务素质、银行处理突发问题的应变能力、银行内部的技术控制系统是否完善、银行更新金融服务与吸引顾客的能力、董事会的决策能力。

管理水平也可以评为五个等级：1级管理水平最高，管理者有能力解决可能出现的问题；2级说明管理方面存在一些小的问题，并不妨碍管理者对机构的有效管理；3级说明管理中虽然不存在大问题，但潜伏着危机；4级说明该机构的管理水平相当差，管理人员没有正确的决策能力；5级说明管理者素质极差，只有更换管理人员才能改变目前的局面。

（四）盈利能力

银行的盈利能力主要由银行的资产收益率和资本收益率来衡量，需指出的是，这两个指标要进行同行比较才有意义。

盈利能力分析与评价主要考虑如下两因素：资产收益率（ROA）和股本收益率（ROE）。这主要从三个方面来评价：（1）适量补充资本，分红水平是否过高；（2）盈利质量，是否为正常因素所为；（3）盈利来源是否合法。

根据利润率水平评级：资产收益率在1%以上，则盈利等级为1级或2级；该比率在0到1%之间，则盈利等级为3级或4级；该比率为负数，则盈利等级为5级。

（五）流动性水平

流动性水平用来衡量银行满足提款和借款需求又不必出售其资产的能力。政府监管主要是评价银行当前的清偿能力以及未来的变化趋势，主要采用以下流动性指标进行监管：

流动比率=流动资产÷流动负债（标准值≥25%）

存贷比率指标=各贷款余额÷各项存款余额（本币：≤75%，外币：≤85%）

净贷款与客户存款之比=净贷款÷客户存款余额

贷款与稳定资金之比=净贷款÷长期资金

（六）综合评级

银行监督管理机构在完成上述五个方面的分别评级以后，对被评级的商业银行可进行综合评级。

（1）综合评级为1级的银行，资本充足，资产质量、管理水平和收益率高，具有较强的资产流动性和抵御风险的能力，总体经营状况稳健，能承受一切经济周期的变动与影响以及市场任何突发性变化。银行监督管理机构只需要对此类银行进行日常监测。

（2）综合评级为2级的银行，资本基本充足，资产质量、管理水平和收益率较高，具有一定的资产变现能力和防范风险的能力，其经营状况基本稳健。银行监督管理机构可对此类银行进行日常监控。

(3) 综合评级为3级的银行，资本不够充足，资产质量存在一定问题；管理水平一般，资产收益率不高，且存在亏损的可能性；资产流动性较差，并有潜在的贷款风险，虽然目前经营能正常进行，但难以抵御突发性的变化。银行监督管理机构应对此类银行密切关注，必要时进入现场进行监管。

(4) 综合评级为4级的银行，存在严重的财务风险、信贷风险和管理风险，这类银行经营管理面临较大困难，一旦出现支付风险，靠自身的能力难以处置。对这类银行，银行监管机构不但要加大现场检查的频率，必要时还可采取措施进行风险处置。

四、监管方式

(一) 市场准入 (特许经营制)

特许经营一般是指一个口头或书面的合同或协议，其中明示性地规定，一个机构准许另一个机构或者个人使用其商标、商号名称、服务标记、标示或类似特征的一项技术转让，双方当事人在批发、零售等环节上对经营的产品或服务项目存在共同的利益，受许人被直接或间接地要求向特许人支付一定金额的特许经营费用。

实际上，特许经营就是一种批发、零售产品或服务项目的方法。特许人以获取一定价值为条件，以协议的形式准许受许人在一定时间内、一定地理区域内有用特许人的商标、商号名称、推销方法来销售特许人或与其有联系的商人的产品或服务项目并获取经济利益的权利。这种以获取特许权的若干受许人的企业所组成的，以特许人为首的整个批发、零售组织或连锁就被称为特许经营体系 (franchise system)。

(二) 非现场监管和现场检查

非现场监管是按照风险为本的监管理念，全面、持续地收集、监测和分析被监管机构的风险信息，针对被监管机构的主要风险隐患制订监管计划，并结合被监管机构风险水平的高低和对金融体系稳定的影响程度，合理配置监管资源，实施一系列分类监管措施的周而复始的过程。现场检查则是监管机构派监管人员到现场进行实地考察，查看账簿、报表资料，检查网点、人员、设备等运营情况。银行监管正在从现场监管向非现场监管过渡，节省人力物力，提高效率。

(三) 监管谈话

监管谈话是监管机构派出监管人员，到被监管机构现场，与行长或者经理面对面进行交谈、沟通，获得所需要的信息。这一般是由于被监管者有不正当行为而导致的结果。

(四) 信息披露监管

信息披露监管是指监管机构对被监管机构或者个人的信息披露事项进行的监管，主要查看是否有应披露而未披露的信息、应按时披露而提前披露或延迟披露的情况，有没有不应披露而披露的信息。

第二节 我国的监管体系

金融监管体系包括监管机构、监管法律等，是金融体系的重要组成部分。在我国金融监管体系中，银行监管又居于核心地位。

我国金融监管的第一阶段是中国人民银行对银行业进行监管。按照《中华人民共和国中国人民银行法》的规定，我国中央银行金融监督管理的主要内容包括：(1) 金融机构的设置及业务范围的审批；(2) 稽核检查金融机构的业务经营状况。

我国金融监管的第二阶段是中国银行业监督管理委员会对银行业进行监管。中国银行业监督管理委员会（China Banking Regulatory Commission，CBRC）简称银监会，是2003年4月28日正式成立的。根据《中华人民共和国银行业监督管理法》的规定，银监会统一监督管理银行、金融资产管理公司、信托投资公司以及其他存款类金融机构，维护银行业的合法、稳健运行。银监会成立后，中国人民银行只负责货币政策调控等一系列非直接监管金融机构的任务，即中国人民银行主要负责货币政策和跨行之间的资金往来，具体包括利率的调整、银行之间的结算支付和一些新业务等。而银监会的监管职能包括金融机构的市场准入、运行监督和依法查处违法违规行为，比如中资及外资银行成立的审批、业务经营中的反洗钱等具体业务。随着银监会的成立，银行、证券、保险等中国金融业监管的3个并列系统最终完成。监管的法律法规也初步形成体系，包括《中华人民共和国中国人民银行法》(1995)、《中华人民共和国银行业监督管理法》(2003)、《中华人民共和国商业银行法》(2003) 等。

一、中国金融监管总体架构

我国现已形成"一委、一行、两会"中央监管和"中央+地方"分级监管的金融监管框架，金融监管的基本特征仍然是分业监管。

(一) 从中央层面的金融监管来看

我国于1984年设立中国人民银行，由其行使中央银行职能。1992年10月中国证券监督管理委员会（简称证监会）成立，1998年11月中国保险监督管理委员会（简称保监会）成立，2003年4月中国银行业监督管理委员会成立。2015年我国正式建立存款保险制度，2017年成立国务院金融稳定发展委员会。2018年3月，银监会与保监会合并成为中国银行保险监督管理委员会（简称银保监会）。2019年5月24日，存款保险基金管理有限责任公司成立，负责存款保险基金运营与管理。根据2018年国务院机构改革方案，将银监会和保监会的职责整合组建中国银行业保险监督管理委员会，作为国务院直属事业单位。同时，将银监会和保监会拟订银行业、保险业重要法律法规草案和审慎监管基本制度的职责划入中国人民银行。党的十九大报告关于金融体制改革目标首次提出了一个新的表述"健全货币政策和宏观审慎政策双支柱调控框架"，这意味着银保监会专职微观监管职能，未来将逐步建立"货币政策+宏观审慎政策”双支柱的中央银行宏观政策体系，形成中国金融监管体系。

（二）从地方金融监管层面来看

1.地方金融监管体系

按照《关于界定中央和地方金融监管职责和风险处置责任的意见》（国发〔2014〕30号）和《关于进一步做好防范和处置非法集资工作的意见》（国发〔2015〕59号），我国开始建立地方金融监管体系，主要负责对地方金融机构的监管。我国地方金融监管体系由各省级、市级和部分区县级政府设立的，负责地方金融监管的政府机构组成。山东是我国第一个颁布地方金融条例的省份。

2.地方金融监管体系监管对象

地方金融监管机构主要负责对“7+4”类型的金融机构实施管理。其中，“7”即小额贷款公司、融资担保公司、区域性股权市场、典当行、融资租赁公司、商业保理公司、地方资产处理公司等。“4”指对投资公司、农民专业合作社、社会众筹机构、地方各类交易所等。按照中央和地方分权的金融监管框架，各省（自治区、直辖市）、市（县）设立金融监管局，负责本辖区地方金融监管。同时，地方金融监管机构负责本行政区域防范和处置非法集资工作。

专栏12-1

银保监会的组建

2018年3月，根据国务院机构改革方案，决定组建中国银行保险监督管理委员会，不再保留银监会、保监会。

根据方案的描述，新组建的中国银行保险监督管理委员会主要职责是；依照法律法规统一监督管理银行业和保险业，维护银行业和保险业合法、稳健进行，防范和化解金融风险、保护金融消费者合法权益，维护金融稳定。原银监会、保监会拟定银行业、保险业重要性法律法规草案和审慎监管基本制度的职责均被划入中国人民银行。

3月13日，十三届全国人大第一次会议在北京人民大会堂举行第四次全体会议。受国务院委托，国务委员王勇作关于国务院机构改革方案的说明。他表示，金融是现代经济的核心，必须高度重视防控金融风险、保障金融安全。

王勇称，为深化金融监管体制改革，解决现行体制存在的监管职责不清晰、交叉监管和监管空白等问题，强化综合监管，优化监管资源配置，更好统筹系统重要性金融机构监管，逐步建立符合现代金融特点、统筹协调监管、有力有效的现代金融监管框架，守住不发生系统性金融风险的底线，方案提出，将中国银行业监督管理委员会和中国保险监督管理委员会的职责整合，组建中国银行保险监督管理委员会，作为国务院直属事业单位。

二、对银行业的监管

我国的银行体系主要包括商业银行和信用社两大体系。按股权性质，商业银行可分为国有控股商业银行、全国股份制商业银行、城市商业银行、农村商业银行、农村合作银行、村镇银行等。按出资人国别，商业银行可分为中资银行、外资银行和中外合资银行。

我国银行业监管机构主要包括中国人民银行、中国银行保险监督管理委员会、存款保险基金管理有限责任公司等，上市银行还受到中国证监会和交易所的监管。此外，2018年6月30日，中共中央、国务院颁发《关于完善国有金融资本管理的指导意见》，决定由财政部门集中统一履行国有金融资本出资人职责。因此，财政部、国资委等对国有控股银行也有一定的管辖权。

（一）中国人民银行的金融调控与监管

中国人民银行是中华人民共和国的中央银行，根据《中华人民共和国中国人民银行法》的规定，制定和独立执行货币政策，履行职责，开展业务，防范和化解金融风险，维护金融稳定。

中国人民银行履行下列职责：①发布与履行其职责有关的命令和规章；②依法制定和执行货币政策；③发行人民币，管理人民币流通；④监督管理银行间同业拆借市场和银行间债券市场；⑤实施外汇管理，监督管理银行间外汇市场；⑥监督管理黄金市场；⑦持有、管理、经营国家外汇储备、黄金储备；⑧经理国库；⑨维护支付、清算系统的正常运行；⑩指导、部署金融业反洗钱工作，负责反洗钱的资金监测；⑪负责金融业的统计、调查、分析和预测；⑫作为国家的中央银行，从事有关的国际金融活动；⑬国务院规定的其他职责。

1.货币政策工具

为实现宏观经济目标，中国人民银行可以动用的手段主要是存款准备金、再贷款、再贴现、公开市场操作等传统货币政策工具，常备借贷便利等创新性货币政策工具，以及同业存单发行、银行间市场准入等。

2.宏观审慎评估体系

宏观审慎政策本质上属于宏观经济管理和维护金融稳定的范畴，因此其制定和执行应集中在宏观部门。宏观审慎政策虽形式上可能涉及对银行杠杆、资本等传统意义上监管指标的要求，但其关键是要基于宏观、逆周期和跨市场视角，在客观准确判断宏观形势基础上进行逆风向和跨市场的调控，显然这应当由宏观部门（如中央银行）来负责。中央银行的最后贷款人职能以及支付清算功能也使其处于维护宏观稳定、防范系统性风险的独特地位。

2004年，中国人民银行实行差别存款准备金制度，分类开展信贷政策。2011年引入差别准备金动态调整制度，2016年起将其“升级”为宏观审慎评估体系（macro prudential assessment，MPA），包括7个指标，即资本和杠杆、资产负债情况、流动性、定价行为、资产质量、跨境融资风险、信贷政策执行情况，建立了更加全面、更有弹性的宏观审慎政策框架和评估指标体系。

3.反洗钱、反恐怖融资监管

反洗钱、反恐怖融资监管体制建设是维护经济社会安全稳定的重要保障。《中华人民共和国反洗钱法》自2007年1月起正式实施。根据该法，在中华人民共和国境内设立的金融机构，都必须遵守该法律，履行各自的职责。金融机构应当建立健全反洗钱措施，应当依法采取预防、监控，建立客户交易报告制度、客户身份核实制度，以及交易记录保存制度、大额交易和可疑交易报告制度等。国务院相关部门、机构在各自的职责范围内负责有关监督管理工作。

4.消费者权益保护

部分金融机构侵害消费者权益的事时有发生，如金融产品销售中不如实告知消费者风险情况，恶意推销贷款产品、服务，收费质价不符等。2020年12月，京东金融App的借贷服务短视频广告成为典型案例。

为了保护金融消费者合法权益，规范金融机构提供金融产品和服务的行为，维护公平、公正的市场环境，促进金融市场健康稳定运行，根据《中华人民共和国中国人民银行法》、《中华人民共和国商业银行法》、《中华人民共和国消费者权益保护法》和《国务院办公厅关于加强金融消费者权益保护工作的指导意见》（国办发〔2015〕81号）等，中国人民银行于2020年9月1日发布《中国人民银行金融消费者权益保护实施办法》。根据该办法，银行保护消费者八项基本权益。不过，总体上来看，现行的《中国人民银行金融消费者权益保护实施办法》更多还是侧重于“银行消费者”。这表明我国消费者权益保护存在“分业经营、分业监管、分业保护”的问题，还没有很好地整合为真正的“金融消费者”权益保护。

（二）银保监会对银行的监管

中国银监会成立于2003年4月25日，根据国务院授权，统一监管金融资产管理公司、信托投资公司及其他存款类金融机构，维护并实施银行业监管。鉴于本书主题，这里介绍银保监会对银行业的监管，银保监会对保险业的监管在此不予介绍。

1.主要职责

银保监会在银行业监管方面的主要职责有：制定有关银行业金融机构监管的规章制度和办法；审批银行业金融机构及分支机构的设立、变更、终止及业务范围；对银行业金融机构实行现场和非现场监管，依法对违法违规行为进行查处；审查银行业金融机构高级管理人员任职资格；负责统一编制全国银行数据、报表，并按照国家有关规定予以公布；会同有关部门提出存款类金融机构紧急风险处置意见和建议；负责国有重点银行业金融机构监事会的日常管理工作；承办国务院交办的其他事项。

2.监管的理念

监管理念即“三管一提”：管风险；管法人；管内控；提高透明度。

3.监管的目标

监管目标包括以下几项：保护存款者和消费者利益；增强市场信心；增进公众对现代金融的了解；减少金融犯罪。

4.监管的标准

监管的标准设定为：促进金融稳定，促进金融创新；努力提高我国银行业在国际金融服务中的竞争力；对各类监管权限做到科学合理，监管者要有所为、有所不为，减少一切不必要的限制；为金融市场上的公平竞争创造环境条件，并维护这种有序竞争；对监管者和被监管者都应当实施严格明确的问责制；高效、节约地使用一切监管资源。

（三）存款保险与存款保险基金

2015年2月17日，根据中华人民共和国国务院令第660号，我国正式颁布《存款保险条例》，于2015年5月1日正式实施。存款保险基金管理有限责任公司于2019年5月24日成立。

存款保险基金管理有限责任公司注册资本100亿元，中国人民银行为唯一出资人。存款保险基金管理机构参加金融监督管理协调机制，并与中国人民银行、银行业监督管理机构等金融管理部门、机构建立信息共享机制。存款保险基金的经营范围为：进行股权、债权、基金等投资；依法管理存款保险基金有关资产；直接或者委托收购、经营、管理和处置资产；依法办理存款保险有关业务；资产评估；国家有关部门批准的其他业务。

存款保险基金管理机构履行下列职责：①制定并发布与其履行职责有关的规则；②制定和调整存款保险费率标准，报国务院批准；③确定各投保机构的适用费率；④归集保费；⑤管理和运用存款保险基金；⑥依照《存款保险条例》的规定采取早期纠正措施和风险处置措施；⑦在《存款保险条例》规定的金额内及时偿付存款人的被保险存款；⑧国务院批准的其他职责。

（四）银行业协会

银行业协会是银行业的自律组织，也是银行业自我监管的一个组织。中国银行业协会成立于2000年，是由中华人民共和国境内注册的各商业银行、政策性银行自愿结成的非营利性社会团体，经中国人民银行批准并在民政部门登记注册。该协会及其业务接受中国人民银行的指导、监督和民政部的管理。2003年中国银监会成立后，中国银行业协会主管单位由中国人民银行变更为中国银监会，2018年后则归属于银保监会管理。

三、我国的监管改革

2009—2011年间，融资型银信合作理财产品被纳入监管范畴，对信托公司资本提出了要求，商业银行业务则由表外逐步纳入表内。2010年，中国人民银行引入了社会融资总量，包含了表内表外以及股市债券融资。2011年8月，表外业务准备金计提，并强化对交叉金融工具的监管。2010年9月，央行启动了银行间市场贷款转让系统，给银行间贷款转让提供了限制性许可，建立了信贷资产转让平台，方便监控。对于P2P借贷平台，2011年银监会发布了《人人贷风险提示的通知》，严防银行贷款流向民间借贷，对P2P的监管开始着手进行。对于理财产品的监管，银行业协会成立了理财业务专业委员会。银监会下发新规，清理理财产品。民间借贷监管处于真空。央行下达借贷利率不允许超过基准利率4倍的通知，但是实际上没有相应法律依托，无法控制。在消除监管真空方面，我国部分新型金融机构分头主管和审批。小贷公司、信托业由银监会监管，担保公司、典当行由商务部主管，只是审核其准入，对于行业经营与发展状况却不在监管范畴。监管措施由现场监管转变为以非现场监管为主。业务交叉中，明确监管主体，明确责任，业务监管与功能监管同时实施。同时，在影子银行与商业银行之间建立防火墙，建立引导影子银行的自律机制。

政府对于银行业的安全保障，除了监管之外，还有最后贷款人制度和存款保险制度。最后贷款人制度是指在银行体系由于遭遇不利的冲击引起流动性不足、银行自身又无法解决这种问题时，由中央银行向银行体系提供流动性以确保银行体系稳健经营的一种制度安排。最后贷款人的主要目标是防范系统性金融风险的发生，为全局性目标而提供的一种紧急资金援助或者支持，这种援助或者支持不是政府为银行危机买单，而是体现政府作为一种力量在市场经济中的一种宏观调控作用。中央银行是作为最后贷款人角色的主要机构。存款保险制度是指符合条件的各类存款性金融机构建立存款保险公司，存款机构缴纳保险费，在其存款无法得到偿付时由存款保险机构在一定程度内代为偿付。《存款保险条例》已经于2015年5月1日起实施，开始为商业银行的存款提供保险保障。

第三节　美国的监管体系

一、美国银行业监管架构

（一）分权监管模式

在联邦层面，有美国联邦储备系统、货币监理署、联邦存款保险公司、美国证券交易委员会、国家信用社管理局、商品期货交易委员会、联邦住房管理局、联邦保险局。在州层面上，各州均设立自己的银行、证券、保险监管局与监管专员。

商业银行在联邦层面受到三个机构的监管，其中包括美联储、货币监理署和联邦存款保险公司三家监管机构。联邦储备系统主要负责对银行控股公司和加入联邦储备系统的州银行进行监管，货币监理署主要负责对国民银行及外国银行在美国的分行或办事处进行监管，联邦存款保险公司主要对保险业及州银行进行监管；2010年之前，储蓄机构由储蓄管理局监管，信用合作社由美国国家信用社管理局监管；2007年次贷危机后，美国监管体系进行了调整，储蓄机构管理局被合并到货币监理署，同时设立了消费者金融保护局。

（二）监管架构

为顺应金融混业经营的趋势和现实的需要，美国于1999年通过了《金融服务现代化法》，使银行持股公司变为金融控股公司，并允许金融控股公司通过设立公司的形式经营多种金融业务，如存款、贷款、保险、证券承销和经纪等业务。但是，金融控股公司本身并不开展具体业务，其主要职能是向美联储申领执照、对集团公司及子公司进行资本管理和行政管理。当前，金融控股公司是美国金融业最主要的组织形式，如花旗银行集团、美洲银行集团等。在这些控股公司下，分别有银行、证券、保险等不同的金融形式存在。

由此，金融业实现了从分业经营向混业经营的转变，这对金融监管提出了更高的要求。显然，依托于分业经营模式建立的分业监管框架面对这种业务多元化的超级机构，从前行之有效的监管手段可能失效或无效。最为紧要的问题是，如何来监管混业经营的金融控股公司。

美国由此形成的监管架构具有上小下大的特征，也就是类似于伞形结构，因此被称为伞形监管体系。在这一体系中，联邦储备银行并不监管具体的银行、证券公司和保险公司及其业务，而是监管这些机构的母公司。银行业仍然接受联邦储备委员会的监管，证券业仍然由美国证券交易委员会监管，保险公司由联邦保险署和保险监管署监管。美国伞形监管架构如图12-1所示。

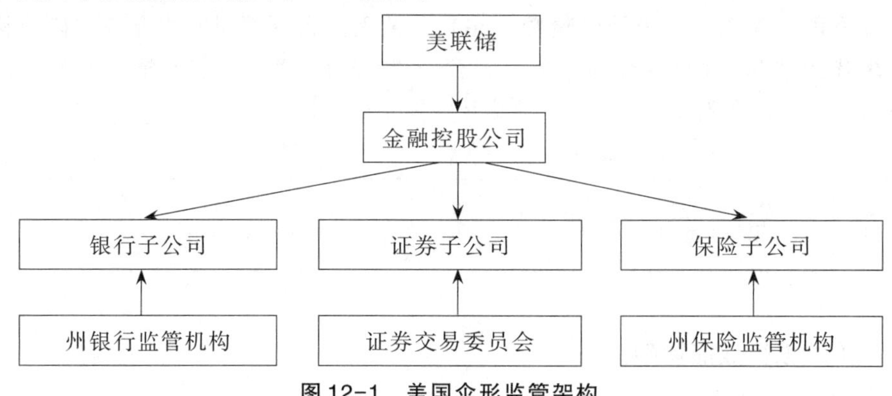

图12-1 美国伞形监管架构

二、主要的银行监管机构

（一）美国联邦储备系统

美国联邦储备系统（Federal Reserve System，FED）简称美联储，是美国的中央银行，同时也是美国金融监管体系中最重要的联邦监管机构。

美联储根据《联邦储备法》（Federal Reserve Act）于1913年12月23日成立，包括联邦储备委员会、12家联邦储备银行和联邦公开市场委员会。美联储以促进美国经济的有效运作、服务公共利益为己任，其主要职能是实施货币政策、稳定金融体系、监管金融机构和活动、确保支付结算系统安全与效率、促进消费者保护和社区发展。

为确保美联储货币政策的独立性，美联储货币政策最高决策机构包括联邦储备委员会的7名执行委员和12名联邦储备银行的主席。其中，联邦储备委员会的7名执行委员由主席、副主席及其他5位委员组成，且必须全部由总统提名，经过国会确认后才能上任。每个执行委员的任期为14年，到期后不能连任。执行委员上任后，总统没有权力罢免这些委员。如果需要罢免他们，必须有国会2/3的成员投票通过才可以。

除货币政策功能外，联邦储备银行还负责金融控股公司监管和消费者权益保护，包括对银行的微观审慎监管、对银行控股公司及其关联公司监管、对其他实体监管。此外，为促进整个金融体系的稳定，美联储必须执行“宏观审慎”的监管政策。2007年次贷危机以后，美联储的监管权力得到进一步强化，功能更加强大。

（二）货币监理署

1863年2月25日，总统林肯签署《国家货币法》设立货币监理署（Comptroller of the Currency，OCC），这是美国成立最早的联邦政府金融监管机构，隶属于美国财政部，但又独立于美国财政部。OCC负责注册、监管约2 000家国民银行在联邦注册的储蓄机构和50所外国银行在美国的分行，占美国所有商业银行总资产的3/4，其总部设在华盛顿。货币监理署署长由美国总统任命，并经美国联邦参议院通过，任期5年。

货币监理署可以针对银行、银行分支机构或管理人员违反法律法规的行为等采取惩罚措施，包括非正式处罚和正式处罚两类。对于银行或分支机构来说，非正式处罚是针对问题不太严重的问题，主要是为银行管理人员提供解决问题的指导。对于银行管理人员说，非正式处罚包括罚款、个人临时停业等禁令。

（三）联邦存款保险公司

联邦存款保险公司（Federal Deposit Insurance Coloration，FDIC）是经国会批准设立的一个独立机构，是美国具有金融监管权力的三个联邦级机构之一。FDIC总部位于华盛顿，由5人董事会管理，所有董事都由总统任命，并由参议院确认，但来自同一政党的不超过3人。

与其他国家或地区的存款保险机构相比，FDIC具有强大的监管功能，是美国处理银行市场退出的最重要机构。FDIC没有获得国会的拨款，其资金主要来自投保机构支付的存款保险费，以及保险基金投资美国国债等的收益。FDIC的功能主要包括：为存款提供保险；审查和监督保险等金融机构的安全、健全和消费者保护；使大型和复杂的金融机构的问题能够解决；接管有问题的银行等。

FDIC通过以下活动维护国家金融体系的稳定和公众信心：一是为银行和储蓄机构的存款提供至少25万美元的保险；二是识别、监测和处理存款保险基金的风险；三是限制银行或储蓄机构倒闭时对经济和金融体系的影响。FDIC只为银行的存款提供保险，而不对银行和储蓄机构证券、共同基金或类似的投资提供保险。FDIC自1934年1月1日开始提供存款保险以来，存款人没有因银行倒闭而失去一分钱。

FDIC直接审查和监督约4 000家商业银行和储蓄银行，占美国银行系统一半以上。在美国，州注册的银行可以选择是否加入联邦储备体系，FDIC主要监管没有加入联储体系的在各州注册的银行。当然，FDIC也有权检查银行是否遵守消费者保护法律，包括《公平信用账单法》、《公平信用报告法》、《诚实贷款法》和《公平债务催收作业法》，以及审查银行是否遵守《社区再投资法》（该法要求银行满足注册地所在社区的信贷需求）。

（四）储蓄机构管理局

20世纪80年代，美国发生储蓄贷款危机——储贷协会大量破产，为其提供保险的联邦储贷协会保险公司（FSLIC）也受到牵连而纷纷倒闭。为解决这一危机，1989年美国颁布《金融机构改革、复兴和实施法》（FIRREA）。依据该法，美国设立了储蓄机构管理局（Office of Thrift Supervision，OTS），OTS是隶属于财政部的一个政府机构，替代联邦住房贷款银行委员会（FHLBB），专门负责监管储蓄机构。OTS的独特之处在于它不只管理储蓄机构，而且管理其控股公司。美国著名的金融公司，如美国国际集团公司、美国运通、摩根士丹利和美林证券等都曾在其管理之下。在美国的银行监管体系和历史中，OTS曾经发挥过很重要的作用。2007年次贷危机后，美国对在联邦层面的储蓄机构和商业银行的监管进行改革，2010年OTS被合并到货币监理署。

（五）消费者金融保护局

向不合格客户恶意推行住房贷款、信用卡等业务本应是禁止的，但在2000—2008年，这是美国银行业非常普遍的做法，这种“掠夺式”贷款导致不少客户过度负债而破产。直至2007年爆发次级贷款危机后，美国对金融监管做了较为彻底的改革，其中之一就是在美联储内部新设消费者金融保护局（CFPB）——一个独立的消费者金融保护机构，以确保消费者在抵押贷款、信用卡和购买其他金融产品时获得清楚、准确的必要信息，并保护他们免遭隐藏费用、掠夺性条款和欺骗性行为的损害。

（六）国家信用社管理局/国家信用社股金保险基金

1934年，富兰克林·罗斯福总统签署了《联邦信用社法》，美国政府开始监督信用社和保护存入信用社的资金。1970年美国成立了国家信用社管理局（National Credit Union Administration，NCUA）。在此之前，美国信用社受多个监管机构监督。国家信用社管理局由3名成员组成的董事会领导，所有成员都由美国总统直接任命。该机构目前负责管理的联邦保险信用社超过9 500个，为超过8 000万客户提供服务。NCUA的目标是通过有效的监督、检查和保险，保护信用社和拥有信用社存款的消费者。NCUA的任务是通过规则的制定、监管和监督使得信用社体系更加稳健，日常检查的重点是针对信用社和股金保险基金的风险，创建富有创新和灵活性的现代监管框架，以增强人们对国家信用体系的信心。

成立国家信用社管理局的同时，国会还设立了国家信用社股金保险基金（NCUSIF），以保护全国信用社体系的存款，投保机构包括全部联邦信用社和绝大多数州注册的信用社。在NCUSIF投保的账户包括储蓄账户、股票汇票账户、货币市场存款账户、股金存单（share certificates）、个人退休账户（IRA）和可撤销信托账户。

与商业银行体系类似，NCUA负责国家联邦信用社（FCU）的监管，而NCUSIF为加入信用社保险体系的信用社社员的“股金”提供保险，这类似于FDIC为商业银行存款人提供的保险。一旦投保的信用社倒闭，NCUSIF先行赔偿。现在，NCUSIF为信用社社员股金提供最高不超过25万美元的保护。

（七）与住房金融相关的监管机构

美国的住房金融市场很发达，大多数商业银行的房贷占比都很高。美国还设立“两房”从事住房抵押贷款证券化，为房贷市场提供源源不断的资金。“两房"指美国专门从事住房按揭证券化的房地美（Freddie Mac）和房利美（Fannie Mae），是由政府发起的机构。实际上，美国还有一个房贷证券化机构——吉利美（Ginnie Mae）。

美国对住房金融监管的主要机构包括美国住房与城市发展部（HUD）及其下属的联邦住房管理局（FHA），联邦住房金融委员会（FHFB），以及联邦住房企业监督管理办公室（OFHEO）。其中，OFHEO负责监管“两房”，FHFB负责监管联邦住房贷款银行体系。2008年后，FHFB和OFHEO合并为联邦住房金融局。

（八）州金融监管机构

在美国，除联邦政府特许的金融机构外，每个州都有权审批、许可、监管权限范围内的金融机构。

（1）银行业的监管。根据谁审批、谁监管的原则，州和联邦共同享有监管权，即联邦政府特许经营的（即在联邦政府部门注册）银行由联邦监管机构进行监管，各州特许经营的（即在州政府注册）银行由州监管机构进行监管。州监管对象包括州注册银行、储蓄贷款协会、信贷合作社和金融公司，具体职责范围与货币监理署相似。但是，如果州银行加入了联邦存款保险公司或成为美联储的会员银行，州银行除了要受到州政府的监管之外，还要受联邦存款保险公司或美联储的监管。

（2）证券业的监管。州政府的证券监管权相比其他行业要小得多，美国证券交易委员会、美国期货交易委员会以及行业自律组织对证券机构实行垂直监管。

（3）保险业的监管。与证券业不同的是，州政府对保险业享有绝大部分的监管权。在2010年之前，美国联邦层面没有保险监管机构，各州制定保险法规，对保险公司、分公司、中介代理机构和它们的业务活动实施监管。2010年设立联邦保险署，负责对美国的保险业进行监管。

三、美国主要的银行监管法规

（一）20世纪60年代以前的立法

1.《麦克法登法》

《麦克法登法》（The McFadden Act）于1927年2月25日由美国总统卡尔文·柯立芝（Calvin Coolidge）签署成为法律。该法促进了美国国民银行体制的发展和20世纪20年代早期美国的经济繁荣，但也为美国1933年大危机的发生埋下了种子。

《麦克法登法》涉及属于联邦储备体系的商业银行与不属于联邦储备体系的商业银行之间的竞争。

2.《格拉斯-斯蒂格尔法》

1929—1933年，资本主义国家发生了有史以来最大规模的经济危机。当时美国有3万多家银行，危机期间及后来不久，大约9 000家银行倒闭，存款人遭受重大损失。在此背景下美国颁布了《格拉斯-斯蒂格尔法》（The Glass-Steagall Act），又称为《1933年银行法》。《1933年银行法》对美国乃至全世界金融业都产生了重大而深远的影响，主要体现在：金融业实行分业经营、实行利率管制、建立存款保险制度。

3.《1956年银行持股公司法》

银行持股公司制是美国基于单一制银行的弊端而创立的一种银行组织载体。持股公司在20世纪初出现于美国，第二次世界大战后银行持股公司迅速发展，成为美国银行体制中占相当优势的组织形式。

1956年，美国国会通过《1956年银行持股公司法》（Bank Holding Company Act of 1956）。该法规定，凡直接、间接控制两家以上银行，而每家银行有表决权的股票在25%或25%以上的，就为持股公司。母公司直接或间接持有25%以上股份的银行达到两家以上，就归联邦储备银行管制。

（二）20世纪60—70年代的立法

美国在20世纪60—70年代的立法主要包括：1969年的《诚实贷款法》、1968年的《消费者贷款保护法》、1970年的《公平信用报告法》、1974年《公平信贷机会法》。

美国后来又陆续出台了一系列金融法律法规，包括《公平债务催收作业法》、《电子资金转账法》、《住房抵押贷款信息披露法》、《银行保密法》和《社区再投资法》等，从不同的角度为金融业务、金融机构、金融市场和金融消费者提供了法律保障。

（三）20世纪80—90年代的立法

美国在20世纪80—90年代的立法主要包括：1980年的《放松对存款式金融机构管制与货币控制法》、1982年的《加恩-圣杰曼法》、1989年的《金融机构改革、复兴与实施法》、1991年的《存款保险公司改进法》、1994年的《跨州银行法》、1999年的《金融服务现代化法》

（四）2000年以后的立法

2000年以后美国的立法主要包括：2002年的《萨班斯-奥克斯利法》、2008年的《紧急经济稳定法》、2010年的《多德-弗兰克华尔街改革和消费者保护法》、2018年的《促进经济增长、放松监管要求、保护消费者权益法案》。

【思政课堂】

构建适应经济发展的草根金融体系

以小微企业、个体户和农户为主体的草根经济体融资难是我国经济发展的热点和难点问题。近些年，状况虽有所改善，但始终没有得到根本解决，主要原因是我国现行金融体系结构失衡，难以适应千千万万小微企业、个体户、农户和城乡自由职业者等草根经济体的融资需求。因此，必须构建与发展相适应的草根金融体系，促进草根经济发展和城乡就业。

建设适应草根经济体发展需要和融资特点的草根金融体系，必须按照5个新理念来谋划和推动5个方面的分支体系建设。5个新理念分别是：金融机构分大小，队伍专业化；金融技术分类型，产品多样化；金融监管分层次，监督法治化；金融基础分普特，服务社会化；国家支持分本末，政策规范化。按照这5个新理念，创新构建5个新的分支体系：一是数量众多的草根机构体系，分为存款类、非存款类金融机构和民间金融3个大类，包括城商行、农商行、农信社、邮储银行、村镇银行、社区银行、小贷公司、融资性担保公司、典当行以及合作金融、民间借贷等18个方面。二是创新多样的、有别于传统金融的新型草根金融技术，包括民间借贷技术、小组联保技术、个人信用技术和评分技术（含大数据）。三是中央与地方分工协作的分层金融监管体系，包括3个方面：中央管大中金融，地方管小微金融；中央管全国金融，地方管区域金融；中央管公众类金融，地方管非公众类金融。四是公平规范的政策法规体系，包括准入政策、货币政策、补贴政策、税收政策及监管政策等。五是，全面高效的基础服务体系，包括统一的会计统计制度、评级机构、征信系统、IT（信息技术）支持、批发供资机构、技术管理咨询和人员培训等服务。

小额信贷作为全世界广泛采用的微金融形式，运用新型信用技术与传统抵押相结合的方法，其业务额度小、期限短、决策快、适用性强、覆盖面广、操作简便，比较适应草根经济体融资额度小、笔数多、周期短、需求急、抵押物和财会报表缺失等特点，可以成为草根金融的主要技术产品之一。

批量化、制度化地运作小额信贷始于20世纪70年代尤努斯孟加拉乡村银行的探索，近一二十年来，在亚洲、非洲和拉丁美洲乃至世界范围内得到了迅猛发展，并渐趋规范化和专业化，基本形成了体系。其间，涌现出很多成功的专业小额信贷机构，最为瞩目的除孟加拉乡村银行外，还有印度尼西亚的人民银行和美国的富国银行等。在国家层面，孟加拉国和印度尼西亚通过加强机构和技术体系、监管和政策体系建设，大力推动小额信贷业务的发展，初步形成了国家层面的整体草根金融体系。

中国的小额信贷行业在长期的艰苦探索中逐渐走向成熟。从1993年开始，杜晓山将孟加拉乡村银行模式引入中国，在农村贫困地区开展小额信贷项目。2000年，中国人民银行在江西婺源农信社开展农户小额信贷试点工作，拉开了农村信用社助推小额信贷业务的序幕。2005年，中国人民银行的吴晓灵在国内推行小贷公司试点工作。同年，在陈元、刘克崮与王君的共同推动下，国家开发银行与世界银行、德意志复兴银行和德国IPC微贷款咨询公司合作，开国内“批发机构+零售银行”规模化微贷合作模式之先河，指导并推动包头、台州、大庆和九江等地的12家城商行和农商行采用现场调查、无抵押、无担保的个人信用技术，发放了总额高达数十亿元、单笔均数万元的微贷款。2006年，国家开发银行又与段应碧领导的中国扶贫基金会合作，在我国贫困农村成功探索了单笔均数千元的商业可持续扶贫微贷款模式。在党中央、国务院的支持下，中国人民银行、银监会等相关部门出台相关指导意见，推动包括小额信贷、微贷款在内的草根金融得到迅猛发展。据保守估计，我国草根金融机构数量已达两万多家，业务量高达20万亿元，众多草根经济体获益。

同时，我们也要看到，目前草根金融还存在很多问题，应尽快解决，主要有以下5个问题：第一，机构总量较少，定位不够清晰，导致对草根经济体覆盖不足。第二，采用新技术的草根金融业务占比不高。第三，对双层金融监管的认识尚不统一，推进较慢。第四，草根金融相关政策比较分散，公平性、普遍性和针对性不足。第五，草根金融机构运行的基础设施和公共服务尚处于起步阶段。

我认为，在发展小额信贷、建设草根金融体系的工作中，应注意以下4个问题：第一，牢牢把握小额信贷和草根金融的根本方向。第二，虚心学习国际经验。第三，勇于实践，大胆创新。第四，交流经验，总结提高。

资料来源：刘克崮．构建适应经济发展的草根金融体系［EB/OL］．［2014-12-08］．http：// jjckb.xinhuanet.com/dspd/2014-12/08/content_530329.htm.

本章小结

1.银行监管是指政府和金融管理当局对商业银行进行包括开业管制、分支机构管制、业务管理、价格管制、资产负债表控制等为主要内容的监控活动及制定相关的政策法规的总和。一国政府之所以要对银行业实施监管，其原因在于银行业自身的经营特点。

2.我国现已形成“一委、一行、两会”中央监管和“中央+地方”分级监管的金融监管框架，金融监管的基本特征仍然是分业监管。

3.美国金融业实现了从分业经营向混业经营的转变，这对金融监管提出了更高的要求。显然，依托于分业经营模式建立的分业监管框架面对这种业务多元化的超级机构，从前行之有效的监管手段可能失效或无效。最为紧要的问题是，如何监管混业经营的金融控股公司。美国由此形成的监管架构具有上小下大的特征，也就是类似于伞形结构，因此被称为伞形监管体系。

关键概念

银行监管　CAMEL原则　非现场监管　现场监管　监管谈话　监管退出　监管原则　监管目标

复习思考题

1.什么是银行监管？银行监管的原因与内容有哪些？

2.各国政府为什么要对银行业进行监管？

3.银行监管的方法有哪些？

4.我国的监管体系是什么样的？

5.简述中美监管的变革情况。

6.什么是CAMEL原则？如何应用其对商业银行进行监管？

7.简述《金融服务现代化法》。

8.简述《多德-弗兰克华尔街改革与消费者保护法》。

第四篇　商业银行创新与发展篇

第十三章

商业银行电子银行业务

导读

电子银行业务泛指银行利用电子化网络通信技术从事与银行业相关的一切活动，在当今的信息化时代，商业银行的电子银行业务已大行其道。通过本章的学习，要了解网络银行业务及其发展、手机银行业务及其发展、自助银行业务及其发展、业务创新及其发展趋势。

引导案例

网上银行客户信息泄露案

截至2015年12月，国内手机安全软件用户规模达到4.5亿，占整体手机网民的72.6%。主动安装手机安全软件虽然已经成为主流，但手机出厂系统预装软件仍是重要渠道，25.2%的用户手机安全软件是手机自带或系统预装的。95.9%的手机网民认为曾遇到过网上银行信息安全事件。

小团伙牵出9条"专线"的黑色交易平台。2015年11月11日，沈阳市公安局刑侦局在工作中发现，网上有一个非法倒卖公民个人信息的团伙。警方顺藤摸瓜，发现该团伙背后存在一个组织庞大、成员遍及多个省份的犯罪集团。

据了解，上述9条专线几乎涵盖了公民个人信息的全部，比如车辆及航班信息、银行开户信息等。9条专线既独立又相互交叉，形成联系密切、架构清晰的作案集团。查询员之间相对独立，为代理商提供交叉服务。代理商之间信息交换特征明显，联系更为频繁，并通过微信等工具，形成了相互勾结的黑色交易平台。

银行、保险公司等金融机构成为个人信息泄露的重灾区。公安部相关人员最近表示，近一段时期侵犯公民个人信息犯罪猖獗，一起跨25个省份的侵犯公民个人信息案，是近年来破获的特大侵犯公民个人信息案件之一。案件的破获体现了公安机关坚决打击这类犯罪的信心和决心。

一些受访的专业人士表示，“最坚固的堡垒都是从内部被攻破的”，即使个人信息保护体系再完善，行业“内鬼”总是防不胜防，而防范“内鬼”侵犯个人信息，目前尚缺乏有效应对措施。近年来，公安机关对侵犯公民个人信息犯罪进行了多次集中打击，一批行业“内鬼”落网，在一定程度上遏制了信息泄露的高发态势。

【讨论与思考】

1.商业银行如何防范网上银行客户信息的泄露？

2.该案例对商业银行电子银行业务的管理与发展有哪些启示？

3.如何就此事件加强对我国商业银行信息安全的自我防范与外部监管？

第一节　电子银行业务概述

根据国际清算银行的定义，电子银行业务泛指银行利用电子化网络通信技术从事与银行业相关的一切活动。电子银行业务主要包括利用计算机和互联网开展的网上银行业务，利用电话等声讯设备和电信网络开展的电话银行业务，利用移动电话和无线网络开展的手机银行业务，以及其他利用电子服务设备和网络、由客户通过自助服务方式完成金融交易的业务，如自助终端、ATM机、POS机等。

一、电子银行业务的产生背景

（一）商业银行业务电子化

银行业务电子化是指采用计算机技术、通信技术、网络技术等现代化技术手段，通过彻底改造银行业传统的作业方式，实现银行业务处理自动化、银行服务电子化、银行管理信息化和银行决策科学化，建立集中业务处理、信息管理和经营决策为一体的现代银行信息系统的过程。国内外银行业务电子化一般经历银行结算自动化（20世纪50年代至70年代中后期）、自助银行服务（20世纪70年代末至80年代中后期）和网上银行服务（20世纪90年代至今）3个阶段。西方发达国家的银行业早在20世纪50年代就开始进行银行电子化建设，发展至今已经形成了行内、跨行甚至跨国界的银行信息系统网络和全方位、开发性、全天候的电子化银行系统。我国银行电子化起步较晚（20世纪70年代），但发展速度较快。

（二）电子货币

巴塞尔银行监管委员会（BCBS）在其1998年3月发布的《电子银行和电子货币业务的风险管理》报告中，第一次提出了电子货币的定义。电子货币是在支付机制中，通过在销售终端、不同的电子设备之间以及在公开网络上执行支付的储值产品和预算支付机制。所谓储值产品，是指保存在物理介质（硬件或卡介质）中、可用来支付的价值，而预算支付机制是指存在于特定软件和网络中的一组可以传输并可用于支付的电子数据，通常被称为电子货币。电子货币通常以银行卡（磁卡、智能卡）为媒介形式，具有以下特点：①以计算机技术为依托，进行储存、支付和流通：②广泛用于生产、交换、分配和消费领域；③融储蓄、信贷和非现金结算等多种功能于一体；④使用简便、安全、迅速、可靠。

电子货币是高速发展的现代信用制度和先进的电子技术共同作用的产物。从20世纪50年代美国出现带有凸印的客户资料，可以用机械的方法把带有凸字的卡片发行人和客户账号印到纸质单据上，完成支付和结算的塑料FTC（ financial transaction card）开始，电子货币在国际商业银行业快速发展，已从原先单纯概念上的信用卡发展到科技含量更多、对网络依赖更强的支付工具。目前，国际上流行的电子货币有：①以IC卡为基础的电子钱包，其发行主体除了商业银行（借记卡、贷记卡）之外，还有电信部门（普通电话卡，IC电话卡）、IC企业（上网卡）、商业零售企业（各类消费卡）、政府机关（内部消费IC卡）和学校（校园IC卡）等。非银行发行主体在预收客户资金后，发行等值储值卡，使储值卡成为独立于银行存款之外新的“存款账户”。②以电子现金为主的网络货币，使用者可从实际银行账户上提取电子现金存入个人电脑中的电子钱包，用于网上购物和支付。③以网络现金为基础的电脑网络货币，通过将个人信用卡号转变为密码，连同个人所属资料，通过电话线路传送，以号码的形式呈现在网络上。④电子虚拟货币，通过互联网连接银行以实现网上支付，卖方得到银行认可后可向买方发出电子收据。该类电子货币具备现金的匿名性，可用于个人间支付，并可多次转手，是以代替实体现金为目的而开发的。

（三）电子商务

电子商务（electronic commerce）是指通过电信网络，以银行电子支付和结算为手段，以交易双方客户的电子数据为依托进行的生产、营销、销售和流通等全新的商务模式，它不仅包含互联网的交易，而且还包含所有通过电子信息技术来解决问题、降低成本、增加价值和创造商机的商务活动。电子商务涵盖的范围很广，一般分为企业对企业（B2B）、企业对消费者（B2C）以及消费者对消费者（C2C）三种模式。1995年，电子商务开始引入我国；1998年，北京、上海等城市启动了电子商务工程；1999年3月，8848.net等B2C（企业对消费者）网站正式开通，网上采购进入实际应用阶段。中石化总公司、海尔集团等大型企业集团开展了网上采购，一些商业企业（如华联超市股份公司等）也进行了网上销售。2000年，银行开始提供网上支付，我国电子商务进入了新的发展阶段。中国互联网络信息中心（CNNC）的统计数据显示，2004年，电子商务的交易额达到4 400亿元人民币。根据艾瑞咨询发布的信息，截至2012年底，我国的网民规模达5.64亿，网上支付用户（半年至少使用过一次）的规模达到2.21亿，网上支付交易额已近4万亿元人民币。2005—2012年间，中国网上支付的交易规模增长了近100倍，年均增速超过100%。2020年，中国网上支付用户规模达8.54亿人，业务金额达2 174.54万亿元。

网络技术打破了传统金融业的专业分工，扩大了银行的服务领域，现代商业银行不仅能提供存款、贷款和结算等传统银行业务，而且还可以通过网络代理证券、保险等其他金融业务，提供综合性、全方位的金融服务。商业银行适应电子商务的发展，通过打破传统的批量化、标准化的服务方式和服务特色，从客户需求出发，为客户提供量身定做的个性化服务和综合性金融产品。

（四）金融全球化下的金融业务转型

金融全球化深刻地影响和改变了世界经济和金融的运行状况。商业银行的功能发生了重要变化，由单纯的融资中介向综合性服务机构转变，并且成为资本市场的重要参与者在全球范围内扩张服务网络，为全球客户提供各种金融服务。

全球银行业务经营的转型，加速了多元化电子服务模式的建立，因为越来越多的客户要求银行提供不受时空限制的全天候、全功能、个性化的金融服务，商业银行必须提供多层次、多渠道的电子银行服务，以满足客户的各种需求。

综上所述，商业银行的电子化业务为电子银行业务的产生奠定了业务基础，电子货币的产生和发展为电子银行业务的产生奠定了应用基础，互联网的出现和电子商务的兴起为电子银行业务的产生创造了外部条件，全球经济、金融一体化期间的金融业务转型为电子银行业务的产生和发展提供了内部驱动力，由此催生了崭新的电子银行业务，并直接促进了电子银行业务的快速发展。

二、电子银行业务的特点

根据国际清算银行的定义，电子银行业务泛指银行利用电子化网络通信技术从事与银行业相关的一切活动。根据中国银行保险监督管理委员会的定义，电子银行业务是指商业银行等银行业金融机构利用面向社会公众开放的通信通道或开放型公众网络，以及银行为特定自助服务设施或客户建立的专用网络，向客户提供的银行服务。

电子银行业务与传统的银行业务在提供渠道、市场营销、成本管理、发展战略等方面有很大的差异，具有以下五大特点：

1.以计算机技术为基础，以网络为媒介

这是电子银行业务与传统银行业务最根本的区别之一。电子银行以计算机及开放的通信网络为基础开展银行业务，如网上银行通过互联网、电话银行通过电信的电话网络、手机银行通过移动通信网络、企业银行则通过数据专线与银行的网络连接，是一个相对开放的业务处理系统。

2.客户自助服务

电子银行业务主要是通过账户和密码两个要素，由客户通过通信网络远距离自助办理的业务，改变了传统柜台服务需要通过专门设备和网点被动地接受柜台服务的模式。银行的部分业务逐渐转移到网络、计算机等其他自助设备上，客户可以随时加入电子银行系统，主动发起交易，从而改变了银行服务的模式。

3.灵活、便捷的全天候服务

电子银行是由客户通过互联网、电话、手机等多种通信终端获得的银行服务，银行可以在任何时候（anytime）、任何地方（anywhere）、以任何方式（anyhow）为客户提供“AAA”式全天候金融服务，改变了传统银行在服务时间、服务地点方面的限制，使得银行无处不在，无时不在，成为7×24小时的全球性银行。

4.边际经营成本低

尽管电子银行在建设初期需要购置硬件设备和软件，投入成本较高，而且建成后还须支出培训、广告、维护费用，但计算机系统可以同时自动处理成千上万笔业务，客户的增长与银行提供的服务成本之间没有明显的递增关系。与柜台业务相比，电子银行提供的功能越多，客户使用次数越多，摊薄的单笔业务成本以及单个客户的成本就越低，所以电子银行长期运营的成本很低，具有集约化的规模经济效益。美国银行协会的统计数据表明，电子银行业务的经营成本仅占其收入的15%~20%，而传统银行的经营成本占其经营收入的60%左右。通过传统网点进行交易的单笔成本为1.07美元，电话银行的单笔交易成本为0.54美元，ATM机的单笔交易成本为0.27美元，而网上银行有的单笔交易成本仅为0.1美元。

5.业务综合性强

电子银行不仅可以提供存款、贷款、信用卡等传统的个人和企业金融服务，还可以根据客户及市场需要，利用一体化的电子网络平台，简化银行业务流程，整合各类渠道，将各种银行业务进行重新组合，创新银行产品，销售保险、证券、基金等其他金融产品，提供对各种公用事业及其他行业的收费、交费服务。此外，电子银行还建立了全新的代理销售平台，提供物理网点分销渠道根本无法提供的全新的个性化服务。例如，代理销售平台可以通过网上银行、电话银行、手机银行等多种渠道向客户销售商品或提供服务，该类服务既包括代理发布合作伙伴的商品信息，直接代理销售合作伙伴的商品，又可以联系商户，通过银行网站和网上银行交易平台自主发布相关信息，并最终通过银行强大的结算支付平台完成买卖双方之间的商品交易和资金结算。

三、电子银行业务对商业银行的影响

基于不同的市场战略，各家银行的电子银行经营模式差别较大。对国内外电子银行经营模式进行归纳，大致可以分为三种基本模式：一是纯粹的网上“虚拟银行”。虚拟银行无实体营业网点，完全依赖网络。二是设立相对独立的电子银行机构或独立法人，在实体银行支持下发展电子银行业务，如花旗银行有自己的网上银行，其通信平台“OFX”可为全球的花旗银行客户提供网上金融服务。三是成立电子银行业务管理部门，负责指导各个分支机构电子银行业务的发展。中国工商银行、招商银行等国内商业银行都是采用这种模式。无论哪种模式，电子银行的出现都对商业银行的未来发展产生了革命性的影响。

1.改变了商业银行的竞争格局

电子银行业务的出现使银行在支付结算领域内的竞争者不断增多。商业银行曾在支付中介业务中占据绝对的垄断地位，但电子银行业务的发展使银行作为中介的优势逐渐弱化，以前只有银行能够行使的职能，现在其他行业也可以做到。在国外，许多传统上不被视为银行竞争者的非银行机构（如微软、雅虎等）纷纷借助互联网的出现进入结算领域；在国内，许多网站和支付中介公司也已介入网上支付结算领域，如阿里巴巴等。

电子银行业务也为商业银行间的竞争开辟了一个新领域。传统上，各家银行只是在存、贷、汇等业务上竞争，机构和网点越多表明越有实力。随着电子银行业务的发展，越来越多的客户离开了银行的分支机构，商业银行经营业绩的好坏与其机构规模大小之间的相关性减弱，许多大银行不得不每年花费巨资在大众传媒上做广告，让民众了解、记住自己的品牌，便于民众使用自己的电子银行。

2.改变了银行与客户的关系

电子银行业务的发展使得商业银行与客户的关系发生了根本改变，主动权转移到客户手中，具体表现为：一是客户选择性提高，客户以前只能到离住所或工作场所近的银行去办理业务，而当银行把交易方式放到ATM机、电话、手机、互联网以后，客户就可以挑选任何一家银行办理业务。二是客户转型概率增大，随着客户对电子银行接受程度的不断提高，客户可能加快从传统业务办理方式向新型电子银行业务办理方式的转变。因此，银行业丧失了对客户的主导权和控制权。为适应这种巨大的变化，商业银行正在改变以产品为导向的传统，转向以客户为导向，并构建先进的网络和系统，大力发展自己的电子银行业务，从而最大程度满足客户日益多样化的个性化金融服务需要，以巩固竞争优势。

3.改变了商业银行的传统发展模式

网点规模一直是商业银行的核心竞争力之一，随着时间的推移，也给商业银行带来了负面影响，如机构臃肿、人员队伍庞大等。电子银行业务的出现，使商业银行的发展道路向“水泥加鼠标”的发展模式过渡，其含义是依托传统银行的丰富经验、雄厚实力、品牌效应及物理网点的布局，在传统银行内部设立相对独立的电子银行机构，在实体银行支持下发展电子银行业务。通过提高经营效率，在网点和人员能够保持不变,甚至收缩的情况下扩大业务量，创造了银行发展的新路径。

4.改变了商业银行产品创新的思路

电子银行业务的产生与发展，对商业银行产品创新的影响也逐渐增大。首先，它要求商业银行改变以银行为中心的产品创新思路，逐步转型为以客户为中心。银行在创新产品之前就开展详细的市场调研，在充分掌握客户需求的基础上，以客户为中心开展产品设计和开发。其次，要求商业银行在产品创新时不仅要考虑柜面办理业务的需要，同时也要考虑电子银行渠道办理业务的需要，注意产品的客户化、人性化。最后，要求商业银行改革产品创新机制，在创新产品时要考虑相关电子银行产品的创新，以增强市场竞争力。

5.改变了商业银行风险管理的范畴

由于电子银行具有集约化运行特征，一个地域的金融网络出现故障，可能导致其他地域的业务无法正常办理。与传统银行业务相比，电子银行具有更复杂、更大的系统风险，商业银行的风险管理需要在产品研发、客户安全教育、风险事件管理、生产问题解决、危机公关、制度建设、遵守法律法规等方面切实采取新的措施，保护银行和客户的信息及资金安全。

第二节　网络银行业务及其发展

一、网络银行的产生与发展

网络银行起源于20世纪90年代，随着计算机网络技术和电子商务的发展，网络银行应运而生。近年来，网络银行借助互联网，在世界各地迅速发展。网络银行的兴起，使银行业的产品和服务进入了一个全新的阶段，给银行业务带来了蓬勃发展的生机，同时也给传统银行的经营带来了有力的挑战。

（一）网络银行的概念

网络银行发展的时间短、速度快，其经营发展模式等都处在演变之中，因此目前很难给网络银行下一个规范的定义。世界各国对网络银行的定义有很多种，这里选用我国金融监管机构对网络银行的定义。

我国金融监管机构采用的网络银行的定义为：网络银行又称为网上银行、在线银行，是指银行在互联网上建立网站，通过互联网向客户提供开户、销户、信息查询、对账、网上支付、信贷、投资理财等金融服务的银行。网络银行常被称为“3A银行——anytime，anywhere，anyway”，因为它不受时间、空间限制，能够在任何时间、任何地点、以任何方式为客户提供金融服务。网络银行实际上包含了两个方面的含义：一个是机构概念，具体指通过网络办理业务的银行机构；另一个是业务概念，指银行通过网络提供的金融服务，包括传统银行业务和因信息技术应用带来的新兴业务。在日常生活和工作中，我们所说的网上银行多是第二种含义，即网上银行服务的概念。网上银行业务不仅仅将传统银行产品简单地转移至网络上，更是一种服务理念和服务方式的转变。计算机网络技术的发展使得实体店铺不再那么重要，人们越来越多地选择网络进行购物支付、汇款转账等，这种方式既可以节约顾客的时间和交易费用，又可以降低银行经营的成本。正是由于这些优越性，现代商业银行都将快速发展网络银行作为其重要的经营目标之一。

（二）网络银行的组织模式

网络银行的组织模式主要有三种。第一种是纯网络银行，又称直接银行。纯网络银行是指仅仅依赖互联网开展业务的银行，一般只设一个办公地址，没有分支机构和营业网点，整个银行的规模、业务量等也大大小于传统银行，银行通过互联网向客户提供服务。这种纯网络银行的典型代表是德国的Entrium Direct Bankers（详见专栏13-1）。第二种是以互联网为主的网络银行。这类银行是纯网络银行的发展形式，仍然主要通过互联网提供服务。区别在于这类银行拥有分支机构及相应的物理设施，如业务厅、ATM机等，从而克服了纯网络银行无法收付现金的缺陷。第三种是“水泥加鼠标”型网络银行。这类网络银行主要是在现有传统银行的基础上增加网络银行服务，将网络银行作为传统银行的一个新兴业务部门，是最为常见的网络银行组织形式。

专栏13-1

德国的Entrium Direct Bankers——纯网络银行

德国的Entrium Direct Bankers是信息时代崛起的新型银行——纯网络银行的代表。1990年，Entrium Direct Bankers作为Quelle邮购公司的一部分成立于德国，最初通过电话提供金融服务，1998年开发了网络银行系统，目前已经成为德国乃至欧洲最大的纯网络银行之一，控制着德国纯网络银行界30%的存款和39%的消费贷款。Entrium Direct Bankers没有分支机构，员工共计370人，依靠电话和互联网开拓市场、提供服务。Entrium Direct Bankers的370名员工服务77万名客户，人均资产达1 000万美元，大大高于亚洲的领先银行水平；而且Entrium Direct Bankers认为，现有系统完全可以满足250万名客户的需求。

Entrium Direct Bankers经营的业务品种主要包括消费信贷、循环周转贷款、信用卡、投资、在线交易等。Entrium Direct Bankers开始时仍以电话服务为主，后来加速发展网上银行服务，其网上银行发展战略十分明确：从拥有网上银行服务的领先的电话直接银行转变为拥有电话银行服务的、领先的网上直接银行。Entrium Direct Bankers的成功归功于它利用先进的科技手段开拓市场、联络客户、处理业务。

（三）网络银行兴起的原因

1.计算机网络技术的应用和发展

计算机网络技术的应用和发展是网络银行兴起的根本原因。信息网络技术的蓬勃发展从各个方面影响着人们的生活，同时蕴藏着巨大的商业机会，为网络银行的出现及发展提供了技术基础和市场条件。

首先，网络技术可以低成本、快速地在全球范围内进行信息的传输，遍布全球的统一卫星通信网络的建立，为网络银行的兴起提供了技术基础。其次，网络安全、保密技术的进步为网络银行的运行提供了充分的安全保障，有效地降低了交易风险。最后，互联网用户数量的迅速增长为网络银行的发展奠定了基础。近年来，随着互联网的普及，互联网用户迅速增长。相关统计资料显示，截至2013年12月，中国网民规模达6.18亿，互联网普及率为45.8%。由于互联网已成为大众生活极其紧密的部分，客观上产生了对网络银行的需求，互联网的用户群为网络银行提供了巨大的市场，成为网络银行潜在的客户群。

2.电子商务的发展

电子商务的发展是网络银行兴起的催化剂。电子商务是指通过互联网进行的商务活动，它是当代信息技术，特别是互联网技术在商务领域广泛应用产生的新型贸易方式。电子商务要求商业银行为其提供配套的网上支付系统和虚拟金融服务，从一定意义上讲，所有网上交易都包括交易环节和支付环节。前者在客户与销售商之间完成，后者需要通过银行网络来完成。显然，银行的网上支付系统在电子商务中发挥着关键作用，银行的网上支付系统为电子商务提供了安全、高效的支付手段。同时，电子商务的迅速发展也催化了网络银行的产生和发展。

3.银行业竞争日益激烈

银行业竞争日益激烈是网络银行发展的直接原因。20世纪90年代以来，银行业竞争更加激烈，面对激烈的市场竞争，各家商业银行都希望突出自己的竞争优势。引进先进的信息网络技术，可以在提高服务质量的同时，降低经营成本，拓展业务空间。一方面，网络银行突破了传统银行的经营和服务模式，能够为客户提供超越时空“AAA”式服务，即在任何时间（anytime）、任何地点（anywhere）、以任何方式（anyway）为客户提供服务。另一方面，网络银行的技术为银行开发新的金融产品或新的金融服务项目提供了基础，使银行市场业务的拓展有了广阔的空间。

（四）国外网络银行发展状况

网络经济自20世纪90年代在美国兴起之后，在全世界蓬勃发展。网络经济的快速发展推动了网络银行的迅猛发展。自从1995年10月18日全球第一家网络银行——安全第一网络银行（Security First Network Bank，SFNB）在美国诞生以来，网络银行在全球范围内蓬勃兴起，并显示出强大的生命力和广阔的发展前景。

1.美国网络银行发展状况

美国是网络银行的发源地，其规模、发展速度、经营水平都远远领先于其他国家。1995年5月，威尔士·法戈（Wells Fargo）银行成为美国第一家可以向客户提供网上查询账户余额的银行，并逐步实现了网上查询交易记录、转账、支付票据、申请新的账户、签发旅行支票和本票等业务。1995年10月，资产超过2 000亿美元的美国花旗银行率先在互联网上设立站点，形成了虚拟银行的雏形。这标志着网络银行在世界上正式产生。1995年10月18日，美国3家银行（Area Bank股份公司、Wachovia银行公司和Huntington Bancsheres股份公司）联合在互联网上成立了第一家无任何分支机构的纯网络银行，即美国安全第一网络银行（SFNB）。从此，网络银行受到越来越多的重视，美国的银行开始纷纷开发网络银行，其普及速度相当快。J.P.摩根银行、美洲银行等纷纷通过互联网向客户提供金融服务。1995年到2008年年末，美国在互联网上设立网站的银行数量从130家发展到5 300家，占所有联邦保险的储蓄机构和商业银行的40%。其中，交易类网络银行从1995年的1家发展到2008年年末的2 387家，占所有储蓄机构的18%。从表13-1可以观察到，网络银行与其他交易方式相比，在美国零售银行业务领域是增长速度最快的，2006—2010年的业务量年均增长速度达到或超过25%，同时也是交易规模最大的一种交易方式，截至2010年，交易量达到310亿美元。此外，在网络银行客户增长方面，2006年美国成年网民中网上银行用户达7 280万人，2011年突破1亿人。

表13-1　**2006—2010年美国不同方式下的零售银行业务交易量**　单位：亿美元

	2006年	2007年	2008年	2009年	2010年
ATM机	144	154	146	146	147
银行网点	139	142	144	146	147
增长率（%）		2.2%	1.4%	1.4%	0.7%
电话银行	135	147	159	170	178
增长率（%）		8.9%	8.2%	6.9%	4.7%
网络银行	118	153	197	248	310
增长率（%）		29.7%	28.8%	25.9%	25.0%

注：零售银行业务指面向个人客户的银行业务。

专栏13-2

美国银行提供网上银行服务的优秀代表——富国银行

Gomez Advisor——国际上一家权威的电子商务评价公司，从使用性能、客户信任程度、网上资源、关系协调、成本等方面对美国、欧洲等地银行的网上银行服务进行了评比，富国银行（Wells Fargo）是1999年度网上银行系统使用性能最好的银行。截至2004年年底，富国银行总资产为4 280亿美元，是美国第五大银行，在纽约交易所上市（代码：WFC），市值为1 050亿美元，是美国市值第四大的银行。

1999年，Wells Fargo被认为是美国银行业提供网上银行服务的优秀代表，网上银行客户数量高达160万人，银行网站每月访问人数达96万（并非人次）；接受网上银行服务的客户占其全部客户的20%。Wells Fargo的网上银行系统不仅节约成本，更主要的是会带来新增收入和客户；使用网上银行的客户素质好、收入高、账户余额大、需求种类多，银行赚取的收益和手续费收入相对较多；在160万网上银行客户中，15%是由网上银行服务带来的新客户。

Wells Fargo取得的成功归功于几个因素：一是及早地开发和使用高科技，包括互联网,富国银行早在1994年就开始投资网上银行，并不断扩大、提高其网上银行的服务范围和质量；二是方便、多渠道的服务网络，该行认为，客户需要的是一个多渠道、全方位的服务网络，互联网仅仅是其服务体系中不可分割的一部分；三是服务品种覆盖面广，提供服务的种类包括账户管理、投资服务、保险、贷款等各个方面；四是客户关系维护与客户群体系，富国银行认为这一体系对市场开发至关重要，它严格划分客户群，其尊贵客户仅占全部客户的2%，并得到特别的关注与服务。

Wells Fargo是一个传统的机构银行，它成功地步入网上银行的轨道，可谓全球“水泥加鼠标”型网络银行的经典范例。

2.欧洲网络银行的发展状况

与美国相比，欧洲的网络银行起步比较晚，但伴随着信息技术的飞速发展，其网络银行业务快速发展。从1998年11月到1999年6月，短短的几个月时间，建立网站的银行从863家增加至1 845家；通过互联网进行资金划拨、付账或买卖股票等网络金融交易业务的银行则有1 265家。到2008年年末，欧洲纯网络银行由2000年的20家增长到78家。欧洲网络银行发展最好的是瑞典，其在开办网络银行和电子商务方面，在欧洲名列第一，在世界位居第二，仅次于美国。瑞典的在线银行业务占整个银行业务量的比重约为50%。在欧洲网络银行发展得比较好的还有瑞士和德国，两者的在线银行业务量占整个银行业务量的比重分别约为36%和25%。欧洲1/3的储蓄业务都在互联网上进行，2008年总金额约为2 460亿欧元。

（五）国内网络银行发展现状

目前，国内绝大多数商业银行都已设立网站，并且能够提供网络银行业务，网络银行业务量占整个银行业务量的比重也不断上升，网络银行对银行业发展乃至我国经济和金融发展的影响日益提高。

在我国，招商银行是最早推出网上金融服务的国内银行。1996年，招商银行率先推出“一网通——网上支付”的业务，实现了个人金融服务的全国联网，为我国网络银行的经营模式提供了样本。1999年8月，由中国人民银行牵头，四大国有商业银行及交通银行、深圳发展银行、广东发展银行、光大银行、华夏银行、中信实业银行和民生银行等12家商业银行联合组建中国金融认证中心（简称CFCA），这标志着电子商务安全保障体系的安全认证项目进入了全面建设阶段。我国最早的网络银行业务仅为在线进行查询和支付，近年来，随着我国网络银行的快速发展，网络银行的业务种类、服务品种也迅速增多，几乎完全覆盖了传统商业银行的业务。本书将网络银行的业务分为基本业务、新兴业务和投资理财业务三类。网络银行的基本业务主要是以查询、转账、在线支付为主，目前在中国各大银行中，基本业务开展得最好的当属中国工商银行，其网上银行能够满足不同层次、不同群体客户的各种金融服务需求，是国内提供个人网上金融服务种类最多的银行。新兴业务主要是以网上贷款、网上保险、增值业务为主，目前在中国各大银行中，新兴业务开展得最好的是招商银行。投资理财业务主要为客户提供股票、债券、基金、外汇等理财产品。

随着网络银行数量的增加，网络银行的客户规模也在迅速扩大。未来几年，中国个人网上银行用户规模将继续扩大。此外，在网络银行用户量进一步攀升的同时，用户使用网络银行的活跃度也在迅速提升。特别是网上支付、转账汇款、信用卡还款和个人贷款4项功能，增幅非常明显。在企业用户方面，账户查询、转账汇款则是使用比例最高的两项企业网络银行功能。活跃度的提升及对网络银行功能的更多尝试表明，对于很多网络银行用户来说，使用网络银行正在由对新鲜事物的浅尝辄止转变为日常生活和企业运营的必需，网络银行普及正向纵深发展。

二、网络银行与传统银行的比较

（一）网络银行的优势

1.客户导向的差异化服务

网络银行突破了时空的限制，改变了银行与客户的联系方式，从而削弱了传统银行分支机构和经营网点的重要性。网络银行能够充分利用网络与客户进行沟通，从而将传统商业银行以产品为导向的营销方式转变为以客户为导向。网络银行借助信息技术，能够融合银行、证券、保险等分业经营下的金融市场，减少各类金融企业针对同一客户的重复劳动，向客户提供更多个性化的金融产品，增加银行收益。

2.降低经营成本、提高效率

在传统银行的经营中，营业网点的租金和银行员工的工资是银行经营成本的主要部分。网络银行则通过计算机和网络处理客户的要求，只需雇用少量的业务人员，就可以节省大量的工资支出；同时，由于没有分支机构和营业网点，网络银行可以节省场地使用费和办公设备维修费等大量的费用。此外，网络银行还可以借助电子货币形式节约大量的业务和管理成本。

网络银行的出现，不仅能够比电话银行、ATM机和早期的企业终端服务提供更生动、更灵活、更多种多样的服务，而且综合来看，网络银行的服务费用大约只是普通营业费用的1%，这就极大地降低了银行的经营成本。究其原因，在于网络银行采用开放技术和软件，利用电子技术提供服务，使开发和维护费用都极大地降低。

与此同时，网络银行借助互联网连接全球各个角落，快速传递信息，可将资金在途时间压缩至最短，提高运营效率，降低银行经营成本。例如，网络银行的综合成本占经营收入的20%左右，而传统银行则高达60%。成本的降低为网络银行带来了更大的利润空间，其拥有传统银行无可比拟的成本优势。

3.广泛的客户群体

随着信息产业，特别是网络规模的发展，银行将随之迅速完成庞大的网络建设，大批量地迅速处理大量的金融业务，实现大范围的规模效益。借助网络，网络银行可以打破传统银行网点扩张的地域限制，甚至打破国界限制，能够在全球范围内提供金融服务。由于网络银行不受时间和地域限制，客户可以随时随地在网上处理各种业务，因此吸引了很多原来不愿意到银行办理业务的客户，催生了很大的潜在客户群。

4.网络银行的创新性

创新性即技术创新与制度创新、产品创新的紧密结合。网络银行本身依托计算机和计算机网络与通信技术而产生，而计算机技术正代表着当前科技发展的方向，因此其自身就要不断进行技术创新。同时，网络技术的应用直接改变了银行的经营和服务方式，这就要求必须对银行旧的管理方式和理念进行调整和改革，从组织机构和管理制度上进行创新。随着网络技术的不断创新，以及客户对银行的服务手段和产品需求不断变化，银行也产生了对新产品开发的动力和压力。

（二）网络银行的缺点

网络银行的经营风险很大。网上银行业务除了面临着传统银行业务的一切风险，如信用风险、市场风险、流动性风险、交易风险、法律风险、外汇风险、战略风险、信誉风险等之外，还有一些新的风险，如网上交易的网络安全风险、资金转移中可能产生的严重操作失误风险和潜在的债务、消费者权益保护问题等。对此，银行管理者和监管层必须加强对网络银行风险的监控和管理。

（三）网络银行对传统银行的挑战

1.对传统商业银行理论的挑战

传统商业银行理论认为，银行等金融中介机构的产生源于交易费用和社会资金供求双方的信息不对称。金融中介机构可以大幅度降低交易成本，消除信息传导障碍，从而在总体上提高社会资源的配置效率。然而在网络经济下，传统金融机构特别是传统商业银行存在的这两大经济因素受到质疑。一方面，传统商业银行所具有的交易成本低廉的优势受到了质疑。传统商业银行通过吸收存款、发放贷款来调节资金供求双方的余缺，使交易成本大大降低。然而，网络银行的运营成本大大低于传统商业银行，削弱了传统商业银行交易成本低廉的优势。另一方面，传统商业银行具有的信息优势也受到了质疑。传统商业银行具有信息方面的优势，能以更经济的方式获得信息、以更专业的方式处理信息、以更有效的方式输出信息。然而网络信息技术的迅猛发展，改变了信息搜寻、处理和传播的方式和成本，大大改善了消费者的信息结构，投资者可以在开放的互联网上获得所需要的各种市场信息，并且费用大为降低，资金供需双方的信息不对称性问题与以前的情况不同。

2.对传统商业银行经营理念的挑战

传统商业银行在经营过程中更注重地理位置的选择、营业网点的数量等，其经营理念的核心是以产品为中心，通过机构和网点的延伸实现规模经济，为客户提供标准化的金融服务，以此来降低成本。而网络银行的经营理念在于如何获取信息并更好地利用这些信息为客户提供多角度、全方位的金融服务，充分体现“以人为本”的金融服务宗旨。网络银行利用网络技术和其他新技术使得银行和客户之间可以随时随地交换意见和信息，这使商业银行经营理念由以产品为中心转变为以客户为中心。

3.对传统商业银行效益获取方式的挑战

传统商业银行获得规模经济的基本途径是不断追加投入、多设网点，从而获得服务的规模经济效益。而网络银行改变了这一基本的规模扩张模式，它主要是通过对技术的重复使用或对技术的不断创新来提高效益。网络银行的流程使原本复杂的商业银行业务大大简化，并有效降低了商业银行的成本。例如，每月营业额近10亿美元的太平洋贝尔电话公司，在传统商业银行流程操作下，每天需要运出数卡车的付款单。在网络银行环境下，这些程序都被电子数据流取代了，只要将付款单从网络下发到付款单位，付款单位填写好电子支票后，通过网络银行将款项转入到贝尔电话公司的账户即可。

4.对传统银行业竞争格局的挑战

传统商业银行间的竞争主要是基于资产规模、营业网点数量、地理位置的选择及人员数量等方面，以充分占领市场、争夺客户资源为目标。而网络银行借助现代信息技术，突破了时间与空间的限制，改变了银行与客户的联系方式，动摇了传统金融机构在价值链中的地位，使传统金融机构失去了在市场竞争中所具有的优势。由于网络银行进入壁垒低，就会有些非银行机构利用其在技术和资金上的优势，通过网络进入银行领域，使银行业竞争更加激烈。同时，网络银行也为中小银行提供了和大银行竞争的机会，只要有足够的技术处理能力，银行规模不再是同业竞争的比较优势。

此外，网络银行使全球化服务更加便捷。伴随着金融市场面向全球开放，银行业的竞争不再仅仅是传统的同业竞争、国际竞争、服务质量竞争和价格竞争，新世纪的银行业竞争将呈现金融业与非金融业、国内与国外、网上银行与传统银行等多元竞争格局。

三、网络银行的业务类型

（一）按技术运用程度划分

根据网络银行业务对信息技术的运用程度，可将网络银行业务分为两类：一是基础网络银行业务，如转账、存款、贷款等；二是新兴网络银行业务，如电子支票等。

1.基础网络银行业务

西方商业银行开办的基础网络银行业务一般分为三类：信息服务、客户交流服务、银行交易服务。

信息服务，是指通过互联网提供的最基本的服务。信息服务的内容主要是宣传银行能够给客户提供的产品和服务及提供公共信息。信息服务一般由一个独立的服务器提供，该服务器与银行内部网络无直接链接路径，因而降低了网络安全风险。

客户交流服务，包括客户信箱服务、贷款申请服务、查询服务等。查询服务可分为个人业务和公司业务两类，主要以账户查询和信用查询为主，是客户交流服务的主要内容。账户查询包括账户余额明细、账户当天及历史交易明细和付款方信息查询。信用查询是指了解客户在银行的信用情况，包括信用的结构、余额、当天和历史交易记录等。客户交流服务使银行内部网络和客户之间保持一定的连接，其风险自然高于信息类服务，因此银行必须采取合适的控制手段，检测和防止非法操作者的入侵。

银行交易服务，是指银行与客户之间通过互联网发生的实质性资金来往或债权债务关系，是网络银行业务的主体，按服务对象分为个人业务和公司业务两类。个人业务包括转账汇款、代缴费用、证券交易等；公司业务包括结算、信贷、国际业务和投资银行业务等。各银行交易服务的具体业务可登录其网络银行网页查询。银行交易服务系统服务器与银行内部网络直接相连，无论是从系统本身还是网络系统安全角度看，均存在较大风险。

2.新兴网络银行业务

新兴网络银行业务是利用互联网的优势开发和设计的全新产品，真正体现了网络银行业务的特点，成为网络银行最有吸引力的业务品种。这些产品具体如下：

电子账单和收款服务，利用电子邮件功能发出账单，通过银行间支付网络进行支付的电子化处理。该业务主要向公司提供现金管理和汇款处理服务的补充。

B2B（business to business）电子商务，为企业之间的交易提供网上支付和结算，交易双方通过互联网的技术或各种商务网络平台，完成商务交易的过程。这些过程包括：发布供求信息，订货及确认订货，支付过程及票据的签发、传送和接收，确定配送方案并监控配送过程等。

B2C（business to consumer）网上支付结算，为个人客户提供网上购物后的电子支付。

电子货币和电子支票服务，将电子货币储存在智能卡中，然后在互联网中使用。

账户整合服务，向客户提供一个理财平台，通过该平台，客户能同时了解在多个银行、证券公司或保险公司开立的各类账户的交易情况。

随着信息技术的更新换代，网络银行业务将进一步创新，提供形式多样的网络金融产品服务来满足客户的需求，并且通过不断的升级换代，拓宽产品创新的空间和领域。

（二）按客户类型划分

根据客户对象的不同，网络银行的业务可以分为：个人业务、公司业务和公共信息服务。

1.个人业务

网络银行最初以公司业务为主，随着网络的普及，网上购物的兴起，网上银行业务逐渐向个人开放。广大公众只要在网络银行开立账户，即可享受网络银行提供的各种个人银行业务。网络银行的个人业务主要包括：咨询业务、转账业务、代缴费用业务、储蓄业务、金融卡消费业务、公积金贷款业务、财务状态管理服务、客户金融咨询服务、客户意见反馈服务等。

2.公司业务

网络银行公司业务主要是针对企业客户提供的一些服务，主要包括：账户查询、内部转账、对外支付、活期定期存款互转、工资发放、信用管理、公司信用查询、集团公司或总公司对子公司的收付管理、网上信用证、申请小额贷款、金融信息查询、银行信息通知等。

3.公共信息服务

公共信息服务主要是通过网络向需要银行信息的人提供相关资料，以供客户、投资者、消费者和监管者等进行分析、调查和研究使用。网络银行公共信息服务主要包括：银行介绍；内部机构设置；高级管理人员介绍；业务种类、特点和服务项目介绍；银行网点分布情况；银行特约商户介绍；公共信息发布；利率查询；外汇汇率查询；国债行情查询；各类贷款、信用卡等申请资料；投资、理财咨询；客户信箱服务、宣传广告；年报公告。

四、网络银行的风险

网络银行的产生和发展推动了银行业务流程的再造，优化了经营过程，降低了交易成本，在一定程度上改变了金融活动参与各方的信息不对称状况，为金融业的发展提供了更有效的支持和更大的发展空间。同时，银行业务的虚拟化突破了传统银行业的经营模式、价值观念和管理模式，改变了现有银行业的竞争格局，形成了新的银行业组织形式，使银行机构的传统角色发生了变化，也使金融风险更具复杂性和蔓延性，对银行经营管理和外部监管提出了新的课题与挑战。网络银行面临的风险主要包括技术风险、业务风险和法律风险等。

（一）技术风险

网络银行是金融服务和高新科技结合的产物，在快速发展满足市场需求的同时，也蕴含着巨大的风险，网络银行软件及硬件系统的安全性成为其首要的风险来源。网络银行的技术风险主要包括：（1）技术选择风险，即所选择的技术解决方案在设计上可能出现缺陷而被错误操作的风险。（2）系统安全风险，即由于互联网的开放性而可能受到外部或内部的攻击而造成的风险。（3）操作风险，即系统安全性、稳定性、可靠性的重大缺陷导致的潜在损失的可能性。

（二）业务风险

网络银行的业务风险是指网络银行在为客户提供产品和服务时所面临的风险，包括信用风险和注意力分散风险等。信用风险是指交易双方未能履行约定契约中的义务而造成经济损失的风险，即受信人不能履行还本付息的责任而使授信人的预期收益与实际收益发生偏离的可能性，是金融风险的主要类型，也是网络银行业务风险的主要形式。网络银行是基于互联网进行交易的，可以利用互联网渠道扩展信贷范围，突破了传统银行的地域限制。但是，网络银行的交易双方并不直接见面，各自的身份确认、违约责任追究等方面存在很大的困难。一般而言，网络银行的信用风险要高于传统的商业银行。注意力分散风险是指银行网站因吸引不到足够的点击者，无法形成一定数量的固定浏览群体，而造成潜在客户流失、银行收益下降的可能性。网络银行的注意力分散风险源于互联网的开放性和公平性，用户有充分的自由选择权。

（三）法律风险

网络银行的法律风险来源于违反相关法律规定、规章和制度，以及在网上交易中没有遵守有关权利义务规定而产生的风险。按照《巴塞尔新资本协议》的规定，法律风险是一种特殊类型的操作风险，它包括但不限于因监管措施和解决民商事争议而支付的罚款、罚金或者惩罚性赔偿所导致的风险敞口。目前，网络银行的法律风险主要来源于相关法律法规和监管制度的不完善，对交易各方的权利和义务并不能完全界定。在一些国家，消费者保护法律对网络银行运作的适用性还没有明确规定。利用网络和其他电子媒介达成的协议的有效性也具有不确定性，这些都会引发法律风险。

五、网络银行的监管

网络银行是技术进步与金融产业相结合的产物，它的出现导致了传统银行制度的变迁，尤其是其特殊的经营方式与风险特征，给传统的中央银行监管提出了新要求。目前，对网络银行监管尚不成熟，即使巴塞尔委员会也还只是在就网络银行的监管制度方面进行研究，还没有形成较为系统和完善的网络银行监管制度。相比而言，美国和欧洲的网络银行发展较为迅速和规范，相应的网络银行监管机制也比较成熟。

（一）美国网络银行的监管概况

美国负责网络银行监管的部门主要是美国货币监理署、美联储、财政部储蓄机构监管局、联邦储蓄保险公司、国民信贷联盟协会，以及联邦金融机构检查委员会。其中，美国货币监理署和美联储是主要的监管机构，财政部储蓄机构监管局负责对网上公众储蓄进行审核认定。美国金融监管当局对网络银行采取了宽严结合的政策。一方面，对网络和交易过程的安全性、维护银行的稳健经营和网络银行客户权益等方面严加监管；另一方面，监管当局认为，网络银行通过互联网进行交易，有利于金融机构降低成本、提高服务质量，拓宽了银行的盈利渠道，并且使银行间可以实现资源共享、成本分担，因而为网络银行的发展创造了宽松的环境。美国监管机构对网络银行的放松性条款表现为，金融机构在开展网络银行业务时，不需事先申请和备案，监管当局一般仅通过年度检查来收集网络银行的业务数据。

（二）欧洲网络银行的监管概况

欧盟对网络银行监管主要有两个目标：一是提供一个清晰、透明的法律环境，二是坚持适度审慎和保护消费者的原则。欧盟对银行注册实行“单一执照”原则，即在欧盟的一个国家内获准开展的业务，同样也可以在欧盟其他国家开展。具体到网络银行业务上，欧盟要求其成员国在网络银行监管上，坚持一致的体系，认可电子交易合同的有效性，并将建立在“注册国和业务发生国”基础上的监管规则，替换为“起始国”规则，以增强监管合作、提高监管效率，实现适时监控网络银行产生的新风险的目标。欧洲对网络银行的监管主要集中在：区域问题，包括银行间的合并与联合、跨境交易活动等；安全问题，包括错误的操作和数据处理产生的风险、网络遭到攻击等；产品服务方面的技术能力；信誉风险和法律风险，包括不同的监管当局、不同的法律体系可能产生的风险。

（三）我国的网络银行监管

2001年以前，我国监管当局对网络银行的监管政策几乎是空白的，没有专门针对网络银行的法规，只是用对传统商业银行的规定来监管网络银行业务。2001年6月，中国人民银行根据当时网络银行发展及监管中出现的问题，发布了《网上银行业务管理暂行办法》，加强了对开办网络银行业务的审批和网络银行新IP业务的准入管理。该办法规定，中资银行在得到中国人民银行的同意批复后，可以开展网络银行业务；外资银行除须经中国人民银行审查批复外，还必须按照《商用密码管理条例》的规定向国家商用密码管理办公室申请办理使用密码产品或者含有密码技术的设备报批手续，才能开办网络银行。2002年4月，《中国人民银行关于落实〈网上银行业务管理暂行办法〉有关规定的通知》下发，对网上银行的业务准入、开办网上银行申请需审查的要点、网上银行的监管报告要求等提出了进一步的明确要求。与此同时，中国人民银行成立了“网上银行发展与监管工作组”，专门对我国网络银行的发展和监管进行研究。2003年，中国银行业监督管理委员会（简称银监会）成立，网络银行的监管职责也随即由中国人民银行转移至银监会。银监会对网络银行及其业务开展等进行管理。此外，我国的信息主管部门、公安部门和新闻出版部门也对网络银行进行辅助性的监督管理。这是我国网络银行监管的起步阶段。

随着网络银行的迅速发展，网络银行产生的特殊风险使监管更加复杂，相应的法规和监管手段难以满足要求。2006年2月，银监会发布了《电子银行业务管理办法》。该管理办法结合近年来我国网络银行及电子银行发展与监管方面的经验和存在的问题，在参考境外相关机构的监管规则和监管经验的基础上，完善了包括网络银行在内的我国电子银行业务的监管原则和要求。具体来说，该管理办法对网络银行及电子银行业务的准入原则进行了详细规定，调整了业务的审批方式，重点补充了对网络银行及电子银行风险管理的规定，同时新增了外包业务、跨境业务活动及现场和非现场检查等方面需要的监督管理。该管理办法的发布在我国网络银行监管历史上具有重要意义，在网络银行监管方式、监管原则等方面都基本实现了与国际接轨，并且侧重于切实提高商业银行等金融机构自身的电子银行风险管理能力及监管机构对电子银行风险状况的及时监测与评估能力，提高了对电子银行监管的针对性、及时性和可操作性。同年，银监会还发布了《电子银行安全评估指引》，包括电子银行安全评估管理的基本原则；从事电子银行安全评估的机构种类、条件、有关资质认定的规定；安全评估的实施及安全评估活动的管理等方面的内容。该指引可以看作我国监管当局对网络银行风险评估的指导性文件。

总体来看，目前对网络银行发展的监管仍是以原有监管机构和监管范围为主，监管法规和条款也未根据网络银行发展的实际情况予以不断完善，所以我国的金融监管在面对银行网络化方面有待进一步完善和加强。

第三节　手机银行业务及其发展

手机银行（mobile banking），也称移动银行，是客户利用移动网络（移动终端设备——手机、PAD等）以及移动技术实现银行与客户之间安全、方便、友好连接，通过移动网络为客户提供各种金融服务的电子银行业务。

一、手机银行的优势

手机银行与电话银行、网上银行相比，具有3个突出的优势：一是操作便捷，客户可凭随身携带的手机随时根据需要即时办理银行业务，无须强调上网条件；二是私密性强，手机银行的使用者一般为手机机主，客户只要保管好自己的手机，即可安全地进行各项交易，信息相对更为安全；三是安全技术保证度高，由于手机终端和手机卡是最具私人特征的电子器具，本身具有身份认证的功能，能有效提高银行业务的安全性，降低交易风险。正因为手机银行能实现“任何时间、任何地点、任何方式”的全天候金融服务，所以手机银行被形象地称为“贴身金融管家”。

二、手机银行的种类

基于GSM和CDMA网络实现的手机银行有STK、SMS、USSD、KJAVA、BREW、WAP等不同方式，不同方式的手机银行在用户界面、操作方式以及实现途径等方面有非常大的区别。国内常见的手机银行主要包括短信手机银行（short message service，SMS）和WAP手机银行，提供的服务包括账户查询、转账汇款、交费支付、投资理财等。

（一）短信手机银行

短信手机银行是由客户通过其手机编辑发送特定格式的短信到银行的特服号码，银行按照客户指令，为客户办理查询、转账、汇款、捐款、消费、交费等业务，并将交易结果以手机短信方式通知客户的一种银行服务。

短信手机银行具有服务面广、申请简便的优点，但它的缺点也很明显，复杂业务短信输入不太方便，而且短信内容为明码传输，不能出现客户密码等要素信息，因此短信手机银行只能提供有限的业务种类。

（二）WAP手机银行

WAP手机银行业务是指银行通过移动电话，基于WAP协议（wireless application protocol，即无线连接协议），利用移动通信网络，为客户提供网上银行产品和服务的一种服务方式。从20世纪90年代末开始，WAP在国内就被用于手机上网，客户可通过手机内嵌的WAP浏览器访问银行网站。

随着网络条件的改善，手机银行将可以提供网上银行的全部业务，具有很好的移动性。

截至2020年6月，我国手机网络支付用户规模达到8.02亿，2020年上半年，我国移动支付金额达196.98万亿元，同比增长18.61%，稳居全球第一。

（三）手机银行App

这种方式通过手机下载App，直接在手机上完成相关业务，比如信息查询、转账、支付、消费、购买金融产品等，是最为快捷、方便、安全的手机银行模式。

第四节　自助银行业务及其发展

自助银行是利用银行提供的机具设备，由客户自助操作，并获取银行提供的存取款、转账、账户查询等全方位金融服务的电子银行业务产品。1972年，第一个提供顾客自助服务业务的银行在美国开设。自助银行采用的设备主要包括POS机、自动柜员机（ATM机）、自动存取款机、自动补登机、多媒体自助终端等。我国在加入WTO后自助银行得到了长足发展。中国银联的数据显示，2002年，国内的ATM机只有4万台；截至2012年年末，国内有ATM机41.56万台，我国成为全球ATM机装机增速最快的国家；截至2021年第二季度末，国内ATM机有98.67万台。应用先进计算机技术发展起来的自助银行，已经成为衡量银行科技应用水平的重要标志之一。自助银行具有个性化服务的特点，可以在银行正常工作时间之外提供服务，拓展银行的服务空间。自助银行不仅是银行降低经营成本、增加收益的一个渠道，还是银行树立良好企业形象的重要手段。不同自助银行产品的功能不同。

一、销售终端

销售终端（point of sales，POS）是一种多功能终端，把它安装在信用卡的特约商户和受理网点中与计算机联成网络，可以自动鉴别银行卡的真实性、合法性、有效性，能实现电子资金自动转账，是实现消费不用现金、将纸币交易转化为电子流的一种银行专用电子设备。POS机具有快捷、方便、安全和普及率高等特点，是各大商家和金融机构拓展市场、争取客户、提高经营收入的主要手段，也是自助银行的一种主要方式。

（一）POS机的脱机功能

脱机功能是指POS机在不与银行主机或网络中心连接的情况下自身具有的功能，主要包括两大功能，一是查询功能，查询本台POS机的交易流水明细和小计；二是柜员功能，包括增加、删除POS机操作员，修改操作员和主管柜员的操作密码，重新打印功能。有些POS机的脱机功能中还包括补打上笔交易凭证、补打某笔交易凭证、显示对账记录和清空批文件等功能。

（二）POS机的联机功能

联机功能是指POS机必须与银行主机或网络中心连接的情况下才能实现的功能，按照交易类型的不同，可分为金融类交易和非金融类交易两种。

非金融类交易的主要功能包括：①查询。在POS机终端查询持卡人的银行卡账户余额的交易。②签到。以联机方式把终端号、商户号上传给银行主机，主机再以交易响应的方式把相关信息回传给POS机，POS机完成签到后才能开始交易。③签退。在交易日结束时将本日未与主机对账的交易上传至银行主机进行对账，同时打印出对账记录（交易笔数、交易金额等），清除POS机内存储的交易流水，将主机内的POS机状态置为“已签退”。④轧账。操作员在营业过程中可以使用账号交易对自己所做的交易进行结算，轧账后POS机将所有交易清除，以防POS机存储器溢出，出现错误。

金融类交易的主要功能包括：①消费。这是POS机的最基本功能，是指持卡人在特约商户购物、餐饮或进行其他消费时用银行卡进行支付的交易，所有的商户POS机均具备这项功能。②预授权。这是指宾馆、酒店类商户在预先估计了持卡人的消费金额后，通过与POS机联机取得预授权号码，保证持卡人账户中有足够支付金额的交易；也可以理解为暂时冻结持卡人账户中预授权数目的金额以做押金，但该金额还在持卡人的账户中，在预授权确认后（或者结算时）才按实际消费金额划归商户。③当日退货。这是指POS机和银行主机均未做轧账之前进行的退货，相当于取消持卡人账户的存款操作或者授权。

二、自动柜员机

自动柜员机（automatic teller machine，ATM），是通过银行卡进行操作、无人管理的自动与自助的专业银行设备。ATM机既可安装于银行大堂内，也可安装于商场、机场、宾馆、繁华街道和其他公共场所。ATM机覆盖面广，是一个繁忙的开放性系统，可以缓解银行柜台压力，降低营运成本，并可通过现代化的设备向客户展示现代银行服务的魅力。ATM机提供的服务类型、品种和数量并不一致，有的多有的少。ATM机可实现的功能包括：

（1）账户余额查询。持卡人可查询账户的当前余额、本日可用余额以及交易历史明细。

（2）取款。持卡人凭银行卡和个人密码可24小时在银行的ATM机上取款，并打印客户凭条作为账单。

（3）转账。持卡人可在ATM机上进行银行卡账户与相关账户之间的款项划转，即由持卡人账户转出至另一指定的账户。

（4）修改个人密码。持卡人可随时在ATM机上修改个人密码。

（5）存款。持卡人可在ATM机上进行自助式存款。

（6）广告宣传。银行可制作一些宣传银行业务的宣传画，在ATM空闲时循环播放。比如，中国工商银行ATM机上统一的“金融e通道”和“金融@家”宣传画面。

三、自动存款机（CDM）

自动存款机与ATM机同属于银行主机系统的外围设备，是商业银行电子化自助服务设备的一种。储户将特定面额纸币放入存款机，由系统进行识别、判断，并确认最终的存款金额。存款完成，银行系统实时更新储户的银行账户余额。通常说来，主流自助存款机都兼容了自助取款机的功能，成为“存取款一体机”。除了存款外，自动存款机还可实现账户余额查询、转账、媒体广告等功能。自动存款机不受银行网点营业时间的限制，可以为客户提供24小时的不间断服务，也是商业银行推广电子银行业务的一个重要手段。

四、多媒体自助终端

多媒体自助终端是指银行采用浏览器/服务器（B/S）体系结构，通过多媒体WEB自助终端，为客户提供操作更加简便、页面更加美观、业务类型更加丰富的自助服务渠道。客户以银行卡、存折为媒介，通过多媒体自助终端获得所需的金融服务。多媒体自助终端的主要功能包括账户查询、转账、补登对账簿、交费、修改密码、对账单打印、金融信息查询等。有些银行还在多媒体自助终端为客户提供外汇买卖、银证转账、银证通、基金买卖和国债买卖等金融服务。

随着自助银行业务占比的进一步提高，作为自助银行主要渠道的多媒体自助终端，其功能越来越多，多媒体自助终端正在成为银行宣传推广产品服务、降低银行经营成本的重要窗口。

第五节　业务创新及其发展趋势

一、中国电子银行业务的发展特点

（一）业务规模增长迅猛

随着中国社会信息化程度的提高，网络、手机、电子商务已经深深融入人们的生活，这就为电子银行业务拓展奠定了深厚的市场基础。国有商业银行和股份制银行高度重视电子银行业务，投入巨资积极推进，电子银行业务的规模呈现快速增长趋势。目前，国有大行电子银行对柜面的替代率超过了50%，电子银行已成为商业银行提供金融服务的主渠道之一。

（二）电子银行业务的渠道发展不均衡

在电子银行的网上银行、电话银行、手机银行、自助银行四大渠道中，网上银行和自助银行正成为市场的主流，国内各商业银行抓住了手机通信和移动互联网快速发展的机遇，通过大力推广移动金融服务，有力地促进了手机银行业务的普及和发展，而电话银行的业务量较小，渠道主体之间发展不均衡。以中国工商银行为例，目前该行的电子银行业务在全部业务量中的占比已经超过了70%，截至2020年年底，其手机银行客户总量超过3.85亿户，已使用过自助银行业务的人最多。自助银行业务作为电子银行业务的重要发展部分，到目前为止，已经拥有了大批忠实的客户，而其他电子银行业务种类的普及率虽然都有提高，但均不及自助银行业务。

（三）新兴电子产品创新不足

为了满足客户的多样化和个性化需求，电子银行业务不断推出各种新产品，但主要还是一些基于传统银行的业务，较少推出中间业务和理财产品，真正基于互联网、手机的载体特征开展的银行新业务产品十分有限，金融产品尚没有完全摆脱传统业务的束缚。在产品创新方面，中国银行业与发达国家的差距还很大，国外发达银行的电子银行产品创新主要集中在新兴电子金融产品领域。

（四）市场集中度高

与我国银行业务集中度高的特点一致，电子银行业务的市场集中度更高。尽管国有商业银行、股份制商业银行、城市商业银行、信用合作社和外资金融机构都积极推动电子银行的发展，但真正成功地将银行业务纳入电子银行并获得规模效益的银行十分有限。电子银行业务主要集中在以四大国有商业银行和招商银行为主的几家金融机构，电子银行业务的交易笔数占全行业务笔数均达到了70%以上，招商银行更是超过了85%。

（五）法律法规逐渐完善

2001年以前，我国电子银行业务的种类很少、规模很小，处于起步阶段，对电子银行业务的特点、风险、影响的认识和理解还不够充分，没有对其业务行为进行专门的规范。随着我国电子银行业务的快速发展，电子银行业务参与各方的权利义务纠纷不断增加，亟须制定专门的法律法规来规范电子银行业务。在吸收、借鉴国外电子银行业务监管实践和经验的基础上，我国先后出台了《中华人民共和国电子签名法》、《电子银行业务管理办法》和《电子认证服务管理办法》等一系列法律法规，为电子银行业务的健康发展和有序竞争提供了有力保障。

二、中国电子银行业务与欧美国家之间的差距

早在20世纪五六十年代，欧美国家就开始发展信息产业，它们在网络技术、安全技术、通信技术方面比较先进，为其开展电子银行业务创造了良好的外部环境。与欧美国家的电子银行业务相比，我国的差距还是很明显的，主要表现在以下四个方面。

（一）业务电子化程度较低

欧美国家著名国际大银行的电子银行业务量已经远远超过了柜面，成为最主要的金融服务渠道。例如，汇丰银行每年的交易笔数约为200亿笔，其中只有5%需要到柜面与客户当面处理，其余95%都通过电子银行由客户自助处理。我国商业银行的业务主要依赖网点和柜面的时期已经过去，电子银行业务对银行柜台业务的替代率已超过50%。当然，与欧美国家发达银行相比，我国电子银行业务的规模还有一定的差距，存在很大的发展空间。

（二）产品与服务创新能力较弱

欧美国家的商业银行大多将混业经营的优势充分体现在电子银行业务中，高度整合产品、服务渠道和经营地域，努力提供高附加值的产品。例如，美国的商业银行针对不同客户群体的需求，通过网上银行创新，为客户提供银行账户管理、股票、国债、基金、保险等综合性的金融投资理财服务；渣打银行提供网上房屋按揭服务；汇丰银行的网上贷款总额在2005年已经超过了20亿美元。我国电子银行业务大多是传统业务向电子渠道的平移，主要集中在信息服务、账务查询、代收代付等初级和低附加值领域，电子银行业务的收益主要靠收取手续费，产品与服务创新能力较弱，利润较高的中间业务产品较少。

（三）服务渠道整合性较差

欧美国家的商业银行不仅对电子银行业务有明确的规划，而且强调各电子银行服务渠道之间的整合，传统的网点、网上银行、电话银行、手机银行等不同服务渠道可以进行信息的实时交互传递，银行可以将一个渠道收集的客户信息进行深入发掘，然后信息共享，从其他渠道开发有针对性的产品，从而提高了客户服务水平，加强了银行与客户之间的关系。例如，存款总额在5亿美元以上的美国零售银行中，有超过40%的银行实现了服务渠道的全面整合。我国电子银行在服务渠道上缺乏统一的策略和规划，大多数银行的网上银行、电话银行、手机银行、ATM往往各自为战，各种服务渠道之间整合性较差，缺乏有效的信息交互通道，业务数据和客户信息不能共享，信息利用不充分，这也是制约我国电子银行业务创新能力的“瓶颈”。

（四）风险管理理念较落后

欧美国家的银行通常对电子银行实施全面风险管理，对银行业务风险、电子银行本身的风险都进行风险预测、评估，建立了较严格的内部控制。我国多数商业银行尚未将电子银行业务的风险管理纳入全面风险管理的框架中，对电子银行业务本身的风险管理主要集中在网络和数据安全等系统风险的防范方面，较少考虑电子银行业务的战略风险、营运风险、信誉风险和法律风险。在法律风险管理方面，中国的银行与国外的银行差距尤其大。例如，网上银行产品具有公开化的特点，特别容易被复制和模仿，为了保护自己的产品和品牌，国外商业银行大多对网上银行产品申请了专利保护。2005年，欧美国家网银产品专利已经超过3 000件，而国内只有中国工商银行的U盾等为数不多的网银产品申请了专利保护。

三、电子银行业务的未来发展趋势

（一）在数据集中基础上整合多种服务渠道

随着网络技术与数据仓库技术的发展，数据大集中成为全球银行信息化发展的大趋势。通过数据大集中，商业银行可以将营业网点以及网上银行、电话银行、手机银行、ATM机、POS机等多种服务渠道通过统一的通信标准和应用体系进行整合，实现各种银行服务渠道之间的互联互通和信息共享，完整、实时地收集来自所有渠道的客户信息和业务数据，从而真正建立以客户为中心的业务信息体系。据此，银行可对客户行为进行深入分析，设计开发相关产品，用最合适的渠道及时满足客户需求，使得银行的服务水平迈上一个新的台阶。

（二）网上银行和手机银行的发展前景广阔

电子银行业务的兴起，带来了一场银行的技术革命。从发展角度看，互联网无疑是未来最有影响力的电子银行业务媒介，被公众认同和接受的程度最高。因此，网上银行将继续保持最重要的电子银行渠道的地位，占有最多的电子银行业务量。商业银行可以充分利用网上银行这一平台，积极进行产品创新，向客户推荐各种银行产品。广泛普及的手机作为随身的个人终端设备，随着智能化水平的不断提高以及通信技术的不断发展，其所能附加的金融产品功能也将日益丰富，并由此成为客户办理金融业务的重要渠道。

（三）决策电子化和管理智能化

智能商务兴起于20世纪90年代，通过运用数据仓库、数据集市、联机分析处理和数据挖掘等技术，实时地对企业资源计划（ERP）、客户关系管理（CRM）、系统管理中心（SCM）生成的数据进行分析，并将各种数据及时转换为管理者所需的信息。智能商务的技术创新将成为电子银行业务新的发展方向，因为电子银行业务本身的数据处理需要智能技术。例如，对各种数据系统进行参数设定的智能操作；对隐形数据、高成长产品、高价值信息用数据仓库进行挖掘并自动收集；应用多位分析、动态分析、决策分析、小波分析等技术进行数据分析；建立智能提醒、智能预约处理交易，到期自动控制披露信息或交费等；建立智能预警体系，可预警银行或客户的资金余额过低或过高，实现商业银行的智能化管理。

（四）内部控制实行程序化硬约束

由于电子银行业务具有数据性和自动化特点，未来银行管理层完全可以通过计算机程序设定门槛，自动控制各种管理指令和作业要求，实现各项业务政策规定和管理措施的程序化硬约束，使各种违规行为无法通行。内部控制的程序化硬约束，将是银行业内部管理的革命性变化，传统银行内部管理单纯依靠制度和道德约束的做法将从根本上得到改变。

（五）跨境金融服务以及市场融合增加

金融与经济全球化促进了电子银行业务的产生与发展，电子银行业务的发展反过来进一步推动了金融服务全球化。电子银行业务彻底打破了地域和时间的限制，使跨境银行业务交易成为可能，从而加强了世界各地的金融纽带，促进了金融服务的全球化发展。此外，随着银行综合经营的进一步发展，不同类型的金融市场可以运用同一个电子银行进行金融交易，从而消除了不同类型金融市场之间的隔阂，有利于不同金融市场的业务整合。

【思政课堂】

手机银行的风险与防范

1.广州某大学学生张某某平时喜欢通过手机银行管理自己的个人资产，不久前，他通过互联网搜索下载了一款某国有银行手机银行客户端，但在登录使用几天后发现再也无法登录，一再提示密码错误。在懂技术的同学的提示下，张某某赶紧到银行进行柜台查询，发现密码已被更改。张某某庆幸的是，那个盗用他手机的账号平时只是用来网上购买一些小额的东西，钱不多。

据安全厂商分析，张某某的智能手机是感染了一款手机操作平台下知名的“终极密盗”手机病毒。其典型特征为，侵入手机后会自动在后台监听用户的输入信息，捕获用户的银行密码后通过短信发给黑客，对方一旦远程修改密码，则可进行转账操作。

2.市民陈某某在春节期间收到内容为“新春送豪礼，抢iPhone手机”的手机短信，邀请其参加抽奖。陈某某用手机浏览了短信附带的网站，且“幸运”地抽中了一等奖，但该网站提醒陈某某在领奖前要交纳手续费，并要求在网站中输入自己的手机银行账号和密码。出于安全考虑，陈某某以此网站和此信息为关键字在网上搜索，发现该网站被大量网友举报，称任何人都能中奖，同时都会被要求支付手续费。陈某某及时停止了操作。

据安全专家分析，陈某某收到的是典型的“钓鱼网站”短信，一旦输入信息将泄露自己的银行卡密码。

3.2006年1月16日，市民刘先生的手机突然接到某银行发来的消费服务提示，称他当天的消费金额为5 000元。刘先生当天并没有使用该银行卡消费，满腹疑惑的他赶到银行，查询得知信用卡当天被人透支了5 000元。经过调查，警方发现该银行在网上有两个网上银行网页，其中一个是假的。刘先生就是在这个假网上银行使用查询系统时，输入了自己的账号和密码。藏在网后的黑手轻松窃取这一信息后，通过转账方式窃取了5 000元。

手机银行等电子银行方式始终存在风险隐患，银行应如何应对？银行如何引导客户防范与应对风险隐患？很多新型业务的开展，必将带来未知的风险，这要求网上银行的管理者除重视风险管理外，还要在设计新业务的时候重点考虑制定防范措施。

本章小结

1. 本章主要介绍了网上银行业务及其发展、手机银行业务及其发展、自助银行业务等新型业务。

2. 面对“互联网+”时代的竞争，商业银行的业务创新成为必然，商业银行的电子银行业务将成为其发展的必然趋势。

关键概念

网上银行　手机银行　自助银行　销售终端　自动柜员机　自动存款机　多媒体自助终端

复习思考题

1. 电子支付与电子货币的含义与特点。
2. 网络银行的概念与特点。
3. 手机银行业务的主要内容与特点。
4. 自助银行业务的主要内容与特点。
5. 电子银行业务未来发展趋势如何？
6. 请登录国内外几家商业银行的网站，对它们提供的电子银行业务进行比较，从网站友好性、便捷性、功能齐全性、信息披露、安全性等方面给予总体评价。

第十四章

商业银行发展趋势与变革

导读

从20世纪80年代开始，随着金融自由化的发展，商业银行的经营环境发生了重大而深刻的变化。来自证券业、保险业的挑战，商业银行自身的竞争以及金融监管方式和力度的变化，迫使商业银行进行全面调整，并出现银行业务经营综合化、资产证券化、金融创新全面化以及经营管理电子化等新的发展趋势。进入21世纪以来，经济金融全球化的发展使上述变化和发展趋势得到进一步强化。本章重点介绍了商业银行经营管理思想的变化，电子货币的产生与发展，商业银行并购的过程、趋势和特点以及现代商业银行的发展方向。

引导案例

平安银行的数字化转型

新一轮信息化及科技革命到来，代表金融科技的移动互联网、大数据、云计算、AI、区块链、物联网等也进入了快速发展阶段。

平安银行成立于1987年，总部设在深圳，其前身为深圳发展银行，1991年，在深圳证券交易所上市。截至2019年年末，平安银行拥有在职员工34 253人，全国有91家分行、1 058家营业机构，为客户提供各种金融服务。平安银行始终坚持不仅仅做一家银行，更要做一个社区中心，打造一家“百货店银行”，这个新模式将“社区中心”与“金融科技技术体验中心”融合，强化了消费服务的场景化，有效拓宽了客户群体。

近年来，平安银行在业务发展以及经营特色方面深受好评。平安银行积极启动数字化战略，于2016年年末率先启动零售数字化转型，构建了“3+2+1”战略，即零售和对公业务的经营策略，“3大业务模块”指基础零售、消费金融、私行财富，“2大核心能力”指提升风险控制、成本管理，“1大平台”指以AI为核心的平台建设，并建设“AI Bank”体系，快速提升零售业绩。

平安银行已基本完成零售转型第一阶段的目标，现已开始零售转型的第二阶段。与国内其他银行相比，其占领了数字化转型的先机。截至2019年年末，平安银行零售业务营业收入达799.73亿元，同比增长29.23%，零售业务营业收入的贡献率达到了58%；零售业务净利润为194.93亿元，同比增长13.8%，净利润贡献率为69.1%。在线上，2019年年末，平安口袋银行App用户数达到了8 946.95万户，较上年年末增长43.04%；线下，平安银行持续推广轻型、社区、智能多元的零售新网点。

【讨论与思考】

1. 当前，我国银行数字化转型还需要具备哪些条件？

2. 银行的数字化转型将带来哪些变革？

3. 请展望一下数字化银行（金融）的未来趋势。

第一节　商业银行经营理念与策略

一、确立全面风险管理思想

在金融自由化、金融国际化和金融信息化过程中，商业银行面临的风险也日益多样化、复杂化，银行经营中风险的不确定性不断增大。

面对风险增大的严酷现实，许多国际性商业银行为了取得良好的经营效益，开始确立全面风险管理的思想与观念。银行的决策管理层在进行风险管理时，都努力做到以下3点：

（1）在研究风险管理策略时，立足全面风险管理的高度，使全行上下对风险管理达成共识。银行的管理者意识到，在日趋复杂的经营环境中，完全回避风险是不可能的。从长期看，对风险采取完全回避的做法，会破坏银行的经营基础，会使客户流失、市场份额缩小。银行在本质上是经营风险的机构，它应当在同风险进行较量的过程中不断获取创造利润的机会。

（2）在确定风险管理目标时，充分了解银行的整体实力和抗风险的能力，把握整个银行所能承受的风险。这通常可通过计算以下指标来掌握：①年预期收益；②年有价证券收益（即市价减去账面价）；③自有资本及出售不动产收益。这些指标既可用于反映全行的经营成果，反映银行抗风险的实际能力，又可用于激励全行员工重视风险管理。因为这些指标的变动直接与员工利益相关，其中第三个指标还可调动起股东关心银行风险管理的积极性。

（3）在制定风险管理措施时，严格实行由上而下的管理体制，即由最高管理层来推行和落实管理措施，使之覆盖每个员工、每个岗位、每个环节，不留空白，并对全行各部门贯彻风险管理措施的状况进行检查和监督，以免风险管理流于形式。

二、确立营销管理的新观念

在新的金融环境下，银行面临着日益激烈的竞争，其盈利空间缩小，经营成本却在提高。进入21世纪以来，国际商业银行更加注重营销管理。商业银行营销是商业银行为适应经济发展需要以及满足客户需求所从事的市场调查、产品开发、产品定价、产品推销、客户意见反馈与分析等一系列相关活动的总和。其目的是通过提高服务质量，吸引客户，扩大盈利空间。在营销管理方面，商业银行十分强调确立新的理念，采用新的方法。

（一）确立新的“客户群”观念

客户是商业银行的生存之本、发展之源。商业银行的经营理念已从原来的注重“产品导向”（product driven）转变为注重“客户导向”（customer driven）。为了更好地实现以客户需求和利益为工作重心的经营理念，银行的产品和业务流程都以提高客户满意度为直接目标。为此，商业银行在提供金融服务和提供金融商品时，需要对客户进行区分，以便根据不同的对象提供不同的服务和不同的商品，由此而形成“客户群”（customer segmentation）观念。

传统的“客户群”是按企业和个人两大类来划分的，进而再对企业和个人两大客户群进行细分，如大企业或小企业、老年人或年轻人等。

新的“客户群”不仅要按行业、规模、年龄、职业等来划分，更重要的是按照客户与银行的往来关系、客户本身的经营和收入状况来划分。

1.对企业客户的划分

首先，要看企业与银行的往来关系，据此将企业客户分为基本客户、主要客户和普通客户。对基本客户要提供优惠的服务，对主要客户提供充分的服务，对普通客户提供一般的服务。

其次，要看企业客户的财务状况，据此将企业客户分为成长型与衰退型两种。对成长型客户提供充分的财务支持，对衰退型客户则谨慎地提供必要资金。

最后，要看企业客户的资源状况。对软、硬件资源都不充足的成长型客户，为了能和其建立起牢固的往来关系，需在其成长初期提供充足的资金；对硬件资源充足但软件资源不足的成长型客户，则要给予资金和技术上的援助；对软、硬件资源都比较充足的客户，银行应与其保持良好的合作关系。

2.对个人客户的划分

首先，按生命周期阶段，将个人客户分为未婚、已婚、已有子女等不同客户群，以便根据这些处于不同生命周期阶段的客户独特的资金需求，提供不同的服务。

其次，按收入与资产状况，将个人客户分为有固定收入的公务员或公司职员和收入随年龄而变化的自营商或自由职业者两类。一般来说，这两类人对银行资金的需求是不同的，后者对银行资金的需求要稍大些。

最后，按消费习惯分，可将个人客户分为稳步储蓄型、计划消费型和借款消费型三种。

对“客户群”进行合理划分，一方面有助于银行针对不同客户提供不同服务，可降低单位经营成本；另一方面也有助于银行根据不同的“客户群”的风险状况调整定价，获取更大的收益。

（二）确立“整体客户满意经营”观念

所谓“整体客户满意经营”（total customer satisfaction management），就是要求银行将“客户满意”作为银行提供的一种商品。银行的产品和服务能否卖出，完全取决于客户对银行所提供的产品和服务的认同度。银行的一切努力就是要使“客户满意”作为一种品牌，被客户所接受。对银行而言，要落实“客户满意”的经营要求，不仅要满足客户对产品和服务的现实需求，还要满足客户对产品和服务的潜在需求。潜在需求是一种期望，如果客户的潜在需求不能得到满足，便会产生现实需求与期望之间的差异。只能满足客户基本需求而无法满足客户潜在需求的产品和服务，会带来预期缺口。客户一旦发现这一缺口能被其他金融机构的产品和服务所填补，便会选择其他金融机构。因此，商业银行要使客户满意，就必须提高产品和服务的质量，使这种产品和服务更完善。

商业银行通常都更注意提高服务的质量，这是因为银行产品可以完全被替代，而服务则不可能完全被替代。况且，银行提供的服务实际上都是有代价地提供给客户的，而不是无偿的。由于银行服务具有无形性、不可分性、可变性、不能储藏等特点，衡量银行服务质量的标准就是“六适”，即“在适当的时候，用适当的方式，以适当的价格，向适当的客户，销售适当的产品和服务，收到适当的效果”。做到“六适”的关键是适时和适度，即在客户最需要的时候，提供最需要的服务。这要求银行做好市场分析和客户关系管理，及时了解客户的需求及需求变化，并且做到服务热情、工作高效、程序简单、环境良好。

（三）确立“全方位质量管理”观念

“全方位质量管理”（total quality management）是在银行经营环境改变和客户保护意识强化的情况下产生的一种营销管理新观念。“全方位质量管理”要求银行以客户满意为中心，让银行本身、银行每个成员和客户三者之间能充分沟通，以确保银行提供的产品和服务符合客户的需求与期望。在“全方位质量管理”中，银行特别重视人力资源管理，重视人员培训，并注意加强部门合作，持续不断地提高经营管理水平。

“全方位质量管理”作为一个不间断的管理过程，由6个主要环节构成：

一是市场调查，即充分了解客户对银行产品和服务的需求；

二是有效领导，即有一个强有力的领导班子，能迅速作出正确的决策；

三是信息充分，即有一个健全的信息系统，能及时、全面地掌握各种有关信息，为领导决策提供依据；

四是人才管理，即加强对行员的培训，严格管理，使行员整体素质提高，能忠于职守，各负其责；

五是质量管理，即坚持把改善产品和提高服务质量与达到客户满意统一起来；

六是持续改进，即根据客户需求变化和金融环境改变的需求，不断提高服务质量。

这六个环节之间，是紧密联系的。

在实行“全方位质量管理”时，还必须重视客户本身在银行改进产品和服务质量与产销过程中的双重角色的作用，即客户既是银行产品和服务的接受者，同时又是新产品和服务的设计者与提供者。因此，很多银行都采用各种方式，让客户参与决策，从而使银行能更准确地把握产品和服务的定位，并使客户对银行产生归属感和认同感，从而扩大产品和服务的销售。

三、商业银行经营策略的变化

纵观国际商业银行经营发展趋势可以发现，商业银行的经营策略有两种变化：一是向综合银行发展，包括发展投资银行业务；二是向专业化方向发展。

（一）综合银行经营策略

综合银行（universal bank）是指在一家银行内设立不同部门，经营原属于不同金融机构的业务，包括传统的商业银行业务、投资银行业务乃至保险业务等。

20世纪30年代以前，总体而言，商业银行是向综合银行的方向发展，后来许多国家加强了对银行业的管制，缩小了银行的业务范围，实行银行业、证券业、保险业分业经营的制度，并对银行业实行垄断性保护。到了20世纪70年代，这种分业经营制度的缺陷开始暴露。在金融创新浪潮推动下，商业银行纷纷试图冲破束缚而采取综合银行经营策略，实行综合银行经营策略有许多好处：

第一，综合银行经营项目广泛，可满足客户对各种金融服务的需求。许多大银行已成为“金融百货公司”，使客户可获得“一站式消费”，从而有利于增强客户对银行的向心力。

第二，综合银行可以充分进行多元化资产组合，这有利于银行分散经营风险，降低外部环境变化对银行利润产生的不利影响。

第三，综合银行可推出各种新产品和新服务项目，有利于银行开展整合营销和交叉营销，扩大银行产品和服务的市场份额，增强银行的竞争能力。

综合银行模式起源于德国，欧洲国家的银行率先推广综合经营，后又传播到美洲国家，再被亚洲国家引进。2003年以来，我国开始加快探索综合银行经营模式，目前更多的是采用金融集团的模式开展综合经营。在亚洲国家中，日本银行业在实行综合经营方面已有很大发展，自20世纪80年代中期以来，日本商业银行开始突破原来仿效美国分业管理的业务限制，涉足证券业，实行多元化经营。

美国银行业则以持股公司方式向综合经营方向发展，通过子公司全面经营证券业务和投资银行业务乃至保险业务。例如，花旗银行在1968年成立了单银行持股公司，并建立起13个子公司，其业务范围从20世纪70年代起，已涵盖银行、证券、保险、信托、租赁、资产管理、商贸投资等。有的银行通过海外分行进行多元化经营。例如，美国信孚银行（Bankers Trust）1993年通过为法国RP化学公司（Rhone Poulenc）

实行民营而承销股票，成功地完成了一项投资银行业务，从而开了20世纪30年代以来美国商业银行从事投资银行业务的先河。

大通曼哈顿银行采用融资和投资相结合的办法，扩大与中小企业交易，并获得丰厚的利润回报。1996年第二季度，该行仅在客户企业的上市股票这一项业务上，就获得了2.2亿美元的利润，占当季该行利润总额的25%。花旗、J.P.摩根等银行也都在从事投资银行业务中获得可观的利润。

1999年以前，美国的商业银行由于还有不少法律障碍，只能采用变通的迂回方式进行综合经营。1999年11月，美国通过《金融服务现代化法案》后，美国银行进行综合经营便有了法律保障和支持。《金融服务现代化法案》的颁布使美国成为发达国家中最后一个取消银行分业经营限制的国家，也使国际银行业进入了综合银行经营时代。

（二）专业化经营策略

大的商业银行多选择走综合银行之路，而大多数中小银行则从自身条件出发，选择专业化经营策略。这里的专业化经营策略实际上包括两种：一种是专以某一地区为自己的经营领域，又可称为地区化经营策略。这种银行的经营重心是零售市场，它们积极参与当地项目开发，和地方政府关系密切，使得在这一地区的金融业务活动方面得到地方政府的许多支持。另一种是注重在自己擅长的特定业务领域中发展，它们集中人力、财力投入该业务领域，与其他金融机构开展强有力的竞争，以确立在该业务领域中的地位、保持稳定的市场份额。

第二节　电子货币及其发展

一、电子货币的概念

电子货币的概念伴随计算机技术、微电子集成技术以及多用途预付卡而产生。近年来，互联网以及电子商务的发展更加促进并拓宽了电子货币的应用。2013年，比特币被爆炒，之后ICO（initial coin offerings，首次代币发行）的火爆，以及美国监管部门对稳定币的认可，都使电子货币尤其是加密数字电子货币再次成为焦点。电子货币既有一般意义上的货币的含义，又不同于一般的传统货币。目前，对电子货币的定义在理论界尚有各种说法。因为信用卡是第一个应用电子技术的小额支付工具，曾有人认为信用卡是最早的电子货币。这种界定存在误区。尽管信用卡由于联机和可以在线交易等特性而具有了某种“电子”属性，但是信用卡仅仅是一种延期支付的信用凭证，只具有支付工具的属性，而不具备货币的价值本位和购买力储备的职能，因此从严格意义上说，不应归于电子货币范畴。而伴随电子商务的发展，出现了很多利用信用卡进行支付的网络信用卡支付模式，比较典型的产品有Cybercash和First Virtual。目前，电子货币依然处于快速发展的过程中。

电子货币通过电子手段储存货币币值，可以不必通过银行账户。电子货币意味着由发行者进行清兑的某种债权所表示的货币币值。该债权具有这样几个特性：储存在电子设备上；所发行的票面价值不低于其货币币值；由非发行者作为支付工具而被接受。该定义包含多用途预付卡（有时被称作电子钱包）和利用计算机网络的预付软件产品（有时被称作数字现金）。对于卡基产品，预付币值可储存于嵌入塑料卡片（智能卡）的微芯片中，而基于网络的产品利用安装在某种硬件设备（如计算机）中的特定的软件或硬件来储存币值，币值可储存在计算机的存储器上，币值的存取类似于ATM机上货币价值的转移。随着通信技术、电子技术和计算机技术的发展，这种网络可以是有线网络，也可以是无线网络，而硬件设备的范围也在不断扩大，可以是个人计算机，也可以是手机或其他硬件设备。2004年以来，国际清算银行和欧洲中央银行有关电子货币的统计报告中已将移动支付纳入统计范畴。

电子货币工具通常具有“储值”（stored value）或“预付”（prepaid）的特性。与实物货币不同，电子货币不能重复使用。电子货币一般用于小额交易。

电子货币主要基于两种模式。一种为卡基，就是基于卡片技术，在卡片上植入微处理器，通常称作电子钱包。这种支付工具可以通过网络（包括有线网络和无线网络），利用计算机和特殊的终端设备进行交易，并且可以在计算机上安装特定的卡片装置，或利用特殊终端设备对卡片进行预充值和补充币值。典型产品有中国香港的八达通卡等。另一种为数基，就是基于软件技术或计算机的存储器来存储和流通货币，这时货币币值表现为虚拟的数字流，通常被称作虚拟电子钱包或数字现金。该支付工具可通过网络进行交易，交易所进行的支付实际上是数字币值的传输，典型产品有数字现金、比特币等。

专栏14-1

稳定币

近年来，数字货币市场快速发展，客观上需要价格相对稳定的交易媒介和贮藏手段，比特币、以太坊等数字货币“龙头”虽然市值大，但价格波动也非常剧烈，难以成为有效的交易媒介和贮藏手段，稳定币应运而生。稳定币，正如其名，是指通过各种手段以实现币价相对稳定，从而避免价格风险的数字货币。目前，市场上的稳定币大致可以分为三类：

第一类是链下资产抵押型稳定币，即中心化机构将持有的美元、黄金等资产进行抵押，发行可以以固定的比率赎回相关资产的稳定币，代表性的有USDT和TUSD，GUSD和PAX也属于这一类。

第二类是链上资产抵押型稳定币，即区块链用户将持有的数字资产包在区块链上进行抵押，区块链系统“锁定”抵押资产后，根据抵押资产的价值发行一定数量的稳定币，在抵押资产价值下降的时候需要及时补充抵押资产以保证稳定币币价的稳定，代表性的有DAI、BitUSD。

第三类是算法型稳定币，即用智能合约模拟中央银行增加或者缩紧货币供应以保持币价的相对稳定，代表性的有Basis、Carbon。

三类稳定币中，算法型稳定币的“理念”很美好，但货币供应规则需要有足够的前瞻性和灵活性，要模拟中央银行创建一套增加或者收缩货币供应规则的算法是极困难的，而且需有规模足够大的数字资产生态系统让自己施展拳脚，因此算法型稳定币很难经得起实践的检验。链上资产抵押型稳定币的稳定性依赖抵押资产价值的稳定性，但目前数字资产（主要是数字货币）的价值具有高度的波动性，而且能抵押的仅限于同一区块链上的数字资产，风险难以被分散、抵消，所以目前阶段，该类型的稳定币仍难以保持足够的稳定性。从稳定币的需求角度来看，对稳定币的需求主要开始于各国政府对数字货币与法币的交易进行限制或禁止之后，因此，从现有的经济体系中寻找价值标杆，即发行以美元等法币为锚的稳定币，被认为是重新建立数字货币领域价值尺度最为直接、有效的方式。

稳定币分类图如图14-1所示。

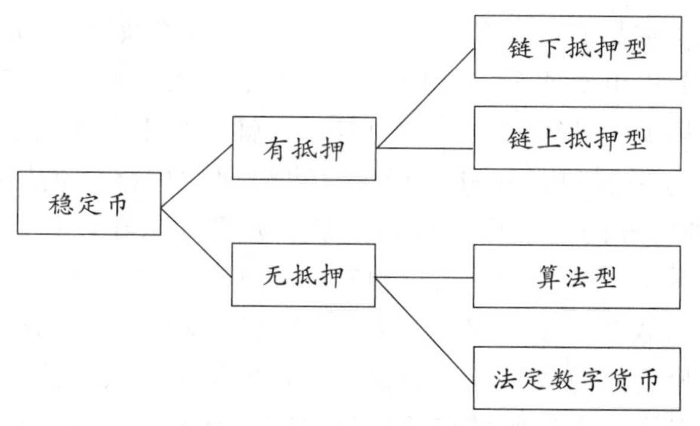

图14-1　稳定币分类图

二、电子货币的发展

电子货币在20世纪90年代开始出现，随后，世界上很多国家都在进行电子货币的研究。如今，卡基电子货币产品已经很成熟，应用日益广泛；伴随移动通信技术的发展，手机支付等移动支付产品应用渐广，如二维码支付、苹果手机推出的Apple Pay等。2013年，比特币的火爆让电子货币再次进入人们的视线，2016年比特币价格一路飙升。

欧美是研究电子货币较早的地区。1992年11月，欧共体开始了一项称作CAFe的试验计划，该计划持续3年，由当时欧共体的7个国家（荷兰、英国、丹麦、比利时、法国、德国以及挪威）的政府或公司联合参与，主要研究新的数字支付系统及其安全性，其成果后来被许多卡片公司采用。

比特币是目前世界上影响力最大的电子货币之一，在金融危机后备受关注。比特币宣称具有难以被盗、匿名性、有限性的特点，价格一度超过6万美元，价格之高和增长之快令人震惊。一些商业机构和慈善机构已经宣布接受比特币用于支付，但尚未有一个国家正式宣布接受其作为法定货币进入流通领域。比特币是一种由开源的P2P产生的电子货币，比特币诞生于2008年11月1日，最初由中本聪提出。比特币不依靠特定货币机构发行，而仅依靠特定算法的计算而产生。比特币使用整个P2P网络中众多节点构成的分布式数据库来确认并记录所有的交易行为。比特币可以兑换成大多数国家的货币。使用者可以用比特币购买一些虚拟物品，比如网络游戏当中的衣服、帽子、装备等。

伴随着电子商务的普及，电子货币迅速发展。可以看出，以电子货币进行的交易数量呈现出快速发展的趋势。然而也应看到，尽管电子货币发展迅速，但是在整体货币量和交易额中，电子货币的交易额仍然只占很小一部分。从电子货币的发展轨迹可以看出，卡基电子支付产品发展迅速，应用广泛，目前已经成为普遍使用的小额支付工具之一；而数基电子支付产品发展较为缓慢。目前，应用的数基电子货币产品一般为记账式，由于通常应用于购买数字类产品和游戏类产品的微支付，因而交易额较小；而加密数基电子货币目前尚未出现被市场普遍接受的产品，即使是比特币也一直处于争议之中，未作为支付工具被广泛认可。相对而言，电子货币在公共交通、公用电话、停车场和自动售货机等领域的应用较成功。

三、电子货币的分类

电子货币产品分为两类，一类为卡基电子货币产品，另一类为数基电子货币产品。

1.卡基电子货币产品

卡基电子货币产品就是通常所称的电子钱包。电子钱包是由银行卡发展而来的一种电子货币。目前所指的电子钱包通常为包含智能芯片的多用途预付卡。电子钱包是装有电子芯片的智能卡（又称集成电路卡或IC卡，即 integrated circuit card），它由法国工程师罗兰·莫雷诺于20世纪70年代发明，欧洲是当今电子钱包应用最早的地区。

电子钱包与传统信用卡的最大不同，是它的多用途性、无时效性（通常没有有效期的限制）和匿名性。它像钱包一样存有现金，无须授信和授权，可以在任何装有POS机终端的场合购物和消费，消费金额的大小完全取决于内存现金的数量，而且在内存现金用完后，可以自动将银行账户上的钱转入该电子钱包。卡基产品通常可以在ATM机、特定终端或通过网络进行重复充值，一般有限额，例如几百美元，而且可以不通过发行者而在不同的电子钱包间转移价值。比利时、荷兰和新加坡都开发了可以通过电话线连接的手持终端。在瑞典，卡片可以通过连接在电话上的特殊终端进行充值和调用；在比利时、加拿大、芬兰、希腊、意大利、韩国、新加坡和中国台湾，卡片可通过互联网进行充值和使用；加纳、挪威和新加坡允许电子钱包之间的交易（purse-to-purse transaction），即电子钱包相互间可以进行币值转移；意大利和牙买加也在考虑相似的机制。在某些国家和地区，电子货币还同时混合了信用卡和借记卡的功能。

2.数基电子货币产品

数基电子货币产品即通常所说的网络货币（数字现金、电子现金、虚拟货币、数字货币）。数基电子货币有记账式和加密数字流两种，加密数基电子货币使用一串经过加密处理的数字来代表货币单位，代替现金。两相比较，基于卡片形式的电子钱包可以使货币以卡为载体；而数字现金则连卡的形式也没有，货币仅仅表现为计算机中的一串数字流，支付表现为账户变动或一串二进制数字流从一台计算机转移到另一台计算机，其运行的基础是互联网。

从对不同类型电子货币支付流程的分析可以看出，卡基电子货币在技术上更具可行性，而数基加密式数字流电子货币由于需要庞大的数据库和快速检索技术的支持，目前在技术上存在不可逾越的障碍。同时，卡基电子货币不仅可以用于网络电子商务交易，还可以设计用于支付面对面的小额零售交易，代替银行券和硬币。基于软件和网络的产品则被设计用来支付通过通信网络的小额交易，例如网络视频、网络音乐等数字媒体产品。

电子货币10年来的发展也证明，与数基工具相比，卡基工具的生命力更强。数基电子货币产品近年来发展缓慢，而世界各国目前普遍使用的电子货币基本上都是卡基电子货币。典型的数基电子货币有荷兰Digital Cash公司发行的E-Cash，比特币也是一种数基电子货币。

四、电子货币的特性

电子货币作为一种货币，具有货币的一般属性，但是又有其特殊性。

1.电子货币具有内生性

货币供给的内生性是指货币供应量难以由中央银行控制，而是由经济体系内部各经济体共同决定。内生货币具有可赎回性，即货币的持有者对货币的发行者拥有法律上的赎回权，货币的持有者可以将手中持有的货币卖回给货币发行者，换回等价物品。货币的价值就是它实际可兑换的商品价值量。电子货币的发行与银票和银行券的发行十分相似。银票和银行券是与等值的金属铸币对应的；而电子货币的发行者并没有等值的资产对应，只是一个“债务承诺”，消费者使用电子货币消费，商户将电子货币“返回”给发行者时，发行者才支付该笔债务。

货币供给的外生性是指货币供应量主要由经济体系以外的货币当局决定。中央银行货币体系具有典型的外生性。中央银行通过发行货币、规定存款准备金率来控制作为经济系统外生变量的货币供应量。

电子货币的出现对现代货币供给理论提出了巨大挑战。电子货币的发行具有强烈的竞争性，通过市场方式发行，是一种天然的“世界货币”，具有强烈的内生性。与纸币不同，电子货币的产生是源于经济实体的内在需求。纸币由中央银行或特定机构垄断发行，中央银行承担其发行成本，享受其收益，是一种外生货币。从目前的发展情况来看，电子货币的发行机制不同，其发行机构既有中央银行，还有一般金融机构，非银行金融机构，并且由非中央银行发行的更多。

电子货币的出现会使信用进一步扩张。公众可选择的资产持有形式日益多样化，商业银行的存款和资产规模不仅受资产偏好、银行贷款和投资机会的影响，而且受非银行金融机构新的金融创新产品的竞争，以及电子货币的影响，从而使货币供应量增加和难以控制。因为经济波动取决于货币供给与需求的相互作用，所以货币供应量的变化就成为影响经济波动的根本原因，中央银行可以通过控制货币供应量的变化来控制产出和价格波动。

电子货币供给内生性的存在会降低中央银行对货币供应量的控制效应，但承认货币供给具有内生性并不等于否认中央银行控制货币供应量的有效性，电子货币实现了流通手段、价值尺度和储藏手段的职能分离，并且电子货币在行使不同职能时，对货币供应总量和供应机制的影响不同。

2. 电子货币是一种信用货币

纸币是以中央银行和国家信誉为担保的法定货币，具有无限法偿的性质，被强制接受和广泛使用；电子货币的发行依赖各个发行者自身的信誉，是一种具有强网络外部性的产品，其接受程度受到发行网络规模的影响。与其他已经存在的电子支付工具（例如借记卡和贷记卡）不同，电子货币有可能是一种完全的私人货币，与任何银行账户都没有关系，可用作交易媒介和记账单位。而借记卡和贷记卡只是一种支付工具，用于资金在不同银行账户间的传送。在储值卡和计算机存储器上的电子货币余额是一种信用的体现，是电子货币发行者的债务，电子货币发行者发行的电子货币相当于一种无息或低息的债务。

3. 电子货币的清算具有多元性

纸币的清算多通过以中央银行为核心的支付清算系统进行，而电子货币的清算可以由电子货币的发行者进行，也可以由第三方机构进行，通常情况下会委托第三方金融机构进行。

4. 电子货币是一种低成本的货币

电子货币可以重复充值，具有多种用途，不需要在线授权。与纸币相比，其发行和支付的成本较低。据估计，美国零售商和银行体系每年处理货币的费用为上百亿美元，包含纸币处理、清点、存储、运输和安全成本。电子货币本质上是一组二进制的数据信息，其生产过程简单，运输费用和边际成本几乎为零，也不需要支付保管和清点费用，可有效降低货币的使用成本。同时，电子货币可以直接减少纸币印刷、替换、销毁等费用。电子货币在交易时不受地理位置的影响，支付效率高，极大地提高了资金周转效率，降低了资金的结算成本。

5. 电子货币的匿名性具有相对性

追求货币使用的匿名性一直是电子货币发行者的初衷，例如数字现金一直标榜其具有支付的匿名性。但是，由于电子货币的发行和支付是通过计算机网络实现的，因此其所有的交易踪迹都可记录、跟踪，从而其匿名性具有相对性。

但是，网络货币和储值卡被购买后，其持有者和交易者的身份难以区分。由于网络交易的快速性，交易跟踪具有一定难度，且交易的记录和跟踪成本巨大，因此很容易被洗钱等犯罪分子利用。为更好地说明电子货币的特性，表14-1中列出了电子货币与其他常用支付工具的主要区别。

表 14-1 **电子货币与其他常用支付工具的主要区别**

	电子货币	通货	支票	卡基支付工具（借记卡、贷记卡）
法定货币	不是	是	不是	不是
可接受性	有限	广泛	有限	有限
每笔交易的边际成本	低	中	中	中
面对面交易方式的支付	支持	支持	支持	支持
非面对面交易方式的支付	支持	不支持	不支持	支持
匿名性	相对的	有	无	无

6.影响电子货币发展的因素

电子货币以方便、安全、高效、低成本等特性，显示了无穷的潜力。一方面，电子钱包的离线操作可以使交易成本更为低廉，十分适合小额消费，例如购买报纸、咖啡以及自动售货机上的各种物品，可以减少零钱携带。另一方面，电子货币的使用成本比现金低，伪造的难度大。纸币和硬币的使用正变得越来越昂贵，美国每年转拨现金就必须花费600亿美元，而英国要花费20亿英镑。更重要的是，随着先进的排版和彩色印刷技术的日益普及，纸币越来越容易被非法复制。以前，伪钞制造者需要技艺高超的雕刻家来制造一套印刷模板，而今天，一个拥有一套专业的图形软件、一部彩色打印机和一架专业扫描仪的图形学的人就可以复制纸币。此外，使用电子货币还可以加快货币流通速度，从而加快整个社会的资金周转，提高社会资金的运用效率。但是，电子货币的稳健发展需要解决以下问题：（1）安全性是任何电子货币系统的基础与保证。（2）电子货币的普及主要依赖消费者和商户的使用动机。（3）电子钱包对消费者和零售商的吸引力。（4）中央银行和其他政府部门对电子钱包产品的监管。（5）电子货币发展中涉及的有关法律、税收问题。

五、全球知名电子货币

（一）卡基电子货币典型产品

卡基电子货币产品的技术已经比较成熟，在经历了最初的激烈市场竞争后，目前各国的卡基电子货币市场已经处于比较稳定的状态，卡基电子货币的发行和支付方式基本相似，应用场景略有差异。典型的产品主要有：德国的GeldKarte；法国的Moneo；英国的Mondex；大伦敦地区交通用的电子收费系统Oyster卡；加拿大的Dexit；中国香港的八达通卡；日本的Suica卡、PASMO卡、ICOCA卡。

（二）数基电子货币典型产品

与卡基电子货币不同，数基电子货币不依赖存储介质，以加密数字流的形式进行传输。数基电子货币的发行与存储方式有两种，一种是以发行机构账本的形式存在，交易中传输的只是交易信息，没有电子货币流传输，比如腾讯Q币、Beenz币以及大多数游戏币；另一种是发行机构发行了一种经过加密的数字串，这种数字串仿照实体中现金的形式，在交易和传输中，货币流随之移动，比较典型的有E-cash和比特币。因为现代货币的信用特征，大多数货币以中央银行货币背书，通过和中央银行货币进行兑换而发行相应的数基电子货币，比如腾讯Q币和E-cash，而Beenz币和比特币酷似早期发行的银行券。下面分析的几种产品代表了不同的发行和支付方式。

1.腾讯Q币

20世纪90年代末期，互联网的快速普及带来了一种新的交友和网络交流方式，点对点通信软件风靡网络世界，QQ很快凭借其良好的用户体验占据了市场。同期，伴随网络聊天，QQ又推出了QQ秀产品和网络游戏等服务，为方便网络产品支付，腾讯公司在2002年5月推出腾讯Q币。Q币简称QB，也称QQ币等。与一般电子货币不同，Q币的运作机制是单向流通，即只能把人民币兑换为Q币，而不能把Q币再兑换为人民币。

Q币与人民币兑换的官方价格为1元人民币购买1个Q币。Q币是腾讯公司推出的一种虚拟货币，可用来购买腾讯的服务，包括QQ会员、网络硬盘、QQ音乐、QQ订阅、QQ游戏、QQ宠物等。腾讯Q币可通过购买QQ卡、电话充值、银行卡充值、网络充值、手机充值等方式获得。

2.Beenz币

1999年，总部位于纽约的Beenz.com公司发行了名为Beenz币的电子货币。Beenz币的创造者查尔斯·科恩（Charles Cohen）来自英国。Beenz币是一种在网上流通的在线货币，在网上通过执行指定操作赚取Beenz币并用来消费。例如，通过访问指定站点，点击指定广告或在网上购买指定物品，就可以在接受Beenz币的网站上消费购物，例如购买CD、书籍、鲜花等。Beenz币管理团队最初获得了1亿美元的风险投资。Beenz币管理层把市场和品牌定位于“网络货币”和“世界货币”，并意欲向世界主流货币发起挑战。但是，众所周知，在许多国家，引入一种新的货币不合法，因此，在欧洲，Beenz币管理层和法务团队被欧洲的金融管理当局约见，并承诺Beenz币只限定在网络环境使用。例如，在进入英国时，Beenz币驻伦敦办事处被英国金融监管机构FSA（Financial Services Authority）约见，并将网站上的“Beenz币银行”（Bank of Beenz）改为“我的Beenz币”（My Beenz）以符合监管要求。

Beenz币在发展的巅峰时期，曾在12个国家设有办事处，包括美国、瑞典、法国、德国、意大利、日本、新加坡、澳大利亚和中国等，Beenz币最初只能在互联网上使用，其发行量曾经达到7 500万个货币单位，该数目相当于一个小国的货币发行总量。

与Q币类似，在该种货币的发行与流通中，只是账户余额变动，没有实际的货币出现。在这种支付过程中，传递的都是信息流，没有电子货币流。与Q币不同的是，Beenz币不是信用货币，也没有中央银行等机构的背书，获取Beenz币的过程类似早期的劳动创造价值。Beenz币的发行和早期银行券的发行有相似之处。

3.E-cash

国际著名密码学家大卫·查姆（David Chaum）在1983年发表的论文中阐述了匿名电子货币的想法。1989年，大卫·查姆创立了DigiCash公司，并将E-cash注册为公司商标。DigiCash公司位于荷兰的阿姆斯特丹，1994年5月开发了E-cash网上支付系统。与信用卡类似，E-cash网上支付系统对消费者免费，而商户需要支付交易手续费。E-cash最大的缺点是需要一个庞大的中心数据库来记录发行和使用过的电子现金序列号。如果E-cash得到普及，数据库的规模将变得十分庞大，用目前的计算机技术进行管理难度很大，这就成为限制E-cash推广的重要障碍。DigiCash系统是目前比较成功的系统之一，该系统已经从实验室里运作推广到市场上了。

4. 比特币

比特币是目前世界上最有影响力的电子货币之一，2007年美国次贷危机后备受关注。比特币的价格一度超过60 000美元，价格之高和价格增长之快令人震惊。一些商业机构和慈善机构已经宣布接受用比特币支付，但尚未有一个国家正式宣布接受其作为法定货币进入流通。如今，由于比特币被爆炒，比特币的支付功能逐渐减弱，已经沦为一种投机和炒作工具。

比特币是一种由开源的P2P软件产生的电子货币（数字货币）。比特币不依靠特定的货币机构发行，而是通过特定算法计算产生。比特币使用整个P2P网络中众多节点（node）构成的区块链来确认并记录所有的交易行为。比特币可以兑换成某些国家的货币。使用者可以用比特币购买一些虚拟物品，比如网络游戏当中的衣服、帽子、装备等。目前，已有商家宣布接受比特币购买现实生活中的物品。比特币是一种完全通过点对点技术实现的电子货币系统方案。

比特币并非没有风险。2013年12月，中国人民银行等五部委发布了《关于防范比特币风险的通知》，随后泰国、中国、俄罗斯等国相继不承认比特币的合法性，比特币价格大跌，跌幅超过20%；2014年2月，世界最大的比特币交易平台Mt.Gox以技术故障为由停止用户提现服务，2月25日，Mt. Gox正式向法院申请破产保护。

5.泰达币

泰达币（USDT）是泰达公司推出的基于稳定价值货币美元的代币。USDT号称严格按照“美元本位”的理念来发行，即每发出1个USDT，公司都会有1美元储存在银行账户中，用以确保USDT价值的稳定性。也就是说，1USDT=1美元，用户可以随时使用USDT与USD进行1：1兑换。USDT作为稳定币行业的先驱者，自2015年发行以来，至今已发行超30.2亿枚。如此巨大的市场份额几乎已经完全垄断了稳定币的市场，随着稳定币市场地位的巩固而跟风发行的其余货币只占了很小的一部分，甚至几乎没有流通性。然而随着发行量的猛增，用户们对USDT的质疑声也初见端倪。很多人开始怀疑，号称1币对应1美元的公司账户中是否真有如此庞大的资金储备，况且，泰达公司从未公布储存美元的银行名称。

USDT是基于在比特币区块链上发布的Omni Layer协议的数字资产，可以通过平台要求赎回。USDT可以被看作一种像比特币一样的加密数字货币。使用Omnichest.info提供的工具，投资者可以很容易地检查比特币区块链上流通的USDT数量。

第三节　现代银行业的并购

20世纪80年代以来，全球金融业掀起一股持续、大规模、金额巨大的银行业并购浪潮。最近几年，商业银行的合并与收购频率更是越来越高，外资通过并购方式进入东道国。20世纪90年代以后，并购渐渐变成主流趋势。在早期的银行并购中，通常是大银行收购小银行，后来银行间开始进行强强联合，商业银行规模不断扩大，同时由于金融全球化速度的加快，银行间的并购也不再受地域的限制，跨国并购日益增多。国际银行集团所进行的跨国并购促使全球银行业格局分化。商业银行并购活动的最终目的是获取较高的净收益。

一、并购的概念

并购是银行为了获得控制权利用资本市场对产权结构进行重新安排的行为，其目的是追求银行资本增值。在银行业的历史发展进程中，商业银行的并购作为金融产业结构整合的载体，在世界金融活动中占有相当重要的位置。并购包括兼并与收购。并购的含义非常广泛。兼并是指将两家或多家企业结合在一起，具体条件由参加合并的企业协商解决；收购是一家企业购买另一家企业的股份或资产，有明确的买方和卖方，收购后的企业结构完全由买方决定，最终实现资产经营一体化。与并购意义相关的另一个概念是合并，是指将两个或两个以上企业合成一个新的企业，并在法律上以新企业名义经营的行为。

并购是企业在让渡控制权的过程中，各权利主体根据企业产权结构进行的一种权利转让行为。并购活动需要一定的财产权利制度和企业制度条件，在并购过程中，某一方或某一部分权利主体通过出让所拥有的对企业的控制权而获得相应的收益，另一方或另一部分权利主体通过付出一定代价而获取这部分控制权。企业并购的过程实质上就是企业权利主体不断变换的过程。

从市场角度看，完善的市场经济体制是进行银行并购的基本保障。从技术角度看，网络信息时代的到来为银行并购提供了技术条件。从制度角度看，金融自由化趋势创造了银行并购的制度环境。银行并购能提高效率、节省成本、增强竞争力。我国商业银行的并购重组，也不外乎合并、兼并和收购三种形式。

二、银行并购的动因分析

现代商业银行并购的原因众多，如追求银行规模的扩大、降低银行亏损和破产的可能性、避免被收购，以及金融自由化的发展、金融管制的放松、金融市场利率与汇率的变化无常、经营手段电子化的进步、经营风险加剧等，均构成了国际金融业大规模兼并重组的内在动力和外在压力。

（一）股东利益最大化是银行并购的根本动因

从银行并购的历史来看，股东、管理者和政府都可能推动银行并购。首先，银行股东相信并购能够增强银行盈利能力，从而提高银行市场价值，增加股东财富，所以银行股东追求利益最大化的同时推动了银行并购。当并购为银行增加的价值超过并购成本时，就实现了股东财富最大化，即“并购的增加价值=并购后双方的总价值-并购前双方的总价值=股东股票价值增加额”。其次，银行管理者也可能受自身利益驱动而推动银行并购。银行管理者在社会上的地位和影响力，相较于银行利润水平来说，更依赖银行规模。对于高层管理者，大银行有实力并有意愿支付更高的报酬。因此，在客观上银行管理者也能受到通过并购来扩大银行规模的激励。另外，管理者出于分散风险、获取信息与资源、优化业务结构、使亏损和破产的财务费用最小化、避免被收购等原因也会促进银行并购。最后，政府在保持市场公平竞争的同时，也要鼓励市场的适度集中，增强银行的实力，提高国际竞争力。为了维护金融市场的稳定，如果出现银行破产、倒闭的状况，政府往往希望实力强劲的银行能够并购破产银行。

从根本上来看，追求股东利益的最大化是银行并购的原始动力。银行是金融企业，存在和发展的目标也是为了增加其股东的财富。银行并购同其他投资决策一样，能否增加股东财富或市场价值决定了并购能否发生。通过银行并购可以低成本扩大银行的规模，扩大金融服务范围，增加新的金融品种，增强银行的竞争力，获取更多的利润。所以，对利润的追逐和生存竞争的压力推动了商业银行展开大规模的并购活动。

（二）银行并购的具体动因分析

追求银行股东利益最大化只是银行并购的原始推动力，在大量的银行并购案例中，引起银行并购兴趣的主要是以下几个方面。

1.产生规模效益

银行通过并购来追求规模的扩大，谋求更远大的发展。银行并购后，缩减了重复机构，实现了资源有效配置，减少了总的经营成本。相对于并购前的金融服务，并购后的新银行能以较低金额的固定资产和较少的员工数量来保证这些服务的质量。在众多并购案例中，并购成功后紧接着就是大规模的机构撤并和裁员，这显然可以节省大量的成本。例如，Fleet银行与新英格兰银行合并后，每年可节约3.5亿美元。并购使得银行规模扩大达到某个规模临界值，一个大型控股银行集团则可以支持信托、国际业务等其他业务。

2.发展新的业务

银行并购还可以开辟不同性质的新业务，这样不仅能够创造更多的现金流，从而创造出与现有业务现金流时间不匹配的新服务种类，还能降低风险，获得多样化收益。例如，主营批发业务的银行兼并零售银行、银行兼并保险公司都能够达到开展多种类业务的目的。美国花旗银行与旅行者集团之间的并购就是一个极好的业务互补的银行并购范例。

3.进入新的市场

通过并购市场中的现有银行可以进入新的市场。如果在目标市场雇用新员工、成立一家新银行，会比并购投入更多资金，这显然是非常不划算的。特别是在市场管制较为严格的地区，许多大银行往往通过并购其他银行的方式进入新市场。例如，1991年，美国联邦监管机构关闭新英格兰银行，其大约130亿美元的优质资产被拍卖，Fleet/Norstar金融集团通过并购该银行成功进入新英格兰地区，成为该地区最大的银行。

4.提高市场占有率

部分银行并购是为了增加银行的核心存款，进而提高银行在核心存款市场上的占有率。核心存款的扩大使得新银行的市场价值提高，并且能够积累在未来的并购行为中讨价还价的资本。例如，1994年，美洲银行并购大陆银行，大陆银行拥有巨大的客户网，与美国最大的10 000家大企业中的1 600家有业务联系，良好的现金管理和支票结算等多项服务使得这些客户不易流失。美洲银行对大陆银行的并购使得新银行拥有庞大的客户网，扩大了市场占有率。

5.获得破产银行的优质资产

为了避免银行倒闭引起客户服务的中断，许多银行并购是由监管机构撮合完成的。在这类并购中，收购者通常不购进目标银行的全部资产，只购入适合并能够满足自己标准的优质资产。因为这些目标银行已宣告破产，并购银行通常能以较低的价格买入其优质资产。一个典型的例子是1993年1月，美国纽约的化学银行通过它的得克萨斯商业银行对得克萨斯第一城市银行集团的并购，其只用约3.5亿美元的资金就购买了大约66亿美元的巨额资产。

6.目标银行具有改进管理的潜力

因为目前的管理者未能最大程度地提升银行的价值，所以缺乏管理效率的银行成为潜在的并购目标，并购后对这样的银行进行更为先进、合理的组织管理改革，银行利润将大幅增加。

7.税收上的好处

假如目标银行出现亏损，对其并购还可能带来税收上的好处。目标银行的亏损可以冲抵利润，这样银行就能降低应税利润从而降低纳税额。如果银行将资金向股东发放现金红利，股东则需要为此缴纳所得税，但是如果银行将资金用于并购，股东财富也能够因此而增加。所以，并购也可以变成降低纳税额的手段。

三、银行并购的外部效应

银行并购这种市场交易行为，不仅对交易当事人有影响，而且对社会经济的发展也有重大影响，可分正效应和负效应两方面分别阐述。

（一）银行并购的正效应

1.拯救低效银行，保持金融体系和社会稳定

金融业具有高风险性，具有十分广泛的社会经济生活影响。运用银行并购方式来处理银行危机，可以用较低的成本避免银行倒闭，保证了金融体系的稳定，减少了社会动荡，也保护了存款人的利益。例如，法国地产信托银行因为经营不善而出现巨额亏损，所以，该行始终在寻找买家，但可惜无人问津，法国政府不得已出面干预，要

求国营储蓄和信托银行竞购地产信托银行，并尽量保住该行3 000名员工的工作。此外，日本政府也采取过类似的方法，促进了长期信用银行与住友银行之间的并购。

2.提高经济资源的配置效率

银行通过并购可以改善内部结构，舍弃低效的经营服务项目，促使各种经济资源流向高利润项目，进行资源的优化配置。例如，商业银行过去加大市场占有份额通常是进行营业网点扩张，但由于电子技术在高速发展，银行提高了自动化程度，并且创造出网络电子银行，商业银行为控制成本并提高资源的配置效率，纷纷缩减了分支机构规模。银行并购使得金融资源在更广大的空间范围内得以整合，金融资源的整体效率得以提升。

3.提供多种金融产品，全方位服务社会

随着世界经济的一体化，社会经济货币化进程不断发展，客户也渐渐改变对金融产品的需求偏好，越来越多的企业成长为全球性机构，它们要求银行提供咨询、信贷等全方位的服务。而商业银行通过并购，特别是对非银行金融机构的并购，可以组成“金融超市”，为客户提供齐全的金融产品。例如，花旗银行与旅行者集团的合并使得新花旗集团成为集多种金融服务于一身的“金融超市”。当客户需要金融服务时，比如申请信用卡、申请抵押贷款、投资咨询、共同基金投资、购买结算产品、购买保险或纳税等，都将更加便捷。因此，银行并购一方面扩大了银行规模，另一方面也扩大了对客户的业务服务范围。

（二）银行并购的负效应

1.银行并购增加了风险

风险和收益总是并存的，银行并购带来了收益，也带来了潜在风险。部分银行并购后不良资产的数量并没有削减，某些大银行的信用评级甚至陆续被一些著名的资信评估机构降低。例如，穆迪公司将日本债券信用银行、北海道拓殖银行、中央信托银行的债券信用评级由Baa2降为Baa3；标准普尔公司把瑞士信贷银行、美国摩根银行由AAA级降为AA级。另外，银行并购尤其是对非银行金融机构的并购，可能会加大商业银行的经营风险。银行也很可能因为不恰当的评估方式，导致被收购金融机构的价值被高估，并购成本增加，风险也随之大大增加。

2.银行并购可能导致过度垄断，从而降低效率

随着商业银行的并购浪潮，涌现了许多超级银行，银行本身的竞争力不断加强，但这些超级银行的综合优势可能造成业务垄断，整个金融市场的竞争下降，客户享受的服务质量很可能会降低。因为并购后市场集中度的提高，银行获得超额收益，大部分银行在并购后提高了价格，特别是活期存款服务的费用、贷款的利率和存放保险箱的费用。大银行的各项服务费用明显比地区性信用社以及小银行高，而且随着电子化的发展其收费范围也不断扩大。

3.银行并购增加了失业

银行并购后为了降低成本，所以通常会缩减分支行数量，并控制银行工作人员数量，裁员导致许多职员失业。例如，美国化学银行和汉诺威银行并购后，撤销了重复设置部门，解雇了6 000多名员工。

四、银行并购类型

按照并购动因划分，银行并购可以分成表14-2所示的几个类型。

表14-2 **按并购动因划分的银行并购类型**

类型	原因	典型案例	结果
规模扩张型并购	大型机构之间的并购，实现快速扩张和综合化经营	1. 花旗银行与旅行者集团合并，组建花旗集团 2. 大通并购J.P.摩根，组建J.P.摩根大通	成为全球最大的金融集团
地区进入型并购	1. 进入新的有发展潜力的市场，主要由于该市场刚刚兴起，或者金融业刚刚开放 2. 出于战略转型和全球化战略需要 3. 实现地域多元化，平衡地区风险 4. 追随客户进入新市场	1. 花旗、汇丰、渣打、德意志等银行在中国的并购 2. 德意志银行收购美国信孚银行	1. 迅速拥有了在新进市场中的业务开展平台 2. 进入北美市场，实现全球化发展框架
地区加强型并购	在已设立分支机构独立开展业务但希望今后重点发展的目标市场，通过收购具有一定市场地位的当地银行，迅速加强在该地区的市场地位	1.2004年，花旗银行收购韩美银行 2. 美洲银行收购Fleet-Boston	1. 进一步扩大在韩国市场的份额，强化花旗银行在韩国商业银行界的领先地位 2. 强化美洲银行在商业银行界领先的地位，合并后在存款方面的市场份额达到9.8%
业务互补型并购	利用在已有市场中的技术、渠道和客户资源，通过并购其他业务，以实现交叉销售和多元化经营，主要适用于本土市场和发展已经比较成熟的市场	1. 德意志银行收购摩根建富 2. 汇丰银行收购美国的Household Financial Corp	1. 实现在欧洲的综合化经营 2. 进入美国的消费者融资业务领域，符合多元化战略
业务加强型并购	已在本业务领域占据一定市场地位，通过收购该市场中竞争对手的相应业务，进一步巩固该业务在市场中的地位	1. 渣打银行2000年收购大通曼哈顿香港信用卡业务 2. 德意志银行收购美国资产管理公司Zurich Scudder	1. 并购后成为香港地区最大的信用卡发卡行，占据香港地区1/3的市场份额 2. 巩固其资产管理业务，管理资产总值1万亿美元，擢升为全球第四大资产管理行
增进效益型并购	寻找新的盈利增长点，收购市场领先的专业型金融机构	1.2002年以后，德意志银行在美国住宅按揭市场进行的一系列并购 2. 在新兴市场的并购趋势	在美国的住宅抵押业务迅速成长，居于美国固定收益市场的领先地位

当今世界金融市场日益统一为一个整体，全球范围内的资金流动规模更大、速度更快，金融市场的风险也随之加大，只有大银行才能抵御经济风暴的冲击，因而越来越多的银行选择并购作为增强竞争力的重要手段。

五、商业银行并购的新趋势

（一）银行并购规模巨大

进入21世纪，跨国并购的热潮再次席卷全球。仅2000年上半年，全球并购案涉及的资金总额达到了1.93万亿美元，刷新了有史以来半年并购额的纪录。在这次并购浪潮中，金融服务业逐渐取代了制造业的地位，成为全球并购的焦点，其中以跨国银行并购最为突出。

2006年10月18日，美国花旗集团宣布以约31亿美元收购土耳其Akbank TAS银行20%的股份，用以完成花旗集团向国际金融市场推进的战略部署。2006年9月28日，美国私募股权基金孤星（Lone Star）以505亿日元（约合4.3亿美元）收购了日本一家中型银行的全部股份，从而开启了日本消费金融行业的整合。

欧洲各大银行也积极展开跨国并购活动。2005年6月，意大利最大的银行——联合信贷银行以换股形式兼并了德国第二大银行裕宝联合银行，成为欧元区第四大、欧洲第九大银行。2006年前8个月，法国农业信贷银行用于收购海外银行的资金已达40亿欧元。法国兴业银行则将跨国银行并购的主攻方向定为欧洲东部地区，2006年6月斥资10亿欧元收购了克罗地亚的Splitska Banka。

亚洲地区现在是跨国银行并购的热点地区。日本三菱日联金融集团将108亿美元投资于中国银行，成为首家投资中国大型国有商业银行的日本银行。注重亚洲业务的英国渣打银行也于2006年9月28日宣布，同意以12亿美元的价格收购中国台湾新竹国际商业银行。美国新桥投资集团收购了韩国第一银行51%的股份。德国商业银行在韩国外汇银行投资2.49亿美元，以27.79%的股权成为该银行的第二大股东。

总体来看，银行间的跨国界并购是扩大银行集团规模、开拓国际市场最有效的方法之一。并购资金总额和涉及地区、国家等方面都呈现出逐渐增大的趋势。

（二）银行并购的新趋势

近年来，银行并购呈现出一些新的趋势。

1.综合化趋势

过去的银行并购大部分是横向并购，目的是加大市场占有份额，产生规模效益。随着政府放松管制，近些年出现了新的跨行业并购趋势，分业经营的银行走向混业经营的“金融超市”之路。20世纪90年代中期，这一趋势变得非常明显。资产在10亿美元至100亿美元的银行中，从事保险业务的占60%，在美国资产超过100亿美元的银行中，从事保险业务的占83%。1998年4月，美国花旗银行与旅行者集团的合并就是商业银行与保险服务机构的合并。

2.国际化趋势

银行并购由国内并购为主逐渐变成跨国并购，形成了跨地域趋势。20世纪90年代伊始，全球跨国并购趋势越发明显，1997年，全球银行业跨国并购总值不足700亿美元，占当年银行并购总值的37%，到1998年这一比例上升到41.3%。这段时间，著名并购案例有德意志银行收购美国信孚银行，荷兰国际银行收购英国巴林银行等。

3. 大型化趋势

随着银行并购规模扩大，并购金额增多，起初是弱弱合并、以强吞弱，后来逐渐转变为强强联合。历史上银行并购的基本特点表现为：一是弱弱合并，中小银行为防范风险、避免倒闭或者避免被大银行吞并，一般采用合并策略来加强竞争力；二是以强吞弱，为了追求规模经济、范围经济等。目前银行并购主要是强强联合。

此外，银行也在不断更新并购策略和支付方式。首先，并购策略原来以恶意并购为主，现在变为主动寻求合作。这就要求并购双方事先进行协商，注重优势互补、携手发展。其次，形成了多样化并购支付方式。渐渐扩大的并购规模，尤其是逐渐发展跨国并购后，单一现金形式不便于进行全部并购交易，综合证券并购和股权协商并购的支付方式逐渐成为主流。综合证券并购的支付方式中，并购公司的出价不限于股票、现金形式，还可以采取公司债券、可转换债券、认股权证等形式。一些国际知名度较高的大银行，其营销技巧、商业信誉等各种无形资产也成为重要的支付手段。

表14-3列举了21世纪以来的全球银行并购事件。

表14-3 **21世纪以来的全球银行并购事件**

时间	并购案例概述
2000-03	德意志银行并购德累斯顿银行，并购后总资产达到12 280亿美元
2000-07	大通曼哈顿银行与J.P.摩根银行合并，合并后总资产达到6 600亿美元
2001-05	新加坡发展银行全面收购香港道亨银行，涉及资金400多亿港元
2001-05	花旗银行收购墨西哥国民银行，涉及资金125亿美元
2002-11	英国汇丰集团收购美国家庭国际银行，交易规模达153亿美元
2003-02	汇丰控股以142亿美元兼并美国的Household International公司
2004-01	渣打银行以33亿美元收购韩国第一银行
2004-01	摩根大通以580亿美元收购美国第一银行
2004-03	花旗集团以27.3亿美元收购韩国韩美银行
2004-04	汇丰控股公司宣布以115亿美元购买法国信贷商业银行
2004-05	美国太阳信托银行以869.8亿美元收购美国国家商业金融公司
2004-05	苏格兰皇家银行以104亿美元兼并美国Charter One Financial公司
2004-10	西班牙桑坦德中央银行以89亿英镑收购英国阿比国民银行
2006-12	中国建设银行收购美国银行（亚洲）有限公司100%股权
2006-12	中国工商银行收购印度尼西亚Halim银行
2007-10	苏格兰皇家银行为首的3家金融机构以1 000亿美元收购荷兰银行
2007-10	中国工商银行以56亿美元收购南非标准银行20%股权
2008-06	招商银行收购香港永隆银行，收购金额达360亿港元
2008-09	美国银行并购美林证券，并购金额达500亿美元
2010-03	中国移动获得浦发银行20%的股权
2011-01	中国工商银行收购美国东亚银行
2012-06	平安银行完成收购深圳发展银行
2014-02	越秀集团下的越秀金融控股有限公司，收购创兴银行75%的股权
2017-07	中金公司收购美国金瑞基金公司
2020-11	攀枝花商业银行与凉山州商业银行合并重组为四川银行

六、我国的银行并购

1996年，我国出现了最早的银行并购，即广东发展银行与中银信托投资公司的并购。中信实业银行收购香港嘉华银行61.38%的股份，开创了中国银行业境外并购的先河。随后的著名案例还有中国工商银行托管海南发展银行、中国投资银行与光大银行合并、中国建设银行并购中国农业发展信托投资公司、平安集团并购深圳发展银行等。这些并购规避了局部性的金融风险，防止了金融机构破产造成社会动荡，并且成为我国银行低成本扩张的范本，为实现全能化经营开辟了新的道路。

我国银行并购的特点主要有以下几点：第一，发展历史短，类型比较单一，并购经验比较缺乏。第二，并购中必要的中介者，即投资银行业务，在我国还处于初级发展阶段。第三，相当一部分的银行并购是在经营混乱、资不抵债后发生的带有接收管理性质的行为。

虽然我国目前还有比较严格的限制，以并购形式实现投资的比例很小，但随着我国经济实力不断提高，金融机构日益发展与成熟，我国银行业也开始积极参与跨国银行并购活动。我国现在的银行并购中仍有许多需要改进的方面，主要表现为政府干预过多，我国商业银行的经营或多或少还在受国家保护，银行的设立和取消还不完全是市场行为，要素的流动可能会违背市场规律，影响资源的合理配置，致使并购效率低下，并购结果无法最优化。而且，国内大的商业银行资产规模大，但呆坏账比例也高，亟需内部结构的优化和调整。同时，银行并购的专业化法律法规还欠缺，还未推出配套的政策和措施，涉及银行并购的法律零散分布在破产法、商业银行法等专门性法律法规中，适用性较低。另外，国内各商业银行的经营特点差别不大，难以形成并购的互补优势。

经过多年发展，我国银行业已进入了稳健经营的发展阶段。2003年以后，国有大型银行和部分中小银行加快了引入外资的步伐。在监管部门和银行业的共同努力下，得益于宏观经济平稳发展，我国银行业资本实力持续增强，风险管控能力稳步提升。2013年至2017年间，银行业不良率一直保持在2%以下的国际良好水平。党的十九大明确提出要推动形成全面开放新格局。2017年12月，银监会宣布银行业对外开放新举措：放宽对除民营银行外的中资银行和金融资产管理公司的外资持股比例限制，实施内外一致的股权投资比例规则；放宽外国银行商业存在形式选择范围，促进国内金融体系多样化发展；扩大外资银行业务经营空间，取消外资银行人民币业务等待期，支持外国银行分行从事金融市场等业务；优化监管规则，调整外国银行分行营运资金管理要求和监管考核方式。我国银行业开放步伐加快，市场的反应总体为正面和积极的，故银行业的跨国收购已经成为常态。

【思政课堂】

深化银行业科技应用　持续推进转型升级新业态

当前，人类社会正在进入以数字化生产力为主要标志的全新阶段，各行各业正经历着深刻的变革。习近平总书记高度重视数字化发展，明确提出加快数字中国建设，以信息化培育新动能，用新动能推动新发展。近年来，中国银行业加速数字化转型，持续锻造数字化竞争力，提升金融服务质效，取得了较为丰硕的成果。下面，结合本次论坛主题，我与大家分享一些思考，供大家参考。

一、数字化转型推动银行业孕育新业态、焕发新动能

当前，我国经济已由高速增长阶段转向高质量发展阶段，数字经济好风正劲，将成为引领高质量经济发展，助力“双循环”发展格局加速形成的重要力量。主要表现在以下几方面：一是数字化经济已成为我国经济发展的新动能，银行业数字化转型成效明显。2019年，我国数字经济增加值达35.8万亿元，占国内生产总值的比重达到36.2%。二是制定清晰的数字化转型目标，金融科技力量稳步提升。中国银行业主动把握数字化、网络化、智能化融合发展的时代机遇，全面推动数字化转型。三是改变银行业服务形式，打造智慧、开放、普惠的新型金融服务。数字化转型是银行业提升金融服务可获得性、便捷性的重要途径。

二、金融与科技加速融合，业务应用水平不断提高，银行业服务质效明显改善

我们欣喜地看到，随着金融与科技融合进一步深化，中国银行业涌现出了一大批优秀的金融科技应用成果，数字化、智能化产品层出不穷。这些金融科技应用成果在解决信息不对称、数据孤岛、个人隐私保护等行业“痛点”，提升KYC、获客引流、精准营销、智能风控等能力方面发挥了重要作用，为行业提供了可借鉴的解决方案和思路。主要表现在：一是着力完善金融产品供给，提升金融服务效率，用户体验全面升级。二是科技赋能开放生态建设，金融服务覆盖范围进一步扩大。三是形成了科技输出能力，扩大了服务边界，实现了主动融入社会治理与共建。

三、发挥行业协会平台作用，助推银行业实现高质量数字化转型

通过稳妥开展金融科技的应用和模式探索，中国银行业数字化转型取得了一定成绩，但我们仍应清醒地意识到，行业的数字化转型仍处于初级阶段，挑战依然不小，可以说道阻且长。中国银行业协会作为行业社会组织，将积极履行“自律、维权、协调、服务”的职责，广泛借鉴金融科技在行业的成熟应用经验，夯实信息科技基础，增强自身信息技术服务能力，促进与金融机构间的经验交流与协作，助力银行业高质量数字化转型。主要表现在：一是密切关注行业金融科技动态，积极发挥金融科技智库作用。二是凝聚行业之力打造行业新生态，构建具有公信力的业务平台。三是搭建金融科技人才培养平台，加强高质量复合型科技人才队伍建设。四是搭建数字化公共学习交流服务平台，提升会员服务质量。

银行业是一个紧跟时代发展、不断创新、不断突破的行业，以科技驱动的创新发展是银行业保持生产力和竞争力的根本所在，数字化经济是银行业转型发展的新一轮机遇。党的十九届五中全会通过的《中共中央关于制定国民经济和社会发展第十四个五年规划和二〇三五年远景目标的建议》明确提出，推进数字产业化和产业数字化，推动数字经济与实体经济深度融合，这为银行业下一步数字化转型指明了方向，也提供了宝贵契机。面对新形势、新要求，银行业应吸收新理念、新思维、新方法，加快数字化转型步伐，感受新经济的脉搏，促进银行业迈向高质量发展的新台阶。

资料来源：刘峰．深化银行业科技应用 持续推进转型升级新业态［EB/OL］．［2020-12-17］．https：//www.china-cba.net/Index/show/catid/32/id/38256.html．此处有删减。

本章小结

1．商业银行经营理念和策略主要有：确立全面风险管理思想、确立营销管理的新观念。

2．网络银行又称为网上银行、在线银行，是指银行在互联网上建立网站，通过互联网向客户提供开户、销户、信息查询、对账、网上支付、信贷、投资理财等金融服务的银行。

3．网络银行的组织模式主要包括：纯网络银行（又称直接银行）、以互联网为主的网络银行、“水泥加鼠标”型网络银行。根据网络银行业务对信息技术的运用程度，可将网络银行业务分为两类：一是基础网络银行业务，如转账、存款、贷款等；二是新兴网络银行业务，如电子支票等。

4．网络银行的风险主要有：技术风险、业务风险、法律风险。

5．并购是银行为了获得控制权，利用资本市场对产权结构进行重新安排的行为，其目的是追求银行增值。在银行业的历史发展进程中，商业银行的并购作为金融产业结构整合的载体，在世界金融活动中占有相当重要的位置。

6．银行并购的动因主要有股东利益最大化和具体经营上的原因。银行并购具有正负两个方面的效应。银行并购的类型主要有规模扩张型、地区进入型、地区加强型、业务互补型、业务加强型、增进效益型。商业银行并购的新趋势主要有综合化趋势、国际化趋势、大型化趋势。

7．我国银行并购的特点主要有以下几点：第一，发展历史短，类型比较单一，并购经验比较缺乏。第二，并购中必要的中介者，即投资银行业务，在我国还处于初级发展阶段。第三，相当一部分的银行并购是在经营混乱、资不抵债后发生的带有接收管理性质的行为。

关键概念

并购　战略联盟模式　银行综合化　银行国际化　跨国并购　GeldKarte　比特币　ERG　八达通　Beenz　E-cash

复习思考题

1.电子货币的特征是什么?
2.阐述电子货币的发展趋势。
3.阐述卡基电子货币的发行过程。
4.阐述卡基电子货币的支付过程。
5.阐述数基电子货币的发行过程。
6.阐述数基电子货币的支付过程。
7.商业银行综合化经营的优势是什么?
8.商业银行国际化经营的内容有哪些?
9.国际银行业的综合化经营策略有哪几种?
10.比特币和其他数基货币相比，具有哪些优势?
11.近年来银行业兼并的主要动因有哪些?
12.银行并购的外部效应是什么?
13.国际银行业的并购有哪些新趋势?

主要参考文献

[1] 高鸿业. 西方经济学 [M]. 8版. 北京：中国人民大学出版社，2021.

[2] 张桥云. 商业银行经营管理 [M]. 北京：机械工业出版社，2021.

[3] 宋清华. 商业银行经营管理 [M]. 2版. 北京：中国金融出版社，2021.

[4] 程皓. 商业银行经营管理 [M]. 北京：科学出版社，2021.

[5] 张晓明. 商业银行经营管理 [M]. 2版. 北京：北京交通大学出版社，2021.

[6] 周虹. 电子支付与网络银行 [M]. 4版. 北京：中国人民大学出版社，2019.

[7] 陆静. 金融风险管理 [M]. 2版. 北京：中国人民大学出版社，2019.

[8] 朱淑珍. 金融风险管理 [M]. 3版. 北京：北京大学出版社，2017.

[9] 罗宾斯，等. 管理学 [M]. 7版. 刘刚，等译. 北京：中国人民大学出版社，2017.

[10] 陈忠阳，等. 我国金融风险管理与监管问题研究 [M]. 北京：中国金融出版社，2017.

[11] 银行业专业人员职业资格考试办公室. 银行业法律法规与综合能力 [M]. 北京：中国金融出版社，2017.

[12] 庄毓敏. 商业银行业务与经营 [M]. 5版. 北京：中国人民大学出版社，2016.

[13] 米什金. 货币金融学 [M]. 郑艳文，译. 11版. 北京：中国人民大学出版社，2016.

[14] 李志辉. 商业银行管理学 [M]. 3版. 北京：中国金融出版社，2015.

[15] 蔡鸣龙. 商业银行信贷管理 [M]. 厦门：厦门大学出版社，2014.

[16] 罗斯，赫金斯. 商业银行管理 [M]. 刘园，译. 9版. 北京：机械工业出版社，2013.

[17] 苏艳芝. 商业银行基本业务经营与管理 [M]. 北京：清华大学出版社，2013.

[18] 陈伟鸿，黄关华，李玲. 金融学 [M]. 北京：机械工业出版社，2012.

[19] 张桥云，等. 中国银行业存款产品设计创新研究 [M]. 北京：中国金融出版社，2010.

[20] 郑道平，龙玮娟. 货币银行学原理 [M]. 6版. 北京：中国金融出版社，2009.

［21］格罗，布拉塔诺维克．银行风险分析与管理［M］．北京：中国人民大学出版社，2005．

［22］科特勒．营销管理［M］．梅汝和，梅清豪，周安柱，译．10版．北京：中国人民大学出版社，2001．

［23］中国知网，http：//www.cnki.net．

［24］刘明坤．中国商业银行海外并购的动因、机遇与战略［J］．金融论坛，2011（5）．

［25］陈雨露，甄峰．大型商业银行国际竞争力：理论框架与国际比较［J］．国际金融研究，2011（2）．

［26］葛新锋．我国绿色债券第三方认证情况及发展建议［J］．金融纵横，2017（8）．

［27］黄超．第三方认证对绿色债券发行成本的影响分析［J］．债券，2019（4）．

［28］杨希雅，石宝峰．绿色债券发行定价的影响因素［J］．金融论坛，2020，25（1）．

［29］刘红霞，幸丽霞．商业银行信贷资产证券化融资动机研究——基于2005—2014年信贷资产支持证券试点的实证检验［J］．南方金融，2015（4）．

［30］陈小宪，李杜若．信贷资产证券化的微观动因研究——基于中国商业银行数据的实证分析［J］．山西财经大学学报，2017，39（2）．

［31］杨智斌，王波．我国商业银行信贷资产证券化动因及其差异化研究［J］．东南大学学报（哲学社会科学版），2019，21（5）．

［32］乔永远，孔祥．银行业的并购重组现状研究［J］．中国银行业，2019（6）．

［33］段云华．并购重组在商业银行不良资产处置领域的应用［J］．中国银行业，2020（12）．

［34］陈静如．并购对商业银行财务绩效的影响实证研究［J］．商场现代化，2018（11）．

［35］张淦，杜晴．商业银行并购效率研究述评及未来展望［J］．现代管理科学，2018（6）．

［36］冯超．我国商业银行并购业务发展研究［J］．农村金融研究，2018（2）．

［37］高晓燕，降卫东，付森．我国中小银行市场退出背景下的并购重组研究［J］．华北金融，2021（2）．

［38］曹梦云．建设银行和兴业银行同业“飞单”案例分析［D］．石家庄：河北经贸大学，2018．

［39］王思阳．G银行员工“飞单”风险防范策略研究［D］．西安：西北大学，2019．

［40］戴维思．“飞单”行为中银行内部控制制度的缺失——以平安银行为例［J］．中国乡镇企业会计，2018（8）．

［41］姚禄仕，王城，宁霄．银行信贷资产证券化效应的实证研究——基于美国银行业的面板数据［J］．国际金融研究，2012（9）．

［42］李佳．金融结构变迁与银行资产证券化发展：影响机制及经验证据［J］．

金融经济学研究，2019，34（1）.

［43］巴曙松，丛钰佳，朱伟豪．绿色债券理论与中国市场发展分析［J］．杭州师范大学学报（社会科学版），2019，41（1）.

［44］李云燕，殷晨曦．绿色信贷信用风险转移模型构建与路径选择分析［J］．中央财经大学学报，2017（11）.

［45］吴志勇．浅谈银行理财产品的监管［D］．泉州：华侨大学，2013.

［46］冯保国．应从期货交易角度看待油价暴跌［N］．中国石油报，2020-03-24（6）.

［47］邓雅蔓，周琦．追问中行“原油宝”事件，高风险产品为何变为常规理财?［J］．中国经济周刊，2020（8）.

［48］刘庆富，陈志伟，何畅．中国绿色信贷风险的评估与监测——基于新能源汽车产业的视角［J］．复旦学报（社会科学版），2020，62（2）.

［49］王念涵．WTI05合约及中行原油宝风险事件反思与启示［J］．中国证券期货，2020（2）.

［50］杜恒峰．中行原油宝巨亏是一堂惨痛风险教育课［N］．每日经济新闻，2020-04-23（001）.

［51］王光伟．利率市场化条件下的我国商业银行风险管理研究［D］．北京：中国社会科学院研究生院，2015.

［52］裴育，徐炜锋，杨国桥．绿色信贷投入、绿色产业发展与地区经济增长——以浙江省湖州市为例［J］．浙江社会科学，2018（3）.

［53］张云辉，赵佳慧．绿色信贷、技术进步与产业结构优化——基于PVAR模型的实证分析［J］．金融与经济，2019（4）.

［54］李毓，胡海亚，李浩．绿色信贷对中国产业结构升级影响的实证分析——基于中国省级面板数据［J］．经济问题，2020（1）.

［55］孙光林，王颖，李庆海．绿色信贷对商业银行信贷风险的影响［J］．金融论坛，2017，22（10）.